JN032877

バートン・マルキール
井手正介＝訳

BURTON G. MALKIEL

A RANDOM WALK DOWN WALL STREET

原著 第13版

ウォール街のランダム・ウォーカー

株式投資の不滅の真理

日本経済新聞出版

A RANDOM WALK DOWN WALL STREET
By Burton G. Malkiel
© 2023, 2019, 2016, 2015, 2012, 2011, 2007, 2003,
1999, 1996, 1990, 1985,1981, 1975, 1973
by W. W. Norton & Company, Inc.
Japanese translation rights arranged with W. W. NORTON & COMPANY, INC.
through Japan UNI Agency, Inc., Tokyo

装丁:鳴田小夜子(KOGUMA OFFICE)
カバー写真:NoSystem images/gettyimages

五〇周年記念版（第一三版）まえがき

『ウォール街のランダム・ウォーカー』の初版を世に出してから、五〇年の年月が流れた。私が初版の中で提示した投資戦略は、次のような単純明快なものであった：個別銘柄を売買したり、それらを組み入れて運用される投資信託に投資したりするよりも、幅広い銘柄に分散投資した市場インデックス・ファンドを安定保有する方が、遥かに良い結果が得られる、と。そして私は大胆にも、「個々の銘柄の将来見通しに関するあらゆる情報は、速やかにその株価に織り込まれる」と言い切ったのだ。それが正しいとすると、目隠ししたサルが新聞の株式相場欄目がけてダーツを投げて銘柄を選び、それを組み入れて作ったポートフォリオも、専門のファンド・マネジャーが運用する投資信託も、結果はさして変わらないのだ。

もちろん文字通りダーツを投げて銘柄を選ぶことを勧めているわけではない。より適切な例えを挙げれば、新聞の株式相場欄を広げて大きなタオルを投げ、それに覆われた幅広い銘柄群をすべて含んだポートフォリオを安定保有するのだ。こうして作ったポートフォリオは、実のところプロが運用する株式投資信託を上回る結果をもたらす可能性が大きい。というのも、後者の場合は高い運用手数料や売買費用、そして売買益が出た場合の税金などによって、リターンの一部が必ず食いつぶされるからだ、と書いた。

それから五〇年経った今、初版で提示した上のような考え方が正しいことを、一層強く確信している。そしてこの確信は、二〇〇万ドルを超える五〇年間の累積投資実績によって裏づけられているのだ。株式市場インデックス・ファンドが初めて売り出された一九七七年初めにそれを一万ドルで購入した投資家がいたとして、毎年の受取配当金を再投資して二〇二二年初めまで保有したと仮定すると、その投資はなんと二一四万三五〇〇ドルに増えたことになる。一方、プロが運用する株式投資信託の平均が買えたとして、それを一貫して保有し続けた場合の市場価値も大きく増えたものの、一四七万七〇三三ドルにとどまったのだ。この差額に注目してほしい。インデックス・ファンドを選んだ投資家は、この四五年間で六六万六四六七ドルも得したことになる。

今日ではインデックス投資が最善の運用戦略だという考え方は、広く受け入れられている。実際、現在保有されている株式投資信託の資産の半分以上が、インデックス・ファンドで運用されている。これに加えて何兆ドルもの資金が、ETFと呼ばれる取引所上場インデックス・ファンドで運用されている。しかし初版本が出た時には、「市場平均に投資すべきだ」などというアドバイスは、馬鹿馬鹿しい、不適切な考え方だとさげすまれたものだ。

また当時、株価はランダム・ウォークするという考え方は「好意的に受け止められなかった」、などという生易しいものではなかった。例えば週刊ビジネス・ウィーク誌の株式市場担当者は、本書をろくすっぽ読みもしないで、紙屑籠に投げ捨てたものだ。彼によれば、良くも悪くも市場平均リターンを約束するというインデックス運用の考え方は、好意的に見ても「ナイーブな素人考え」であり、もっと辛らつに言えば「不謹慎そのものだ」と切り捨てた。投資家がなぜ平均リターンで我慢しなければいけないのか、というのだ。また別の評論家は、「アメリカの株式市場は、かなりの程度効率的だ」という指摘に対して、「数ある経済思想の中でも、最も馬鹿げた仮説だ」と断じたものだ。

しかし私はひるまなかった。もし世の中に私の主張に異論を唱える人が一人もいなかったなら、そんな考えを盛り込んだ本を出版する価値もないんじゃないか、と考えたのだ。もし批判されるのが嫌なら、何も書かず、何もしないのが一番なのだ。

初版が出てから三年後に、ジョン・ボーグルがCEOを務めるバンガード・グループが、一般投資家向けに初の株式市場インデックス・ファンドを売り出した。しかしこの画期的な新商品も、ランダム・ウォーク仮説同様売れ行きはさっぱりだった。同社はウォール街の証券会社を通して、このファンドを取りあえず二億五〇〇〇万ドル販売することを目指した。しかし蓋を開けてみると、売れたのはたったの一一〇〇万ドルだけだった。購入時の手数料をゼロに設定して売り出したにもかかわらず、投資家にはさっぱりアピールしなかったのだ。

私はボーグルに向かって、「結局大口の投資家は、君と私だけじゃないか」と、自嘲気味に言ったものだ。ウォール街ではインデックス・ファンドは「ボーグルの愚行」と酷評され、そもそもインデックス運用というコンセプトが、アメリカ人向きではないと決めつけられた。その後も長い間、インデックス・ファンドは一般の投資家の心をつかむことはできなかった。ボーグル自身、いつか必ずインデックス・ファンドが陽の目を見る日が来ると固く信じてはいたが、まさかそれに何兆ドルもの資金が投資されることになろうとは、夢にも思わなかったのだ。

本書を読めば、アメリカの株式市場では新しい投資情報は速やかに株価に織り込まれる、言い換えればかなり効率的だということを示唆する多くの証拠があることが分かるだろう。加えて、私が提唱し続けてきたインデックス・ファンドの優位性を支持する証拠も、年とともに着実に積み上げてきた。この結果、市場の効率性に関しては懐疑的な人たちですら、インデックス運用のメリットを認めざるを得なくなってきた。

初版以来私が一貫して目指してきたことは、本書を単に株式投資だけでなく、投資全般にわたる総合的な教科書にすることだった。その一環として、一般投資家に対して様々な投資理論を分かりやすく紹介し、投資の実践にどのように活用すればいいかを解説してきた。しかしここで、本題に入る前に「効率的市場」という概念を、できるだけ平易な言葉で整理しておきたい。この言葉が、新聞や雑誌で非常に誤解されて伝えられているからだ。そして老後に備えて、十分安心できる金融資産を蓄積することを目指すすべての人々にとって、なぜインデックス・ファンドへの投資を、運用の中心に据えなければならないかを、常識のレベルでわかりやすく説明しておきたい。

インデックス運用を強調する基本にある理論は、「効率的市場仮説（Efficient Market Hypothesis）」、略してＥＭＨと呼ばれる考え方である。あのアインシュタインは、仮説や理論に関して、「もし六歳の子供に分かりやすく説明できないなら、あなた自身がそれをよく理解していないということだ」と言ったとされる。そこで以下では、私流のわかりやすい説明を試みてみたい。

ＥＭＨは、次の二つの教義から構成される。一つは、効率的な市場では新しい投資情報は速やかに市場株価に織り込まれる、という考え方だ。企業の将来の業績にプラスあるいはマイナスの影響を及ぼすと思われる情報は、直ちに株価に織り込まれるというのだ。例えば現在株価が二〇ドルの医薬品会社が認可申請していた新薬が承認され、専門のアナリストたちはそれが二〇ドルの価値をもたらすと予想しているとしよう。すると同社の株価は、明日を待たずに速やかに四〇ドルに急騰するのだ。なぜなら、株価が四〇ドル以下ならその株価で買って直ちに転売すれば、労せずしてなにがしかの差益を手にすることができるからだ。

もちろん、新しい投資情報の適正な評価額がいくらかを正確に見極めることは、多くの投資家にとって容易ではないだろう。ある投資家はその新薬の価値を過大に評価し、また別な投資家は控え目にしか評価しないかもしれない。したがって市場株価は新しい情報をしばしば過大に、あるいは過小に織り込むことになる。新型コロナの爆発的な流行は投資家心理と経済全体への影響を、的確に予想することの難しさを示す好例だ。正確な予想が困難なため、株式市場のボラティリティーが大きく高まったのだ。

しかしこうした新しい情報に対する市場の過剰あるいは過小反応を利用して、投資家が平均以上のリターンをあげることができるかどうかは、決して自明ではないのだ。これが、EMHを支えるもう一つの理論につながる。そして私に言わせると、これこそがより本質的な問題なのだ。それは、効率的な市場では、通常以上のリスクをとることなしには、通常以上のリターンを手にすることはできない、という考え方だ。

通常以上のリターンをあげることが非常に難しいことを示す例えとして、定番になっているファイナンスの教授のジョークを紹介しておこう。EMHを信奉する高名なファイナンスの教授と一緒に歩いていた学生が、道端に一〇〇ドル札が落ちているのを目ざとく見つけて拾い上げた。するとこの教授は学生をとがめて、「君はまだ理解していないのかね。もしそれが本物なら、こんなところに落ちているはずがないだろう」と諭したものだ。私はこのジョークの少し緩やかなバージョンの方が気に入っている。それは、「君、ともかく急いで拾いなさい。もしそれが本物なら、すぐに誰かが拾ってしまうから」というものだ。このジョークが言わんとすることは、効率的市場では高いリターンをあげようとする熾烈な競争の結果、リスク調整後で平均以上のリターンを得られるような投資機会は、長続きしない、ということだ。

ＥＭＨはまた、株価が常に適正な水準にあるとか、すべての投資家が常に合理的に行動するなどといったことを意味するものではない。実際多くの、というよりほとんどの投資家の行動は合理的とは程遠く、投資情報を解釈して売買するパターンに関しては、組織的なバイアスに陥っていることが多いのだ。しかし仮に株価形成が合理的な投資家中心に行われるとしても、その結果設定される株価は決して「正しい」とは言えないのだ。というのも、株価形成は常に「不完全な予想」に基づいて行われるからだ。そのため、株価はほとんどいつも間違っているかもしれない。ＥＭＨは株価がはたして割高なのか、割安なのかについて、誰も確証が持てないということも意味するのだ。そして、市場のコンセンサスよりも的確な予想がもたらしたと考えられる超過リターンも、実は平均よりも遥かに大きなリスクを取った結果にすぎないのだ。

したがって私は、市場がしばしばひどい間違いを犯すことを百も承知している。例えば二〇二一年に、いわゆるミーム株ブームの一環で付和雷同した群衆がゲームストップ社を買い上げた結果、同社の株価はひと月のうちに一五ドルから五〇〇ドルまで暴騰した。しかしその翌月には、同社株はほとんど紙屑になってしまったのだ。

また、二一世紀の初めには、株式市場全体の評価尺度が前代未聞の高水準に達した。しかしその後相場は暴落し、バブルを牽引した銘柄群の株価は、平均九〇％も暴落したのだ。こうした、市場の効率性に対するまたとない反証と思われた壮大なバブルの局面でも、平均を上回る運用成績を上げるのは容易ではなかった。バブルがどこまで膨らみ、いつ弾けるかを予測することなど、誰にもできなかったのだ。

一九九六年にも、株価水準も主な評価尺度も、異常な高水準に達した。これを受けて、当時連邦準備制度理事会議長だったアラン・グリーンスパンは、有名になったスピーチの中で、「株式相場はすでにバブル的な水準になっており、投資家全体が非合理的な陶酔状態になっている」と警告した。しかし市場はその後さらに四年間も上昇を続けたのだ。この有名なスピーチを聞いてから株式に投資して安定保有した投資家は、素晴らしいリターンを享受できたのだ。

今になって振り返ると、我々は二〇〇〇年の初めにバブルはピークに達して弾けたことを知っている。しかし誰一人として、事前にピークのタイミングを正しく予想できた人はいなかった。実際、タイミングを読んでうまく売買益を稼ごうとした投資家は、個人であれ機関投資家であれ、総じてことごとくタイミングを間違えたことが分かっている。彼らのほとんどは、楽観的なセンチメントが支配的だったピーク近くで投資し、悲観一色になったボトムで売却していたのだ。

確かに一部の投資家は、ある局面では市場のコンセンサスよりも的確に相場を予想して、平均以上のリターンをあげたかもしれない。しかしその時手にした超過リターンは、決して大きなリスクを取らずに確実に一定のリターンが得られる、いわゆるリスク・フリー・アービトラージのような投資機会に基づくものではなかった。超過リターンはたまたま大きなリスクを取って賭けに出た結果、運よく当たった結果にすぎないのだ。そして、市場のコンセンサスに挑戦してリスクを取り、賭けに出た大勢の投資家は、賭けが外れて破綻したのだ。ゲームストップ社の株価が天文学的な率で暴騰していた時に、市場に逆らって空売りしたいくつものヘッジ・ファンドは、巨額の損失を出して破綻してしまった。

市場は新しい投資情報を速やかに織り込むとする考え方は、株価の変動は「ランダム・ウォーク」に近い動きを示すという見方と裏腹である。この、ランダム・ウォークという概念は、時系列の中で次に出る数字は過去の実績とは無関係であり、したがって予想は困難であるという、数学的な概念である。

この概念は「ネイチャー」という科学雑誌に掲載されたやり取りの中で、初めて用いられた。そのやりとりのテーマは、「広い野原の中に置き去りにされた酔っぱらいを見つけるための最適な方法は何か」というものであった。その答えは非常に複雑なものであったが、少なくとも出発点は単にその酔っぱらいが最初に置き去りにされたところを探せ、ということだった。と言うのも、もし動いたとしても酔っぱらいの常として、何の方向感覚もなくふらふらとランダムに歩き回るに違いないから、ということだった。

同様に、もし株価が新しい情報と市場参加者のセンチメントをフルに反映して変化するなら、その変動パターンはランダムにならざるを得ないと考えられる。株価は新しい情報がもたらされるたびに、それに反応して変動する。しかし株価に影響する新しいニュースは、ランダムに発生するのだ。そして次にどんなニュースがやってくるかを、これまでに分かっている情報に基づいて予想することは困難なのだ。したがって、「情報に関して効率的な市場」では、株価の変化を予想することはできない。株価がランダムに変動するということは、市場が気まぐれだということではない。むしろ、株価のランダム性は、市場は合理的で、適切に反応していることの証なのだ。もし株価が既知の情報を程よく織り込んでいるとすると、情報に疎く、ただ市場株価で幅広く分散投資されたポートフォリオを購入して保有するだけの投資家も、プロが手にするのと同じくらいのリターンを享受することができるのだ。

もちろん、市場は時には新しい情報を完全に間違って織り込むこともあるかもしれない。また日々の株価変動も、時にはとてもランダムとは言えないケースもあるかもしれない。したがって、市場は完全にとまでは言えなくてもかなり効率的と考える方が現実的だろう。

ＭＩＴの経済学者であるアンドリュー・ローは、エンジニアたちがエンジンの動きをチェックする時、誰もエンジンが完全に効率的だなどとは考えないという。彼らは、エンジンが理想的な状態からどれだけ解離しているかを計測するらしい。同様にEMHを受け入れる際に、株式市場が完全に効率的であることを前提にする必要はないのだ。アメリカの株式市場は、新しい情報を織り込むことに関しては十分立派に機能しており、驚くほど効率的なのだ。そして低コストの市場インデックス・ファンドが素晴らしいパフォーマンスをあげていることを示す数々の証拠があり、否定しようのない事実なのだ。何しろインデックス・ファンドは、平均して毎年、プロが運用する株式投資信託をフルに一％ポイント上回るリターンをあげているのだ。時として市場は正気とは思えない動きをすることがあるため、多くの投資家にとって相対的にすら効率的とは程遠いと思えるかもしれない。しかしそう思う人たちも、インデックス・ファンドへの投資は資産形成上最適だということだけは、受け入れるべきなのだ。

この問題は、次のような三段論法で考えてみるといい。まず、市場で売買されるすべての株式は、個人あるいは機関投資家の誰かによって保有されているということに異論はないだろう。したがって、投資家全体で見れば、市場平均の「粗」リターンを受け取ることになる。次に、インデックス・ファンド投資家は、市場と同じポートフォリオを持つわけだから、やはり市場平均と同じ「粗」リターンを受け取る。そうすると、市場とは異なる中身のポートフォリオに投資する積極運用の投資家も、ひとくくりにすればやはり市場平均と同じ「粗」リターンを受け取ることにならざるを得ないのだ。

一方、業界の熾烈な競争によって、インデックス・ファンドの運用手数料は実質ゼロに近いものになっている。これに対してプロのファンド・マネジャーに運用を委託する、積極運用の投資信託の場合は、投資家は平均して一％近い運用手数料を払っている。その結果、インデックス・ファンド投資家は、くる年もくる年も積極運用の投信に比べて一％近くも高い「純」リターンを享受しているのだ。その上、インデックス・ファンドの場合にはほとんど保有銘柄の売買を行わないため、売買手数料も売却益に課される税金も、うんと少なく済むのだ。

アメリカの株式市場が非常に効率的であることのもっとも強力な証拠は、プロの運用する投資信託の成績が、市場平均を上回ることがますます難しくなってきているという事実だ。もし株価形成がもっぱら合理的でない投資家群によって行われており、高いリターンが得られるような株価パターンが容易に特定でき、あるいは株価形成が明らかに間違っていてそれを見つけて簡単に利益が得られるような市場なら、プロのファンド・マネジャーたちは簡単に市場平均を上回る成績を上げることができるだろう。しかし私は本書の中で、プロのファンド・マネジャーたちの運用結果がいかにお粗末なものかを、たくさんの証拠と共に詳しく紹介している。ここでは、プロのファンド・マネジャーの約三分の二は、毎年単純なインデックス・ファンドよりも低いリターンしかあげていないということだけを指摘しておこう。また、ある年には優れた成績をあげたファンドも、次の年にはしばしば負け組に入ってしまう。この結果、一〇年とか一五年という長期の累積結果で見ると、積極運用の投資信託の実に九〇%は、市場平均以下のパフォーマンスしかあげていないのだ。

積極運用マネジャーが絶対に市場平均に打ち勝つことができないと断言するつもりはない。しかしそれができるファンド・マネジャーを見つけるのは至難の業なのだ。あるファンド・マネジャーが過去一年、あるいは一〇年間、市場平均を上回るリターンをあげたとして、そのマネジャーが今年、あるいはこの先一〇年間、勝ち組であり続ける保証はどこにもないのだ。市場平均を上回るリターンをあげることに対して、強い金銭的インセンティブを与えられているプロの積極運用マネジャーたちが、実際に投資家にもたらしているお粗末な実績こそが、市場がいかに効率的であるかをもっとも雄弁に物語っている。ウォール街の古い格言を借りれば、市場に打ち勝つ鍵をやっと手に入れたかと思うと、市場は錠前そのものを取り換えてしまうのだ。

株式市場は非常に効率的であり、インデックス・ファンド投資こそが最適の投資戦略だという、初版以来の一貫したメッセージが正しいというなら、なぜ一三回も版を重ねる必要があったのだろうかといぶかる読者もいるだろう。それに対する私の答えは、この五〇年間に一般投資家に提供される金融資産や投資手段はおびただしく増加し、その中で版を重ねるにつれて私の主張が正しいことが次第に明らかになってきたからだ。本書の初版が世に出た時、そもそもインデックス・ファンド自体がまだ存在しなかったのだ。一般投資家のための総合的な投資の教科書を標榜する以上、最近時点で投資可能な金融商品を網羅し、更新する責任があるのだ。

また、投資の世界の研究者やプロたちが提供する、豊富な新しい研究成果や投資の知恵を、批判的に評価する分かりやすい解説書が必要なのだ。世の中は株式投資に関して一般投資家を惑わせるような主張や、宣伝、解説書で満ち溢れている。しかし本当のところを教えてくれる、信頼できる解説書はほとんどないのが現状だ。

この五〇年間に、私たちは実体経済面で猛烈なスピードで進むテクノロジーの進歩を、受け入れることにならされてきた。今日では、劇場に出かけたり、ディスクを買ったりすることなく、居ながらにしてネット上で映画やビデオ・ゲームを楽しむことができる。新型コロナの脅威が減少するなかでも、バーチャルに人と会い、交流することが定着している。そして日々のニュースも、ますますインターネット経由で見聞きするようになっている。

医学面でもテクノロジーの進歩は著しく、そのおかげでクオリティー・オブ・ライフは大きく向上した。電気自動車や自動運転車も、もうSFの世界ではなくなってきた。AＩの活用によって学習能力は飛躍的に向上し、クラウドの活用によって企業のイノベーションは加速し、経営のスピード化によってコストは大幅に低下している。

同じ期間に起こった金融面のイノベーションも、同様に目を見張るものだった。初版本が出版された一九七三年には存在しなかった金融商品や金融サービスを、思いつくままに挙げてみよう。マネー・マーケット・ファンド、ATM、インデックス・ファンド、ETF、免税投資信託、新興市場投資信託、満期日指定投資信託、変動利付債券、ボラティリティー・デリバティブ、インフレ・スライド条項付き債券、株式型REIT、資産担保証券、Roth IRA勘定、五二九条学費積み立てプラン、ゼロ・クーポン債、金融資産や商品価格のフューチャーやオプション取引、新しいトレーディング・テクニック等々だ。

今日ではタダで株式売買ができるようになり、スマホ経由でもできる。インデックス投資やETFによる運用も、ほとんど手数料はかからない。本書の第二版以降ではこれらの新しいイノベーションを取り上げてきたが、個人投資家にとって何がどのように役に立つのかを示すことができたと思っている。いずれの版でも新しい金融商品やサービスを紹介してきたため、以前にカレッジやビジネス・スクールで本書を勉強したことのある読者にとっても、この五〇周年記念版は改めて読む価値があったと思うに違いない。

本書は基本的に一般投資家にとって読みやすい教科書を目指してきた。そして継続的な貯蓄と市場インデックス・ファンドへの投資こそが、成功裏に資産形成を達成する「唯一の信頼できるアプローチだ」ということを、一貫して強調してきた。そして分散投資とリバランスがいかに投資のリスクを限定するのに効果的かを、具体的に紹介している。また、投資信託の高い運用手数料がどれだけリターンを食いつぶし、投資家のために尽くすべき立場のファンド・マネジャーがしばしば顧客の利益よりも自分たちの利益を優先して行動することに、警鐘を鳴らしてきた。また、税金を考慮することの重要性を説き、節税しながら投資リターンを積み重ねるのに役立つ、様々な節税プランを紹介してきた。

とりわけ私が注力してきたのは、個人投資家にパワーを与えることだ。単に株式市場がどのような理屈で動くのかを教えるだけでなく、最適な投資の意思決定を下すうえでややもすれば陥りがちな無力感を、どのように克服すればいいかについてもアドバイスしている。

プロたちは、株式投資は複雑で、それを首尾よく行うことは一般の人には難しすぎると主張する。しかしこれは、真実からかけ離れた、我田引水の主張なのだ。最善の投資戦略は、驚くほどシンプルなのだ。私が五〇年にわたって本書を書き続けてきたのは、そのことを具体的に示すためであった。

そのためにはまず、自分だけではできないという考え方を払拭することだ。自分の金融面の人生設計は、あくまで自分で作るべきなのだ。いったん自分でも貯蓄プランと投資選択ができるのだという自信さえ持てれば、精神衛生上プラスに働くのに加え、大きな満足が得られ、自尊心も高まるというものだ。

株式投資は複雑な問題ではない。簡単だ。人生においては、簡単なことが必ずしもベストな選択ではないことも多い。しかし逆説的だが、株式投資に関しては世の中が複雑になればなるほど、単純な投資戦略が最も確実なのだ。その際最も重要なのは、額は小さくても継続的に貯蓄に励むことなのだ。たとえ世間が今にも天が落ちてきて経済が破綻すると騒いでいる時でも、せっせと貯蓄を続けるのだ。実際、最も大きな利益が得られるような投資機会は、世の中が悲観一色に染まっている時に訪れるものだ。

このことを、バンガード社が運用する市場インデックス・ファンドの実績を用いて説明しよう。私は人生を歩み始めたばかりの若者に対して、蓄財の手段として、迷わず市場インデックス・ファンドだけを保有することを勧めている。そこで、四五年前にバンガード社の市場インデックス・ファンドに投資すると決めた若者がいたと仮定しよう。はじめに五〇〇ドル投入し、以後毎月一〇〇ドルずつ追加購入し続けるのだ。また、受け取る配当金も、すべてインデックス・ファンドの追加購入に充てる。こうして四五年経った時の累積投資額は、五万三二〇〇ドルであった。そしてこの投資の市場価値はいくらになっていたかを見ると、何と一五〇万ドルに増えていたのだ。

その間に、この世の終わりかと思われるような場面が何回もあった。例えば一九八七年には、たった一日で市場の時価総額が二〇%も消失した。また世紀の変わり目には、ドット・コム・バブルが弾けて、名だたる成長株の多くが暴落して、紙くず同然になってしまった。アップルの株価は八〇%、アマゾンは九〇%も暴落したのだ。二〇〇七年から二〇〇八年にかけての金融危機下では、資本主義システムそのものの存亡が危うくなってしまった。そして新型コロナへの感染が爆発的に広がった二〇二〇年には、多くのメディアがもはや世の中は基本的に変わってしまい、修復は不可能だと報じた。

こうした話は、もう聞き飽きた。大事なことは、そうした中にあっても毎月一〇〇ドル節約して、せっせとインデックス・ファンドに投資し続けた投資家は、いずれにしてもミリオネアになったという事実だ。

上の投資家の例は、もちろん仮定の話だ。しかし確実に言えることは、私のアドバイスに従って運用してきた投資家たちは、基本的に同じような恩恵を享受できているということだ。本書の読者たちから受け取る無数の感謝の手紙を読むと、バンガードの例と同じような話で満ち溢れている。

本書がかくも長期間、ベストセラーであったことは、望外の喜びだ。また、本書が資産運用業界にいわゆる「パッシブ運用」が普及していったことに対して、大きな影響を与えられたとも思う。ETFが投資家の間で広く受け入れられるようになった、案内係の役割も果たしてきた。世界中の大学やビジネス・スクールで証券投資の教科書として使われるようになり、コスト最小化、持続的貯蓄、分散投資、リバランス、節税マネジメントといった、不朽の投資の知恵が広がっていくことにも貢献できた。

しかし私にとってそのどれよりも大きな喜びは、本書を通して届けてきた投資のアドバイスが、無数の普通の人々の財産形成に大きく貢献しているということなのだ。

この満足感は、初版本から五〇年の間に、無数の読者から届いた手紙を通して得られたものだ。どの手紙も異口同音に、無一文から始めたにもかかわらず、私のアドバイスに従ったおかげで、リタイアする時には相当な額の財産を手にすることができたと、伝えている。これらの人々の多くは、仕事面ではお世辞にも高給取りとは言えない人生で終わったが、毎月コツコツ貯えたお金を迷わずインデックス・ファンドに投資し続けたお陰で、退職後の人生を安心して、楽しく過ごしていると綴られている。こうした手紙を読む時、私はこの上ない喜びを味わうのだ。

人は誰しも、己の職業的活動の成果によって、世の中に貢献したいと思うだろう。もし教科書の評価基準が、「それによって世の中を大きく変えられたか」ということにあるのなら、本書は間違いなくその基準を満たしていると確信している。

二〇二二年七月　プリンストン大学にて

バートン・マルキール

謝　辞

最初に謝意を表したいのは、本書の中で示した数々の投資アドバイスを支える様々な実証分析を更新するための、データを提供してくれた人々に対してである。本書の初版を世に出してから五〇年経った今、私は初版の中で提示した株式投資戦略をさらに自信をもって推奨することができる。この間に蓄積された様々な投資実績のデータは、幅広い銘柄に分散投資した市場インデックス・ファンドこそが、個人の財産形成のための最適な運用戦略だということを、はっきり示している。

これまでの各版で謝意を表した人々に対しても、引き続き感謝したい。加えて、この五〇周年記念版のために特別な協力を惜しまなかった何人かの人々を明記しておきたい。ロイトホールド・グループのクリステン・パールバーグは、証券投資の歴史的なリターン・データの更新に協力してくれた。ラリー・スウェドローは、株式投資のリターンのファクター構造に関するデータと、環境・社会・企業統治を重視した運用（いわゆるＥＳＧ投資）の過去の実績値のデータを提供してくれた。また、ジェレミー・シュワルツとジェレミー・シーゲルは、株式の長期的なリターン・データを更新してくれた。スコット・ドナルドソンは、株式の年次リターンの最近のデータを提供してくれた。

バンガード・グループのアンドルー・シューマンは、本書で提供するアドバイスのよりどころになっている、いろいろな図表やシミュレーションに用いた、投資信託に関するデータ類を提供してくれた。また、プリンストン大学の学部生のシャズラ・ラーザは、関連したリサーチ全般にわたり手伝ってくれた。

出版元のW・W・ノートン社は一貫して素晴らしい協力体制を取ってくれ、とりわけこの記念すべき版の出版を担当してくれたブレンダン・カリーとキャロライン・アダムズにも感謝したい。

最後になるが、妻のナンシー・ワイス・マルキールは、過去の九版の出版に関する最大の協力者だ。愛情深い励ましと様々な手伝いに加えて、彼女はすべての原稿に注意深く目を通し、読みやすい内容にするために無数の助言を与えてくれた。また、私を含む何人かによるチェックの目を洩れた校正ミスも、目ざとく指摘してくれた。しかし何と言っても彼女のもっとも大きな貢献は、私の人生に大きな喜びを与えてくれたことだ。それに対する感謝のあかしとして、この五〇周年記念版をまずナンシーとその親友であるパイパーに捧げたい。

目　次

第3部 新しい投資テクノロジー

第11章　「スマート・ベータ」と「リスク・パリティー」

第4部　ウォール街の歩き方の手引

目次

第1部
株式と価値

BUBBLE CARDS
The Headlong Fools Plunge into South Sea Water.
But the Sly Long-heads Wade with Caution after.
The First are Drowning but the Wise Last
Venture no Deeper than the knees or Waist.

TREE CARICATURE

C. Mackay, *Extraordinary Popular Delusions and the Madness of Crowds* より

第1章　株式投資の二大流派

――「ファンダメンタル価値」学派 vs.「砂上の楼閣」学派

この世の中ですべてのものの値段を知っていながら、一つとしてその価値をわかっていない者ほど皮肉なことはない（オスカー・ワイルド『ウィンダミア夫人の扇子』より）

ランダム・ウォークの旅

この本の中で私は読者の皆さんを、ウォール街のランダム・ウォークの旅にお連れしたい。そして複雑怪奇な株式投資の迷路の道案内役を務め、投資のチャンスや投資戦略についての実践的なアドバイスを差し上げたいと思う。

今日では一般の投資家は、ウォール街のプロにはとても太刀打ちできないと言われている。いわく、複雑なデリバティブ商品やコンピュータを使った頻繁なトレーディング手法を駆使する専門家たち、頻発する大規模なTOB合戦や粉飾決算、あるいは潤沢な資金を動員して暴れまくるヘッジ・ファンドが支配する世界なのだ、と。

こうした話を聞くにつけ、機関投資家の取り仕切る今日の株式市場に、個人投資家が入り込む余地はほとんどないように思うかもしれない。しかし、事実は全く逆なのだ。個人投資家は少なくとも専門家と同じくらい、場合によってはそれを上回る、優れた運用成果を上げることもできるのだ。後に詳しくお話しするように、二〇二〇年三月の大きな下げの局面で、株式を売らずに生きのびたのは個人投資家だったのである。彼らはほどなく相場が回復したために損を取り戻し、その後も立派なリターンを上げ続けている。一方、プロの投資家たちはと言えば、二〇〇八年当時、そのリスクを十分理解してもいないデリバティブ証券にどっぷりはまり込んで大火傷をしたものだ。

この本は個人投資家のためのわかりやすい投資の手引であり、保険の問題から所得税対策まで幅広く取り扱っている。生命保険の選び方や、銀行、証券会社の言いなりにならない方策もお教えする。新しいトレーディングのテクニックについても説明し、なぜポートフォリオ・インシュアランスがプロの投資家にほとんど役に立たなかったかにも触れている。しかし、この本の主たるテーマはあくまで株式投資である。株式投資はこれまで非常に高いリターンをもたらしてきたし、今後も引き続き期待が持てる。第4部の「第14章　投資家のライフサイクルと投資戦略」では、すべての年代の投資家の経済的ニーズに合うような、具体的な運用戦略を披露している。第一三版では、定年退職後の投資に対する基本的な考え方と、具体的な運用方法に紙幅を割いている。

1　ランダム・ウォークとは何か

サルにもできる株式投資

ランダム・ウォークというのは、「物事の過去の動きからは、将来の動きや方向を予測することは不可能である」ということを意味する言葉である。これを株式市場に当てはめると、株価が短期的にどの方向に変化するかを予測するのは難しい、ということだ。ウォール街ではランダム・ウォークという言葉は忌み嫌われてきた。彼らに言わせると、ランダム・ウォークというのは学者連中が自分たちの金儲けのために考え出した屁理屈で、投資のプロを卑しめるために投げかけられた言葉である。というのも、ランダム・ウォークを突きつめていけば、目隠しをしたサルに新聞の相場欄めがけてダーツを投げさせ、それで選んだ銘柄でポートフォリオを組んでも、専門家が注意深く選んだポートフォリオとさほど変わらぬ運用成果を上げられることを意味するからだ。

縦縞のダークスーツに身を包んだ証券アナリストたちが、パンツもはかないサルと同列に扱われることを快く思うはずはない。証券アナリストたちに言わせれば、「学者どもは数式やギリシャ文字（その上に長ったらしい学術用語に至っては何をかいわんやだが）にどっぷりつかりきっているため、動物園に行っても、ブル（牛―強気）とベア（熊―弱気）の区別さえつかないのさ」と、やり返している。

これらのプロたちは、学者側からの猛襲に対して、第2部で取り上げる「ファンダメンタル分析」もしくは「テクニカル分析」のどちらかで立ち向かってくる。迎え撃つ学者側はこれに対して、ランダム・ウォーク理論を三つの段階、すなわち「ウィーク型」「セミストロング型」「ストロング型」に分割して敵を幻惑し、さらには「新しい投資テクノロジー」なる自前の理論体系を身にまとうことで、矛先をかわしている。この新しい投資テクノロジーには、「ベータ」という概念が含まれており、それについても本書の中で解説したいと思う。そして今世紀に入ると、学者たちの間にも、株価はある程度予測可能だという、実務家の主張に肩入れする者も現れた。

それでも、これら二大陣営の間ではいまだに死闘が繰り広げられている。というのも学者にとっては終身正教授になれるか否か、そしてプロにとっては毎年のボーナスが懸かっているからだ。だからこそ、皆さんにウォール街のランダム・ウォークの旅を、きっと楽しんでいただけると確信している。この戦いの中には、劇的なドラマを構成するのに必要な要素、すなわち勝ち組と負け組があり、なぜそうなったかについての、古典的な論争が含まれているのである。

私のウォール街での成功

ランダム・ウォークの旅を始める前に、ここで私の経歴と、皆さんのガイドを務めるのにふさわしい資格があることを、お話ししておくべきだろう。この本を書くに当たって、私は自分の持っている三つの世界をよりどころとしている。その一つ一つが、それぞれ株式市場に対して、違った視点を提供してくれている。

まずはじめは、投資分析と資産運用のプロとしての実務経験である。投資のプロとしての私のキャリアは、大学を終えて当時ウォール街でも一流どころの投資銀行に就職し、株式市場アナリストになったことから始まった。それからだいぶ経ってからだが、グローバルな規模の保険会社の投資委員会の委員長を務め、さらには世界最大級の運用資産を誇る投資信託会社の、社外取締役も長年務めてきた。こうした立場で常に株式市場を見てこられたことは、私にとっては何物にも代えがたい貴重な経験であった。世の中には、純真無垢な乙女には決して完全には理解し、評価することのできないことがいろいろある。同じことが株式市場についても当てはまるのだ。

二つめは、エコノミストおよびいくつかの組織の投資委員会委員長としての立場である。中でも特に、私は証券市場と投資家行動を専門に研究してきたため、株式投資に関するアカデミックな研究結果や新しい投資チャンスについて詳しい知識を得ることができた。

最後に、これも前の二つに負けず劣らず重要な側面なのだが、私は生涯を通して一個人投資家として、株式投資で成功を収めてきた。もっとも、どのくらい成功したかについては、ちょっと申し上げるわけにはいかない。というのは、学者の世界の奇妙な習わしとして、ちゃんとした教授はあまり金儲けをしてはならないことになっているからである。大学教授は多額の遺産を相続したり、金持ちの女性と結婚したり、金を浪費することは許される。しかし、決して大儲けだけはしてはならないとされている。金儲けはまさに、学問に携わる者にあるまじき行為なのだ。何はともあれ、政治家や役人が、特に学者の安い給料を正当化する時にしばしば言うように、およそ先生と呼ばれる人はその聖職に「献身的」であるべきなのだ。学者は純粋に知識の探求者であって、金銭的報酬を追求すべきではないのだ。したがって、皆さんに私のウォール街における成功ぶりをお話しするのは、もっぱらアカデミックな業績に限らざるをえないというわけだ。

この本には多くの事実や数字が出てくる。しかし、心配するには及ばない。本書は投資の専門的知識を持っていない普通の人々を念頭に置いて書かれたものであり、実践的で実証済みのアドバイスを心がけているからである。それらを理解するためには何の予備知識も必要としない。必要なのはただ、株式投資に対する興味と、投資を実りあるものにしたいという意欲だけである。

2 生活の一部になった株式投資

「投資」と「投機」の違い

そもそも「投資」とは何を意味するのか、そして「投資」と「投機」とはどう違うかについての説明から始めよう。私は投資というものを、配当や金利、賃貸料など、かなり確実性の高い収入の形で利益を上げること、および長期間保有して値上がり益を得ることを目的とした金融資産の購入、ととらえている。投資と投機を区別する基準は、どのような期間で投資リターンを考えるかがはっきり意識されているかどうかと、リターンが合理的に予測できるかどうか、の二点にある。投機家は二、三日あるいは二、三週間の間に大儲けすることを狙って株式を取得する。これに対して投資家は、何年、あるいは何十年先まで安定的に配当をもたらし、あるいは持続的値上がりが期待できるような株式を探して保有するのだ。

さて、本書は「投機家」にとっては何の役にも立たないことを、あらかじめお断りしておきたい。一晩で大金持ちになることを狙うような人たちは、これを読んでも無駄である。実際、この本にもし副題をつけるとすれば、それは「ゆっくりと、しかし確実に金持ちになる本」というようなものであろう。単に現在の財産を目減りさせまいとするだけでも、少なくともインフレ率と同じだけのリターンを上げ続けなくてはならないことを忘れないでほしい。

二〇〇〇年代初めには、アメリカをはじめとする先進国のインフレは、年率で二％程度の低水準になった。二〇二〇年代の初頭にインフレは高まったものの、多くの専門家によれば、近い将来物価は再び低位安定状態に戻るという。彼らによれば、インフレは長い目で見れば正常な姿というよりはむしろ例外であり、将来また低インフレないしゼロ・インフレの時代が来るのかもしれない。しかし、投資家としては、将来またインフレが加速することがあるかもしれないということを、頭の片隅に入れておくべきだと思う。また、労働生産性は一九九〇年代から二〇〇〇年代の初めにかけていく分回復したが、これも過去の経験からするとアップ・ダウンの繰り返しである。

その上、アメリカ経済が今後ますますサービス経済化の道をたどるにつれて、労働生産性の持続的向上は非常に難しくなると言えよう。二一世紀になっても、弦楽四重奏を奏でるには依然として四人の演奏家が必要だし、盲腸の手術には最低一人の外科医が必要な現実は変わらないのだ。もしバイオリニストや医者の報酬が多少なりとも上昇し続けるとすれば、コンサートのチケットも盲腸の手術代もまた上昇し続けるに違いない。したがって、物価を押し上げる要因がもはや存在しなくなった、などと考えるのは間違っていると思う。

仮に、インフレの度合いが一九七〇年代や八〇年代の平均に比べてかなり緩やかな、年率二～三%に収まったとしても、購買力の目減りは相当なものである。表1は、一九六二年から二〇二一年にかけて年平均約四%でインフレが進行した結果が、どのようなものであったかを示している。新聞の朝刊は五九〇〇%も値上がりしたし、午後のおやつのハーシーのチョコ・バーは二〇倍以上に値上がりしたのだ。しかも、チョコ・バーのサイズは、私が大学院の学生だった一九六二年当時より、随分小さくなってしまった。もし同様なインフレが続くと仮定すると、二〇三〇年には新聞の朝刊は五・五ドル以上になっているに違いない。こうした例から明らかなように、緩やかなインフレに対してですら、実質購買力を維持するためにはそれ相応の投資戦略が必要なのである。さもなければ、私たちの実質的な生活水

表1　インフレの侵食

（単位：%，ドル）

	1962年平均	2021年平均	上昇率（%）	年平均インフレ率（複利）
消費者物価指数	30.20	273.00	804.0	3.8
ハーシーのチョコ・バー	0.05	1.00	1,900.0	5.2
ニューヨーク・タイムズ	0.05	3.00	5,900.0	7.2
第一種郵便	0.04	0.55	1,275.0	4.5
ガソリン（1ガロン）	0.31	3.18	925.8	4.0
ハンバーガー（マクドナルドのダブルバーガー）	0.28*	4.79	1,611.0	4.9
シボレー（フルサイズ）	2,529.00	27,500.00	987.4	4.1
冷蔵庫（冷凍庫つき）	470.00	1,498.00	218.7	2.0

（出所）1962年物価については1977年11月1日付のフォーブス誌。2021年物価は政府，民間の各種統計から。＊は1963年。

準は低下し続けることになるのだ。

資産価値を守るための努力

ここではっきり申し上げておきたいのは、本気で証券投資を行うには、それなりに大変な努力がいるということだ。ロマン派の小説を読むまでもなく、一族の莫大な富を受け継いだ人が十分な注意を払わなかったり、十分な知識を持たなかったがために、無一文になってしまった例には事欠かない。チェーホフの傑作『桜の園』の桜の木が切り倒される音を、忘れられる人がいるだろうか。しかも、ラネーフスカヤ一家の凋落を招いたのはマルクス主義ではなく、自由主義市場経済への移行であった。自分の資産を守るために、努力しなかったからである。仮に財産の運用を投資アドバイザーや投資信託に託すにしても、どのアドバイザー、あるいはどのファンドが最も適切かを十分調べなくてはならない。この本をお読みになれば、そういったことを考える際に大いに役立つだろう。

いろいろ申し上げたが、一番強調したいのは、証券投資は実に面白いということだ。巨大な投資業界を相手に自らの知性をもって挑戦し、自分の資産が増加するという報酬を得ることは、実に楽しいではないか。投資のパフォーマンスをチェックしてみたところ、資産が給料よりも速いペースで増加しているとわかったなら、胸がわくわくするだろう。それに、新製品や新しいサービスについての様々なアイデアや、金融商品面のイノベーションについて知ることも、大いに刺激になるに違いない。一般に、成功する投資家というのは、非常にバランスのとれた人格の持ち主で、生まれつき好奇心と知的探求心が強く、それを駆使して資産価値の増加につなげることのできるような人物である。

3　将来を予測する二つの理論

投資がもたらすリターンはそれが普通株であれ、珍しいダイヤモンドであれ、将来何が起こるかに依存している。そこにこそ投資の醍醐味がある。言い換えれば、投資とは、成功するかどうかが、将来を予測する能力によって決まる賭けなのだ。伝統的に、投資業界のプロたちは資産価値評価のよりどころとして、次の二つのいずれかのアプローチを用いてきた。一つは「ファンダメンタル価値」理論であり、もう一つは「砂上の楼閣」理論である。これらの理論を用いて、何百万ドルも儲けたり損をしたりすることが繰り返されてきた。しかも一層面白いことに、この二つのアプローチは、あちらを立てればこちらが立たずの、相容れない関係にあると考えられることである。

賢明な投資決定を行うためには、まずこの二つのアプローチを十分理解する必要がある。それは深刻な失敗から身を守るためにも、不可欠な条件である。また二〇世紀の終わりにかけて、学者たちが生み出した「新しい投資テクノロジー」と名づけられた第三の理論が、ウォール街で人気を博し始めた。この本の後半でこの理論についても紹介し、投資戦略にいかに活用すべきかを説明しよう。

4　ファンダメンタル価値学派

一年後の一ドルは今日いくらの価値があるか

ファンダメンタル価値学派は、投資対象が普通株であれ不動産であれ、「ファンダメンタル（本質）価値」と呼ばれる絶対的な価値があり、それは現状分析と将来予測を注意深く行うことによって推定できる、と主張する。そして、資産の市場価格がこのファンダメンタル価値を下回れば購入し、上回れば売却するチャンスだと考える。なぜなら、この理論によれば、この一時的な割安・割高な状態は、いずれ修正されるからである。このアプローチによれば、投資というのはあるべき価値と実際の株価を比較するという、やや退屈だが、きわめて単純明快な作業である。

ジョン・バー・ウィリアムズはその代表的著作『投資価値理論』の中で、株式の本質価値を計算するための公式を初めて示した。彼は価値のよりどころを配当収入に求め、投資の持つ複雑な側面を取り込むために、その公式の中に「割引（discounting）」という、悪魔的と言えるほど優れた概念を導入したのである。

割引とは、基本的には将来の収入を、通常とは逆の発想でとらえる考え方である。つまり、一年後にお金がいくらになるか（例えば金利が五％の時に、一ドルで譲渡性預金証書（CD）を購入した場合は、一・〇五ドルになる）と考える代わりに、一年後に手にする金額の現在の価値を求めようという考え方である。一年後の一ドルは、今日時点では九五セントくらいの価値しかないと考えるのである。

ウィリアムズはこの問題に真剣に取り組み、株式の本質価値というのは、将来のすべての配当を割り引いた、現在価値の総額に等しいと主張した。そして、投資家に対して将来受け取る金額の、「割引現在価値」を求めるように勧めたのである。当時、この理屈を理解できる人があまりに少なかったために、逆に「割り引く」という単語が専門用語として認知され、今ではこの言葉が投資家の間で広く用いられている。

この「割引」の概念はその後、優れた経済学者であり投資家でもあった、エール大学のアービング・フィッシャー教授が採用したため、さらに人気が高まった。

配当の成長率の差に注目

ファンダメンタル価値学派の主張する理屈は、実際、傾聴に値する。そしてそれは株式の評価に一番うまく当てはまる。この理論は、株式の価値は将来、企業が配当あるいは自社株買い戻しとして支払うお金の流列によって決まると強調する。もっと具体的に言えば、現在の配当の水準と、その増加率が大きければ大きいほど、株式の価値は高いと主張する。したがって、将来の配当の成長率の差こそ、株式評価の最も重要な要素だと言うのだ。そして、それと不可分の要素として、将来の期待成長率という、ちょっと厄介な問題が入り込んでくる。つまり証券アナリストは、ただ単に配当の長期的な成長率を予測するのみならず、どのくらいの期間その成長率が維持できるかも、推定しなくてはならないのだ。

市場の成長期待が過度に楽観的になると、ウォール街ではそれを、「現在の株価は単に将来の成長だけでなく、そのまた先の成長まで織り込んでいる」と表現する。重要なポイントは、ファンダメンタル価値学派は将来の成長の程度と期間について、あまりはっきりした根拠のない予測に、大きく依存しているということだ。だから、ファンダメンタル価値のよって立つ基盤は、一般に言われるほどしっかりしているとは言えないのだ。

ファンダメンタル価値理論は、何も経済学者の専売特許ではない。一世を風靡したベンジャミン・グレアムとデビッド・ドッドの名著『証券分析』の影響で、ウォール街の証券アナリストがほぼ一世代にわたって、この理論の信奉者になったと言っても過言ではない。証券アナリストたちは、健全な投資マネジメントというのは、要するに、市場で一時的に本質価値を下回っている銘柄を買い、上回っている銘柄を売ることに尽きると教えられたものだ。単純明快だ。グレアムとドッドの教えを忠実に実践して最も輝かしい成功を収めた生徒は、「オマハの賢人」と称えられる慧眼の投資家、ウォーレン・バフェットであろう。バフェットは伝説的な投資成果を長期間上げ続けてきたが、それは「ファンダメンタル価値」理論を忠実に実践してきた結果だと信じられている。

5　砂上の楼閣学派

心理的要素を重視

砂上の楼閣学派の投資アプローチは、心理的要素を重視する。著名な経済学者であり、投資家としても並外れた成功を収めたケインズは、一九三六年にこの理論の本質を、この上なく明快な形で表現した。ケインズによれば、プロの投資家というのは本質価値を見出すためにではなく、一般投資家がどのように行動し、強気が支配する相場の局面で、希望的観測がどのように砂上の楼閣を作り上げるかを分析することに、エネルギーを費やす。つまり、優れた投資家とは、どのような市場の状況が大衆の砂上の楼閣づくりを引き起こすかを探り当て、一般投資家が気づく前に行動することで、ゲームに勝とうとするのである。

ケインズによれば、ファンダメンタル価値学派のアプローチは、やることが多すぎるわりには、その効果が疑わしい。実際、ケインズは自分が唱えたアプローチを実践した。すなわち、シティーのプロたちが一日中混雑したオフィスで汗を流して仕事をしているというのに、彼は毎朝、ベッドの中で三〇分だけ株式市場のことを考えたと言われている。この優雅な投資方法によって、自分の資産を何百万ポンドも増やし、また母校ケンブリッジのキングズ・カレッジのファンド・マネジャーとして、その基金の時価総額を一〇倍に増やしたと言われている。

ケインズが名声を得た大恐慌の時代には、ほとんどの人がケインズの総需要拡大のための様々なアイデアに心を奪われていた。当時、およそ砂上の楼閣を築くような贅沢は望むべくもなく、また誰かがそんなことをするかもしれないなどとは、考えも及ばなかった。にもかかわらず、ケインズはあの『雇用・利子および貨幣の一般理論』の中で、まるまる一章を割いて、株式市場と投資家の期待の持つ重要性について述べているのである。

ケインズは、企業の将来の収益見通しや配当がどうなるかは、誰にも正確にはわからないと主張する。その結果、ほとんどの投資家は、金融資産を長期間保有した場合にもたらされるであろうリターンを正確に予測しようなどとは考えずに、一般投資家よりもほんの少し早く、通常の評価尺度を用いて株価水準の変化を予測するほうに関心を持つというのである。別の言い方をすれば、ケインズは株式市場を考えるよりどころとして、金融資産評価の視点ではなく、群集心理の原理を重視したのである。

彼はまた、「そのもたらす期待リターンから見れば、三〇ポンドの価値があると考えられる投資対象でも、もしその市場価格が三カ月後に二〇ポンドに下がるとわかっているなら、それに二五ポンドも払うのは全く馬鹿げたことだ」とも書いている。

ケインズの「美人投票」論

ケインズは当時のイギリス市民なら誰でも理解できるたとえで、株式投資の本質を説明した。それがかの有名な「新聞紙上美人コンテスト」である。これは当時、ロンドンのある大衆紙がアトラクションとして、定期的に新聞紙上に一〇〇人の美女の顔写真を掲載して、不特定多数の読者に六名連記で投票させた催しのことである。そして、この「美人コンテスト」で選ばれた美女たちに、最も近い投票をした読者に、多額の賞金が与えられた。

ちょっと頭のいい読者なら、この美人投票に勝つためには、読者個人の美的基準は全く無関係なことに気づくだろう。この場合のより優れた投票戦略は、むしろ他の読者たちが美人と思う顔のほうを選ぶことである。しかし、よくよく考えると、この理屈はとてつもなく拡散していく。結局のところ、これは不特定多数の読者が皆同じような目論見で参加しているゲームなのだ。したがって、最適な投票戦略は、自分が美人と思う候補を選ぶのではなく、何がコンセンサスになるかということに関する、不特定多数の参加者の、平均的な見方を予測することにある。

この紙上美人コンテストのアナロジーは、株価形成に関する砂上の楼閣学派の考え方を端的に示している。買い手が支払ったよりも高い価格で、他の誰かにそれを売りつけることができる見通しが立てば、どんな投資でもそれなりに意味を持つのだ。言い換えれば、投資はいわば自己増殖的なプロセスと考えられる。買い手は将来また他の誰かが、それより高い価格で買ってくれることが期待できるからこそ、投資するというのである。

そういう世界では、絶えずおめでたい人が、新たにゲームに加わってくることを想定している。そして同じものを、あなたが払ったよりも高い値段で、誰かが買い取ってくれることになる。どんな値段がつけられても、その値段以上で買う人がいる限り、このゲームは続く。そこには何の理屈もなく、あるのはただ集団心理のみである。賢明な投資家がしなくてはならないことはただ一つ、ゲームの始めのほうで参加し、機先を制することだ。この理論は、もう少し残酷な言い方をすれば、「より馬鹿」理論とでも呼ぶことができよう。たとえ本質価値の三倍の値段で買っても、もし誰かあなたより愚かな人を見つけて五倍で売りつけられさえすれば、何の問題もないのだ。

さて、砂上の楼閣学派には、実務界にも学界にも多くの支持者がいる。ノーベル経済学賞を受賞したロバート・シラーはベストセラーになった『投機バブル　根拠なき熱狂』の中で、一九九〇年代末に膨れ上がったインターネット・ハイテク・バブルは、群集心理現象として見ない限り説明がつかないと述べている。そして大学でも、二〇〇〇年代の初めに群集心理の側面を重視するいわゆる「行動ファイナンス」理論が台頭し、人気を博している。心理学者のダニエル・カーネマンは、二〇〇二年に行動ファイナンス分野の貢献に対して、ノーベル経済学賞を受賞した。

もっと時代をさかのぼれば、オスカー・モルゲンシュテルンがそのリーダー格であった。株式の本質価値の追求などというのは、さながら狐火を追いかけるようなものだと彼は言う。

モルゲンシュテルンは、どの投資家も自分の机の前に、次のラテン語の格言を貼っておくべきだと考えた。

Res tantum valet quantum vendi potest
すべてのものの価値は、他人がそれに支払う値段によって決まる。

6 ランダム・ウォークの実践

この章を読み終わったところで、私と一緒に投資のジャングルの中に足を踏み入れ、ウォール街のランダム・ウォークの旅に参加しようという決心をしていただけたことと思う。

私の最初の仕事は、歴史的に株価形成がどのように行われてきたかをお話しし、すでに紹介した二つの相反する株価理論が、それとどう関係するかを解き明かすことである。スペイン生まれの哲学者サンタヤナは、「もし過去の失敗から教訓を学ばなかったなら、われわれは再び同じ過ちを繰り返すだろう」と警告している。

そこで、まずはじめに、人類の歴史を飾った古今東西の主要なバブルについての話から始めることにする。読者の中には、一般大衆がこぞってチューリップの球根を買いあさった一七世紀オランダの出来事や、一八世紀イギリスの南海泡沫会社の話を、馬鹿馬鹿しいと片づける人もいるだろう。

しかし、七〇年代初頭の「ニフティ・フィフティ株」現象や、八〇年代に日本で起こった信じられないような株価・地価バブルが九〇年代に入って見るも無残に崩壊した例や、前世紀末から今世紀初めにかけてのインターネット株狂騒相場、二〇〇六年－〇七年にかけて起こったアメリカの住宅価格バブルを、単に昔話と片づけられないだろう。さらには二〇二〇年代に入ってから見られたいわゆる「ミーム株」や暗号資産に対する投機ブームを見るにつけ、過去の過ちは繰り返されるという感を強くする。個人投資家も機関投資家も油断は禁物なのだ。

第2章　市場の狂気

一〇月は株式投機を行うには、特に危険な月の一つである。それ以外にも特に危険な月としては、七月、一月、九月、四月、一一月、五月、三月、六月、一二月、八月、二月があげられる（マーク・トウェイン『間抜けのウィルソン』より）

最も危険なゲーム

貪欲さが一世を風靡するというのが、歴史上の異常な投機ブームに共通する基本的要素である。お金欲しさのあまり、市場参加者は全員、ファンダメンタル価値理論をあっさりと投げ捨て、砂上の楼閣を築くことで巨万の富が得られるという、疑わしいがスリル満点の考えにとりつかれる。ほとんどの国もこうした風潮が蔓延した経験を持っている。

投機の群集心理こそまさに、愚かしいドラマが演じられる劇場である。そこで、この劇場で上演された代表的な出し物のいくつかをご紹介しよう。この劇場で築かれた砂上の楼閣は、オランダのチューリップ球根（Bulb）のバブル、イギリスのその名も南海泡沫会社（South Sea Company）のバブル、そしてアメリカの古き良き時代のブルーチップ銘柄にまつわるバブルである。いずれの場合も、何人かの人たちはある期間、ある程度の金儲けをしたかもしれないが、全く無傷で切り抜けた人はほとんどいなかった。

バブルに限って言えば、歴史は確かに教訓を残してはくれた。砂上の楼閣理論はこのような異常な投機ブームをうまく説明してくれるが、移り気な大衆の反応を先取りして儲けようというのは、最も危険なゲームである。グスタフ・ル・ボンは一八九五年に著した群集心理についての古典的名著の中で、「群衆の間に蓄積されるのは、良識ではなく愚かさである」と述べている。しかし、この本はあまり読まれなかったと思われる。純粋に心理的要因だけで急上昇した相場は、遅かれ早かれ、例外なく金融の重力の法則に屈してついえた。維持不可能な高価格は何年も続くことはあっても、やがてピークを打って反落する時が必ず来る。

相場の崩壊はまるで大地震のように、突然やって来る。そしてブームが大きければ大きいほど、その余震も大きい。性懲りもなく砂上の楼閣づくりに励んでいた人たちの中で、こういった相場の崩壊を完全に予見し、あまり損を被らずに逃げ切った人はきわめて少ない。

1　オランダのチューリップ・バブル

トルコ原産の珍しい植物

オランダのチューリップ・バブルは、人類の歴史上最もすさまじい、お金への欲に駆られた投機ブームの一つである。しかも、一七世紀初めのオランダという堅実な国を舞台に起こったことを考えると、その異常さが一層鮮明に浮かび上がってくると言えよう。

このバブルの発端は、一五九三年にウィーンからオランダのライデンに着任した新米の植物学の教授が、チューリップというトルコ原産の珍しい植物の球根を持ち込んだところから始まった。オランダ人は庭に新たな彩りを添えるこの植物に魅せられはしたものの、球根を売って一儲けしようと企んだこの教授の言い値で買う者はいなかった。ある晩、教授の家に泥棒が忍び込んで球根を盗み出して売りさばき、思いがけない儲けを懐にした。

それから十余年の間は、チューリップはオランダで次第に人気を博したが、かなり高価な植物でもあった。ところでチューリップは、モザイク病と呼ばれるウイルス性の病気にかかるものが多かった。しかし、この病気は致命的なものではなく、むしろこのモザイク模様のために、チューリップの球根が大々的な投機の対象となるきっかけになったのである。というのはモザイク病にかかると、チューリップの花弁は「フレーム」と呼ばれる、色鮮やかな縞模様を作り出したからだ。オランダ人はこのウイルスに侵された球根を非常に珍重し、それを「ビザール」（変わり種）と呼んだ。そして瞬く間に収集熱が広がり、花ビラの模様が珍しいほど、高い値段がつくようになった。

チューリップ熱はゆっくりと蔓延していった。はじめは、あたかもアパレル業界が来年流行する洋服の生地や色、スカート丈を予測するように、チューリップ球根商人たちが来年人気の出そうなタイプの花ビラを当てようとしたところから、投機が始まった。次いで商人たちは、値が上がるのを見込んで、思惑で大量に球根を仕入れるようになった。チューリップの球根の値段は、見る見るうちに上がり始めた。そして値段が高くなればなるほど、チューリップは確実に儲かる投資対象と見られるようになった。

『群衆の異常な妄想と狂気の記録』という題で、こういった出来事の年代記をまとめたチャールズ・マッケイは、「国全体が経済活動をそっちのけにして、チューリップ球根の投機に浮かれた」と書いている。それによれば、「貴族も、平民も、農民も、職工も、水夫も、人夫も、メイドも、煙突掃除人も、年老いたお針子までも、チューリップ熱にとりつかれた」のであった。誰もがチューリップ熱は永遠に続くものと思い込んでいたかのようであった。

たかが球根の値段がこれ以上上がるわけはないと、最初は馬鹿にしていた分別のある人たちも、友人や身内が巨大な利益を上げるのを目の当たりにして、悔しがったものだ。自分たちもゲームに参加したいという誘惑に打ち勝つのは、並大抵のことではなかった。チューリップ・バブルのピークは、一六三四年から一六三七年にかけての数年間だったが、その頃になると欲に目がくらんだ人々は、土地、宝石、家具などと引き換えにしてまで、何とかチューリップの球根を手に入れようとしたのである。こうしてチューリップの球根は天文学的な高値で売買されるようになった。

投機の陰にコール・オプション

よくも悪くも金融市場の特色の一つは、投機の機会をとことん追求するための手段に対して強い需要があれば、たちどころにその方法を提供できる点にある。当時、投機家たちが少ない元手で巨額の投機を行うことを可能にしたのは、今日ではおなじみの「コール・オプション」に似た手法の開発であった。

コール・オプションとは、その持ち主にあらかじめ決められた価格（通常は市場実勢に近い価格）で、一定の期間中に、チューリップ球根を買える権利を与えるものである。オプションを購入する人は、市場価格の一五％から二〇％に当たる額を、オプション・プレミアムとして支払うことになる。例えば、現在一〇〇ギルダーのチューリップの球根をこの値段で買えるコール・オプションが、二〇ギルダーで購入できるとしよう。もしこの球根の値段が二〇〇ギルダーに上昇したとすると、コール・オプションの持ち主は当然オプションを行使する。つまり、その人は球根を一〇〇ギルダーで買うと同時に、市場で二〇〇ギルダーで売るのである。そうすることによってたちどころに、一〇〇ギルダーの値上がり益からオプションの購入のために支払った二〇ギルダーを差し引いた八〇ギルダーを、利益として得ることができる。

これによってオプションに投資した人は、元本を五倍に増やせたことになる。もし直接現物を売り買いするだけなら、元本は二倍にしか増えなかった勘定だ。コール・オプションを用いれば、市場に参加するための元手はずっと少なくてすみ、投資資金を有効に活用することができる。コール・オプションはレバレッジをかけて投資する一つの方法である。レバレッジとは、ある投資のリターンの可能性（そしてリスクも）を増幅させるテクニックの総称である。このような手法の導入は、疑いもなく投機への参加者の裾野を広げる役割を果たした。今日の市場でもしかりである。

この時代は、悲喜劇に満ちたエピソードにあふれている。ある有名な事件の主役は、長い航海を無事終えて、雇い主の裕福な商人に船荷の到着を知らせに来た船乗りだった。商人はこの船乗りをねぎらうためにカウンターに座らせ、褒美として朝食に上等のニシンを振る舞った。豪華な絹やベルベットに覆われたその部屋のカウンターには、部屋の雰囲気とは不釣り合いな「玉ねぎ」が置いてあった。そして船乗りは、てっきりそれをニシンのつけ合わせの薬味と信じて、食べてしまったのである。それが船の乗組員全員を一年間養うに足るほど高価なものであることなど、夢にも思わなかったのだ。実はこの「玉ねぎ」は、「センパー・オーグスタス」種という、高価なチューリップの球根だった。かわいそうな船乗りにとって、この薬味は大変高くついた。怒り狂った商人は、船乗りを窃盗罪で数カ月間も投獄したのだ。

誰も逃げきれなかった

歴史家たちは常に過去を現代の目で解釈し直すことを仕事としている。金融史の研究者たちも過去の主要なバブルに関する新たな史実を調べ出し、実はどのバブルにもそれなりの理屈が見出されることが多いと言い始めた。その一人として知られるピーター・ガーバーは、一七世紀オランダのチューリップの価格形成は、一般に言われているよりは遥かに合理的なものだったと主張するのだ。

ガーバーの指摘には一理あり、私もこの期間に見られたチューリップの球根の価格形成に、全く何の根拠もなかったと主張するつもりはない。ガーバーによれば、例えばセンパー・オーグスタスは特に珍しく、美しい花を咲かせる種類であったため、チューリップ投機が始まる以前から、高値で売買されていた。さらにガーバーの調査によれば、希少な種類は、球根一般の価格が暴落した後も、ピーク時の何分の一というレベルではあったにせよ、高価格を維持していたのである。

しかし、一六三七年一月にチューリップの球根が二〇倍に跳ね上がった後、二月にはそれ以上の幅の下落を示した現象については、ガーバーも合理的な説明は見当たらないと言っている。どんな投機熱の時でもそうだが、価格があまりに高くなりすぎると、一部の人たちがここらあたりで売っておいたほうが賢明だろうと考え始める。すると他の人たちがこれに続く。こうなると後は急な坂を転げ落ちる雪だるまのようなもので、価格の下落は加速がつき、わずかの間にパニック状態に陥るのである。

これを受けて政府の要人たちは、チューリップの価格がこれ以上下落する理由は何もないと公式に発言したが、耳を傾ける者はいなかった。そして破産したディーラーたちが、一定の価格でチューリップの球根を買い取るというオプション契約の履行を拒否したのだ。政府は、すべてのオプションを契約価格の一〇％で清算させる方針を立てたが、球根価格がそれ以下になってしまったために、失敗に終わった。そして価格はさらに下がり続けて、ついにはほとんどの球根はただ同然に、つまり普通の玉ねぎと変わらないくらいの値段になってしまった。

2　イギリスの南海バブル

国策の「投資」会社

取引のある証券会社から電話があって、今のところ売り上げも利益も上がっていないが、将来性だけは素晴らしい、新しい会社への投資を勧められたとしよう。あなたは「何をしている会社ですか」と尋ねることだろう。セールスマンは、「申し訳ありませんが、会社の業務内容は誰にもわからないのです。しかし、大儲けだけはお約束できます」と言うのだ。「これではまるで詐欺ではないか」と、あなたは言うだろう。

確かにその通り。しかし、三〇〇年前のイギリスでは、こういう会社こそ最も人気のある新規公開株だったのである。そしてまさにあなたが心配した通り、投資家はひどい目に遭った。この話は、インチキ話がいかに欲の皮の突っ張った人々をして、まともな話以上にお金をドブに投げ捨てる行為に走らせるかを教えてくれる。

南海バブルの時代のイギリスは、まさにお金を投げ捨てるには機が熟していた。大英帝国の繁栄が長年続いたおかげで、市民は金持ちになっていたのに、投資機会が不足していたのである。当時は、株式を所有することは一種の特権のように思われていた。例えば一六九三年当時、東インド会社の株主になれた人は、たったの四九九人にすぎなかった。株主になる特典はいくつもあったが、中でも特に魅力があったのは、配当が非課税だったことである。株主の中には女性も含まれていた。株式は女性が自分名義で持つことのできる、数少ない財産の一つだったのだ。

投資対象を生み出す必要性に迫られて一七一一年に設立された南海会社（South Sea Company）は、政府の国債の元利払い能力に対する信頼回復のために設立された国策会社だった。この会社は、一〇〇〇万ポンド近い政府の債務を肩代わりし、その見返りに南米貿易権を独占的に与えられたのである。一般大衆は南米貿易は大いなる富の源と考えていたため、南海会社の株式を熱狂的に買い求めた。

南海会社は設立当初から、国民の犠牲のうえに巨万の富を手に入れた。というのは、南海会社が肩代わりした国債の持ち主が引き換えに受け取ったのは、同社の株式だったからである。事前に南海会社設立の話を知っていた者は、市場で額面の〇・五五の安値で売買されていた国債をこっそり買っておいて、会社が設立された時に、額面で株式と交換したものだ。同社の経営者の中には、南米貿易の経験のある者は一人もいなかった。にもかかわらず、南海会社はすぐにアフリカの奴隷貿易に手を染めた。当時の南米貿易の中で、最も利益の上がる商品はこれであった。しかし、輸送中の奴隷の死亡率があまりに高かったため、これすら利益を約束された商売ではなかったのだ。

しかし経営者たちは、体裁を整えるのが巧みだった。同社はロンドン市中に豪華な建物を借り、役員室には黒光りするスペイン製の革張りの椅子が三〇脚も置かれていた。ぶな材で縁どられ、金ピカの釘を打ちつけられたこの椅子は、見た目は素晴らしかったが座り心地はよくなかった。それはさておき、ベラクルスでどうしても必要とされていた羊毛を、この会社は船一艘分誤ってカルタヘナに送ってしまい、買い手がつかないまま、波止場につながれている間に荷物が腐ったりもした。しかし、こんな杜撰な経営にもかかわらず、南海会社の株は次の数年間にはわずかながら値上がりした。「ボーナス」として株式配当が行われたため価値が稀薄化し、スペインとの戦争で商売が一時的にストップしてしまったにもかかわらず、である。名著『南海バブル事件』を著したジョン・カーズウェルは、南海会社の取締役の一人で同社株売り出しの主謀者の一人でもあったジョン・ブラントについて、次のように記している。「彼は常に右手にバイブルを、左手には新株発行目論見書を持って暮らした。そして、彼の右手は決して左手がしていることを知らされなかった」

ドーバー海峡の対岸では、イギリスから追放されたあのジョン・ローの手で、別の株式会社が設立されていた。ローの人生最大の目標は、金貨の代わりに紙幣を発行し、国家の保証と地方政府のネットワークの管理の下に信用創造を行い、通貨供給を増加させることだった。「ビットコイン」のプロモーターたちはその末裔なのだ。この目的のために、ローはミシシッピ・カンパニーなる倒産した会社を買収し、人類史上おそらく最大級の資本金を持つコングロマリットを作り上げるに至った。

ミシシッピ・カンパニーは、ヨーロッパ大陸中の投機家とそのお金を引きつけた。「百万長者」なる言葉が生まれたのも、この時である。それというのも、たった二年の間に、この会社の株価はさしたる根拠もないのに一〇〇ポンドから二〇〇〇ポンドに暴騰したのである。ピーク時のミシシッピ・カンパニーの時価総額は、何とフランスの持つ金と銀の時価総額の八〇倍以上にもなっていた。

国王の愛人たちも株式を購入

さて、こちらイギリスでは、ささやかな愛国的対抗心が芽生え始めた。つまり、すべてのお金がミシシッピ・カンパニーに流れ込むのを放置しておいていいのか、イギリスでこれに対抗できるものはないのか、というわけだ。その答えが南海会社であった。その頃になると、特に一七一九年一二月にスペインと講和が結ばれ、ついに南米貿易路が通行可能になるというニュースが伝わり、見通しは多少とも好転していた。メキシコ人たちは、イギリスから木綿や羊毛製品を大量に買い、金をどっさり支払ってくれるはずだった。これこそまさに自由貿易の勝利だ。

欲の皮の突っ張った南海会社の経営陣は、評判のよいことを利用して、一七二〇年に何と三一〇〇万ポンドにのぼるイギリスの国債全額を、肩代わりすると発表したのだ。この実に向こう見ずな決定を、イギリス国民は熱狂的に歓迎した。イギリス議会にこの法案が提出されるや否や、南海会社の株価は一三〇ポンドから三〇〇ポンドに暴騰したのである。

この法案の成立に協力した友人や支持者たちは、その見返りとして無料で同社の株券を付与された。その株券は暴騰した株価に基づいて、後ほど会社が買い戻し、保有者たちはタナボタの利益を懐にしたものだ。こうして利益を得た人たちの中には、国王ジョージ一世の愛人と、その姪たち（なぜか皆、国王にそっくりの顔をしていたが）も含まれていた。

一七二〇年四月一二日、法案が議会で成立して五日目に、南海会社は一株三〇〇ポンドで新株を発行した。この新株は頭金を六〇ポンド払えば、後は八回の分割払いで購入することができた。国王ですら、自分の欲を抑えきれずに、総額一〇万ポンド相当の新株を購入した。株式を買いに殺到した人たちの間で大喧嘩になったほどだ。投資家の買い意欲を満たすために、経営陣は新株の追加発行を発表した。それも何と四〇〇ポンドで。しかし、大衆はもっと貪欲であった。一カ月以内に株価は五五〇ポンドになり、さらに上昇を続けた。そこで六月一五日に再び追加の新株発行が行われたが、今度の払込条件はもっと緩く、頭金は一〇％、次の払い込みは一年先でよかった。株価は八〇〇ポンドに達し、貴族院議員の半数と下院議員の半数以上が株式を購入した。ついに株価は一〇〇〇ポンド近くになり、投機熱は最高潮に達した。

バブル企業が次々と新規公開

南海会社ですら、お金をドブに捨てたくてうずうずしている愚か者全員の欲求を満たすことはできなかった。そこで市場は、最初から参加できる新しいベンチャーを探し求めた。ちょうど今日の投機家が第二のマイクロソフトやグーグルを探し求めるように、一七〇〇年代初めのイギリス人は、第二、第三の南海会社を求めていた。プロモーターたちは、次々と新規公開株を手がけることで、大衆の飽くなき欲望を満足させようとした。

日がたつにつれ、一見天才的なものから荒唐無稽なものまで、ありとあらゆるベンチャーが市場に持ち込まれるようになった。イギリスにもたくさんいたにもかかわらず、雄のロバをわざわざスペインから大量に輸入しようという事業や、海水を淡水化しようというものも含まれていた。そして、おがくずから板を作るといった、インチキくさいベンチャーが次第に増えてきた。こうして打ち上げられた一〇〇近いベンチャーは、いずれも突飛さといい加減さでは勝るとも劣らないものばかりだったが、巨万の利益を約束するという点だけは共通していた。そのうち、こういったベンチャーをまとめて「バブル」と呼ぶようになった。これらの多くはまるで水泡のように——大体一週間くらいで——すぐに消えていったためだが、まさにぴったりの呼称であった。

大衆はどんなものでも食らいつくように思えた。この時期、株式を売り出した新会社の設立目的を見ると、海賊に襲われない船の建造、イギリスにおける馬の品種改良の促進、人間の頭髪の売買、私生児の養育院建設、鉛から銀の抽出、さらに永遠に回り続ける車輪の開発、などなどである。

しかし、何といっても最高の傑作は、「誰にも実体はわからないが、多大な利益の上がる事業を行う会社」を始めた無名の男だろう。この会社の発行目論見書には、前代未聞の利益が約束されていた。申込受付が始まった朝九時には、あらゆる階層の人たちが群れをなして受付場所に殺到した。そして五時間以内に実に一〇〇〇人もの投資家が、この会社の株式を買うために資金を払い込んだのである。この男は、いたって控え目な人間であったと見え、そのお金を手にして店をたたみ、こっそりヨーロッパ大陸に渡った。その男の消息はその後、杳として知れなかった。

かのニュートンも大損

バブル会社に投資した人たちの皆が皆、投資先の会社の事業計画が実現可能と信じていたわけではない。それらのアイデアが可能だと信じるには、「分別」がありすぎた。しかし、誰もが「自分たちよりもっと愚か者が存在する」という理屈を信じていた。株価が上がり、買い手がつけば、その前に買った人たちは利益を得られる。したがって、ほとんどの投資家は、自分たちの行動はバブルが膨らんでいる間は「全く理にかなったもの」と信じていた。少なくとも、新規発行時に株式を買ってさえおけば、いわゆる「アフター・マーケット」で、必ずプレミアム付きで売却できると信じていた。

神々は人間に罰を下す前に、まずもてあそぶものである。少なくとも、最後の日が近いことを思わせる兆候はあった。その名も「バブル・カード」と銘打って、泡沫会社を皮肉ったトランプが売り出されたのである。一つ一つのトランプの札には漫画が描かれ、その下にはそれぞれの会社にふさわしい一文が記されていた。

皮肉られた会社の一つ、パックル・マシニング・カンパニーは、丸い玉と四角い玉の両方を発射でき

Puckle's Machine
Round Bullets against Christians
Square Bullets against Turks
A rare invention to Destroy the Crowd,
Of Fools at Home instead of Foes Abroad:
Fear not my Friends, this terrible Machine,
They're only Wounded that have Shares therein.

る大砲兼鉄砲を製造するはずだった。これを考案したパックル氏は、この機械は戦争技術に一大革命を引き起こすと主張した。この会社のカードはスペードの八で、漫画の下には次のように紹介されている。

> 大衆を皆殺しにする稀な発明
> 標的は外国人ではなくイギリスの愚か者
> 友よ、このおぞましい機械を恐れるなかれ
> 当社の株式を持てば、ケガはするが死は免れる

ほとんどのバブル会社は投機熱に水をさすことなく潰れていったが、本当の破局は八月に南海会社そのものの、取り返しのつかない失策によって起きた。それは南海会社の経営者や幹部社員たちが自ら仕組んだものだった。彼らは株価が会社の実体とは何の

図1　**南海会社の株価（1717〜1722年）**

（出所）　Larry Neal, *The Rise of Financial Capitalism* (1990).

関係もないことに遅ればせながら不安を抱き始め、何と夏の間に自分たちの保有する株を手放していたのである。

このニュースが漏れたために、株価は下がり始めた。そして、ほどなく株価は急落し、パニック状態に陥った。図1は南海会社の株価の劇的な上昇と下落の様子を示したものである。政府の役人は信頼を回復しようと無駄な努力を払ったが、国の信用秩序はほとんど崩壊寸前の状態になった。同様に、ミシシッピ・カンパニーの株も、大衆が紙幣の印刷は価値の創出とは無関係で、ただインフレを引き起こすだけだと気づいたために、暴落して紙屑同然になってしまった。南海バブルで多大な損失を被った人々

の中には、かのアイザック・ニュートンもいた。「私は天体の動きは計算できるのだが、人間の狂気ばかりは測りきれなかった」と嘆いたものである。

これ以上大衆が詐取されるのを防ぐために、イギリス議会はバブル防止法を制定し、企業が新規に株式を発行することを禁じた。このため、一八二五年にこの法律が廃止されるまでの一世紀以上にわたって、イギリスで流通する株式の数は非常に少なかった。

3　一九二〇年代にウォール街が育んだバブル

チューリップ・バブルも南海バブルも、もちろん今となっては古い話である。同じようなことが、進歩した現代社会でも起こりうるのであろうか。そこで次にアメリカ自身の歴史を振り返って、もっと最近時点の、もっとなじみの深い例を見てみよう。成長と機会の平等を重視する国アメリカも、壮大なバブルを演出した経験を持っている。

投機の舞台として、環境がこれほど整ったことはかつてなかった。その時のアメリカは比類なき繁栄の極みにあった。アメリカのビジネスに信頼を置かないなどというのは不可能だった。カルビン・クーリッジ大統領はいみじくも、「アメリカのやるべきビジネス（仕事）はビジネス（事業）である」との たまったものである。企業経営者は宣教師になぞらえて、半ば神格化された。また、同じたとえは反対の意味でも使われた。ニューヨークの広告会社バッテン・バートン・ダースタイン・アンド・オズボーンのブルース・バートンは、『誰も知らない男（*The Man Nobody Knows*）』と題するエッセーの中で、「イエス・キリストは人類最初の事業家であり、彼の説法は全時代を通じて最も効果的なコマーシャル

表1

（単位：ドル，％）

銘柄	1928年3月3日始値	1929年9月3日高値*	18カ月間の上昇率
ＡＴ＆Ｔ	179½	335⅝	87.0
ベスレヘム・スチール	56⅞	140⅜	146.8
ゼネラル・エレクトリック（ＧＥ）	128¾	396¼	207.8
モンゴメリー・ウォード	132¾	466½	251.4
ＮＣＲ	50¾	127½	151.2
ＲＣＡ	94½	505	434.5

（注）　*1928年3月3日以降の株式分割等の影響を調整。

だった」と書いている。

一九二八年に入ると、株式投機は国をあげてのブームとなった。一九二八年三月から二九年九月初めまでの一年半の間の株価上昇率は、それまでの五年間のそれに匹敵した。主要な製造業企業の株の一日当たり値上がり幅は、一〇～一五ポイントにのぼることもあった。当時の値上がりの凄まじさの一端は、表1に示す通りである。

一般に考えられているほど、全国民が株式投機にうつつを抜かしていたわけではない。確かに信用取引のための借入残高は、一九二一年にはわずか一〇億ドルにすぎなかったのが、二九年には九〇億ドル近くに増えていた。それでも二九年に信用取引を行っていたのは、せいぜい一〇〇万人くらいのものだった。しかし、少なくとも株式投機熱は過去の狂気の時代と同様な広がりを見せており、その度合いは過去に例がなかった。より重要なのは、株式投機が当時のアメリカ人の生活の中心を占めるようになってしまったということだ。ジョン・ブルックスは、『いにしえのゴルコンダにて*』という本の中で、ニューヨークに赴任してきたイギリス人特派員の感想を、次のように記している。「話題としては禁酒法、ヘミングウェイ、エアコン、音楽、競馬などいろいろあるが、最後はいつも株の話になってしまう。そしてそこで初めてみんな真剣になるのだ」

＊ゴルコンダはインドにある古代の廃墟。伝説によれば、この町を通過した人は皆、金持ちになったという。

プーリング操作で大衆を手玉に

不幸なことに、砂上の楼閣づくりの手助けをしたいと、投資家に愛想笑いを浮かべて近づいてくる証券業者がわんさといた。株価操作は、そのひどさの度合いにおいて最高潮に達した。その最たる例は、プーリング操作の横行であろう。例えば、ＲＣＡの株価は、プーリング操作によって四日間で何と六一ポイントも上昇したことがあった。プーリング操作によって、どのように株価操作が行われたかを解説しよう。

プーリングは一方で緊密な協力者を必要とし、もう一方では大衆投資家を徹底的に手玉にとるものである。一般に、プーリング操作は何人かのトレーダーが手を組んで、特定の銘柄の株価を操作することから始まる。その中から、一種の芸術家的な才があると目される男がプール・マネジャーに選出され、個人的利益のために仲間を出し抜かないことを約束する。

プール・マネジャーはまず、何週間もかけて特定の銘柄の株式をこっそりと買い集め、可能な場合には、現在の株価で追加に株式を購入できるオプションも手に入れる。そうしておいて取引所でその銘柄を取り仕切るスペシャリストを仲間に引き入れる。

プール・メンバーはこうして取引所のスペシャリストを自分の味方につけた上で、取引に参加する。取引所のスペシャリストは、いわばブローカーのブローカーである。ある銘柄が一株五〇ドルで市場で取引されているとして、投資家がブローカーに四五ドルで買い注文を出したとしよう。ブローカーは通常、その買い注文をスペシャリストに預けることになる。そして、株価が四五ドルに下落した時に、スペシャリストはその注文を執行する。

このように、すべての市場価格以下の買い注文、市場価格以上の売り注文は、本来スペシャリストしか知らない「ブック」に記載される。これでプール・マネジャーにとって、スペシャリストがいかに貴重な存在かがおわかりいただけよう。というのは、スペシャリストのブックには、現在の株価以下の買い注文と、現在の株価以上の売り注文がどれだけ来ているかが、記載されているからである。一般投資家がどのような形で市場に参加しようとしているかについて、なるべく多くの情報を知っておくことは非常に重要だった。そして本当の楽しみはここからである。

この段階で、プール・マネジャーはプール・メンバー同士で売買のキャッチボールをさせる。例えば、ハスケルはある銘柄をシドニーに四〇ドルで二〇〇株売却し、シドニーは同じ銘柄を四〇$\frac{1}{8}$ドルで再びハスケルに売り戻す。同じ手口で次には四〇〇株を、四〇$\frac{1}{4}$ドルと四〇$\frac{1}{2}$ドルで売買させるのである。次に一〇〇〇株のブロック売りを四〇$\frac{5}{8}$ドルで行い、さらに四〇$\frac{3}{4}$ドルで買い戻させる。これらの売買は全国にティッカーテープを通じて流れ、アメリカ中の証券会社の店頭に押しかけてテープを見つめる大衆投資家に、架空の取引があたかも現実のように伝達される。このような売買は、いわゆる「ウォッシュ・セール」によって生み出される見せかけの取引なのだが、まだ一般に知られていない材料に基づいて、何か大きな取引が背後で行われているかのような印象を作り出すのである。

この時点で、プール・マネジャーに買収されている予想屋や市場解説者たちが、わくわくするようなことが起きようとしていると伝え始める。プール・マネジャーはまた、会社にも手を回して発表されるニュースもいい話が増えてくるように根回しする。もしすべてがうまくいく場合には、そして一九二八年から二九年にかけての投機熱に浮かれた時代にはたいていうまくいったのだが、テープ操作と管理されたニュースの流れの歯車が噛み合うと、大衆はたいてい乗ってくる。

この全員参加ゲームにいったん大衆が乗ってくると、その時こそプロがこっそり「栓を抜く」時なのだ。今や大衆が買い向かってきたため、プール側は売りに回る。プール・マネジャーは大衆投資家が気づく前に、はじめは少しずつ、そして次第に大量の株式を、市場に供給する。ジェットコースターのような値動きの中で、プール・メンバーは多額の利益を上げ、大衆は気がついた時には、急落した株式をつかまされているというわけだ。

自社株を空売りするチェース銀行頭取

しかし、大衆を騙すのに、必ずしもプール組織に加わる必要はなかった。特に会社の経営者や幹部社員たちは、個人でもかなりうまくやってのけた。

例えば、当時、全米第二位の大銀行だったチェースの頭取、アルバート・ウィッギンを例にとってみよう。一九二九年七月に、ウィッギンは株価が目のくらむような高みに達したために不安になって、市場の強気筋と袂（たもと）を分かつことにしたのである。それまでに自分の銀行の株価を押し上げるプール組織に加わって、何百万ドルも稼いだというもっぱらの噂だった。チェースの業績見通しが非常に暗いことを知っていた彼は、チェースの株式を四万二〇〇〇株以上も空売りしたと言われた。空売りというのは、株価が下がるという予想に基づいて、お金を儲ける方法である。つまり、今手元に持っていない株式を借りてきて、将来値が下がった時に買い戻すという約束で売るのだ。言うなれば、安く買って高く売るという行為を、順序を逆にやるようなものである。

ウィッギンの売りのタイミングは絶妙だった。空売りの直後からチェースの株価は下げ始め、秋に暴落が起こった時には、チェース株は紙屑同然になっていた。そして、一一月に取引を手じまいした時に、ウィッギンは何百万ドルもの利益を手にしていた。彼の頭の中には、およそこれが利益相反に当たるという意識はなかったようである。ウィッギンの名誉のためにあえて付け加えておくと、この期間中、チェース株に関して彼はネットでは買い持ちの状態であった。それでも今日の法律では、インサイダーが自社株の短期売買によって利益を上げることは、固く禁止されている行為だ。

ロジャー・バブソンの予言

一九二九年九月三日に、ダウ平均はピークをつけ、その後四半世紀というもの、この高値は更新されることはなかった。「限りなき繁栄の連鎖」は、今や破綻寸前だった。何カ月も前に実体経済はすでに下降線をたどっていた。翌日の株価は小康状態を保ったが、翌々日に市場は後に「バブソン・ブレーク」と呼ばれるようになる暴落を演じた。

この名前は、マサチューセッツ州ウェルズリーに住む、やぎ髭を生やした仙人のような風貌の投資アドバイザー、ロジャー・バブソンにちなんだものだ。彼はその日の昼食会の席上で、「私は昨年のこの時期にも、一昨年のこの時期にも言ったのと全く同じことを、再度繰り返したい。早晩、破局が訪れる」と語った。しかし、ウォール街のプロたちは、この「ウェルズリーの賢人」のおなじみのご託宣を、例によって嘲った。

バブソンは、もう何年も暴落が起きることを予言していたが、それが実現しないまま、その日を迎えたのである。しかし、午後二時にバブソンの言葉が、ダウ・ジョーンズのニューステープを通じて国中の証券会社に流れ始めた途端、相場は急落に転じた。そして、場が引けるまでの残された短い嵐のような取引時間の間にAT&Tは六ドル、ウエスチングハウスは七ドル、USスチールは九ドル下げた。これほど見事に予言が的中したエピソードは、そうはあるまい。このバブソン・ブレークを境に、一カ月前まではおよそ考えられもしなかった暴落の可能性が、にわかに信憑性を帯びて語られ始めた。

自信の崩れ去った九月には、相場は上がった日よりも下がった日のほうが圧倒的に多かった。そして時々、大きく下落した。銀行家や政府の要人は何も不安材料はないと強調して、国民を安心させようと努めた。正統派のファンダメンタル価値理論の守護神と目されていた、エール大学のアービング・フィッシャー教授もその一人だった。彼は後に「不死身の人」と称されるよりどころとなった、「株価は今や『恒常的な高値圏』にある」という、有名な言葉を口にした。

一〇月二一日の月曜日までに、古典的な株式市場の暴落の舞台は整った。株価の下落によって、信用取引をしている客はさらなる追い証の差し入れを要請されていた。これに応えられない、あるいは応えたくない投資家は、持ち株の売却を余儀なくされた。そのため株価はますます下がり、客は一層追い詰められ、後は自ら招いた暴落の波の間に間に、身を任せるほかなかった。

一〇月二一日の売り注文は、六〇〇万株以上にのぼった。ティッカーテープは実際の取引にとても追いついていけず、全米の証券会社の店頭でテープを見つめている何千、何万もの投資家を、パニックに陥れた。場が引けて一時間四〇分近くたってから、ようやく最後の取引がティッカーに記録されたのであった。

負けん気の強いフィッシャーは、この暴落を「信用取引で博打をしている、一部の頭のおかしい連中がはじき出されただけだ」と平静さを装った。そればかりか、暴落前の株価は実はファンダメンタル価値を十分には反映しておらず、株価はこれからまだ上昇してもおかしくないとさえ公言した。教授はそ

表2

（単位：ドル）

銘　　　　柄	1929年9月3日の高値*	1929年11月13日の安値	1932年の安値
AT&T	304	197¼	70¼
ベスレヘム・スチール	140⅜	78¼	7¼
ゼネラル・エレクトリック（GE）	396¼	168⅛	8½
モンゴメリー・ウォード	137⅞	49¼	3½
NCR	127½	59	6¼
RCA	101	28	2½

（注）　＊1929年9月3日以降の株式分割等の影響を調整。

の一つの根拠として、「市場はまだ、禁酒法がアメリカの労働者の生産性と信頼性を向上させる効果を、十分には織り込んでいない」と考えていたのだ。

悲惨な不況へ

後に「暗黒の木曜日」と呼ばれるようになった一〇月二四日、出来高は一三〇〇万株近くに達した。株価は銘柄によっては一つの取引ごとに五ドルとか一〇ドルも下落した。そして、数時間のうちに多くの銘柄は四〇ドルから五〇ドルも値を下げた。その翌日、ハーバート・フーバー大統領は、「わが国経済のファンダメンタルズは……健全で万事順調である」という、かの有名な声明を出したのである。

一九二九年一〇月二九日の火曜日は、ニューヨーク証券取引所の歴史上、最も破滅的な日となった。パニックの度合いで、この日と肩を並べられるのは、一九八七年一〇月一九～二〇日にかけての暴落くらいのものだろう。この日の出来高は一六四〇万株以上だった（これを二〇一〇年時点の上場株数で修正すれば、おそらく何十億株にも相当すると思われる）。株価はほぼ一直線に下落し、表2に示されるように、その後三年間下げ続けた。最も「安全」な株と言われたAT&Tのように、四分の三しか目減りしなかったものもあるが、ほとんどのブルーチップ銘柄は、三二年の底値に至るまでに九五%以上も下落した。

おそらくこの事件の顚末を一番よく表しているのは、ショー・ビジネス週刊誌、バラエティがつけた表題「ウォール街も過ちを犯す」だろう。投機ブームは終わり、何十億ドルもの富と何百万人ものアメリカ国民の夢は、あえなく消えてしまった。そして、株式市場の暴落は、アメリカの歴史上最も悲惨な不況へと進んでいった。

ここでも歴史の再評価が登場する。一九二〇年代の狂乱相場にも、それなりの理屈が存在したというのだ。例えばハロルド・ビアマン・ジュニアは『一九二九年の大いなる誤解』の中でこう言う。完全な将来見通しが描けない中で、アメリカ経済の先行きが非常に明るかったことを考えれば、一九二九年の株価水準は明らかに過大評価だったとは言えないと。確かにあの時代の賢人を代表するアービング・フィッシャーやジョン・メイナード・ケインズですら、株価は妥当な水準だと思っていたのだ。

ビアマンはさらに一歩踏み込んで、もし誤った金融政策がとられなかったならば、高株価に反映された極端に楽観的な見方が現実のものになった可能性もあったと主張する。彼によれば、株価の暴落そのものが、投機筋を規制するために連銀が金利を引き上げたことがきっかけで始まったのである。確かにビアマンの指摘には一理ある。今日、多くの経済学者が、一九三〇年代にあんなに悲惨な恐慌をもたらした主犯は、連銀がマネーサプライの急速な収縮を許したことだと指摘している。しかし、歴史は私たちに、急騰した株価が徐々に正常な水準に移行するケースは稀であることを教えている。仮に二〇年代の繁栄が三〇年代にも続いたとしても、二〇年代末の高い株価水準は決して維持できなかったに違いない。

さらには、第15章で紹介するクローズド・エンド型投資信託の不自然な価格形成が、一九二〇年代の株価形成が非常に不合理なものであったことの動かぬ証拠と言える。これらの投資信託の「ファンダメンタル価値」は何かと言えば、それはそのファンドに組み入れられた証券の時価の合計にほかならない。実際、一九三〇年代以降、今日に至るまでのほとんどの期間に、このタイプの投資信託の株価はファンダメンタル価値を平均して一〇％から二〇％ほど下回る水準で売買されていた。しかるに一九二九年の一月から八月にかけては、典型的なクローズド・エンド型投信は平均して組み入れ証券の時価の五〇％増しのプレミアム価格で売買されており、最も人気のあった投信につけられたプレミアムは天文学的な水準になっていたのである。

例えば、ゴールドマン・サックス・トレーディング・コーポレーションという投信は純資産価値の二倍の値段がついていたし、トライコンチネンタル・コーポレーションの場合は二・五六倍で売買されていた。これはどういうことかというと、同じＡＴ＆Ｔ株をこれらの投信を通して間接的に買う時には株価の二・五倍も払っていたということなのだ。

これらの投信の市場価格は、それ自体がかなり過大評価されていた組み入れ証券の時価の、さらに二～三倍もの水準になっていたのである。こうした大幅なプレミアム価格をもたらしたのは、非合理な投機熱以外の何ものでもなかった。

まとめ

なぜ人間の記憶は、かくも短命なのであろうか。なぜ繰り返し起こる投機ブームは、過去の教訓を一つも生かそうとしないのだろうか。私には、適切な答えは思い浮かばない。しかし、「こういった事例を研究することは、投資家が身を守る上で大いに参考になる」といったバーナード・バルークに、私は全面的に賛成するものである。私の個人的経験から言うと、市場で常に損をする人たちというのは、大小様々のチューリップ・バブルの魅力に抵抗できないタイプの人たちである。

この教訓は全く自明なことなのだが、忘れ去ることもまたたやすい。

第3章　一九六〇年代から九〇年代にかけてのバブル

教訓はどこにでも転がっているさ、あんたが見つけようとさえすれば（ルイス・キャロル『不思議の国のアリス』より）

これまで見てきたように、群集の狂気は時には凄まじいものになることもある。今まであげた例やその他のいろいろな話を聞くにつけ、より多くの人たちが自分たちの財産管理を専門家の手に委ねたほうがよいと考えるようになったのも無理はない。市場の動きを熟知していて慎重に投資する、信頼のおける専門家に頼もうというわけである。

この結果、私たちのほとんどは、財産の少なくともある部分（実はほとんど全部ということも多いのだが）の運用を、年金や退職基金、投資信託、投資顧問会社などの、いわゆる機関投資家の専門家に委ねている。群集は頭がおかしくなることがあるかもしれないが、機関投資家のプロはそれを超越しているはずだ。

よかろう、それでは一つ、その機関投資家の健全度を確かめてみよう。

1　機関投資家の健全度

一九九〇年代には、機関投資家はニューヨーク証券取引所の出来高の九〇％以上を占めるようになっていた。そして当然のことながら、プロの理詰めで専門的なアプローチは、過去に見られたような行き過ぎた暴走に対する、強力な歯止めになるはずだと思うかもしれない。

ところが、事実はそうでもないのだ。実際、プロの投資家たちも一九六〇年代から九〇年代にかけて、いくつかの明らかに投機的な動きに加担してきたのだ。いずれのケースでも、機関投資家が株式を積極的に買ったのは、ファンダメンタル価値理論に照らして株式が過小評価されていると感じたからではなく、自分たちよりも愚かな連中がより高い値段で買いに来るだろうと予想したからにほかならない。今日の市場でもこういった投機的な行動が見られることから、機関投資家の行動について概観しておくことは、特に有益だと思われる。

2　黄金の六〇年代

「成長」という魔法の言葉

それではウォール街の旅を、私がそこで職を得た年――一九五九年から始めることにしよう。「成長」こそがその時のマジック・ワードで、ほとんど神秘的な力を持っていたのである。ＩＢＭやテキサス・インスツルメンツといった当時の代表的な成長株は、八〇倍以上の株価収益率で取引されていた

（もっとも一年後には二〇～三〇倍台に下がったが）。

実際、当時、成長株の株価水準に疑念を差しはさむ人間は、ほとんど異端視されたのである。これらの高い株価は、ファンダメンタル価値理論では全く正当化できなかった。しかし投資家たちは、黄金の六〇年代にはどんどん買い手がやって来て、さらに高い値段をつけると信じていた。きっとケインズは、天国か地獄かはさておき、あの世から微笑を浮かべて、満足げにこの事態を見守っていたに違いない。

その当時、私の会社のシニア・パートナーの一人が信じられないというように首を振りながら、あの大暴落を経験した四〇歳以上の人間なら、誰もこんな馬鹿高値の成長株を買う者はいないだろうにと呆れていたのを、今でも鮮明に覚えている。しかし、新人類たちは、成長株コンセプトに飛びついた。当時のニューズウィーク誌によれば、ある証券業者は「投機している連中は、買った銘柄は何であれ一晩で倍になると考えている。恐ろしいのは、それが実現してしまうことだ」と語っている。

事態はさらに過熱した。プロモーターたちは航空宇宙関連株への投資家の飽くなき買い意欲を満たすため、何十もの新規公開銘柄を作り上げたものだ。一九五九年から六二年にかけて、それまで見たこともないほどたくさんの新規公開銘柄が売り出された。当時の公開株ブームは、その熱狂ぶりにおいても、残念なことに不正行為の度合いにおいても、あの南海バブルの時代に勝るとも劣らなかった。

社名こそが鍵

新規公開銘柄はたいていの場合、その事業内容にかかわりなく「エレクトロニクス」という名詞をもじった社名を冠していたため、「トロニクス・ブーム」と呼ばれた。これらの銘柄の買い手は、神秘的なエレクトロニックの響きのある名前がついていさえすれば、事業内容には全く関心がなかった。例え

表1

(単位：ドル)

銘柄	公開日	公開価格	取引初値	1961年高値	1962年安値
ブーントン・エレクトロニクス	1961. 3. 6	5½	12¼*	24½*	1⅝*
ジオフィジックス・アメリカ	1960.12. 8	14	27	58	9
ハイドロ・スペース・テクノロジー	1960. 7.19	3	7	7	1
マザーズ・クッキー	1961. 3. 8	15	23	25	7

(注) ＊1株と1ワラント当たりの価格。

ば、アメリカン・ミュージック・ギルドの事業は訪問販売でレコードとプレーヤーを売る以外に何もなかったのだが、「公開」直前に社名を「スペーストーン」に変更した。この会社の株価は公開時には二ドルだったのが、数週間のうちに何と一四ドルにまで上昇したのだ。

投資信託業界のリーダーの一つであるドレイファス・アンド・カンパニーのジャック・ドレイファスは、この狂気の流行について次のようにコメントした。

これまで四〇年間、靴の紐を製造してきた堅実で小さな企業で、株価収益率六倍の会社があったとしよう。この会社の名前をシューレース・インコーポレーテッドからエレクトロニクス・アンド・シリコン・ファース・バーナーズ(Electronics and Silicon Furth-Burners)に変えたとしよう。今日の市場では「エレクトロニクス」と「シリコン」の組み合わせは株価収益率一五倍に値する。しかし、本当の鍵は「ファース・バーナーズ」という、誰にも理解できない言葉に隠されている。誰にもわからない言葉というのは、総合評価を倍増させる効果がある。ということは、靴紐製造事業そのものの株価収益率が六倍、エレクトロニクスとシリコンの名前で一五倍、合わせて二一倍の価値がある。これがさらにファース・バーナーズという名前のために倍になり、この新しい名の会社の株価収益率は四二倍に評価されるのである。

表1は、この時代の代表的な新規公開銘柄と、公開後の値動きを示している。値動きの荒っぽさは見ての通りだ。マザーズ・クッキーのようなつまら

ない会社ですら、社名を「マザートロンズ・クッキートロニクス」とでもしていたら、一体どこまで値が上がったことだろう。しかし、一〇年後には、これらの会社の株のほとんどは紙屑同然になっていた。四社とも現在はもう存在しない。

〝愚か者〟へのSECの警告

一体、この間、SECは何をしていたのか。株式を新規公開する場合には、SECに登録することを義務づけてはいなかったのか。新規公開企業とそれを引き受けた証券会社は、インチキな、あるいは誤解を招くような報告書を作成したことに対して罰せられないのか。

これらの質問に対する答えは、すべてイエスであり、またSECも確かに気がついてはいたのだ。しかし、SECは何もできないような法律になっているのだ。というのは、公開会社が十分な形式を備えた発行目論見書を作成し、しかるべく投資家に配布していた場合には、SECは投資家に対しておやめなさいとは決して言えないのだ。例えば、この時代の発行目論見書の表紙には、しばしば次のような警告が太字で印刷されていた。

注意事項　この会社は現時点では何の資産も保有せず、利益も計上していない。また近い将来、配当できる見通しはない。当社の株式はきわめてリスクが高い。

しかし、タバコの箱に健康への害が注意書きされているからといって、それが愛煙家にタバコをやめさせることにはならないのと同様、「この投資はあなたのお金にとって危険です」という警告も、どうしても投資家が自分のお金をつぎ込みたいと固く決意している場合には、決してそれを引き止めることはできない。ＳＥＣは愚か者に対して警告を与えることはできても、その人が自分のお金をドブに捨てるのをやめさせることはできないのだ。

個人投資家の間では新規公開株は、間違いなく儲かると固く信じられていた。このため、引き受け業者の問題はいかに株式を売りさばくかではなく、むしろ熱狂した投資家にどう割り当てるかだった。

もっとも、これが不正行為や市場操作となると話は違う。この二つに関しては、ＳＥＣは断固たる行動をとってきた。実際、新規公開株のほとんどは、あまり信用のおけないような中小の証券会社が中心になって手がけていた。そして、それらの多くは詐欺行為などのかどで営業停止となった。

トロニクス・ブームは一九六二年には瓦解した。昨日の人気銘柄も今日は紙屑となった。しかし、プロの多くは、自分たちが我を忘れて投機に走ったことを認めようとはしなかった。そして、「後になってから相場が高すぎたとか、安すぎたとかを指摘するのはきわめてやさしい」と述べた人は、あまりいなかった。ましてや、「どんな時にも株価の適正水準がどれくらいかをわかっている人は誰もいないようだ」と指摘した人は、ほとんどいなかった。

新たな主役「コングロ」の登場

金融市場の才能の一つは、その時々に必要とされる商品をたちどころに生み出すところにあることは、すでにお話しした通りである。そして、今回投資家が望んだ商品は、一株当たり利益が成長する見込みのある銘柄だった。もし社名だけから成長性が見てとれなかったとしたら、誰かがまたそれに代わるアイデアを考え出すのは時間の問題だった。一九六〇年代半ば、創造性豊かな起業家たちは、「シナジー」が利益成長の鍵だということに気がついた。

シナジーというのは、二プラス二が五になる性質を意味する。例えば、二つの企業がそれぞれ二〇〇万ドルの利益を生む力を持っていたとして、この二社が合併したら五〇〇万ドルの利益を生む会社になるということだ。この魔術のような、神秘的で、確実に儲かる新発明は、コングロマリットと呼ばれた。

当時の独占禁止法の規定によって、大企業は同一業種内の企業を買収することは難しかった。しかし、他業種の企業の買収なら、司法省のお咎め（とが）なしだった。そこで、シナジーの名の下に、次々に企業合併が行われ始めた。建前として言われたことは、コングロマリットになることによって財務力の強化（すなわち低い金利での借入能力の増大）、補完的な製品ラインの統合によるマーケティング力の増強、優秀な経営首脳に対するより広い責任の付与、統合による人事、経理などの管理部門の効率化と経費節減、等々。これらのすべてがシナジーの素になるというわけだ。合併前には得られなかった売り上げと利益の増加要因が生まれるということだった。

利益「成長」のからくり

実際、一九六〇年代のコングロ・ブームの起爆剤となったのは、合併のプロセスそのものが一株当たり利益を増加させるという点にあった。実のところ、コングロマリットの経営陣には、買収した会社の収益力を向上させるのに必要な経営能力があるというよりは、財務の専門家である場合が多かった。彼らはほんの小手先のトリックによって、基本的に何の成長の可能性もない企業をいくつか束ねるだけで、一株利益がいかにも安定的に増加を続けるように見せかけることに成功したのである。次の例を見れば、いかにしてこのインチキなビジネスが行われたかが、おわかりいただけよう。

今、エーブル・サーキット・スマッシャー・カンパニーというエレクトロニクス企業と、ベーカー・

キャンデー・カンパニーという菓子メーカーがあったとしよう。それぞれ発行済株式数は二〇万株、一九六五年時点で両社とも年間利益総額は一〇〇万ドル、すなわち一株当たり利益は五ドルであったとしよう。どちらも事業は成長しておらず、合併しようがしまいが、利益水準は今と変わらない水準がずっと続くものと仮定しよう。

しかし、この二社の株価は異なっている。エーブル・サーキット・スマッシャー・カンパニーはエレクトロニクス企業であるため、市場はこの会社の株価収益率を二〇倍と評価している。つまり、株価は一株当たり利益五ドルの二〇倍で、一〇〇ドルである。他方、ベーカー・キャンデー・カンパニーはいささか地味な業種のため株価収益率は一〇倍で、これを一株当たり利益にかけた株価は五〇ドルにすぎない。

エーブル・サーキットの経営陣はコングロマリットになりたいと考えていた。そこで、ベーカーを買収するに当たり、条件として二対三の株式交換を提案した。これによれば、ベーカーの株主はエーブルの二株（市場価値は二〇〇ドル）を、ベーカーの三株（市場価値は一五〇ドル）と引き換えに受け取ることになる。これは、明らかに魅力ある提案であり、ベーカーの株主は喜んで受け入れるだろう。

こうして前途洋々たる新会社、シナゴン・インコーポレーテッドが誕生した。発行済株式数は三三・三万株*、利益総額は二〇〇万ドル、一株当たり利益は六ドルである。したがって、一九六六年に合併が終了した時には、一株当たり利益は五ドルから六ドルへと二〇%も増加したのである。この成長はエーブルが二〇倍の株価収益率で取引されていたことを、正当化するように思われた。それを反映してシナゴン（旧エーブル）の株価は一〇〇ドルから一二〇ドルに上昇し、全員めでたしめでたしとなる。さらに、ベーカーの株主が買収の見返りに得た利益は、新会社の株式を売却して利益を実現しない限り、課

表2

（単位：ドル，倍）

	社名	利益総額	発行済株式総数	1株当たり利益	株価収益率	株価
合併前（1965年）	エーブル	1,000,000	200,000	5.00	20	100.0
	ベーカー	1,000,000	200,000	5.00	10	50.0
合併直後（1966年）	シナゴン（エーブル，ベーカーの合併会社）	2,000,000	333,333	6.00	20	120.0
	チャーリー	1,000,000	100,000	10.00	10	100.0
第二の合併後（1967年）	シナゴン（エーブル，ベーカー，チャーリーの合併会社）	3,000,000	433,333	6.92	20	138.4

税対象にもならなかった。表2の最初の三行は上で説明した取引をまとめたものである。

＊エーブルのもともとの発行済株式数二〇万株、それにベーカー一三・三万株が加わっている。

一年後にシナゴンはチャーリー・カンパニーという、一株当たり利益一〇ドル、発行済株式数一〇万株、利益総額一〇〇万ドルの会社に目をつけた。チャーリー・カンパニーは、比較的リスクの高い軍事関係のハードウエア・ビジネスの会社だったため、株価収益率はわずか一〇倍で、株価は一〇〇ドルだった。シナゴンはチャーリー・カンパニーを一対一の株式交換を条件に、吸収合併することを申し出た。チャーリーの株主は、一〇〇ドルのチャーリー株を一二〇ドルのコングロマリット株と交換できると知って、大いに喜んだ。表2に示すように一九六七年末までに、両社を合併した会社の利益総額は三〇〇万ドル、発行済株式数は四三・三万株、一株当たり利益は六・九二ドルとなった。

前述の例は、コングロマリットになることによって文字通り成長が「偽造」された例を示している。エーブルもベーカーもチャーリーも、何一つ成長していない。にもかかわらず、ただ合併したという事実のおかげで、素人投資家の目にはこのコングロマリットの業績は表3の

表3　1株当たり利益の推移

（単位：ドル）

	1965	1966	1967
シナゴン	5.00	6.00	6.92

ように映るのだ。

「幸福の手紙」のように

一見、シナゴンは高成長企業のように見えるではないか。非常に優れたパフォーマンスのため、同社の株価収益率は高くて当然であり、将来もっと評価が高まる可能性すらある。

このゲームがうまくいくためには、エレクトロニクス会社が高い株価収益率の自社株を、低い株価収益率の会社の株と交換できることが条件となる。菓子会社は、自社の収益力を市場では一〇倍にしか売れないのだ。しかし、エレクトロニクス会社と合併すれば、キャンデー事業の利益がエレクトロニクスと融合されて、新会社の利益には二〇倍の値がつくのだ。そして、シナゴンが合併を繰り返せば、それだけ一株当たり利益の成長速度も速くなり、高い株価収益率を正当化するに足る、魅力的な銘柄としての体裁が整うのである。

この一連のプロセスは、ちょうど幸福の手紙を次々と手渡していくようなものだ。合併による成長が幾何級数的に加速していく間は、誰も傷つく者はいない。もちろん、このプロセスは長くは続かないが、初期にゲームに参加した人たちにとっては、こたえられないほどうまい話だ。ウォール街のプロがこんなにも近視眼的なコングロマリットのインチキゲームに巻き込まれるなど、信じられないと思われるかもしれない。しかし、このゲームは少なくとも数年間続いたわけだし、また彼らは、他の愚か者たちが騙されて集まって来ることを信じていたのかもしれない。

言葉のイメージで投資家を幻惑

オートマチック・スプリンクラー・コーポレーション（後にA・T・O・インクとなり、さらにその後、同社の控え目なファジー社長の要請でファジー・インターナショナルと改名）は、一九六〇年代の「作られた」成長ゲームを示す格好の実例である。一九六三年から六八年にかけて、同社の売上高は一四〇〇％以上増加した。そしてこの記録的成長は、もっぱら買収によって達成されたのだった。中でも六七年半ばには、わずか二五日の間に四件の買収が行われた。これら新しく合併された会社は、株価収益率が比較的低かったため、同社の一株当たり利益の急激な成長を演出するのに役立った。市場はこの「成長」に対して、六七年には五〇倍以上の株価収益率をつけて歓迎した。この結果、株価は六三年の約八ドルの水準から、六七年には七三5/8ドルに上昇した。

ファジー社長は、さしずめウォール街の砂上の楼閣プロジェクトの広報担当者であったと言えよう。彼は会話の至るところに、融通無碍な形態の企業の持つエネルギーと、環境変化やテクノロジーの進歩への適応力について、ほとんど無意識に不思議な魅力のある表現を散りばめた。そして、買収を行う際にも、「候補企業を二〇社から三〇社はリストアップして、注意深くふるいにかけた」と語り、ウォール街は彼の言葉に歓喜した。

ウォール街をたぶらかしたのは、ファジー氏だけではなかった。他のコングロマリットの経営陣も、投資家を幻惑するための、全く新しい言葉の数々を生み出した。例えば、製品・市場マトリックス、コア・テクノロジーの梃子、事業のビルディング・ブロックの基本単位、成長の核理論などである。ウォール街の人々はこれらの言葉が何を意味しているのかさっぱりわからなかったが、最新のテクノロジーの本流の中にいるという、心地よい満足感に浸ることはできた。

表4

（単位：ドル，倍）

銘柄	1967		1969	
	高値	株価収益率	安値	株価収益率
オートマチック・スプリンクラー（A.T.O）	73⅝	51.0	10⅞	13.4
リットン・インダストリーズ	120½	44.1	55	14.4
テレダイン	71½*	55.8	28¼	14.2

（注）＊以後の株式分割を調整。

コングロマリットの経営陣はまた、自分たちが買収した事業を形容する、全く新しい言葉を巧みに見つけ出した。造船事業は「海洋システム」になり、亜鉛採掘は「宇宙鉱物事業部」になった。鉄鋼製造工場は「素材テクノロジー事業部」となり、照明器具と鍵の会社は、「安全保障サービス事業部」の一部とされた。

そしてもし、「失礼な」証券アナリストが（ハーバード・ビジネス・スクール出よりはニューヨーク市立大出身者のほうに多かったが）、「どのようにしてガラス工場や食肉包装から一五%とか二〇%もの成長を期待できるのですか」というような質問をした場合には、典型的なコングロマリットのマネジャーは、「わが社の効率志向に富んだ専門のスタッフが、何百万ドルものコストが節約できる技術を探り当てた」とか、「マーケット・リサーチ・スタッフが全く未開拓の市場を発見した」とか、「売り上げマージンを三倍にするという目標は、二年間で達成できる見込みだ」という具合に応じたものである。

合併が盛んになるにつれて、コングロマリットの株価収益率は下がるどころか、なおしばらくは上昇し続けた。一九六七年の代表的なコングロマリットの株価と株価収益率は、表4に示す通りである。

錬金術の瓦解

一九六八年一月一九日、さしものコングロ・ブームにも陰りがさしてきた。この日、コングロマリットの元祖とも言うべきリットン・インダストリーズが、第二・四半期の利益は当初予想値を大幅に下回ると発表した。ほぼ一〇年間、同社は年率二〇％の利益成長を続けてきたのだった。この会社の錬金術をすっかり信頼するようになっていた市場にとって、この発表は寝耳に水で、大きな失望とショックで迎えられた。直ちに売りが殺到し、コングロマリット株は軒並み四〇％も下落し、ようやく下げ止まった。

しかし、それは束の間の小休止にすぎなかった。七月に連邦取引委員会（ＦＴＣ）は、コングロマリットの合併動向の徹底的調査を行うと表明した。これを受けて、株価は再び下落した。ＳＥＣと企業会計基準の専門家たちも、遅ればせながら合併・買収の会計テクニックの解明に重い腰をあげた。市場では売り注文が殺到し、それに追い打ちをかけるように、合併ブームの行きすぎを懸念するＳＥＣや司法省の高官の新たな声明が出されたのである。

コングロ・ブームが終わった後に、二つの問題が明らかになった。一つは多くのコングロマリットは拡大しすぎた帝国を管理することができなかったということだ。実際、投資家はコングロマリットの算術にも、疑問を抱くようになった。二＋二＝五にならなかったことは明らかだが、四になるかどうかすら疑わしくなってきた。第二に、政府と財務会計学会は、行きすぎた合併・買収の弊害に強い懸念を表明した。この二つの問題によって、単に合併することだけで膨らんだ株価収益率のプレミアムは次第にはげ落ち、多くの場合、全く消えてしまった。買収する側の株価収益率が買収される企業より高くなくては、コングロマリットの錬金術が機能する余地はない。

このエピソードに関連してもう一つつけ加えておくと、二〇〇〇年代に入ると、脱コングロ化がブームになったことだ。傘下の子会社をスピン・オフして切り離すと、概して株価は上昇した。そして新たに上場した子会社と合わせると、時価総額は増大したのだ。

3　七〇年代のニフティ・フィフティ相場

ニフティ・フィフティ銘柄への集中投資

一九七〇年代に入ると、「健全な原則」への復帰が叫ばれ始めた。今やコンセプト株の時代は去り、成長性の見込めるブルーチップ（優良大企業）への投資が主流になった。しっかりした実績に裏づけられたブルーチップ銘柄ならば、六〇年代に投機筋の人気を集めた株のように暴落することはあるまい、というわけである。ブルーチップ株以上に安全な投資先はなく、後はゴルフでもして待っていれば、毎年確実にリターンがもたらされるという理屈であった。

機関投資家がこぞって入れあげた優良な成長会社は、四〇～五〇社に限られていた。それはＩＢＭ、ゼロックス、エイボン・プロダクツ、コダック、マクドナルド、ポラロイド、ディズニーといった、いずれもおなじみの会社であり、ニフティ・フィフティ（素晴らしい五〇銘柄）と呼ばれるに至った。

これらはいずれも時価総額の大きい銘柄であり、機関投資家がある程度買い上げたとしても、株価にあまり影響しないと思われていた。また、プロといえども売買のタイミングで勝負することは、不可能でないとしても非常に難しいという認識が行き渡った。このため、ブルーチップ株投資は非常に理にかなっていると思われた。仮に一時的な高値でこれらの株式を買っても、成長性があるためいずれ株価は回復して、損は表面化しないだろう。さらに、これらの銘柄は先祖代々の家宝のように、いったん買ったらずっと持ち続けるタイプのものなのだ。したがって、これらの銘柄は別名「ワン・デシジョン・ストック」と呼ばれた。一度買いを決めたら、ポートフォリオ運営の苦労から解放されるというわけだ。

これらの銘柄は別の意味でも、機関投資家のファンド・マネジャーにとって安全保障にもなっていた。というのは、これらの会社はいずれも世間的に尊敬された大企業ばかりであり、IBMを買うからといって無謀だとなじられるような心配は無用だった。確かにIBMの株価が下がれば損を出すこともあるが、だからといってミニー・パールやNSMに投資した場合のように、馬鹿呼ばわりされることはない。ドッグレースで機械仕掛けのウサギを追いかける犬さながらに、大手の年金基金、保険会社、銀行の信託基金などのファンド・マネジャーたちは、ニフティ・フィフティ銘柄を追い求めた。

表5

（単位：倍）

銘柄	1972年株価収益率	1980年株価収益率
ソニー	92	17
ポラロイド	90	16
マクドナルド	83	9
インターナショナル・フレーバーズ	81	12
ウォルト・ディズニー	76	11
ヒューレット・パッカード	65	18

信じがたいことだが、機関投資家のファンド・マネジャーがついにブルーチップ銘柄で投機を始めたわけだ。表5に、一九七二年の主要銘柄の株価収益率を示している。比較のために同一銘柄の八〇年の数字も示してある。機関投資家のプロたちは、大企業の場合にはどんなに高成長でも八〇倍とか九〇倍の株価収益率を正当化するのは不可能だということをすっかり忘れてしまったのだ。ここでもまた、格好よく包装された狂気は、あたかも素晴らしい英知のようだという格言を実証してみせたのである。

そして、ニフティ・フィフティ熱は他のすべての投機ブームと同様、やは終わりを迎えた。というのも、しばらくするとニフティ・フィフティ・ブームを演出した当のマネーマネジャーたちが、遅ればせながら考え直して売りに転じたからである。その後の暴落とそれに続く長い調整の過程で、これらの優良会社の株式は見向きもされなくなってしまったのだ。

4　狂乱の八〇年代

狂乱の一九八〇年代にもそれ相応のバブルがあり、飽くことを知らない投資家たちは、砂上の楼閣を築いた楽しみのツケを支払う羽目になった。八〇年代の幕開けは、再び新規公開ブームで始まった。

公開株ブームの華々しいカムバック

一九八三年前半のハイテク株公開ブームは、六〇年代の完璧な再現と言ってよかった。強いて違いを探せば、業種の中にバイオテクノロジーやマイクロエレクトロニクスという新顔があり、社名が違っていたくらいである。

しかし、ブームの規模に関して言えば、八三年の狂乱ぶりに比べれば、六〇年代のプロモーターは、けちな小心者にしか見えなかった。その年の新規公開募集額だけでも、七〇年代全体の新規公開募集総額よりも多かったのだ。

この時期を代表する新規公開株として、食事の後片づけや皿洗いまでしてくれる、パーソナル・ロボットの大量生産を目指したアンドロボットや、たった三軒しか店を持たないニュージャージー州のレストランチェーン、「スタッフ・ユア・フェース・インク」（たらふく屋）があげられる。さらにブームは美術品の世界にまで広がり、ファイン・アート・アクイジション・リミテッドという「高尚な」会社も登場した。この会社は、洋服の安売りやコンピュータ・ハードの製造といった世俗的な会社ではない。真に「美的」な会社であった。目論見書によれば、ファイン・アート・アクイジションは、美しい版画およびアールデコ調彫刻の複製品の購入と流通を主要業務としていた。この会社の主要製品の一つは、ブルック・シールズが乳母車に乗っていた頃からプリンストン大学に入学するまでの時代に撮影された、ヌード写真の版権を持っていることだった。この写真はゲイリー・グロスという男から取得したものだったが、シールズの母親から少女時代のブルックの全裸写真を商業目的で出版することに対して訴訟が起こされていた。結局、この写真はグロスに返却され、ブルックにとってはハッピーエンドとなった。しかし、ファイン・アート社には不幸な結末が待っていた。同社はダイアンセン・コープと改名し、金ピカのトランプ・タワー内にギャラリーを開いたが、一九九三年には債務不履行に陥って、倒産してしまった。

バブルをKOしたモハメッド・アリ

この時代のバブルが「ノックアウト」されるきっかけになったのは、ボクシング界の人気者にちなんだ社名の、モハメッド・アリ・アーケーズ・インターナショナルの公募だった。

当時、次から次へと登場した無数の新規公開株の中にあっては、モハメッド・アリ・アーケーズが特にひどかったというわけではない。しかし、この株の売り出しは、一セントでもまだ買えるものがあったことを示した点でユニークだった。

この会社は一株と将来二株購入できるワラントを組み合わせ、わずか一セントというささやかな値段で売り出される予定だった。もっとも、この値段はインサイダーたちがその前に取得した価格の三三三倍ではあった。このこと自体もそう珍しくはなかったが、同社のキャラクターだったモハメッド・アリ自身が、自分の名を冠したこの会社の株を買うことを拒否したという話が伝わると、投資家は改めてこの会社の内容を詮索し始めた。その結果、ほとんどの投資家は大いに失望して急に興味を失ったのである。これを契機に小型株一般が劇的な暴落に見舞われ、中でも新規公開株は軒並み急落した。

モハメッド・アリ・アーケーズ・インターナショナルの目論見書の表紙には、モハメッド・アリがノックアウトした相手を見おろしている写真が掲載されている。その血気盛んな時代には、アリは「蝶のように舞って相手をコーナーに追いつめ、蜂のように刺すのさ」と言ったものだ。さて、一九八三年七月に予定されていたアンドロボット株の公開と同様、アリ・アーケーズの公開も結局、日の目を見なかった。しかし、募集が行われたものも多く、特に先端技術関連株はほとんど公開された。幾多の過去の例にもれず、今回もまた刺されたのは投資家だった。

ZZZZ（ジー）ベスト物語

一九八〇年代後半におけるブーム・アンド・バストの中で、私の最も好きなストーリーはZZZZベスト物語である。これこそ、ホレイシオ・アルガーのごとく、投資家を魅了した信じがたい物語だった。

朝起きて、ひげを剃る前にもひと儲けしようという、生き馬の目を抜く起業家の世界において、バリー・ミンコウは一九八〇年代を代表する伝説的存在だ。ミンコウのキャリアは九歳の時から始まった。彼の家は子守を雇う余裕がなかったため、子供の時から母親の経営する、カーペットのクリーニング店に駆り出されていた。ここで彼は、電話で注文をとる仕事をさせられたのである。そして、一〇歳になる頃には、実際に自分でも絨毯のクリーニングをやった。夜も夏休みもアルバイトに精を出し、四年間に六〇〇〇ドル貯金したのだ。これを元手に弱冠一五歳にして、自分の家のガレージに蒸気によるクリーニング機械を設置し、自らカーペットのクリーニング業を経営し始めたのである。この会社はZZZZ（ジー）ベストと名づけられた。

まだ高校生で運転免許も持てなかったため、ミンコウは授業中に人件費の計算に頭を悩ませながら、人を雇ってカーペットの集配とクリーニングをさせていた。猛烈なスケジュールをこなし、友人たちに車を運転させて顧客開拓を行った結果、商売は大いに繁盛した。そして、彼は自分の会社に、父親と母親を雇い入れたことを大いに誇りにしていた。こうして、一八歳になる頃には、ミンコウは百万長者になっていた。

ミンコウの飽くなき事業欲は、自己宣伝についても当てはまった。成功の印になるものは、何でも身につけた。真っ赤なフェラーリを運転し、七〇万ドルの家に住んだ。大きなプールの底には、巨大なZという文字が黒々と描かれていた。彼はまた公然と、アメリカの伝統的な美徳を褒めたたえた。つつましやかに、『アメリカで成功する法』と名づけた本を著し、アメリカのティーンエージャーたちには勤勉さが足りないと宣ったものである。気前よくチャリティーに寄付し、麻薬撲滅のコマーシャルに登場しては、「僕はクリーンだが、君はどうかね」というスローガンで呼びかけた。この頃にはZZZZベストは一三〇〇人を雇用し、カリフォルニアのみならず、アリゾナ、ネバダにも支店網を広げていた。

さて、ただのカーペット・クリーニング会社に一〇〇倍以上の株価収益率をつけるのは、過大評価だろうか。いや、会社を経営しているのが天才的人物で、異例な成功を収めたビジネスマン、しかも自分のタフぶりを証明できる人物の場合は、その限りではない。ミンコウが社員に対して言ったお気に入りの台詞は、「オレのやり方（マイウェイ）をとるか、安全な道（ハイウェイ）をとるかだ」というものだった。また彼はある時、たとえ母親でも、もし間違った行動をとった時には、直ちにクビにすると豪語したものである。ミンコウがウォール街に向かって、自分の会社はＩＢＭより経営がうまくいっていると語り、「カーペット・クリーニング界のゼネラル・モーターズになる」と公言した時、投資家たちは熱心に聞き入った。

しかし、ミンコウのバブルは、ある証券アナリストが当時私に語ったように、「これを逃す手はない」のだった。ＺＺＺＺベストは、一九八七年に驚くほど呆気なくはじけてしまった。というのは、ＺＺＺＺベストは、カーペット以外のものも「クリーニング」していることが明るみに出たからだ。よからぬ連中のために、お金のクリーニング、マネーロンダリングをやっていたのである。ＺＺＺＺベストはマフィアからクリーニング機械を安く仕入れることを通じて、裏の世界の汚い金をキレイな金にするのを手伝っていると、チクられたのだ。しかし、それがきっかけで実は同社の目ざましい成長は、ほとんどが演出されたものであることが、暴露されたのだった。売り上げは架空の契約やいかがわしいクレジット・カードによる支払いなどによって、水増しされていた。それに加えて、ミンコウが自分の個人的目的のために、会社から何百万ドルも持ち出していることも明るみに出た。ＺＺＺＺベストに投資した投資家同様、ミンコウも今や抜きさしならない状態に追い込まれた。

このストーリーは、同社が破産法一一条（いわゆるチャプター・イレブン）適用会社となり、一九八九年に当時まだ二三歳のミンコウが、五七件の詐欺の疑いによる二五年の禁固刑と、二六〇〇万ドルの弁済命令を言い渡されることによって、新しい章（チャプター）に続いていった。

アメリカ地方裁判所の判事は、ミンコウからの減刑の嘆願を却下して、「あなたは天才的な雄弁さと話術を持った危険人物だ」と述べ、さらに「あなたには良心のかけらも見られない」と切り捨てたのだった。

しかし、この物語にはさらに続きがあるのだ。ミンコウはランポック連邦刑務所で五四カ月服役したが、その間に心を入れ替えて敬虔なキリスト教信者になり、ジェリー・ファルウェルが設立した「自由大学」の通信講座で学士号と修士号を取得したのである。そして一九九四年一二月に服役を終えた後、カリフォルニアにあるコミュニティー・バイブル・チャーチの上級司祭に就任した。そこで彼は福音派の僧衣に身を包み、恍惚とした表情でミサを行っている。そのかたわら、著書も何冊かものにした。その中の一つは『上手な掃除の仕方』というものであった。全国ネットのラジオ番組に毎日登場し、カリスマ的な話術が人気を呼んで、あちこちから講演依頼が寄せられている。そして、何とＦＢＩに頼まれて、詐欺行為を解明するための特別顧問に就任したのだ。ミンコウを起訴した検察官のジェイムズ・アスペルガーは、二〇〇六年に「彼の私生活面の変身は見事だが、自分が犯した詐欺事件を上回る件数の詐欺を摘発したのには驚いた」と感心したものだ。二〇一〇年には彼の半生を描いた映画『ミンコウ』が封切られ、「偉大な償いと導きの物語」と謳われた。残念ながらこの物語は全くの作り話だった。二〇一一年にミンコウは証券詐欺罪で五年の懲役刑を言い渡された。さらに二〇一四年には彼が司祭を務めていたサンディエゴ・コミュニティー・バイブル・チャーチの資金三〇〇万ドルを流用した罪を認めて服役したのだ。結局、彼は悔い改めることはなかったのだ。ただ、映画自体は「コン・マン」というタイトルに変えて、二〇一八年にリリースされた。

歴史から得られる教訓は明白だ。その時の市場の投資スタイルや流行のはやりすたりが、株価形成に大きな影響を及ぼすということである。株式市場の動きは、時には砂上の楼閣理論とうまく合致することがある。それだからこそ、投資というゲームはこの上なく危険なのである。

もう一つ、肝に銘ずべき教訓は、投資家はその時々もてはやされる「新規公開株」を買う時には、よくよく用心すべきだという点である。ほとんどの新規公開銘柄の投資パフォーマンスは、市場平均を下回っているのだ。もしこれらの銘柄を、株価が上がった後で市場から買う場合には、もっとひどいことになる。

もちろん、過去にも投資家は新規公開株で無数の砂上の楼閣を築いてきた。ここで、新規公開株の売り手の大半は、会社の経営陣そのものだということを覚えていてほしい。自分の会社の株式を売るのは、業績がピークに達した時か、あるいは流行に乗せられた投資家の熱狂が最高潮に達したタイミングで行われるのが常である。バスに乗り遅れまいとする欲望が強すぎると、どんな高成長産業の場合でも、投資家にとっては利益なき繁忙に終わりかねない。

5 日本の株価・地価バブル

これまでは、もっぱらアメリカで発生した様々なバブルを紹介してきた。しかし、バブルは何もアメリカの専売特許ではないのだ。実際に、戦後最大のバブルとその崩壊劇は、日本での株価と地価をめぐるものだろう。一九五五年から九〇年にかけて、日本の地価は約七五倍に高騰した。そして、九〇年には日本の地価総額は約二〇兆ドルと推定された。これは世界全体の富の約二〇%、世界中の株式時価総額の二倍に相当するものだった。アメリカは国土面積では日本の二五倍も大きい。しかし、九〇年当時は、日本の経済繁栄を織り込んで日本の地価総額は、何とアメリカ全体の五倍にも評価されたのだ。計算の上では日本は単に首都圏を処分するだけで、アメリカ全土を購入することができたことになる。また、皇居とその周りの土地の評価額だけで、カリフォルニア州全体を買うこともできたのだ。

このような地価の高騰を反映して、日本の株価も、風のない晴れた日にヘリウム風船を放ったように上昇し続けた。一九五五年から九〇年にかけて、日本の株価は一〇〇倍にもなったのである。八九年のピークには日本の株式時価総額はアメリカの一・五倍の四兆ドルに達し、世界全体の株式時価総額の四五％を占めたものだ。

ファンダメンタル価値を信じる投資家には、気の遠くなりそうな話だ。日本の株式の平均ＰＥＲ（株価収益率）は六〇倍で、株価純資産倍率は五倍、それに配当利回りはわずか〇・五％と聞いて、目がくらんだに違いない。アメリカの平均ＰＥＲは一五倍、イギリスでは一二倍で取引されているその同じ時に、である。日本の株価水準の異常さは、個々の会社ごとに比較してみると、より劇的なものであった。バブルの最中に公開されたＮＴＴの時価総額はＡＴ＆Ｔ、ＩＢＭ、エクソン、ＧＥ、ＧＭを全部足したものよりもさらに大きかったのだ。

異常な高株価を肯定する陣営は、あらゆる疑念に対する答えを用意していた。例えば「株価収益率は成層圏に届いているじゃないか」と問えば、「そんなことはない」とたちどころに兜町のセールスマンの答えが返ってくる。「日本の企業の減価償却費はアメリカに比べて過大表示されている。それに、株式を一部保有している多数の子会社の利益が連結されていないから、日本のＰＥＲは実際より過大に表示されているにすぎない」というのだ。「こうした違いを調整すれば、日本のＰＥＲは実はそんなに高くはない」、と。「それにしても、〇・五％の配当利回りというのは、あまりにもひどすぎるのでは」と言うと、「歴史的な低金利を反映したものにすぎないさ」という具合だ。「株価純資産倍率が五倍を超えているのは、危険水準ではないのか」という問いにも、直ちに「全然心配はいらない」という答えが返ってきた。日本企業のバランスシートは、上昇を続けてきた土地の本当の価値を反映していないというのだ。そしてまた、日本の土地の値段は、高い人口密度と利用可能な土地の売買を制限する様々な規制や税制の存在によって正当化された。

実際には、高水準の株価、地価を正当化するこれらの説明は、一つとして検証に耐えるものはなかった。利益や配当をどう修正してみても、依然としてPER水準は国際的にもきわめて割高で、日本の過去の平均に照らしてみても、著しく水膨れしたものだった。その上、日本企業の収益力は低下の一途をたどっており、円高によって日本の輸出競争力が一段とそがれるのは必至であった。日本国内に土地はなかったにしても、自動車をはじめ日本の製造業は、諸外国でいくらでも安い土地を見つけることができた。また、地価に比べると賃貸料の伸びは遥かに鈍く、地価が高騰し続けない限り不動産投資がもたらすリターンがじり貧になることは明らかだった。最後に、バブルを下支えしていた低水準の金利も、一九八九年には上昇の兆しを見せていた。

日本に限っては金融市場の重力の法則は働かないと主張してきた投機家たちにとっては不幸なことに、ニュートンが一九九〇年に日本にもやってきたのだ。そして皮肉なことに、リンゴを落とす役割を果たしたのは、他ならぬ日本政府であった。株価と地価高騰の連鎖を支えてきた、銀行システムを通じた信用膨張と過剰流動性供給によって、経済のあちこちに醜いインフレの影が動き始めていることに、遅まきながら日本銀行が気づいたのである。そこで日銀は銀行の与信活動を制限し、金利上昇を誘導したのだ。それによって今後地価の高騰に歯止めがかかり、株式市場にも望ましい調整がもたらされるだろうと期待してのことだった。

ところが、株式市場に起こったのは、望ましい調整ではなく暴落だった。暴落の度合いは一九二九年から三二年年央にかけての、アメリカの大暴落にほぼ匹敵する規模だった。日経平均株価は八九年の大引けにほとんど四万円に手の届くところまで上昇したのをピークに、九二年八月半ばには実にそれを六三％も下回る一万四三〇九円まで落ち込んだのである。図1は、八〇年代半ばから終わりにかけての日本の株価も、歴史的なトレンドの中で見ると一時的な過大評価にすぎなかったことを、劇的な形で示している。九〇年以降の株価の暴落も、純資産に対する倍率で見れば、単に八〇年代前半までの正常な水準に戻ったにすぎないのだ。日本の株式市場はその後三〇年以上にわたって低迷を続け、二〇二二年初めの日経二二五平均はバブルのピーク時を大きく下回る、二万九〇〇〇円近辺になっている。

図1　**日本株のバブル——1980～2000年の株価純資産倍率**

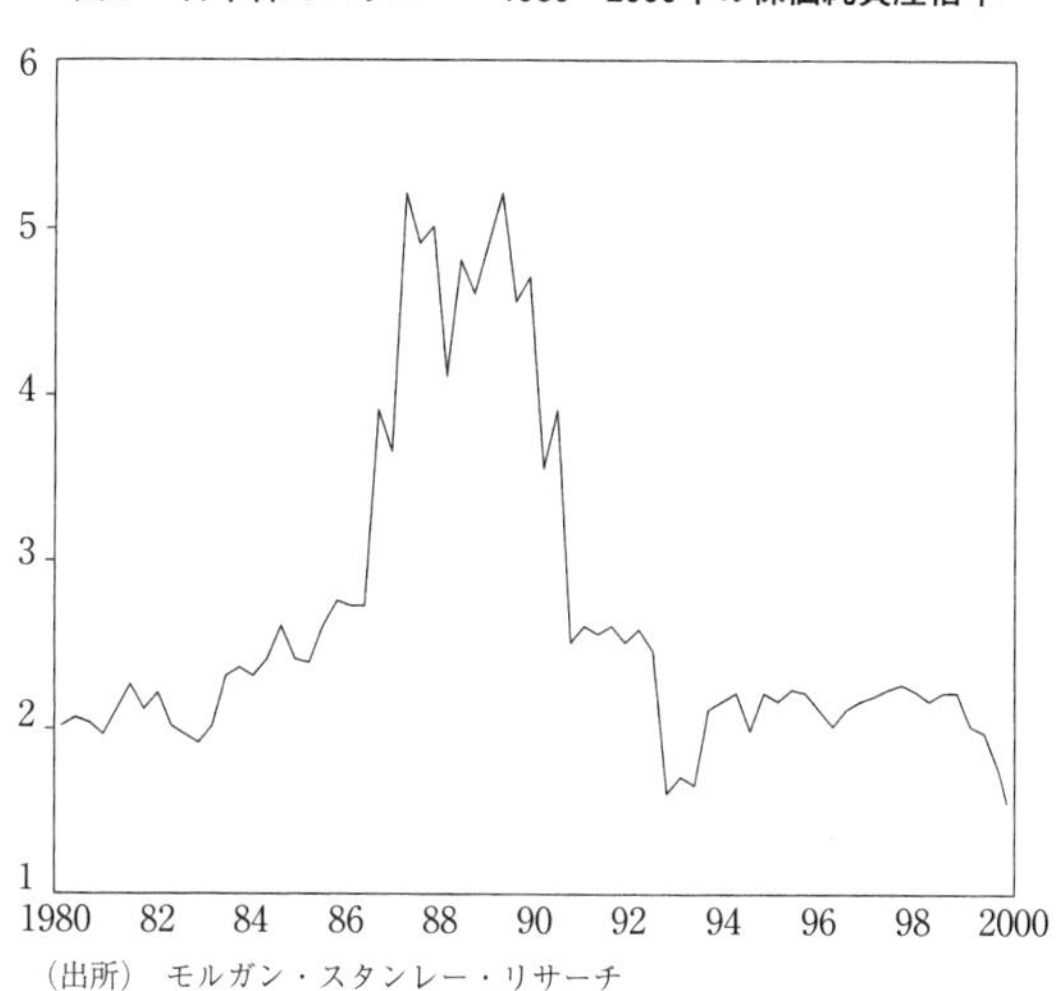

（出所）　モルガン・スタンレー・リサーチ

九〇年代に入ると、不動産からも急速に空気が抜け始めた。様々なデータを総合して考えると、地価暴落の程度も、ほぼ株価に匹敵するくらい深刻なものであったと推定される。バブルの崩壊は、「日本は特別なのだ。日本では資産価格は上がり続けるのだ」という神話を打ち砕いてしまった。金融市場の重力の法則に国境はないのだ。

第4章　二一世紀は巨大なバブルで始まった

周りの人が皆、理性を失って浮かれている時に冷静でいられるなら、すべてはあなたのものだ（ラドヤード・キプリング『If』より）

第3章で紹介したように、二〇世紀後半にはいくつものバブルが生まれてははじけた。それによって多くの投資家は大きな痛手を被ったが、二一世紀の最初の一〇年間に発生した二つの巨大なバブルと比べると、たいしたものではなかった。二一世紀早々に起こったインターネット・バブルでは、八兆ドル以上の富が消失した。その大きさをわかりやすく言うと、当時のドイツ、フランス、イタリア、オランダ、ロシアのGDPを合わせたものに匹敵すると思えばいい。そして、その後急速に膨らんだアメリカの住宅バブルと、その不可分の要素であった不動産担保証券市場の崩壊によって、世界全体が長い景気後退に見舞われたのだ。この二つの巨大なバブルと比べると、あのオランダのチューリップ・バブルが何と可愛らしく見えることだろう。

1　インターネット・バブルはいかにして膨らんだか

歴史上のほとんどのバブルは、新しいテクノロジーの出現（例えばトロニクス・バブルやバイオ・バブル）、あるいは新しい事業機会の到来（例えば世界規模の交易時代の幕開けが生んだ南海バブル）の、いずれかがもたらしたものであった。

ところがインターネット・バブルは、その両者に触発されたものだった。というのも、インターネットは全く新しいテクノロジーを用いると同時に、人々が情報を入手し、物やサービスを売買する方法に革命的な変化をもたらすような、新しい事業機会を提供するものでもあったからだ。インターネット・ブームによって、史上最大の規模で新たな富が創出され、そして破壊された。

金融学者のロバート・シラーは、著書『投機バブル　根拠なき熱狂』の中で、バブルを「ポジティブ・フィードバック・ループ」と表現している。彼の説によると、バブルはまず、インターネット・ブームに関連が深いと思われる一群の銘柄が買い上げられることから始まった。株価が上がり始めると、さらに多くの投資家がそれらの銘柄を買い始め、それをテレビや雑誌が盛んに取り上げる。これによってより広範な投資家が引き寄せられることになる。こうして初期にゲームに参加した投資家は、大きな儲けを手にする。彼らは金儲けがいかに簡単かをパーティの席などで自慢げに吹聴して歩き、それを耳にした多くの人々がゲームに参加し、株価は一層上昇する。しかし、これは結局のところ「ポンジ・スキーム（ねずみ講）」そのものであり、ブームを持続させるためにはますます多くのお人好しの投資家を引き入れて、株を転売し続けることが必要なのだ。問題は「より馬鹿」な投資家の供給には限

図１　**ナスダック株価指数の推移（1998年７月〜2002年７月）**

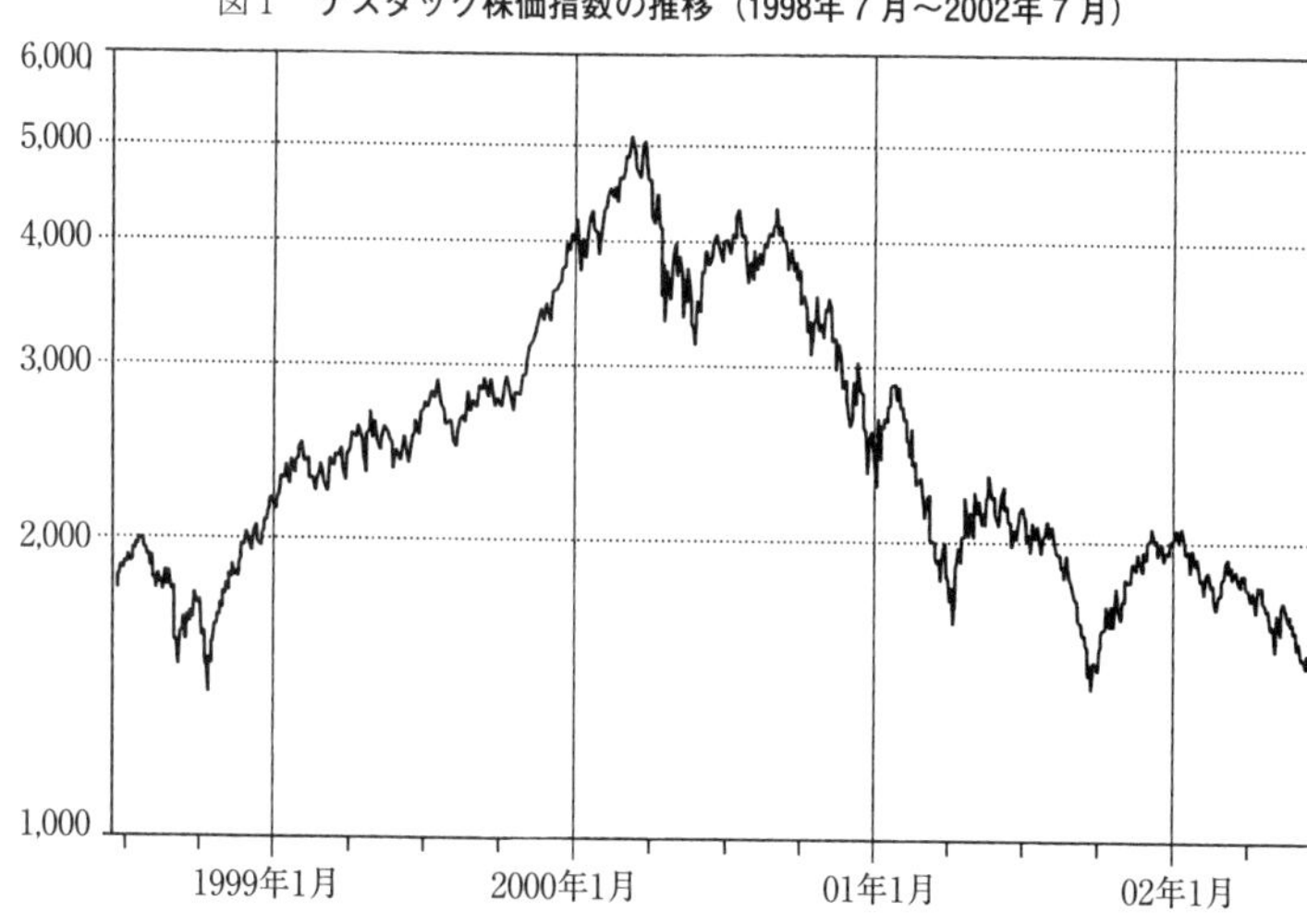

度があるということなのだ。

　ウォール街の老舗の一流投資銀行も、大衆からかき集めた札束を燃やして熱気球を打ち上げるのに一役買ったのだ。最大手の投資銀行ゴールドマン・サックスは、二〇〇〇年末に出した投資レポートの中で、「ドット・コム企業群の『現金焼失率』は、第一義的には『投資家のセンチメント』の指標であり、インターネット・セクター全体の『スペース』にかかわる『長期的なリスク』の指標ではない」と主張した。はたしてインターネット銘柄が倒産の憂き目を見ることになったのだが、皮肉にもそれによってある意味ではゴールドマンのご託宣が、正しかったことが証明されたのだ。つまり「現金焼失率」は決して「長期的リスク」ではなく、単に「短期的リスク」の指標にすぎなかったというわけだ。

　その頃まで、「ニューエコノミー」の可能性に対して否定的な見解でも述べようものなら、すでにご利益を受けている大勢の人々から、救いようのない現代の「ラダイト主義者」と蔑まれたものである。この結果、ニューエコノミーの恩恵を被るハイテク関連銘柄群が中心のナスダック株価指数は、図1に示されるように、一九九八年から二〇〇〇年三月にかけて三倍以上に暴騰した。そして、利益の出ている銘柄の平均PERは一〇〇倍以上に達した。

広い裾野を持ったハイテク・バブル

二〇〇〇年初めに行われたある投資家サーベイによると、株式に対する投資家の期待リターンは、年率平均一五%から二五%、あるいはそれ以上にもなっていた。一九八二年から九九年までの実績としての株式市場平均リターンは一八%にも達していたのだから、それも無理からぬことではあった。そしてインターネット・ブームのバックボーンを提供していると考えられたシスコシステムズについては、年平均一五%のリターンは〝スラムダンク〟と同じほど固いと考えられていた。しかし、当時のシスコの株価収益率は一〇〇倍以上に達しており、時価総額は六〇〇〇億ドルに迫っていた。仮にシスコの一株当たり利益が今後一〇年間平均一五%で成長を続けたとしても、一〇年後の株価収益率はなお市場平均を上回ると思われた。さらに、シスコの一株当たり利益が年率一五%で二五年間増加を続けるとすると、アメリカの名目GDPの伸びを五%と見込んでも、シスコはアメリカ経済全体よりも大きくなってしまうことになるのだ。

これからも明らかなように、その当時の株価評価は、もはや企業のファンダメンタル指標に関するいかなる合理的な予測値とも、何の関係もないものになっていたのである。この結果、バブルがはじけたことによって、インターネット企業のブルーチップ銘柄とされたシスコですら、株式時価総額の九〇%以上を失ってしまった。その後もシスコの利益は高い率で成長を続けたのだが、二〇二二年初の株価は

表1　**ニューエコノミー銘柄の惨憺たる結果**

銘　　柄	高　値（2000年）	安　値（2001～2002年）	下落率
アマゾン	75.25ドル	5.51ドル	92.7%
シスコシステムズ	82.00	11.04	86.5
コーニング	113.33	2.80	97.5
ＪＤＳユニフェーズ	297.34	2.24	99.2
ルーセント	74.93	1.36	98.2
ノーテル	143.62	0.76	99.5
プライスライン	165.00	1.80	98.9
ヤフー	238.00	8.02	96.6

と言うと、二〇〇〇年当時のピークを下回っていたのだ。

トロニクス・ブームの時に、あらゆる企業が魅力を高めるために語尾に「トロニクス」をつけたのと同様な現象が、インターネット・ブームでも起こった。インターネットとはおよそ何の関係もない何十もの企業が、ドット・コム、ドット・ネット、インターネットといった、いかにも関連がありそうな呼称に社名を変更した。そこでパーデュー大学のクーパー、デミトロフ、ローという三人の学者が、一九九八年から九九年にかけてインターネット関連の社名に変更した六三社を選んで、その株価動向を分析した。彼らは社名変更発表の五日前（変更の噂が市場に伝わり始める頃）から、発表の五日後までの株価変化を調べたのだが、社名変更の株価への影響は顕著なものであった。すなわち、これらの銘柄群のこの一〇日間における値上がり率は、他の企業の株価変化に比べて、実にプラス一二五％にもなっていたというのだ。本業がインターネットと全く関係がない会社でも、社名を変えただけで株価は倍以上になったのである。その後間もなくバブルがはじけ、これらの銘柄の大半は紙屑になってしまった。表1に示されるように、一流のインターネット関連銘柄ですら、投資家は壊滅的な損失を被ったのだった。

市場の狂気ここに極まれりと言える例が、「パーソナル・デジタル・アシスタンス(PDA)」という商品のメーカー、パーム・パイロット社であった。パーム社はスリーコム(3com)という会社の一事業部であったが、これがスピンオフされることになった。PDAはデジタル革命の推進に不可欠だと喧伝されたため、パーム社は非常に魅力的な投資対象と考えられていたのだ。

二〇〇〇年の初め、スリーコムはパーム株の五%だけを市場に売却し、残る九五%は同社の株主に無償で配分して、スピンオフする予定だと発表した。ところが市場に放出されたパーム社の株価はあっという間に暴騰した。放出株数に株価を掛けた時価総額が、何とスリーコムの時価総額の二倍になってしまったのだ。ここで重要なのは、スリーコムはまだパーム社の株式の九五%を保有したままだったということである。したがって、パーム社の残る九五%の株式の時価総額は、スリーコム全体の時価総額を二五〇億ドル上回る計算になる。ということは、パーム株以外のすべてのスリーコムの資産の価値は、マイナス二五〇億ドルに相当するということだ。もしあなたがパーム社の株式を一株入手しようと思えば、スリーコム社の株式を一株市場で購入して、スピンオフにあずかればいいのだが、それと同時にあなたはパーム株以外のスリーコムの資産を一株当たりマイナス六一ドル支払って取得するのと同じことになるのだ。こうして金儲けに目のくらんだバブル相場の下で、パーム社のケースのように、何とも不可解な事態が生み出されていったのだ。

未曾有の新規公開株ブーム

二〇〇〇年の第一・四半期だけで、九一六社のベンチャー・キャピタルが、一〇〇九ものインターネット関連の新興企業に、一五七億ドルもの資金を投じた。これらの投資の多くは、バスに乗り遅れまいとする焦りから行われたものであった。というのも、その直前の四半期に、実に一五九件もの新規株式公開（ＩＰＯ）が成功裏に行われていたのだ。まるで株式市場全体が、ステロイド剤漬けになっているように思われた。資金調達に成功した会社の事業内容はと言えば、南海バブル時代さながらに、全くインチキなものが多かった。インターネット関連の新興企業の中から、いくつかの例を紹介すれば、次の通りである。

●デジセンツ社（Digiscents）　この会社は、パソコンに接続するとウェブサイトやコンピュータ・ゲームから、ほのかな香りが立ち昇るペリフェラル商品を開発し、販売することを目指していた。同社はベンチャー・キャピタルから調達した数百万ドルの開発資金を、あっという間に蒸発させてしまった。

●フルーズ社（Flooz）　同社はｅメールで家族や友人に送金できるような、バーチャルな通貨の開発を目的としていた。これは使用できる場所がほとんどないという意味で、本来の通貨とは異なるが、確かにユニークなプレゼントにはなりえた。この事業を迅速に立ち上げるために、フルーズ・コムは、ビジネス・スクールで学ぶ古典的な格言の一つである、「どんなにできの悪い商人でも、一ドル札を八〇セントで売ることはできる」を、戦略の柱に採用したのだ。具体的に言えば、同社はアメックスのプラチナ・カード所有者だけを対象に、八〇〇ドル払えば一〇〇〇ドル相当のフルーズ通貨を購入できる特別サービスを提供したのである。ところが、フィリピンとロシアのマフィアが他人のカード番号を不法に入手して、三〇万ドル相当のフルーズ通貨を購入したことによって、同社のイメージは大きく傷ついてしまった。同社はその後ほどなく破産してしまった。

新しく生まれたインターネット関連ベンチャーの名前にも、呆れてしまう。例えば、バニオンズ・コム（Bunions.com）、クレイフィッシュ（Crayfish）、ザップ・コム（Zap.com）、ギャドズークス（Gadzooks）、フォグドッグ（Fogdog）、ファットブレーン（Fat Brain）、ジャングル・コム（Jungle.com）、スクート・コム（Scoot.com）、マイラッキー・コム（mylackey.com）といった具合である。それからまたエズボード・コム（ezboard.com）というのもあった。この会社は「トイレット・ペーパー」という名前のウェブサイトを提供していたが、利用者はここを通して不特定多数のインターネット利用者に対して、「糞くらえ！」というメッセージを発信することができた。これらはすべて、「ビジネス・モデル」とは無縁の「失敗のモデル」なのだ。

ザ・グローブ・コム（TheGlobe.com）

今回の新規公開株ブームにまつわるエピソードの中で、私の脳裏に一番鮮烈に焼きついている出来事は、一九九八年一一月に私自身が出演したテレビ・インタビューである。放映直前に「グリーン・ルーム」で、どう見てもティーンエージャーにしか見えない、ジーンズをはいた二〇歳そこそこの二人の若者と並んで、背広にネクタイ姿で待っている時ほど、場違いな思いにとらわれたことはなかった。その時、私は迂闊にも、この二人がインターネット・バブル初期のヒーローたちであり、このインタビュー番組も彼らを紹介することが主眼だということを知らなかった。二人の学生、すなわちステファン・パターノットとトッド・クライゼルマンは、コーネル大学にあるトッドの独身男子寮の部屋を本社として、ザ・グローブ・コムという名の会社を設立したのだった。この会社の事業内容はと言えば、オンラインの広場を開設し、その画面に掲載するバナー広告から大きな収入を得ることをもくろんでいた。かっては新規公開を行う条件として、ある程度の売り上げと利益の実績を示すことが不可欠であった。ザ・グローブ・コムは、そのいずれの条件も満たしていなかった。

しかし、今や時代は変わったのだ。というわけで、この案件を取り仕切った投資銀行のクレディ・スイス・ファースト・ボストンは、一株当たり九ドルでこの会社の新規公開を実施したのだった。すると株価は、その日のうちに九七ドルにまで暴騰し、ＩＰＯ初日の上昇率に関する記録を塗り替えてしまった。同社の株式時価総額は一〇億ドル近くに達し、二人の学生は瞬時にして文字通り億万長者になってしまった。この日は、数年前なら新規公開のためのルーティンな審査（デュー・ディリジェンス）すら通らなかったはずの事業に、大衆が喜んでお金を浪費する用意ができていることを示す、記念すべき日となったのだ。

宴たけなわだった二〇〇〇年の初めに、一流のベンチャー・キャピタル会社クライナー・パーキンスのジョン・ドールは、インターネット関連銘柄群の株価の上昇を評して、「人類史上最大規模の合法的な富の創造が起こっている」と語ったものだ。しかし、バブルがはじけた後の二〇〇二年の時点で、「これは人類史上最大規模の合法的な富の破壊だ」と言わなかったのは、何ともご都合主義だったと言うべきだろう。

証券アナリストも謳い上げた

ウォール街の名だたる証券アナリストたちは、インターネット・バブルを膨らませた熱気をかもし出す上で、中心的な役割を果たした。とりわけモルガン・スタンレーのメアリー・ミーカー、メリルリンチのヘンリー・ブロジェット、ソロモン・スミス・バーニーのジャック・グラブマンといった著名アナリストは、全米の茶の間の人気者となり、プロスポーツのヒーローやロック・ミュージックのスター並みの扱いを受けた。例えば代表的な投資雑誌バロンズは、ミーカーのことを「ネットの女王」と称えた。ブロジェットは「ヘンリー大王」と呼ばれ、グラブマンは「テレコムの導師」と奉られ、ある大企業のCEOは彼のことをほとんど「神様」呼ばわりしたものだ。

スポーツのヒーローと同様、これらのトップアナリストは年間何百万ドルもの収入をほしいままにしていた。しかし彼らが得ていた巨額の報酬は、決してその優れたアナリスト業務に対するものではなかった。もっぱら収益性の高い投資銀行部門の新規公開引受業務を支援し、株式公開後のマーケットで、継続的にその銘柄の株価を支えるのに役立つサービスを提供し続ける能力に対して支払われたのだ。ウォール街の証券会社にあっては、投資家の利益のために行われるリサーチ機能は、建前としては法人顧客を対象にした収益性の高い投資銀行業務から、いわゆる「チャイニーズ・ウォール」によって隔絶されているはずであった。しかし、インターネット・バブルの熱気の下では、その壁はスイス・チーズのようにめろめろに溶けてしまった。

この結果、証券アナリストたちは公然と、バブルの旗振り役として活躍した。例えばブロジェットは、「業界がビッグバンの段階にある時」には、伝統的な株価評価尺度は全く意味がないとうそぶいた。またミーカーも、一九九九年にニューヨーク・タイムズに掲載された彼女におべっかを使った紹介欄の中で、「今は無謀と思われる行動が合理的な局面なのです」と述べた。そして公の場において彼らが個別銘柄の見通しを語るたびに、株価は舞い上がった。「それの何が問題なんだ」というわけだ。その当時、銘柄選択は野球の打撃にたとえて語られたものだ。株価が四倍になる可能性がある銘柄は「フォー・バッガー（四塁打＝ホームラン銘柄）」と呼ばれ、もっと魅力的な銘柄は、さしずめ「テン・

バッガー（一〇塁打銘柄）」といったところだ。

アナリストというのは、どんな状況下でも強気シナリオを作る能力を持っている。したがって過去においては、一〇の「買い推奨」に対して「売り推奨」はせいぜい一程度であった。しかるにインターネット・バブル相場の下では、その比率は一〇〇対一まで拡大した。やがてバブルがはじけた後に、著名なアナリストたちは「殺すぞ」という脅迫電話や集団訴訟の対象となり、彼らを雇っていた証券会社もSECやニューヨーク州の司法長官エリオット・スピッツァーによって取り調べを受け、罰金を科せられることになった。

ブロジェットはニューヨーク・ポスト紙によって、今やインターネット・バブルに踊った「道化のプリンス」と改名された。グラブマンは議会の公聴会に呼び出されて、倒産したワールドコムを最後まで推奨し続けていたことを嘲られた。また投資銀行業務を有利に運ぶために株価レーティングを操作した行為に関して、スピッツァーから取り調べられることになった。そしてブロジェットもグラブマンも、会社を去らざるをえなくなった。フォーチュン誌は、バブルを総括する特集号の表紙をメアリー・ミーカーの写真で飾り、「再びウォール街が国民の信頼を取り戻す日が来るだろうか」という、特大の見出しをつけたものだ。

新しい株価評価尺度

上昇し続けるネット関連銘柄の株価を正当化するために、アナリストたちは様々な「新しい株価評価尺度」を編み出した。つまるところ、ニューエコノミー銘柄は全く新種の企業群であり、オールドエコノミー銘柄群を評価するために従来から用いられてきた、古色蒼然たる評価尺度にとらわれていては間違えると主張した。こうして株価収益率や株価純資産倍率、さらには株価売上高倍率といった尺度まで放棄され、全く新しい一群の株価評価尺度が編み出された。

どういうわけか、インターネットの世界では、売り上げや利益などは全く重要ではないと考えられていた。インターネット企業を評価するために、アナリストたちは例えば「瞳の数」、すなわち企業の提供するサイトを見る人の数、あるいは「ヒット数」を重視した。特に重要視されたのが、特定のウェブサイトを少なくとも三分以上見てくれる「真剣なビジター」の数であった。メアリー・ミーカーは、ドラッグストア・コムを熱烈に推奨した時にそのよりどころとして、同社のサイトを見るすべての「瞳」のうち四八％が、「真剣なビジター」だという点を強調した。しかし、それらの真剣なビジターたちの何人が、実際に同社から買い物をしたかについては、誰も質問しなかったのだ。「売り上げ」なんて古い、古い、というわけだ。かくして二〇〇〇年のバブルのピーク時に、ドラッグストア・コムの株価は六七ドル五〇セントまで上昇した。しかし、投資家の「瞳」が利益の数字を真面目に見始めた一年後には、同社は無数の「ペニーストック」の一つになってしまっていた。

「マインド・シェア」という尺度の登場も、投資家が集団として正気を失ったと思わせる、もう一つの例である。例えばモルガン・スタンレーは、オンラインの住宅販売会社の一つ、ホームストア・コムを二〇〇〇年一〇月に強い買い推奨銘柄にあげたが、その根拠はインターネットを利用して住宅物件のサイトを訪れる人々のうち七二％が、同社に登録されている物件を見ているというものであった。しかし、「マインド・シェア」が高いことは、決してホームストアの登録物件の売買に直結しなかったし、ましてや同社の株価が、二〇〇一年のピークから九九％下落するのを防ぐ上で、何の効果も持たなかったのだ。

テレコム関連企業だけに用いられる特別な尺度も考え出された。人気投資信託のジャナス・ファンドのテレビ・コマーシャルでは、同社のアナリストが実際に暗いトンネル内に入り込んで、通信が行われるごとに光ファイバー・ケーブルが点滅するのを調査している様子が紹介された。しかし、敷設されたケーブルのごくごく一部しか使用されていない実態は、一切調査されなかった。それぞれのテレコム企業は資金を借りられるだけ借りまくってケーブルを敷設し、その総距離は地球を一五〇〇周できるほどになったのである。当時の風潮を反映して、グローバルなテレコム事業者兼インターネット・プロバイダーのＰＳＩネット（今はもう存在しない）は、アメリカン・フットボールのボルチモア・レイブンスのホーム球場に、同社の社名を書いた大きな看板を掲げていた。テレコム企業の株価が従来のオーソドックスな評価尺度の天上を突き破って際限なく上昇するたびに、アナリストたちは常套手段として、株価評価を甘くすることによって対応したのである。

テレコム会社にとってウォール街を通じた資金調達があまりに容易であったため、あらゆる面で著しい供給過剰が発生した。過剰な長距離通信用光ファイバー網、コンピュータへの過大投資、そして夥しい数のテレコム会社が誕生したのである。ＩＴバブル下でテレコム業界に投入された資金の総額は一兆ドルにのぼったと推定されているが、その大半は蒸発してしまったのだ。

メディアの責任

メディアもバブルが膨らむのを煽り、国民を投機に駆り立てた。その結果、アメリカはほとんどトレーダーの国と化してしまった。

株式市場と同様に、メディアもまた需要と供給の法則に支配されている。投資家がインターネット関連の投資機会に関するますます多くの情報をほしがったために、そのニーズに応えるべく投資情報誌類の供給も増加した。そして読者は先行きに否定的な慎重論には関心がなかったため、投機をけしかけるような内容の出版物が人気を博した。投資情報誌は、「二〜三カ月で倍になる株」といった特集を競って掲載したものだ。ジェーン・ブライアント・クインがいみじくも言ったように、それはまさに「ポルノ雑誌の株式版」だった。彼女によれば、「それはハード・ポルノというよりはソフト・ポルノだが、ポルノであることに変わりはない」のであった。

インターネットの分野に特化したビジネス誌やテクノロジー関係の雑誌も、次々に出版された。その一つであるワイアード誌は自らをデジタル革命の守護神と名乗った。ザ・インダストリー・スタンダード誌が新規公開銘柄のトラック・レコードを掲載した「IPOトラッカー」というページは、シリコンバレーで大きな関心を呼んだ。また、「ビジネス2・0」誌は誇らしげにニューエコノミー分野のオラクルを自任した。こうした新手の雑誌がもてはやされることは、投機バブルが膨らむ時の古典的な前兆なのだ。歴史学者のエドワード・チャンセラーは、一八四〇年代にも新しい鉄道建設にテーマを絞った一四の週刊誌と、二つの月刊誌が発行されたと伝えている。しかし一八四七年の金融危機の煽りを受けて、鉄道関連の多くの出版社が破綻したという。二〇〇一年にザ・インダストリー・スタンダード誌が倒産した時、ニューヨーク・タイムズ紙は社説の中で、「後世、この倒産をもってバブルがはじけたと記憶されるかもしれない」と述べている。

オンライン・ブローカーの出現も、バブルを持続させる上で欠かせない舞台装置だった。売買コストは、少なくともブローカーに支払う手数料に関しては極端に安かった。ディスカウント・ブローカーは大量の広告を打ち、いとも簡単に市場に打ち勝てるような印象を作り上げた。あるブローカーのテレビ・コマーシャルの中では、女性投資家を登場させ、「私は市場平均を打ち負かすだけではなく、地面にたたきつけて、『もう勘弁してください』と言わせたいのです」と語らせていた。

こんな人気テレビ・コマーシャルもあった。会社の郵便物配布のアルバイトで雇われているスチュワートという、デイトレ狂の若者が、年輩の上司に対して、「さあ一発勝負に打って出ましょう」と熱心に投資を勧めるのだ。「そんなこと言ったって、オレは株のことは何も知らないんだ」と上司が尻込みすると、スチュワートは「ではリサーチしてみましょう」と言って、キーボードをクリックして見せる。すると、その上司は途端に専門家気分になり、インターネットで一〇〇株購入するという初体験をするのだ。

ＣＮＢＣやブルームバーグ・チャンネルを見ることが、まさに社会現象になった。スポーツ・クラブでも空港のロビーでも、バーやレストランでも、世界中のあらゆるところでＣＮＢＣは二四時間つけっぱなしになっていた。株式相場はあたかもスポーツ・イベントのように、ゲームの直前予想から始まり、相場が立っている各瞬間の主なプレーごとのクローズアップがあり、場が引けた後は明日に備えたその日の相場の分析が放映された。ＣＮＢＣはまさに、「番組を見ることによって相場の最先端に立てる」と言わんばかりであった。そして番組に登場するゲストのほとんどは強気をぶった。ＣＮＢＣのアンカーマンに、「赤ん坊に噛みつくようなペット犬が長く飼ってもらえないように、現状に批判的なゲストを招いても視聴者は喜ばない」ということをアドバイスする必要はなかったのだ。

株価談義は、セックスよりも関心の高いテーマになった。下ネタ中心のトーク・ショーで有名なあのハワード・スターンですら、ポルノ・クイーンや身体の局部についての話の合い間に、しばしば相場のニュースをはさみ、それに続いて特定のインターネット銘柄の株価予想を行った。

バブルの息の根を止めた不正の横行

インターネット・バブルのような投機は、市場の最も醜い部分をあぶり出すものだ。ただし誤解がないように言っておくが、資本主義システムの根幹を揺さぶるに至った一連のビジネス・スキャンダルを誘発したのは、異常なニューエコノミー・バブルであって、その逆ではなかったということだ。

その最たる例が、一時全米第七位の規模に達したエンロンの倒産は、ニューエコノミーの盛衰である。六五〇億ドルの時価総額が瞬く間に消失するきっかけとなったエンロンの倒産は、ニューエコノミー関連のセクターで、バブルが異常なまでに膨れ上がったと見ない限り、説明のつかないものであった。というのはエンロンはエネルギー分野だけでなく、ブロードバンド・コミュニケーションや電子トレーディング、Eコマースなどの市場をも席巻する可能性を持つと考えられていたからである。つまり典型的なニューエコノミー銘柄だったのだ。

エンロンはもちろん、ウォール街のアナリスト連中のお気に入り銘柄であった。フォーチュン誌は旧来の電力会社やエネルギー企業を「ガイ・ロンバルディの曲に合わせてよたよたと踊る、昔かたぎの熟年夫婦たち」になぞらえる一方、エンロンのことを「金色のラミネート製の衣装をぴったりまとった若いエルビス・プレスリーが、大音響とともに天井の明かり取りを突き破って舞い降りたようなものだ」と称えた。もっともこの評者は、エルビス自身が後に燃え尽きて身を滅ぼしてしまったことには、一切触れなかった。エンロンは既成概念にとらわれずに、全く新しいパラダイムに基づく経営を展開した最たる例であった。しかし残念なことに同社は、ごまかしとだましの度合いに関しても、前人未踏の境地を開拓したのだった。

エンロンにあっては人を騙すことが経営そのものだったようだ。ウォールストリート・ジャーナル紙は、同社内で「ザ・スティング（囮作戦）」と呼ばれたプロジェクトについて報道している。その中でエンロンのトップ経営者の二人、すなわちケン・レイとジェフ・スキリングは、ウォール街のアナリストの間で同社のイメージを高めるために、見せかけのトレーディング・ルームを建設するという不正計画に直々に関わったと伝えている。彼らは最先端の設備を購入し、何人もの社員に対して架空の取引を演出するように指示し、このオペレーションの斬新さを印象づけるために、わざわざ電話線を光沢のある塗料で黒く塗った。要するに最初から入念に仕組まれたペテンだったのだ。そして二〇〇六年にはレイもスキリングも共謀罪と詐欺罪で有罪判決を受け、レイはその年に急死してしまった。同社が倒産して仕事も年金も失ったある従業員は、「私はレイによってレイオフされた」というメッセージ入りのTシャツをインターネットを通して売りまくり、ささやかな憂さ晴らしをしたものだ。

しかしエンロンも、バブルの時期に一般投資家に対して行われた会計不正事件の氷山の一角にすぎなかった。多数のテレコム企業は、お互いに水増し価格で余剰光ファイバー網をスワップし、それを売り上げに計上していた。タイコは引当勘定を用いた独創的な「貯金箱」を開発し、企業買収後に利益が大幅に増えたように見せかけるため、その会社が買収される前に様々な費用を人為的に膨らませるように仕組んだ。そしてワールドコムは、通常の事業に伴う費用の一部を設備投資勘定に計上することによって、利益およびキャッシュフロー額を七〇億ドル過大に表示したことを認めた。あまりに多くの企業を舞台に、ＣＥＯは最高経営責任者（Chief Executive Officer）というよりも、最高着服責任者（Chief Embezzlement Officer）と呼ぶにふさわしい働きをし、またＣＦＯ（Chief Financial Officer）は詐欺担当役員（Corporate Fraud Officer）と呼ぶのがお似合いの不正を働いた。そして、アナリストがエンロンやワールドコムを誉めそやし、株価を舞い上がらせている隙に、経営者たちはＥＢＩＴＤＡの意味を、本来の「金利前税引前償却・減耗控除前利益」から「とんまな監査法人の裏をかく前の利益（Earning Before I Tricked the Dumb Auditor）」にすり替えてしまっていたのだ。

危機は予知できたか

前述のような詐欺的行為は別にしても、私たちはもっと賢くなれたはずである。革新的な技術が必ずしも優れた投資対象とは限らないということくらい、わかっていたはずだ。例えばアメリカの産業史をひも解けば、一八五〇年に鉄道は通信および商業の効率を飛躍的に高めると広く期待され、実際その通りになった。しかし、そのことは鉄道会社の株価がどんなに高くなってもいいということではない。当時、鉄道株は軒並み投機的な高水準に達し、やがて一八五七年の八月にバブルが破綻した。また二〇世紀後半には、航空機やテレビの普及が、私たちの生活を大きく変えたが、航空会社やテレビ・メーカーへの投資は、初期の段階では報われなかったのだ。

ここからも明らかなように、株式投資にとって重要なのは、新しい産業が経済や社会をどのように変えるかとか、どれだけ規模的に大きくなるかということではない。大事なのは、その産業や企業が利益を生み出し、それを維持していく能力なのだ。歴史に照らしてみれば、行き過ぎた株式ブームというものは、遅かれ早かれ重力の法則に屈してついえる。私の個人的経験に照らしてみても、一貫して株式市場で負け続けているのは、チューリップ・バブルの時代から繰り返される、相場の過熱に身を任せてしまうタイプの投資家なのである。株式投資によって堅実に富を増やすことは、そんなに難しくはないのだ。後の章で取り上げるように、幅広く分散された株式ポートフォリオを買ってじっと持っているだけで、長期平均的にはかなり高いリターンを享受することができる。ただ気をつけなければいけないのは、一夜にして大金持ちになれるかもしれないという投機の馬鹿騒ぎの中で、大切な財産を賭けたくなる誘惑に負けないことだ。

恐ろしい過ちを犯さない能力こそが、結局のところ自分の財産を守り、増やすための最も重要な条件と言えるのではなかろうか。学ぶべき教訓は単純明快だ。しかし、それを実践するのは容易ではない。

2　二一世紀初めの住宅バブルと大暴落

インターネット・バブルは、アメリカの株式市場始まって以来、最大のバブルであった。そして、その後、個人住宅市場で発生したバブルは、不動産市場に関して最大のバブルとなった。その上、住宅価格の高騰とその後の崩壊は株価のどんな激変よりも平均的な市民に対して深刻な影響を及ぼしたのである。というのも、住宅はほとんどの個人投資家にとっては最大の保有資産であり、その価格が暴落すれば直ちに財産価値ならびに精神状態に大きなダメージを与えるからである。

住宅バブルの崩壊は、アメリカおよび世界全体の金融システムを破綻寸前まで追い込み、世界中が突然深刻なリセッションの谷間に突き落とされたのである。住宅バブルがどのように燃え上がり、その破綻が直接、間接になぜ世界全体にあれほどひどい損害をもたらしたのか。それを理解するためには、ここ二〇～三〇年の間に世界の銀行システムならびに金融システムに生じた、根本的な変化を理解しなければならない。

その話を、深刻な心臓麻痺で緊急治療室にかつぎ込まれた、中年女性のたとえ話で始めよう。彼女は臨死体験で天国の入り口まで行き、神様と対面したのだ。彼女は神様に向かって、「その時が来たのですね。私はやはり死のうとしているのでしょうか」と尋ねたものだ。すると神様は、「大丈夫。あなたは生き返ります。そしてあと三〇年間生きるのです」と言ってくれたではないか。果たして神様の言葉通り、彼女は助かったのだ。詰まった血管を広げるためにカテーテル手術が行われると、彼女はたちまち蘇って元気になり、爽快な気分で目覚めた。その時、彼女はとっさに、「そうだ！　あと三〇年も人生があるのなら、この機会を最大限に活用すべきだ」と思いついたのだ。

どうせ今入院しているのだから、この際、全身美容整形をやってしまうことにしたのだ。その結果、今や気分だけでなく、容貌も見違えるほど美しくなった。彼女は快活な足取りで病院を後にして表通りに出たところ、猛スピードでやって来た救急車にはねられて即死してしまったのだ。再び天国の入り口に戻ってきた彼女は、神様を見るなり、「話が違うじゃありませんか。あと三〇年生きられるという約束じゃなかったのですか」と詰問した。すると神様は、すまなそうに、「奥様、大変申し訳ないことをしてしまいました。あなたをすっかり別人と思ってしまったものですから」と詫びたとさ。

新しいバンキング・システム

もし三〇年間眠っていたバンカーがいたとして、二〇〇〇年代の初めに目を覚ましたとしたら、やはり神様と同じ思いだったに違いない。古い銀行システムを「オリジネート・アンド・ホールド」システムと呼ぼう。銀行は住宅抵当ローン（一般のビジネス・ローンや消費者ローンも同じだが）を供与（オリジネート）すると、そのローンをバランスシート上に資産として計上し、最後の一ドルが返済されるまで持ち続ける（ホールド）のが大原則だった。そのシステムの下では、バンカーはローンを行うかどうかを非常に慎重に判断したものだ。というのは、もしそのローンが返済不能になろうものなら、必ず誰かがやって来て、その責任を問いただしたからである。したがって、借り手はかなりの頭金と、返済能力を証明するために分厚い書類を提出しなければならなかった。

こうした伝統的な銀行システムは、二〇〇〇年代の初めまでには根本から崩れ去り、「オリジネート・アンド・ディストリビュート」と呼ばれるシステムに変容してしまったのだ。住宅抵当ローンが伝統的な銀行（および規模の大きい抵当ローン専門機関）によって行われることに変わりなかった。変わったのは、最初にローンを供与した金融機関は、わずか数日後にはローンを全額、大手投資銀行に転売してしまうようになったことだ。そしてローンを購入した投資銀行は、小口の抵当ローンを多数プールして、それを担保に新たな債券を発行するのだ。これがいわゆる住宅抵当ローンの証券化というやつで、元になるローンから派生的に作り出された債券はＭＢＳと呼ばれる。証券化によって生まれた住宅抵当債券の元利払いの元になるのは、もちろん、担保に入っている住宅ローン契約からもたらされる元利払い金だ。

ややこしいのは、プールした抵当ローンを担保に複数の異なる債券が発行されることだ。ＭＢＳは幾種類かの異なる「トランシェ」に切り分けられる。それぞれのトランシェは、担保になったローンからもたらされるキャッシュフローに対して、異なる優先順位を持っており、格付けも異なる。こうした複雑な切り分けをつかさどるのが、「ファイナンシャル・エンジニアリング（金融工学）」と呼ばれるテクニックだ。そして担保に入っている抵当ローン群の質が劣るものであっても、格付機関は元利の受け取りの優先順位が高いトランシェには、喜んでＡＡＡ格を付与してくれる。そんなことを可能にするわけだから、より正確には金融工学というより「金融錬金術」と呼ぶべきだろう。この錬金術は何も住宅抵当ローンだけでなく、クレジット・カードローンや自動車ローンといった金融商品のプールにも利用された。こうして作り出された派生証券は、世界中の金融機関や機関投資家に売りさばかれたのだ。

実際には、もっといかがわしいことが行われた。抵当ローンのプールから作られた一群のMBSを「第一次」派生証券と呼ぶなら、それをプールしてさらに「第二次」派生証券が作り出されて売りさばかれたのだ。また、MBSの元利支払い不履行をヘッジする目的で、CDSと呼ばれる保険商品が考案された。

CDSとは一言でいえば、住宅抵当担保債券であればどんな債券でもいいのだが、その将来の元利支払いパフォーマンスに関して楽観的な投資家と悲観的な投資家が契約を結ぶ。例えば、私はGEの社債を保有しているが、GEが近い将来元利支払い不能な状態、つまりデフォルトするかもしれないと思い始めたとしよう。その時、私はAIGのような大手保険会社からCDSという保険商品を購入してヘッジをする。万一GEの社債がデフォルトに陥った場合でも、AIGが全額支払ってくれるのだ。実際、AIGはCDSの最大の売り手だった。問題は、MBS市場でデフォルトが発生した場合に必要な支払準備金を十分に積んでいなかったことだ。しかも、世界中のどの国の投資家も、原資産である債券を保有しなくても、CDSだけをいくらでも自由に購入できたのだ。世界中の機関投資家が競ってCDSを購入したため、CDSの市場残高総額は、ピーク時には何と原資産であるMBSの一〇倍の規模に膨れ上がってしまった。このように、派生商品の規模が原資産の市場規模の何倍にも膨れ上がったことが、新しい金融システムの大きな特徴だった。これによって世界の金融システムは非常に不安定なものになり、相互依存関係が強まったのだ。

劣化した融資基準

この危険な状況の総仕上げとして、金融市場の匠たちが考案したのが仕組み金融、すなわちＳＩＶ（structured investment vehicles）と呼ばれる法的仕組みだった。そして、これを銀行監督当局の目の届かないところにしまい込むために、膨大な額の派生証券をオフバランス（簿外）扱いにしてしまったのだ。巨額のＭＢＳを保有するＳＩＶがいくら負債を借り入れても、投資銀行のバランスシート上に記載されるのは、わずかばかりのＳＩＶへの出資金だけだった。ひと昔前なら、監督当局はＳＩＶの異常に高い財務レバレッジと抱えるリスクの大きさに対して、イエローカードを出したに違いない。しかし、新しい金融システムの下では見逃されて、全くお咎めなしだった。

こうして急拡大した新しい金融システムの下では、銀行や住宅抵当会社の融資基準は果てしなく緩和されていった。もし貸し手にとって唯一のリスクが、大手投資銀行に転売するまでのほんの数日間に借り手の返済能力の欠如が表面化することにあるとすれば、それほど慎重に借り手の信用状況を審査する必要はないわけだ。この結果、住宅抵当ローンの融資基準は急速に劣化していった。私が生まれて初めて住宅抵当ローンを利用した時は、貸し手の金融機関は最低でも三〇％の頭金を要求したものだ。しかし、新しいシステムの下では、住宅価格は上昇を続けるという前提に基づいて、頭金なしで融資が行われた。それどころか、いわゆるＮＩＮＪＡローン、つまり安定収入なし（No Income）、定職なし（No Job）、保有資産なし（No Asset）の借り手に対する住宅ローンが一般的になってしまった。そして、借り手に返済能力を裏づける書類や証明書の提出を義務づけることすら、なし崩し的に行われなくなっていったのだ。これは無審査（No Doc）ローンと呼ばれた。こうして住宅を購入するための資金は誰でも簡単に借りられるようになり、住宅価格は上昇を続けた。

政府自身も住宅バブルの膨張を積極的に煽ったのだ。住宅ローンの借り入れをもっと容易にするべきだという議会の強い圧力に屈して、連邦住宅局が低所得者の住宅抵当ローンの元利支払いを保証することになった。実際、二〇一〇年初めに金融機関が保有していた不良抵当ローンの三分の二近くを、政府機関が買い取るか、買い取りを義務づけられたのである。今回のバブルの背景を少しでも調べていれば、全く返済能力のない人々にあれほど多額の抵当ローンが供与されるに至った原因が、あこぎな貸し手金融機関だけでなく、政府自体の側にもあったということが容易にわかるだろう。

住宅バブル

政府の政策と変質した銀行システムが組み合わさって、膨大な住宅新規着工需要が生み出された。超金融緩和政策に煽られて、住宅価格は高騰し始めた。価格が急上昇し始めたことが、さらに多くの買い手を住宅市場に引きつけた。住宅価格が右肩上がりで上昇し続けたため、戸建て住宅やアパートを購入することは、事実上「リスクフリー」の投資のように思われたのだ。そして少なからぬ数の人々が、自分たちが住むためではなく、短期に転売して手っ取り早く値上がり益を手にすることを目的に投資したものだ。

図2は、今回の住宅バブルがいかに並外れたものだったかを示している。元になっているデータは、ケース・シラーのインフレ修正後の住宅価格指数である。インフレ修正とは、消費者物価指数全体が五%上昇したとして住宅価格もちょうど五%上昇なら、住宅価格は横ばいと見なすのだ。しかし、もし住宅価格が一〇%上昇したのなら、修正後の住宅価格は五%上昇と記録される。

この図によれば、一八〇〇年代末から一九〇〇年代末にかけての約一〇〇年間、インフレ修正後のア

図2　**インフレ修正後の住宅価格の推移結果**

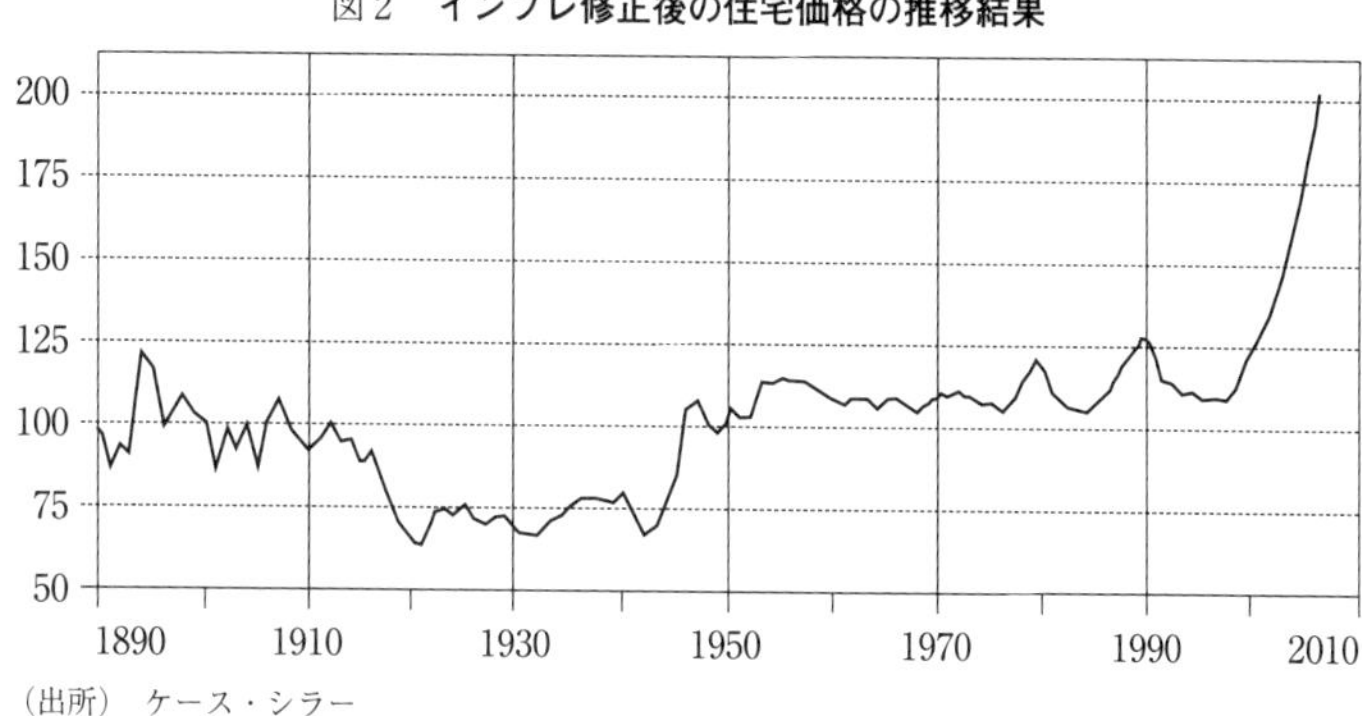

（出所）　ケース・シラー

メリカの住宅価格は非常に安定的に推移してきたことが見てとれよう。住宅価格はもちろん上昇を続けてきたが、その度合いはほとんど消費者物価並みだったわけだ。修正後価格は途中、大恐慌のあった一九三〇年代にはかなり下落したものの、一〇〇年後にはほぼ出発点と同一水準になっていた。ところが、二一世紀に入った最初の一〇年間だけで、修正後価格は実に二倍に高騰したのだ。この指数は全米の二〇大都市の平均値の推移を示したものである。

すでに述べたように、どんなバブルもやがてはじける。それを示すのが図3だ。住宅価格は全国的な広がりで下落し、その度合いはまさに壊滅的なものになった。その結果、多くの住宅保有者は住宅の価値を大幅に上回るローンを抱えることになってしまった。そして、返済不能に陥る人が雪だるま式に増え、玄関ドアの鍵を貸し手金融機関に送りつけて家を手放してしまったのだ。返済不能に陥った家の所有者が、鍵を送りつけて出て行ってしまうという慣行は、銀行業界で「ジングル・メール」と呼ばれたものだ。

バブルの破綻が経済に与えた影響は深刻なものだった。住宅購入時に払い込んだ頭金をそっくり失った消費者は、財布のひもを

いったのである。

図3　バブルの崩壊

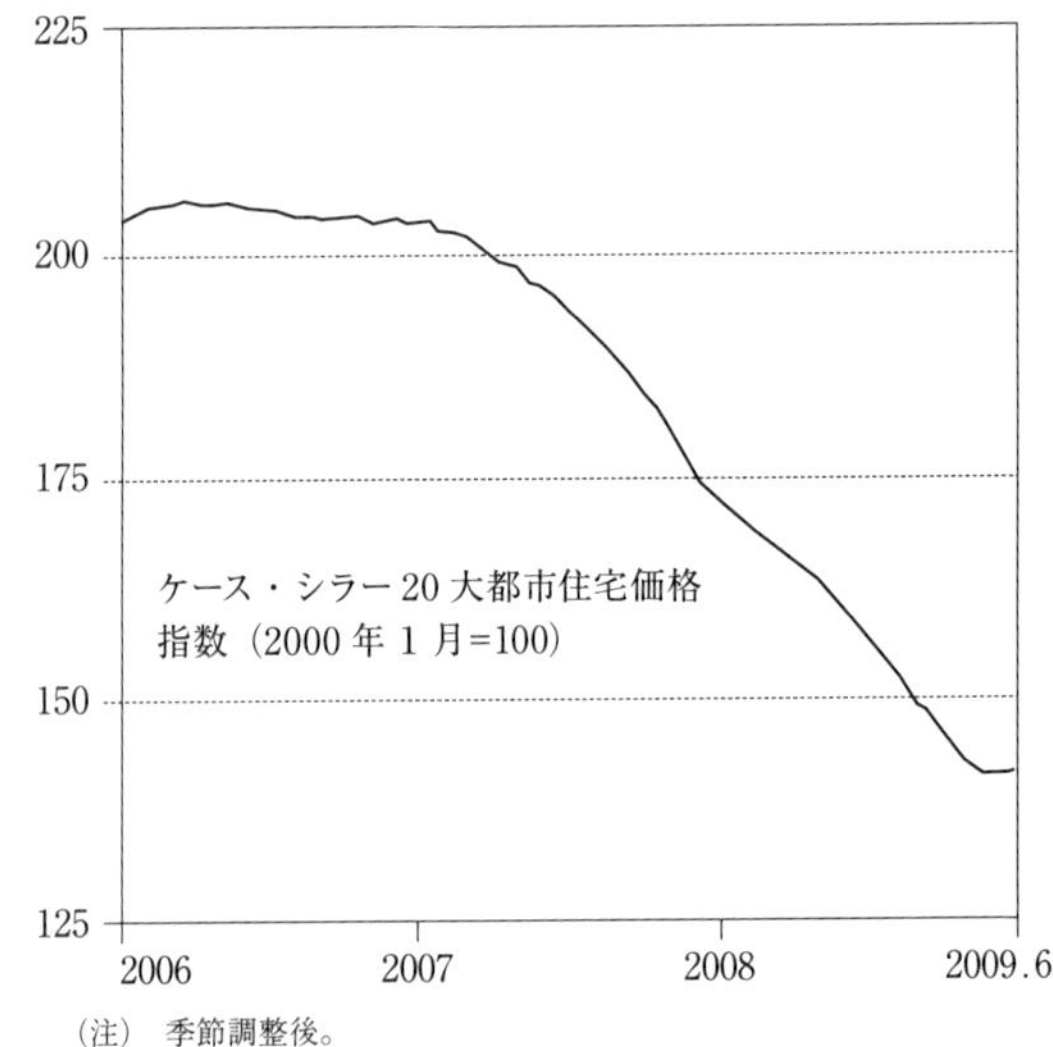

（注）　季節調整後。
（出所）　スタンダード＆プアーズ

固くしめて、とことん耐乏生活を余儀なくされた。バブルのさ中に住宅の値上がり益を担保に追加のローンを組んだ多くの消費者は、今ではそんな贅沢は夢のまた夢になってしまった。

住宅バブルが破裂したために、大半の住宅抵当証券は紙屑になり、高いレバレッジでこれらの有毒証券をたらふくくわえ込んだ金融機関もまた自業自得で破綻してしまった。前代未聞の規模で金融機関の破綻が相次ぎ、最大規模の金融機関のいくつかは文字通り連邦政府によって救済されることになったのだ。貸し付けを行う金融機関も一転して貸し渋りに走り、中小企業向けローンや消費者ローンの供与も凍りついてしまった。こうしてアメリカ経済は一九三〇年代の大恐慌に匹敵する深刻な不況に突入して

3　バブルと経済活動

過去のバブルの歴史を研究すると、どんなバブルでもそれがはじけた後は、必ず実体経済に深刻なダメージを与えることがわかる。資産バブルの破綻で傷つくのは、何も投機した人間だけにとどまらない。個人と金融機関の両方を巻き込んで杜撰な信用供与が行われ、負債への依存度が異常な高水準に達する中で、バブルが大きく膨らむことは特に危険なのだ。

アメリカが二一世紀に入って経験した住宅バブルは、それを劇的に示してくれた。住宅に対する新しい需要の増加が住宅価格の上昇を生み、それがさらなる住宅ローンの供給を促進し、それがまた価格を押し上げるという、「正のフィードバック」のループを作り上げたのだ。負債レバレッジのなし崩し的な上昇は融資基準の劣化をもたらし、レバレッジはさらに高まっていった。バブルが膨らむにつれて、個人も金融機関もどんどん破滅の淵に近づいていったのだ。

そしてバブルがはじけた途端に、これまで膨張を推進してきたループが逆回転し始める。住宅価格は急落し、多くの国民の財産価値は急激に減少に転じて、気がつけば住宅の価値は抱えているローンの残高を大幅に下回っていたのだ。ローンの負担が重くのしかかり、財布のひもは固くならざるを得ない。過大な負債を抱え込んだ金融機関は、レバレッジを正常な水準に戻そうと、業務を急速に縮小し始める。それがもたらす信用収縮によって実体経済活動は一層冷え込んだ。こうした負のフィードバック・ループが働いて、経済は深刻なリセッションに落ち込んでいくのだ。こうして信用バブルがはじけると、その実体経済へのダメージは非常に深刻なものになる。

この章で紹介したインターネット・バブルと住宅バブルの顚末を踏まえて現実を見ると、株式市場や住宅市場では合理的で効率的な価格形成が行われているとする主張とは大きく矛盾するように思われるかもしれない。しかし、われわれが学ぶべき教訓は、市場は時として非常に不合理な動きに支配されることがあり、金融資産価格に関するファンダメンタル価値など当てにならないと結論づけてはいけないということだ。むしろ学ぶべきは、いずれのバブルに関しても市場はやはり自ら身を正したということなのだ。時間はかかり、それだけ犠牲は大きく膨らむものの、市場はやがてはすべての非合理的な歪みを修正したのだ。しばしば説明のつかない「アノマリー」な価格形成が生まれて、根拠のない楽観論がはびこり、無知な個人投資家がそれに巻き込まれてしまうことがある。しかし、やがては市場で「本来の価値」が認識される。これこそが読者が学ぶべき結論である。

私はまた、『証券分析』を著した、あのベンジャミン・グレアムの叡智に敬意を表したい。彼によれば、株式市場は中長期的には「美人投票」の場所ではなく、「価値を測定する」場所だと言っている。価値の評価基準は決して変化していないのだ。結局のところ、どの銘柄の株価も、株主が投資した資本を使って会社が将来生み出すキャッシュフローの割引現在価値以上でも、以下でもないのだ。

株式市場はしばしば間違った価格をつけることがあるが、それは市場が効率的であることの妨げにはならないのだ。二〇〇〇年初めのインターネット銘柄がそうであったように、市場の間違い方は時には甚だしいものになりうる。というのも、株価は遠い将来にわたっての企業の収益力の予想値を織り込んで形成されるが、どんな予想値も、ほとんどの場合、正確なものではありえない。その上、個々の銘柄にかかわるリスクの大きさは決してはっきりとは推計できない。したがって、何%の割引率で将来のキャッシュフローを割り引くのが適切なのかは定かではない。この結果、市場株価は程度の差はあっても常に、ある程度は間違っているのだ。

しかし、仮に市場株価が間違っているとしても、どの時点で「高すぎる」のか「安すぎる」のかは、プロも含め誰にもはっきりとはわからない。したがって、どんなプロの機関投資家でも、「割安な」銘柄だけを保有し、「割高な」銘柄は一切保有しないなどという運用は、決してできないのだ。このように、ウォール街のベスト＆ブライテストですら正しい株価と間違った株価を区別できないのだから、市場平均に打ち勝つことは容易ではない。どんな優秀な投資家でも、全参加者の叡智の結晶ともいうべき市場平均を一貫して上回るリターンを上げることが可能だということを示す証拠は、一つとして見つかっていないのだ。株式市場は必ずしもいつも正しいとは限らない。それどころか、大体正しいとすら言えないかもしれない。しかし、間違いなく言えることは、「どんなに優れた個人あるいは機関投資家でも、常に市場平均よりも市場のことをよりよく知っている」なんてことはありえない。

また、二一世紀初頭を飾った空前の住宅バブルとその崩壊についても、決して効率的市場理論に致命傷を与えたわけではない。もしあなたが頭金ゼロで家を購入できる機会を与えられたなら、たとえその値段がバブル的だと思っても、その話に乗ることはきわめて合理的な選択なのだ。というのは、もし住宅が値上がりを続ければ万々歳だし、万一バブルがはじけて値段が下がった時は、貸し手（そして最終的には政府）に鍵を渡して損失を転嫁することができたからだ。要はインセンティブ・システムが狂っていたのだ。今から見れば、政府の規制は緩く、また政策も間違っていた。しかし、この悲惨なバブルとそれがもたらした深刻なリセッションは、決してみんなが効率的市場理論をナイーブに信奉して行動した結果ではなかったのだ。

4 「ミーム株」のミニ・バブル

「ミーム」という言葉は、もともとは人々の心から心へ伝達される情報の基本単位を意味する、遺伝学分野の用語だ。市場参加者の間でイメージや、アイデア、行動が真似されて、ネット上で瞬く間に広範囲に拡散していくことを、「ミーム現象」と呼ぶ。その一環で人気を博したミーム株は、企業の業績見通しや財務状況に関する情報ではなく、もっぱら社会的なムードによってミーム的に株価が形成される銘柄を指す。

そのためのプラットフォームを提供したのが、ソーシャル・メディアのレディット（Reddit）上で何百万人ものフォロワーを持つブログ、「ウォール・ストリート・ベッツ（WSB）」だ。また、フェイスブックやユーチューブといった、他の大手のプラットフォーム企業も、デイトレーダーの大軍をミーム株投機に駆り立てる一翼を担った。

ミーム株現象の代表例として挙げられるのが、ゲームストップ社（GME）の株価の異常な暴騰と、それに続く暴落だ。同社は伝統的なゲーム用ディスクの老舗の販売会社で、コンピュータ・ゲームが急速にオンラインで提供される時代に移っていく中で、悪戦苦闘していた。この銘柄が注目されるようになったきっかけは、高校時代に長距離ランナーとして名をはせ、今ではバリュー株専門の証券アナリストを標榜する、キース・ギルという男がネット上でこの銘柄を推奨したことに始まる。

ギルはレディットの世界ではあのベンジャミン・グレアムが「超割安銘柄」に対して使った「ディープ・バリュー」という名前にあやかって、「ディープ・ファッキング・バリュー」というユーザーネームで知られるブロガーだ。彼はまた、ユーチューブ上では、「ロアリング・キティ」として知られている。ＧＭＥが暴騰したきっかけは、ギルが同社は抜本的な経営改革が奏功して大きくよみがえることが期待できる、いわゆる「ターン・アラウンド」銘柄として強力に推奨したことだ。

加えて、近い将来ＧＭＥに関して大量の買い注文が期待できる、合理的な根拠もあった。それというのも、いくつものヘッジ・ファンドが、ＧＭＥ株を大量に空売りしていたのだ。これらのヘッジ・ファンドは、ＧＭＥの将来見通しに関して極端に悲観的で、空売りされた株数の合計は、同社の総発行済株数をも上回っていたのだ。抜け目ないギルは、これらのヘッジ・ファンドは、ショート・ポジションをカバーするために、遠からず同社株を大量に市場で買い戻す羽目に陥ると読んでいた。

もしギルが熱狂的なフォロワーたちを動員できれば、株価をつり上げることも可能だった。もし株価が上昇し始めればヘッジ・ファンドの損失は膨らみ、それをカバーしようと買いに走れば、株価はさらに上昇するというわけだ。この展開は聖書に出てくる、巨人ゴリアテを石弓で倒した羊飼のダビデ少年を彷彿とさせる状況だ。レディットのフォロワーの中には、もっぱら巨大なヘッジ・ファンドにひと泡吹かせたくて、ＧＭＥ株に投資したものも多かった。また、熱狂したデイトレーダーの中には、ＧＭＥ株のオプションを買うことによって、自己資金の何倍もの値上がり益を狙う者もいた。

ギルのフォロワーには、「人生は一度だけ（You Only Live Once）」という呪文を信じるものが多く、その頭文字〝ＹＯＬＯ〟が動詞として流行した。例えばＧＭＥ株のデイトレーダーの一人は、「オレはＹＯＬＯして、コツコツ貯めた五万ドルを、この際全部ＧＭＥ株のオプションに投入することに決めた」などと、ツイッターでつぶやいた。そして、投資サービス会社ロビンフッド社に登録した彼の実名のアカウントの画像が、スクリーン上に大きく掲示されるのだった。

ネット上のデイトレーダーたちを先導するためにギルが用いた理屈はどうあれ、二〇二一年初に一七ドル近辺にあったGME社の株価の変動ぶりは常軌を逸していた。同社の株価は一月末には四〇〇ドルまで暴騰したかと思うと、二月には四〇ドルに暴落した。その後も同社の株価は年末にかけて乱高下を繰り返した。このゲームに初期段階で参加したトレーダーの中には、大きな儲けを手にした者もいた。しかし大部分の参加者は、結局大きな損失に終わったのだ。

大損を被ったあるトレーダーは、ツイッター上で次のようにつぶやいた：GME株投資は、離婚よりも悲惨だった。なぜなら財産を半分失くした上に、女房はまだいるのだから、と。もっと悲劇的な結果に終わったケースも多かった。ロビンフッド社のトレーダーの一人は、オプション売買で七三万ドルもの損失を出して、自殺してしまった。

ミーム株を代表するもう一つの例は、やはり老舗の映画館チェーンのAMC社だ。新型コロナ対応でほとんどの映画館が閉鎖される中で、同社は綱渡り経営を続けていた。しかし同社もまたヘッジ・ファンドのカラ売り攻勢の餌食になり、二〇二一年一月には同社の株価はわずか二ドル弱まで下落した。ところが同社の株価はその後突然暴騰して、年央にはなんと六〇ドルに達した。なぜかというと、オンライン・トレーダーたちにとっては、何もラスベガスに出かけるまでもなく、AMC株投機によって居ながらにしてギャンブルが楽しめるということだった。このゲームでも、早い段階で参加した者の中には、大きな利益を手にした者もいた。しかし、音楽が鳴りやんだ後でも踊り続けていた大部分のトレーダーは、大きな損失を被ったのだ。

上に紹介した二つの例に共通するパラドックスがある。それは、GMEもAMCも株価の暴騰を利用して、一〇億ドル以上の株式ファイナンスを行っていたことだ。両社ともミーム株バブルに踊った有象無象のデイトレーダーたちのおかげで、少なくとも短期的には倒産を免れ、一息つくことができたのだ。しかしアメリカの資本配分プロセスを、株式投資をあたかもカジノでルーレット・ゲームに興ずるように短期売買する、デイトレーダーたちの気まぐれに委ねていいものかどうかは、もっと本質的な問題だ。

5　仮想通貨バブル

二〇〇〇年代の最初の二〇年間に見られた、もっとも規制のない投機的な活動の盛り上がりは、株式とは無関係の世界で起こった。ビットコインや他の暗号資産に関する異常な関心の高まりを反映して、世界的な規模でトレーディング活動が盛り上がり、前代未聞の市場価格の乱高下を引き起こした。仮想通貨の異常な値上がりと、それが世界中の群衆の心をとらえ、夢を含らませた様は、ドット・コム・バブル狂奏曲に気持ちが悪いほど似ている。

ビットコインとブロックチェーン

世界中で取引される仮想通貨「ビットコイン」は、「近未来の通貨のモデル」と評価する人もいれば、「最悪の詐欺スキーム」と切り捨てる人もいる。ともあれ、そのピラミッド型の構造からしても、巨大な金融バブルに発展する可能性は否定できない。現に、一単位当たりたったの一～二セントで始まったビットコインの価格は、二〇一七年末にはなんと二万ドル近くまで、劇的に上昇したのだ。その一年後には価格はわずか四〇〇〇ドルに下落したが、二〇二一年四月には六万ドルに達した。かと思うと、その二カ月後には半分の三万ドルに下がっている。その過程で短時日の間に数千ドル単位で暴騰、暴落を繰り返し、ボラティリティーは二〜三日で五〇％に達することも珍しくなかった。ソーシャル・メディア、レディットのフォロワーが魅了されたのも無理はない。

ビットコインは「サトシ・ナカモト」というペンネームを使う個人ないしは複数の人物によって、生み出されたとされる。ナカモト氏は二〇〇八年に発表された論文の中で、「ビットコインの目的は、純粋に個人間で流通する電子通貨を作り出すことにある」と書いている。この、正体も居場所も不明のナカモト氏とは、EメールかSNSを介してしかコンタクトが取れなかった。

これまで何人かの人物がナカモト氏ではないかと噂されたが、今のところその正体は確認されていない。二〇〇九年にビットコイン・システムに関する基本的なルールと、それを動かすコンピュータ・ソフトウエアを公開した後、ナカモト氏との音信は途絶えてしまった。なんでも噂では、氏は生みの親としてビットコインを百万単位取得したと言われ、もしそれが正しければ二〇一八年時点の相場から推測して、世界有数の大金持ちになったとみられる。

ビットコイン・システムは、「ブロックチェーン」と呼ばれる信頼性の高い「公開帳簿」システムにもとづいて運営される。この帳簿上に、コード化されてパスワードによって保護される形で記帳すると、ビットコインの所有者が記録される。ブロックチェーンを通してその時点の所有者が認証され、流通しているすべての過去におけるビットコインの取引履歴が記録される。

このシステムは世界中に独立して存在する無数のコンピュータによって維持されており、その維持費と新しい売買を処理するのに要するコストは、「マイニング」と呼ばれるシステム構築のプロセスを通して、ビットコインで支払われる。現存のすべてのコインはこのプロセスを通して生み出され、その上限が二一〇〇万単位と定められている。*

*コインの発行総数がこの上限に達した後は、ネットワークを維持するために取引手数料を分担するなど、何らかの新しい支払方法を採用することが必要になるだろう。

ブロックチェーンは、絶え間なく増え続ける公開された帳簿群（ブロック）を、鎖のようにつなぎ合わせたもののことだ。個々のブロックは、それ以前の取引を記録したすべてのブロックとリンクされている。その写しが、システムの「結節点」の役目を果たす無数のコンピュータ間で共有されるため、なにか不審な点があれば簡単にチェックできる。この仕組みによって、システムの信頼性が担保されるのだ。

例えばデータベースの維持に関わる誰かが、過去の取引記録を改竄して他人のアカウントを移そうとしても、そうした不正行為は多数のコンピュータによって直ちに見破られてしまう。こうして、たとえ問題が発生しても、不特定多数の参加者による相互チェックが働いて、システムの安全性が保たれてきた。

二〇一八年時点で何百万人ものビットコインのユーザーが存在し、その約束事に従って合法、非合法を問わずあらゆる取引が執行されてきた。ビットコインの相場が一ドルであれ二万ドルであれ、売買はスムーズに執行される。ビットコインを購入すると同時にそれを売主に送り返し、売主がそれを直ちにドルに換金することも可能だ。この取引が行われる間、相場が安定的なら、ドル換算額の多寡は全く関係ない。ビットコインを支えるこの斬新なテクノロジーによって、銀行システムや特定国の通貨を用いることなく、継続的な取引を匿名で執行することができるのだ。

ビットコインは本物の通貨か

オーソドックスな金融の専門家の大半は、仮想通貨ブームに対して非常に懐疑的な立場をとっている。伝説的な投資家を代表するハワード・マークスやウォーレン・バフェットは、「仮想通貨は本物の通貨ではなく、何の価値もない商品だ」という趣旨のコメントをしている。

ただ、こうした主張は、ある意味でどの国の通貨にも当てはまることでもある。例えば米ドル自体、その背後に「ファンダメンタル価値」があるかというと、そんなものはないのだ。どんな国の紙幣でも、それがあからさまに「一種のねずみ講にすぎない」とまでは言われないにしても、その価値に関してある程度は疑問符がつくのだ。そこで果たしてビットコインやほかの仮想通貨が、本物の通貨かどうかを真面目に検討してみよう。

最初に、通貨は一般的にどのように定義されるのだろうか。いまさら何を言い出すんだと思うかもしれないが、これがビットコインの本質と密接に関連している。そして、この問題に関する経済学者の立場は、それがどのような機能を果たすのかという点にもとづいている。そして通貨が通貨であると認められるためには、以下の三つの機能を備えていることが必要なのだ。

通貨に求められる第一の機能は、それが財貨やサービスの交換手段たり得ることにある。我々が通貨を貴ぶのは、それを用いて財貨やサービスを購入できるからである。お金を財布に入れて持ち歩くのは、それを使って空腹になればサンドイッチを買ったり、喉が渇けばドリンクを買ったりできるからにほかならない。

第二の機能は、それが価値を計算する時の信頼できる基準、あるいは尺度として使用できることである。それが物の値段を表示したり、現在、あるいは将来の借金の金額を記録したりする基準になるかどうかだ。例えば、現在のニューヨーク・タイムズの値段は三ドルで、年利五％で住宅ローンを一〇万ドル借りると、毎年の利払いは五〇〇〇ドルで、満期日の返済額は一〇万ドルになる、といった具合だ。

第三の機能は、それが価値の貯蔵手段になるということだ。財貨やサービスの売り手がその対価として通貨を受け取るのは、将来何か必要なものを買う時にそれが支払いに使えるからだ。もちろん株や債券なども価値の貯蔵手段として使えるが、貨幣はもっとも流動性の高い資産なのだ。このため、近い将来何かを購入したいと考えている時には、貨幣は全ての価値貯蔵手段の中で、最も好ましい。

さて、上に示した通貨の定義をふまえて、果たしてビットコインが真の通貨と言えるかどうかを吟味してみよう。第一に、ビットコインは様々な取引の支払い手段として用いられている。したがって、ビットコインは第一の機能に関しては通貨の条件を満たしていると言えよう。また、ある種の国際的な取引に関しては、確認のための手続きは複雑にはなるが、既存の銀行システムを通して執行するよりはコストが節約できる可能性がある。さらに、合法かどうかが疑わしい取引に関しては、ビットコインの匿名性は当事者にとって大きな魅力だ。私有財産権が未確立な国々では、政府による財産没収の対象になりにくいという理由で、ビットコインが好まれるかもしれない。初期の段階で、ビットコイン需要の中心がその懸念が強いアジアの新興国だったことは、偶然ではなかろう。

しかしビットコインは、その価格変動性の著しい大きさのために、真の通貨であるための第二、第三の条件をクリアできないのだ。その値段が毎日ベースで大きく変動するような資産は、価値を示す尺度としても、富の貯蔵手段としても、広く受け入れられることは難しい。言い換えれば、ファンダメンタル価値のような、ビットコインのあるべき価格水準を判断する基準が存在しないのだ。著しい価格変動リスクを回避したければ、価格がより安定した他の投資資産ないしは通貨に換えるほかないのだ。少なくともアメリカを含む主要国の中央銀行は、通貨価値を安定的に保つために日夜努力しているのだから。

この状況は、倉庫にイワシの缶詰を山積みにしていた商人の笑い話を思い起こさせる。ある日腹ペコの従業員がお昼のおかずにしようと缶を開けたところ、なんとイワシではなく砂がぎっしり詰まっていたのだ。頭にきた従業員が主人に文句を言ったところ、商人は涼しい顔で、「ここに積んである缶詰は自分が食べるためのものではなく、単に転売用なのさ」と答えたという。ビットコインはまさにこの缶詰みたいなものだ。

ビットコインや他の仮想通貨に投資する人々の大半は、値上がりが続くことに賭けるゲームをプレーしているにすぎない。このゲームに早い段階で参戦したプレーヤーの多くは、膨大な儲けを手にしたに違いない。オリンピックのボート競技で名をはせた、背丈が六フィート半もある双子の兄弟、キャメロンとタイラー・ウィンクルボスを覚えているだろうか。この兄弟は、ハーバード大学時代の友人だったあのマーク・ザッカーバーグに対して、自分たちが考え出した「フェイスブック」のアイデアを盗んだとして、訴訟を起こしたものだ。

この訴訟は、兄弟の訴えが認められて、ザッカーバーグが六五〇〇万ドル支払うことで決着した。その後のフェイスブック株の暴騰によって、ザッカーバーグが億万長者になったことは周知のとおりだ。一方、双子の兄弟は対価としての六五〇〇万ドルは少なすぎるとして、大いに不満顔だった。しかし彼らは、同情には値しないのだ。というのも、彼らは手にしたお金のうち一一〇〇万ドルを、一コイン当たり一二〇ドルでビットコインに投資していたのだ。その結果、この双子もまた大変なビットコイン長者になったのだ。

ビットコイン現象はバブルか

結局ビットコインは、グローバルな決済システムに革命をもたらす有望な新しいテクノロジーの先駆けなのか、それとも参加者の大半に大損させて弾けてしまう投機バブルの最新版にすぎないのだろうか。答えは、おそらくどちらも「イエス」だろう。少なくともビットコイン取引を支えるブロックチェーン技術は本物であり、今後さらに改良されて世の中に広まっていくだろう。いずれにせよ、このテクノロジーのおかげでグローバルな決済システムは大きく変革されていくだろう。

ブロックチェーンや類似の分散型公開帳簿技術の特性は、医療診断履歴や車両点検、修繕履歴といった分野への応用が可能と思われる。世界中の企業の設立登記業務で大きな収入をあげてきたデラウェア州は、ブロックチェーン技術を企業の履歴書作りに応用する準備を始めている。ドバイは、二〇二〇年までに政府が保管するすべての書類をブロックチェーンで管理するシステムを開発中である。ビットコインの大成功に刺激されて生まれた他の仮想通貨の取引に関しても、同じ分散型公開帳簿が用いられている。

実際、ブロックチェーン技術は取引コストを引き下げ、執行のスピードアップをもたらす、大きな可能性を持っている。そして、政府や金融機関の介在なしに、仮想通貨取引の安全な執行が促進されるだろう。問題は、基盤になるテクノロジーが健全だからといって、それを用いて取引される商品の価格形成もまた健全だとは限らないことだ。例えば、一九九〇年代にインターネット時代が到来したことは紛れもない事実だが、その背骨ともいうべきスイッチやルーターの大手メーカーだったシスコ・システムズの株価が、インターネット・バブルの崩壊とともに九〇％も暴落したこともまた事実なのだ。そしてビットコインや他の仮想通貨の価格上昇の実態は、紛れもなく古典的なバブルの特色を色濃く宿している。

投機バブルかどうかを判断する一つの基準は、対象資産の価格の上昇度合いだ。一〜二セントだったビットコインの価格は、二〇一七年の初めに二万ドル近くまで暴騰し、その後急落した。二〇二一年のビットコインの値動きは、安値が二万八八〇〇ドル、高値は六万九〇〇〇ドルだった。

ビットコインの値動きは激しく、たった二四時間の取引で三〇％も変動することも珍しくなかった。それ以外の仮想通貨についても同様だ。価格上昇の度合いはオランダのチューリップ・バブルを遥かに上回り、本書で紹介してきた歴史上のどのバブルも、ビットコインと比べるとまるでさざ波のように見える。価格上昇率、価格の変動幅の両方を考えると、仮想通貨バブルは市場最大規模のバブルと言って差し支えないだろう。

すべてのバブルは、その時代を彩る大衆文化の一部となった、魅力的なストーリーによって増幅される。ビットコインもその例にもれず、風評や噂話が二一世紀人やZ世代の若者の欲望と情熱を煽り立てたのだった。それはまた、インターネットがいかにミーム株の伝染を促進し、バブルを増幅する力を持っているかを物語るものでもある。

ビットコイン・バブルはいつ弾けるか

様々なリスクの可能性を考えると、ビットコインの将来を予測する際には最大限の注意が必要と言えよう。ビットコインのマイニングには膨大な量のコンピュータ使用時間と電力を使用するため、分散型公開帳簿システムを管理するコンピュータの使用が規制されるかもしれない。一つの新しい仮想通貨を作り出すのに必要な電力使用量は、標準的なアメリカの家庭二年間のそれに匹敵すると言われる。また、ビットコインのネットワークを維持するのに必要なコンピュータ・システムの総電力消費量は、中規模国家の年間消費量に相当するとも言われている。

ビットコインの支持者たちは、コインの発行枠には二一〇〇万という上限があることを強調する。しかし、あまた生み出されたそれ以外の仮想通貨には、そうした上限は設けられていない。「イーサ」と呼ばれる仮想通貨を運用するイーサリアムの支持者たちは、こっちの方がビットコインより優れていると言う。イーサのプロトコルの制度設計の方が柔軟で、機能性も高いと言うのだ。また、ＸＲＰという仮想通貨を運営する「リップル」は、国際的な決済をより高速かつ低コストで執行することを目的に作られたものである。二〇一七年だけで、詐欺的なものも含めると七〇〇以上の仮想通貨が新しく作り出された。こうして次々と作り出される仮想通貨の潜在的な総量は、ほとんど無限大なのだ。オランダのチューリップ・バブルは、ある日多数の投資家や投機家がとりあえず値上がり益を確保しようと、一斉に売りに出たことをきっかけに暴落が始まった。ビットコインの場合は、「ホエールズ」と呼ばれる特定少数の保有者が占める割合が大きく、もし彼らが保有分の一部でも売りに出そうものなら、価格は暴落するだろう。

もしビットコインが違法な取引を執行するために使われる場合には、仮想通貨は大きな危機に見舞われるだろう。例えば「身代金」の支払いや脱税を含む様々な経済取引に仮想通貨が利用されれば、どの国の政府も座視することはないだろう。また、自国の通貨の管理権を放棄することもないだろう。北京からワシントンに至るまで、どの国の政府もビットコインのマイニングや売買を放任するなどということは期待できない。将来一般企業ではなく政府自らが広く受け入れられている仮想通貨のスポンサーになる可能性が大きいのではないだろうか。

6 その他のミニ・バブル

二〇二〇年代には、それ以外にもいくつものミニ・バブル現象が見られた。その中でも私のお気に入りは、SPACバブル、ドギー・コイン（Doge Coin）バブル、そしてNFTバブルの三つだ。

「南海泡沫会社株のバブル」の中で、「誰にも実体は分からないが、多大な利益のあがる事業を行う会社」という、馬鹿馬鹿しい新規公開株のことを紹介した。SPAC、すなわち企業買収のみを行うために設立されたSpecial Acquisition Companyは、まさにその現代版だ。SPACは企業買収だけのためのペーパー・カンパニーを設立し、その株式を新規公開することによって資金調達を行う。ただし、SPAC自体は買収した会社の経営には一切携わらない。

SPACは単に未公開の買収対象企業を探し出して合体し、公開会社にするためのかりそめの企業体だ。いわば「裏口から入って」株式公開を実現するための、ペーパー・カンパニーなのだ。二〇二〇年だけで二四八ものSPACが組成され、八三〇億ドルもの株主資本を調達した。もっとも急成長した新手の資金調達手段になった。

投資家を募る時の宣伝文句は、「一般投資家が魅力的なIPO市場に参加して、短期間に大金持ちになるチャンスを提供する」というものであった。しかし実態は、株式の二〇%を保有する発起人たちがもうけの大きな部分を懐に入れ、一般の出資者たちは残った部分の分け前にあずかるだけだった。また多くのケースでは、SECの厳しい審査に合格しそうもない、質の良くない企業を無理に公開させるための手段に使われた。二〇二〇年当時はアメリカのマーケットは未曽有のブーム状態だったが、一般の出資者たちは約束された分け前にあずかることはなかった。

次のミニ・バブル、ドギー・コイン（ドージ・コインとも言う）は、冗談から始まった。チャット・ルームで仲良しの二人の若者が、ビットコイン・バブルの盛り上がりと、仮想通貨投機熱をからかうつもりで、新しいコインの発行を思いついた。ドギーという名前は、ミーム現象でネット上で話題になっていた、「言葉を話す柴犬」にあやかってつけた。柴犬ミームのフォロワーの世界では、その憲章にDo Only Good Everyday（毎日善行に励もう）と、謳われている。この二人は、ドギー・コインを出せば、ネット上でみんなが一瞬楽しんでくれて、そのうち忘れ去られてしまうだろう程度にしか考えていなかった。

しかしこのコインが、レディットのフォロワーの間に瞬く間に拡散して、時のヒーローに大化けしたのだ。二〇二一年の元旦にはたったの〇・五セントだったドギー・コインの価格は、その年の五月には七五セントまで暴騰したのだ。その直後に、仮想通貨の熱烈な信奉者で知られるあのイーロン・マスクが、人気のトークショー「サタデー・ナイト・ライブ」に出演し、ドギー・コインを皮肉るコメントをしたことがきっかけで、価格は急落した。しかしレディットのフォロワーたちはひるまなかった。何しろ彼らに共通する生きざまは、「ＹＯＬＯ、すなわち人生は一度だけ、私たちは月まで行くのだ」というものだ。

二〇二〇年のミニ・バブルの中で最も経済的重要性が高いと思われるのが、「非代替性トークン（Non-Fungible Token、略してＮＦＴ）」だ。ＮＦＴとは、ブロック・チェーン上で保証されたバーチャルな所有権証明書のことで、市場で売買することが可能だ。

ビープル（Beeple）という名で知られるデジタル・アーティストのマイク・ウィンケルマンは、ネット上で縮尺版が誰でも自由にダウンロードできるにもかかわらず、トークンにした作品集をクリスティーズのオークションにかけたところ、六九〇〇万ドルで売却することに成功した。

ＮＦＴは瞬く間に流行になり、二〇一七年にリリースされたオンライン・ゲーム「クリプト・キティーズ」に出てくる架空のネコに始まり、デジタル・スニーカーまで売買の対象になった。トイレット・ペーパーのメーカーであるチャーミン（Charmin）社は、世界で初めてのデジタル・トイレット・ペーパーを売り出した。また、ツイッター社のＣＥＯだったジャック・ドーシーは、ツイッターのプラットフォーム上で送られた初めてのツイートをＮＦＴにして、三〇〇万ドルで売却した。

中でも、最もお下劣と思われるＮＦＴが、リアリティー・ショーのスターのひとり、ステファニー・マットによって、二〇二二年一月に売り出された。彼女は新しい企画として、ファン向けに何と自分の「オナラ」をビンに詰めて売り出したのだ。これが大当たりし、膨大なオナラ需要を満たすために、毎日黒豆スープを何杯も摂取したのだ。

ところがしばらくすると胸に激痛が走り、急遽入院する羽目に陥った。診察した医師は、オナラ用のメニューは彼女の健康を著しくむしばんでおり、即刻やめなければ危険だと警告した。そこで彼女はオナラのビン詰を諦めて、ビンを題材にしてデジタル・アート作品を作り、そのＮＦＴを販売する戦略に切り替えたのだ。実際、人は何でも集めたがるもので、コレクター・アイテムの値段は、しばらくの間はどんどん値上がりする。しかしその大半は、やがて二束三文でしか売れなくなってしまうのだ。私自身はやはり、ピカソの本物の絵の方が好きだ。

教訓

ここまで、何世紀にもわたる様々なバブルを振り返り、群衆の狂気がいかに資産価格を押し上げ、やがてナイーブな大衆を破滅に追いやってきた実態を、つぶさに紹介してきた。こうした歴史から導かれる明らかな教訓は、すべての華やかに膨らんだバブルは、やがて重力の法則に従って破裂するということだ。

私の個人的な経験に照らして言えることは、常に最大の犠牲者は、あのチューリップ・バブルのような熱狂の波に抗しきれず、押し流されてしまうタイプの人間なのだ。現代で言えば、ほとんどのデイトレーダーは結局大損をして終わることを示す証拠がごまんとあるのだ。株式投資で利益をあげることは、決して難しいことではない。広く分散投資されたポートフォリオを買ってじっと持っているだけで、長期的にはかなり満足できる結果が得られるのだ。難しいのは、短期間で一獲千金を狙うような投機に、大事な貯えを投入したくなる誘惑に打ち勝つことなのだ。

ギャンブル好きをいけないと言うつもりはない。実は私もギャンブルは好きだ。ただ、ギャンブルする時の掛け金は、全部すっても生活に響かない範囲にとどめるべきだ。決して投資とギャンブルを混同してはいけない。そして、世の中を大きく変革することが期待されて時代の注目を浴びるような新しいテクノロジーには、絶対に老後のための貯えを投入してはいけない。人気を博している最先端のテクノロジーは、投資の対象としては決して報われずに終わることが多いのだ。

歴史の教訓は、いつの時代も変わらない。それは、投機的なバブルはある期間は続くかもしれないが、それに巻き込まれたほとんどの投資家は、結局は身を滅ぼすということだ。しっかりした実体のある本物の技術でも、投資家の利益を保証するものではない。大損に終わるような間違った投資を避ける能力こそ、大切な蓄積を守り増殖を図るうえで、最も大事な要素と考えられる。この教訓は分かり切ったことなのだが、また簡単に忘れ去られることでもあるのだ。

第2部
プロの投資家の成績表

NOSTRADAMUS
From the frontispiece to a collection of his prophecies,
published at Amsterdam, A.D. 1666

第5章　株価分析の二つの手法

「百聞は一見にしかず」（中国の古い諺より）
「人間が神から授かった力の中で最も大切なものは、ものの本当の価値を見分ける能力である」（ラ・ロシュフコー『反省録、もしくは道徳上の格言と箴言集』より）

マネーゲームとプロの成績

ニューヨーク、ＮＡＳＤＡＱ、それに様々な電子取引ネットワークを合わせた全米の証券取引所の売買金額は、一日平均何千億ドルにものぼる。これに各種の先物やオプション、スワップ取引などを加えると、毎日一兆ドルを超える取引が行われている。これが、プロのアナリストや投資顧問業者が知恵を競い合うマネーゲームの舞台である。

賭け金が大きいと当然見返りも大きい。好調な年には、ハーバード・ビジネス・スクールを卒業したての試用期間の若者たちですら、二〇万ドルを優に超える年収を稼ぎ出す。

その頂点にいるのは大きな投資信託や年金、信託基金、それに一兆ドルを上回るにいたったヘッジ・ファンドの資金を運用するマネーマネジャーたちだろう。一九六八年に出版されたベストセラー『マネー・ゲーム』の著者のアダム・スミスが出版直後に、「この本のおかげで二五万ドルも印税が入ったんだ」と自慢したところ、ウォール街に勤める彼の友人は、「そんなのは機関投資家担当の二流のセールスマン並みだね」とやり返したという。最近の状況は随分変わってきているかもしれない。しかし、高度な金融業務をこなす専門職が、最も古い職業ではないとしても、最も高い報酬を得られる職業の一つであることは事実であろう。

そこで第2部では、プロのファンド・マネジャーたちの手口とその成績評価に、焦点を当てることにしよう。そしてその後で、金融経済学者たちがプロの運用パフォーマンスについて様々な観点から分析を行ってきた結果、プロの運用成績はあなた方が支払っている手数料に値しないという結論に達したことを具体的に紹介しよう。

その後いよいよ「効率的市場理論」を紹介し、それがあなたに対して持つ意味について解説したい。どんな投資家も、市場平均と同じポートフォリオで運用するインデックス・ファンドを上回る成績を上げることは難しいのだ。

1　テクニカル分析とファンダメンタル分析

将来の株価動向を正確に予想し、売り買いの的確なタイミングをつかもうと、人々は絶え間ない努力を重ねてきた。金の卵を求めて、人々は科学的なものから、はたまたオカルト的なものまで、多様な分析手法を編み出してきた。今日では、太陽の黒点を数えたり、月の満ち欠けを観測したり、あるいはサン・アンドレアス活断層の震動を調べたりと、株価予想の手法は実に多彩である。しかし、大多数の人は、次の二つの手法、すなわちテクニカル分析とファンダメンタル分析のいずれかを用いるのが普通だ。
さて、これらの手法は、それぞれ第1部で触れた株式市場の二つの理論とかかわっている。まず、テクニカル分析は、砂上の楼閣理論に基づいて的確な売り買いのタイミングを予想しようとするものである。そして、ファンダメンタル分析は、ファンダメンタル価値理論を銘柄選択に生かそうとするものである。

テクニカル分析とは何かを一口で語るとすれば、株価チャートを作り、それを解釈することだと言えるだろう。この小さいが類を見ないほどに狂信的な宗派に属する信者たちは、チャーティストあるいはテクニシャンと呼ばれている。彼らの研究対象は、株価や出来高の推移に関する過去の記録である。彼らは、それらを分析すれば、今後の相場動向を知る手がかりが得られるものと考えている。

多くのチャーティストの信ずるところによれば、株価の動きのうち、合理的に説明のつく部分はせいぜい一〇%くらいで、残りの九〇%は心理的な要因によるものである。彼らは、一般に砂上の楼閣学派に属し、投資のゲームに勝つコツは、他のプレーヤーたちの行動を読むことだと考えている。もちろん、チャートに示されたものは、他のプレーヤーたちの過去の行動にすぎない。しかし、それを注意深く観察すれば、彼らが将来どう動こうとしているのかを知ることができるのではないかとチャーティストたちは考えている。

一方、ファンダメンタル・アナリストたちはその対極に位置する。彼らは株価の動きの九〇%は合理的なものであり、心理的な要因によるところはせいぜい一〇%にすぎないと主張する。ファンダメンタル主義者にとっては過去の株価パターンなどはどうでもよく、その関心はひとえに株式の適正価値はいくらかということだけに向けられる。そして、前章で紹介した理論によれば、この場合の適正価値は一株当たり資産価値、利益と配当の期待成長率、金利、そしてリスクなどによって決まるという。

したがって、ファンダメンタル主義者の仕事は、企業の成長率や他の様々な要素を予想し、それらに基づいて株式の本質価値を推定することにある。おそらくウォール街に勤める証券アナリストの九〇%は、自らをファンダメンタル主義者だと見なしているだろう。そして、彼らの多くは、チャーティストのことを、プロ意識と威厳に欠けるグループだと言って軽蔑するのだ。

2 チャートは何を語るか

テクニカル分析における第一原理は、利益や配当、あるいは将来の企業業績などに関するあらゆる情報は、過去の株価にすべて反映されているというものである。言い換えれば、株価や出来高を記したチャートは、証券アナリストが知りたいと望むファンダメンタル情報をすでに含んでいるというわけだ。第二原理は、株価はトレンドを持って動く傾向があるというものである。これは、上昇トレンドにある株は上昇を続ける傾向があり、同じ水準で停滞している株はなかなか動こうとしない、と言い換えてもかまわない。

追うのは日々の株価の動きだけ

真のチャーティストというものは、チャートを分析すること以外、その会社がいかなるビジネスを営んでいようが、どのような産業に属していようが、そんなことにはお構いなしである。なぜなら、チャートの形づくる「円形天井」や「三角保ち合い」などといったシグナルは、マイクロソフトのそれも、コカ・コーラのそれも、意味するところは同じだからだ。

彼らは、利益や配当に関するファンダメンタル情報を、よく言えば役に立たず、悪く言えば攪乱要因と見なしている。それらの情報は株価形成にはほとんど影響しないか、仮に重要なニュースだとしても、それが公表されるずっと以前にすでに株価に反映されてしまっているかの、いずれかだというのである。こうした理由から、チャーティストの多くは、日々の株価の動きを追うこと以外、新聞も読まないし、投資情報サービスも利用しない。

チャーティストの草分けの一人であるジョン・マギーは、マサチューセッツ州スプリングフィールドに小さなオフィスを構えていた。よく見ると彼のオフィスの窓は、すべて板を打ちつけてふさいであった。分析の攪乱要因になる外界の影響を排除するためである。マギーはかつて、次のように語ったことがある。「私はこの部屋に入ると、外界のことを一切忘れ、チャートに没頭できるのです。この部屋の中は、たとえ大吹雪の最中だろうが、初夏の月明かりの夜だろうが、全く同じ状態です。この部屋にいれば、単に日が照っているために『買い』だと言ったり、雨が降っているために『売り』と言ってしまったりして、顧客に損をさせることもないでしょう」

チャートを作るのは、大して難しいことではない。例えば、図１の例を見てみよう。あなたのなすべきことは、その日の高値と安値を結ぶ縦棒を一本引き、それに終値を示す横棒を書き加えるだけである。取引日ごとに毎日、このプロセスを繰り返せばよいのだ。対象は個別銘柄でも、特定の市場平均でもかまわない。

こうして対象となる銘柄の高値、安値をチャートに記していくと、上がり下がりを繰り返しつつ、やがては様々なパターンが現れてくる。チャーティストにとって、これらのパターンは、まるで外科医にとってのレントゲン写真のように、市場内部の様子を伝えてくれるものなのだ。

チャーティストがチャートを見る上で、最初に目をつけるものの一つに、株価の描くトレンドがある。図1は、その一例である。これは株価の動きを数日にわたってつけた記録で、この場合、明らかに上昇途上にある。チャーティストは、これを見て天井同士と底同士を結ぶ二本の直線を引く。これは「チャネル」といい、上昇トレンドを表す。チャーティストの論理によれば、ある方向に弾みのついた線は、同じ方向への動きが持続しがちだから、彼らにとってこのようなパターンは強気の根拠となる。つまり、この場合、株価は引き続き上昇すると予想されるわけだ。

図1

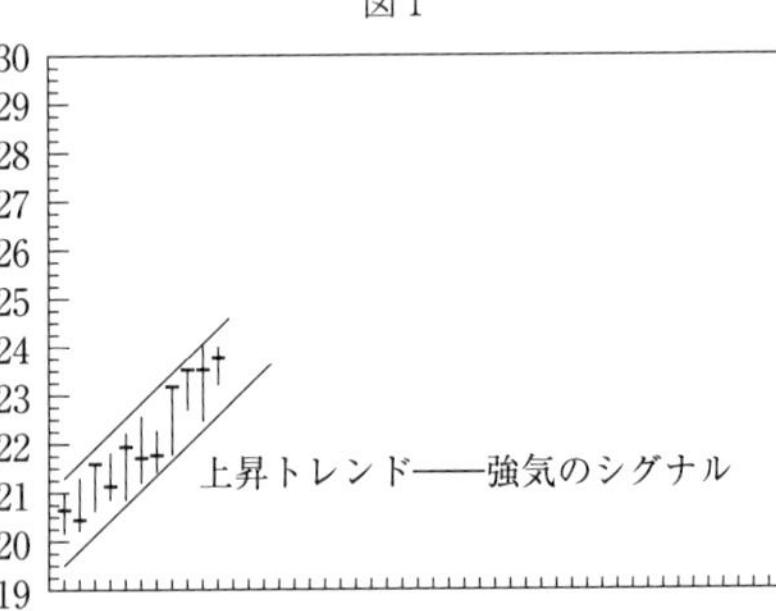

マギーは、彼の著したチャーティストのバイブルともいうべき『株価トレンドのテクニカル分析』の中で、「株価はトレンドを持って動くものであり、そのトレンドは、需給のバランスを変化させるような出来事が起こらない限り、継続する」と述べている。

しかし、ここでは株価が二四ドルあたりに達したところで、この上昇もついに終わりを迎えたということにしよう。この株価水準を抵抗線と呼ぶ。株価はこの辺で少しもみ合った後、下降に転じるだろう。株価が高値をつけたことを示す明確なシグナルとして、チャーティストが指摘するパターンの一つに、ヘッド・アンド・ショルダー（三尊）・フォーメーションがある。図2に描かれているのがそれである。

株価は初め上昇し、やがて少し下がる。こうして、まず左肩（ショルダー）ができあがる。そして再び上昇し、前の高値よりやや高い水準に達した後、再度下落する。こうして頭（ヘッド）が形成される。最後に右肩が形づくられて、このパターンは完成する。

駆け引きのタイミングがすべて

この間、チャーティストたちは「株価がネックラインを切る」時、すなわち明確な売りのシグナルが現れる瞬間を、息を殺して待ちかまえるのである。それは、チャーティストにとって、あたかもドラキュラ伯爵が犠牲者の白い首筋を前にした時のように、歓喜に満ちた瞬間である。そして彼らは、そのシグナルの出現と同時に、売り方に転じる。なぜなら、このシグナルは、過去にそうであったように長い下げ相場の始まりを意味するからだ。

図２

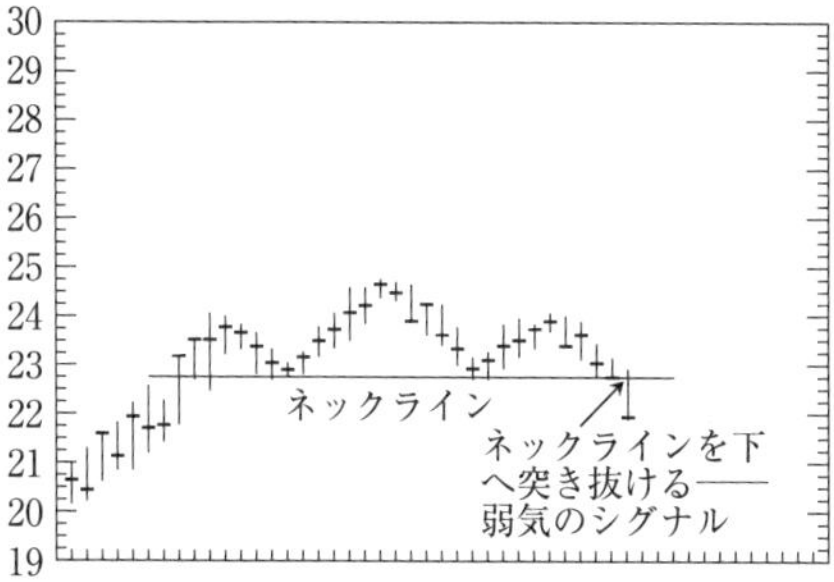

もちろん、チャーティストの予想を市場が裏切ることも稀ではない。例えば、図３のチャートに示された例を見てみよう。この場合、弱気のシグナルの後、株価は逆に三〇ドルにまで上昇している。チャーティストは、これを「だまし」と呼び、例外的現象と見なす。

こうしたアプローチから明らかなように、チャート分析の信奉者は主としてトレーダーであり、長期投資家ではない。チャーティストはよい兆しと見れば買い、悪い兆しと思えば売りにまわる。彼らはあたかも異性と戯れる浮気者のように、株価と戯れる。その成果はいかにうまく駆け引きのタイミングをその都度つかむかにかかっていて、長期にわたる

図3

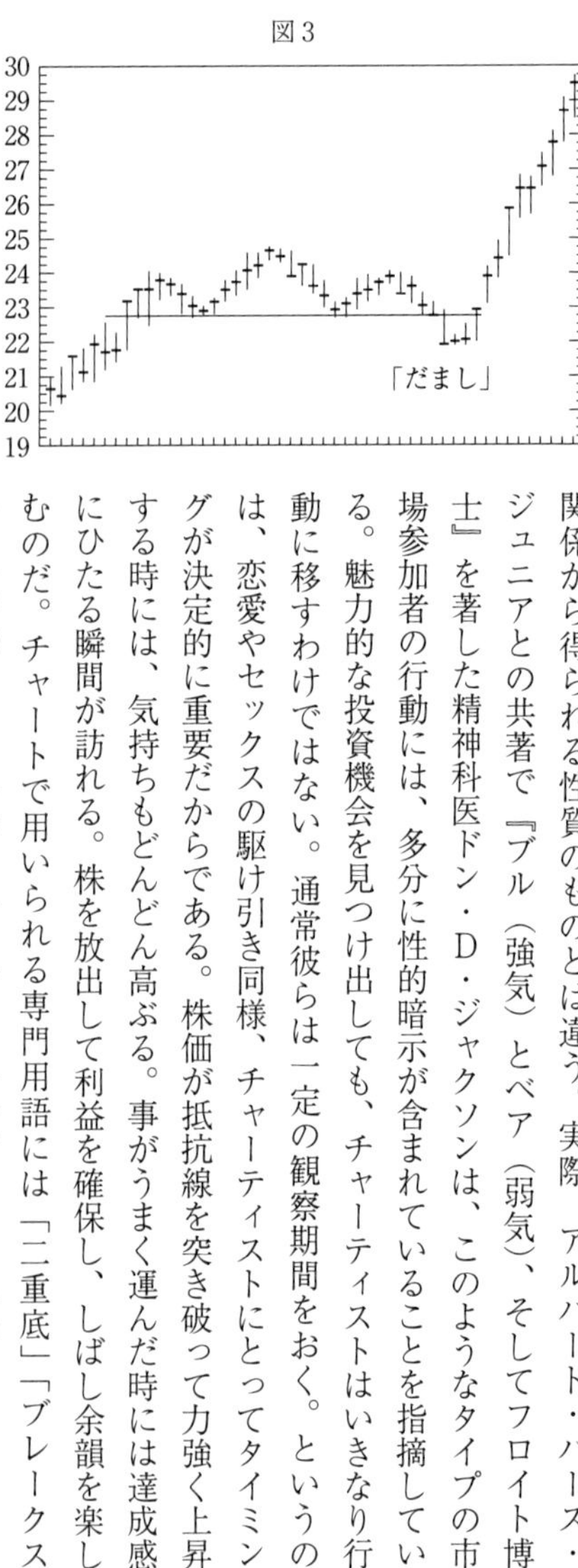

関係から得られる性質のものとは違う。実際、アルバート・ハース・ジュニアとの共著で『ブル（強気）とベア（弱気）、そしてフロイト博士』を著した精神科医ドン・D・ジャクソンは、このようなタイプの市場参加者の行動には、多分に性的暗示が含まれていることを指摘している。魅力的な投資機会を見つけ出しても、チャーティストはいきなり行動に移すわけではない。通常彼らは一定の観察期間をおく。というのは、恋愛やセックスの駆け引き同様、チャーティストにとってタイミングが決定的に重要だからである。株価が抵抗線を突き破って力強く上昇する時には、気持ちもどんどん高ぶる。事がうまく運んだ時には達成感にひたる瞬間が訪れる。株を放出して利益を確保し、しばし余韻を楽しむのだ。チャートで用いられる専門用語には「二重底」「ブレークスルー」「堅調になる」「ビッグ・プレー」「昇りつめる」「クライマックス これらはすべて偉大な性愛のシンボルである雄牛（ブル）の行動に関係買い」といったものがあるが、しているのだ。

3 テクニカル分析の三つのよりどころ

歴史は繰り返す

「チャート分析は当たるのか」という質問ほど、チャーティストを困らせるものはないだろう。実際、多くのチャーティストは、チャート分析の根拠について、「歴史は繰り返す」という以上の説明ができないことを素直に認めている。

そうは言うものの、私には次の三つの説明がまっとうなもののように思える。

第一は、群集心理における集団形成本能がいったん始まったトレンドを持続させるというのだ。投資家がもし投機の対象として魅力的な株が、上昇に上昇を続けるのを見たらどうだろう。彼らは一緒に御輿（みこし）を担いで、上昇相場に参加したいと思うのではないだろうか。株価の上昇そのものが、熱狂の火に油を注ぐことになり、結果的に予言が自己実現してしまうのだ。株価が上がるごとに投資家の欲望はさらに膨らみ、彼らは一層の上昇を期待する。

第二は、市場参加者間に企業のファンダメンタル情報の入手能力に差があり、それが理由だとする説である。まず何か好材料につながることが起きたとしよう。例えば、豊富な鉱脈が見つかったという場合、インサイダーがまず最初にこのニュースを入手し、株を購入するだろう。こうして株価は上昇を始める。次に、インサイダーは彼らの友人にそのニュースを伝え、友人たちが第二の買い手となる。やがて、そのニュースは市場のプロの知るところとなり、大手の機関投資家がその銘柄を彼らのポートフォリオに組み入れることになる。最後に、あなたや私のように無知な素人がその情報を入手し、買いに加わり、株価をさらに押し上げる。

第三に、投資家は新しい業績情報に対して、当初は過小にしか反応しない傾向があるというのだ。例えば、一株当たり利益予想が上方あるいは下方に修正されると（いわゆるアーニング・サプライズ）、その影響がすぐには十分株価に織り込まれないことを示す証拠がいくつか示されている。この結果、アーニング・サプライズの影響が徐々に織り込まれ、その間、トレンドが続くというわけだ。

「支持線」と「抵抗線」

チャーティストはまた、自分たちの手法の正当性を示す根拠として、次のような投資家の習性を指摘する。投資家というものは、株式を購入した時の価格や購入しようとした時の価格を、未練がましく覚えているものだというのである。例えば、五〇ドル近辺で長いこと取引されていた銘柄があって、その間、多くの投資家がこの銘柄を購入していたとしよう。さて、その株価が四〇ドルに下落したとする。

この時、もし株価が投資家の購入した水準にまで上昇したら、彼らは損得なしとなるこの水準で、この銘柄を売ってしまおうとするだろう。チャーティストはそう主張する。その結果、当初の値段である五〇ドルが「抵抗線」となるのである。株価は、この抵抗線に達するたびに下落に転じる。こうして、抵抗線はますます強固なものとなる。なぜなら、市場指数や個別銘柄の株価がその水準を突き抜けて上に行けるかどうかについて、ますます多くの投資家が疑問を抱くようになるからだ。

同様の議論が、「支持線」の根拠となっている。この場合、チャーティストは次のように主張する。株価が上昇すると、市場が比較的安い水準で推移していた時に買い損なった投資家は、儲けの好機を逃したと感じるだろう。そのような投資家は、株価が再び元の値段まで下がると、今度はその機会に飛びつくのである。

反対に、安値で売ってしまい、上昇相場に乗り損なった投資家は、株価が売却時の値段にまで下がってくると、買い戻しに走るだろう。チャート理論によれば、何度も売りの波に耐えた支持線ほど、ますます強固なものとなる。そこで、ある銘柄の株価が支持線まで下げ、再び上昇に転じると、トレーダーはいっせいに買いに走ることになる。彼らは、そのような銘柄のことを「出走ゲートを飛び出した馬」と表現する。株価が抵抗線を下からブレイクするのは、もう一つの強気シグナルである。チャーティストの辞書では、前の抵抗線は新たに支持線となり、もはや株価の上昇を阻むものは何もないということになる。

4　チャート分析はなぜうまくいかないのか

しかし、チャート分析が理論的におかしい点はいっぱいある。

まず第一に、チャーティストはトレンドが形成された後にしか投資することはしないし、またそのトレンドが崩れた後でしか売りに出ないという点に注意すべきだろう。市場では、株価の急反転は別に珍しいことではない。そのため、チャーティストは、しばしばタイミングを失することになるだろう。上昇傾向のシグナルが明らかになる時には、すでに株価は上昇しているのである。

第二に指摘できるのは、この手の手法は、結局のところ自己矛盾に陥るものだということである。いかなる手法にせよ、同じ手法を用いる人々の数が多くなればなるほど、その有効性は低くなっていく。もし、皆が同じシグナルに対して同じ行動をとるとしたら、どんなシグナルに基づいて売買したところで何の利益も得られない。

その上、トレーダーたちはテクニカル分析のシグナルを、それが形成される前に予想しようと考え始めるだろう。そして、彼らが抵抗線をブレイクしようとする株を見つけたとしたら、彼らはそれがブレイクした後ではなく、その前に買いを入れようとするに違いない。そして他のトレーダーたちは、もっと早くそのシグナルを予想して行動を起こすだろう。もちろん、売買シグナルの予想を早く行おうとすればするほど、予想の不確実性はますます大きくなる。

おそらく、テクニカル分析手法に対する最も有力な反論は、投資家による利益最大化の行動がもたらす論理的帰結であろう。例えば、次のような状況を考えてみよう。ユニバーサル・ポリマー社化学部門の主任研究員であるサムが、画期的な新製法を発見したとしよう。そして、これを用いれば同社の利益は倍増し、現在二〇ドル前後で取引されている株価は二倍に跳ね上がることが確実だとする。したがって、サムには、この新発見が公表されればユニバーサル社の株価が四〇ドルをつけることはわかっている。この場合、四〇ドル以下でこの株を買うことができれば、労せずして速やかに利益が得られることになるのだから、彼としては買える限りすべての株を購入しようとするだろう。このようなプロセスを経て、株価が四〇ドルをつけるのに数分と要すまい。

要するに、株式市場というのは最も効率的なメカニズムの一つなのだということなのである。もし一部の人々が、その銘柄の株価が明日四〇ドルになることを知っていたとすれば、株価は明日ではなく、今日ただ今四〇ドルになるだろう。

5　その名も今やテクニカル・アナリスト

コンピュータが普及する以前、市場の動きをチャートに記す手間のかかる作業はすべて人手に頼っていた。当時のチャーティストと言えば、緑色の目びさしをつけ、指はカーボンで黒ずみ、いつもオフィスの奥の小部屋に閉じこもっている変わり者というのが、世間のイメージであった。

しかし、現代のチャーティストは最新のコンピュータ端末を駆使し、ボタン一つでありとあらゆる種類のチャートを瞬時に作り出すことができる。それに伴い、チャーティストも今では、もっぱらテクニカル・アナリストという名で呼ばれるようになっている。彼らは、どんな銘柄についても過去のパフォーマンスを記した完璧なチャートを作ってくれる。嬉々としてコンピュータを操作する彼らの姿は、新しく買ってもらった鉄道模型セットに熱中する、小さな子供を思い出させる。

チャートには、株価推移のみならず、出来高や二〇〇日移動平均、市場株価指数や産業インデックスに対する相対株価、その他幾百にものぼる様々なアベレージ（平均）、レシオ（比率）、オシレーター（波動）、インディケーター（指標）など、何でも揃っている。

その上、今日では誰でも様々なインターネットのサイトに行けば、過去のあらゆる時点の様々なチャートを容易に入手することができる。

6　ファンダメンタル主義者の〝聖なる霊感〟

豊富なデータをふるいにかけ

フレッド・シュエッド・ジュニアが機知と魅力にあふれる文章で、一九三〇年代における金融業界の実態を暴露した『投資家のヨットはどこにある？』の中に、次のような話が載っている。

ある時、テキサスのブローカーが顧客に一株七六〇ドルで、ある株式を売却した。しかし、その株式は他のブローカーから買えば七三〇ドルで買えるものだった。それに気づいた顧客は怒って、そのブローカーに食ってかかった。すると、そのブローカーは客の文句を遮り、テキサス訛りで次のように宣ったものだ。「ふーっ。全く世の中の誰も、うちのポリシーをわかっちゃあいねえ。うちでは、その株式の値段じゃあなくて、価値で買ってもらうことにしてるんでがすよ」

この話は、ある意味で、テクニカル信者とファンダメンタル主義者との違いをよく表していると言える。株価の推移にしか興味がないテクニカル信者に対して、ファンダメンタル主義者が第一に関心を持つのは、その株式の本質価値は一体いくらかということである。ファンダメンタル主義者は、市場における強気や弱気といった群集心理に惑わされることがないように努め、今現在つけられている株価と、その本質価値とを明確に区別するのである。

株式のファンダメンタル価値を推定する際に最も重要な作業は、その企業の将来における利益や配当を予測することである。一株の価値は投資家が将来得られると期待できるキャッシュフローの流列を、適切に割り引いた現在価値の合計に等しいとされる。そのために、証券アナリストたちは、その企業の売り上げ水準や営業費用、法人税率、減価償却の方法、あるいは資金調達の源泉とそのコストなど、様々な要素を推定しなければならない。

証券アナリストは現代の予言者と言ってもいい。しかし、過去の偉大な予言者とは異なり、証券アナリストは聖なる霊感の恩恵もなしにその任を務めなければならない。重荷を負った哀れな模造品とも言える彼らは、霊感の代わりにその会社の過去の業績を調べ、貸借対照表や損益計算書を分析し、設備投資計画を吟味し、また、その企業の経営者を直接訪れ、経営能力を評価するのである。さらに、蓄積された豊富なデータをふるいにかけ、重要な事実とそうでないものを区別しなければならない。

ベンジャミン・グレアムは、自らの知識に溺れがちなアナリストを皮肉り、「その様子は、『ペンザンスの海賊』に出てくる知識だけは豊富な将軍が、『直角三角形の斜辺の二乗に関する様々な事実』を語る姿を思い出させることがある」と『賢明な投資家』の中で述べている。

企業の業績見通しはその企業の属する産業の影響を強く受ける。したがって、証券アナリストの仕事が産業分析から始まるのは当然のことと言えよう。実際、証券会社や投資運用会社に属する証券アナリストの大半は、ある特定の産業群に特化している。ファンダメンタル主義者は産業動向の分析を通じて、今はまだ織り込まれていないが、将来株価に対して重要な影響を与えるかもしれない要素を見つけることができるのではないかと考えている。

証券アナリストは、株式の適正価値を推定するために次の四つの要因を重視する。

株価評価の第一の要素——期待成長率

投資の意思決定を行う上で、「複利」の意味することの重要性を十分理解している人は、ほとんどいないと言ってもいい。かつてアインシュタイン博士は、複利の概念こそ「人類最大の数学的発明だ」と言った。よく引き合いに出される例だが、一六二六年にマンハッタン島をたった二四ドルで手放したアメリカ先住民は、白人に騙されたということになっている。しかし、投資の観点から見れば、先住民は本当はきわめて有能な商売人であったのかもしれない。というのは、もし彼らがその二四ドルを六％の金利がつく預金口座で運用したと仮定すると、半年複利で計算したその現在価値は、何と一〇〇〇億ドル以上になっているはずなのだ。そのお金で彼らの子孫たちは、すっかり開発されたマンハッタン島の大部分を買い戻すことができる。これがまさに複利の威力なのである。

複利計算というのは、一〇＋一〇＝二〇ではなく二一になるという考え方のことだ。あなたが今一〇〇ドルの資金を、年一〇％で回る投資案件に二年間運用するとしよう。二年後に、果たして投資の増加額はいくらになっているだろうか。もし答えが二一なら、あなたはクラス一の秀才だ。

計算は簡単だ。一年後の元利合計は一一〇ドルだ。そして二年目のリターンも一〇％だから、二年目

表1

（単位：ドル）

配当成長率	現在の配当額	5年後の配当額	10年後の配当額	25年後の配当額
5％	1.00	1.28	1.63	3.39
15％	1.00	2.01	4.05	32.92
25％	1.00	3.05	9.31	264.70

末の元利合計は一二一ドルになる。したがって、二年間を合算すれば投資の増加額は二一ドルになり、リターンは二一％になるのだ。そのカラクリは、二年目には一年目に稼いだ金利収入も一〇％で増殖するところにある。もし同じ条件であと一年運用すれば、三年目末には元利合計は一三三ドル一〇セントに増えることになる。これが複利の意味するところなのだ。

何年で価値が倍になるかを推定するには、「七二の法則」に従って、七二を金利で割ればよい。例えば、配当が年率一五％で成長する場合には七二÷一五＝四・八年、すなわち五年よりやや短い期間で倍になると概算できる。

表1が示すように、年平均一五％成長というのは、配当が五年ごとに倍になることを意味している。これを五％成長、二五％成長の場合と比べてみてほしい。

さて、うまい話にはたいてい何らかの落とし穴があるものだ。このアプローチの落とし穴は、成長は永遠には続かないということだ。どの企業にもどの産業でも、生物と同じようにライフサイクルというものがある。

例えば、一〇〇年前のアメリカを代表する企業がどんなところだったかを思い浮かべてみるとよい。イースタン・バギー・ホイップ・カンパニー、ラ・クロス・アンド・ミネソタ・スティーム・パケット・カンパニー、ロブデル・カー・ホイール・カンパニー、サバンナ・セント・ポール・スティームボート・ライン、ハザード・パウダー・カンパニーといったところが、当時の代表的な大企業だった。もし当時、「フォーチュン五〇〇社」リストがあったとすれば、これらの会社が上位に位置していただろう。しかし、こういった企業はすべてとっくの昔に姿を消してしまった。

それに、たとえ所属する産業のライフサイクルに従って衰退しないとしても、企業が同じ伸び率で成長し続けること自体きわめて難しい。例えば、一〇〇万ドルの利益を上げている会社にとっては、一〇%成長するためには一〇万ドルの利益増でよいが、一〇〇〇万ドルの利益を上げている会社にとって、それは一〇〇万ドルの利益増を意味するのである。

長期にわたり高い成長率を上げ続けることを仮定することの愚かさは、アメリカの人口を例にとって考えればすぐわかる。もし、アメリカ全体およびカリフォルニア州の人口が現在のペースで増加し続けるとすると、実に二〇四五年にはアメリカの人口の一二〇%がカリフォルニア州に住んでいることになる。

このように、将来予想は非常に難しいが、もし株価水準に何らかの合理性があるとすれば、期待成長率の差が株価に反映されるべきである。同時に、高成長期がどの程度持続するかを推定することも、非常に重要である。一〇年間にわたって二〇%で成長する企業は、他の条件が等しければ、同じ成長率を五年間しか維持できない企業よりも、投資家にとってより魅力があることは言うまでもない。ここで強調したいのは、成長率とは絶対的な真実ではなく、相対的なものだという点である。そこで、ファンダメンタル価値学派の株価評価の第一のルールが導かれる。

> **株価評価の第一のルール**　合理的な投資家は、配当や利益の成長率が高ければ高いほど、株式に対して高い価格を支払うはずである。

このルールには、次のような重要な付則がある。

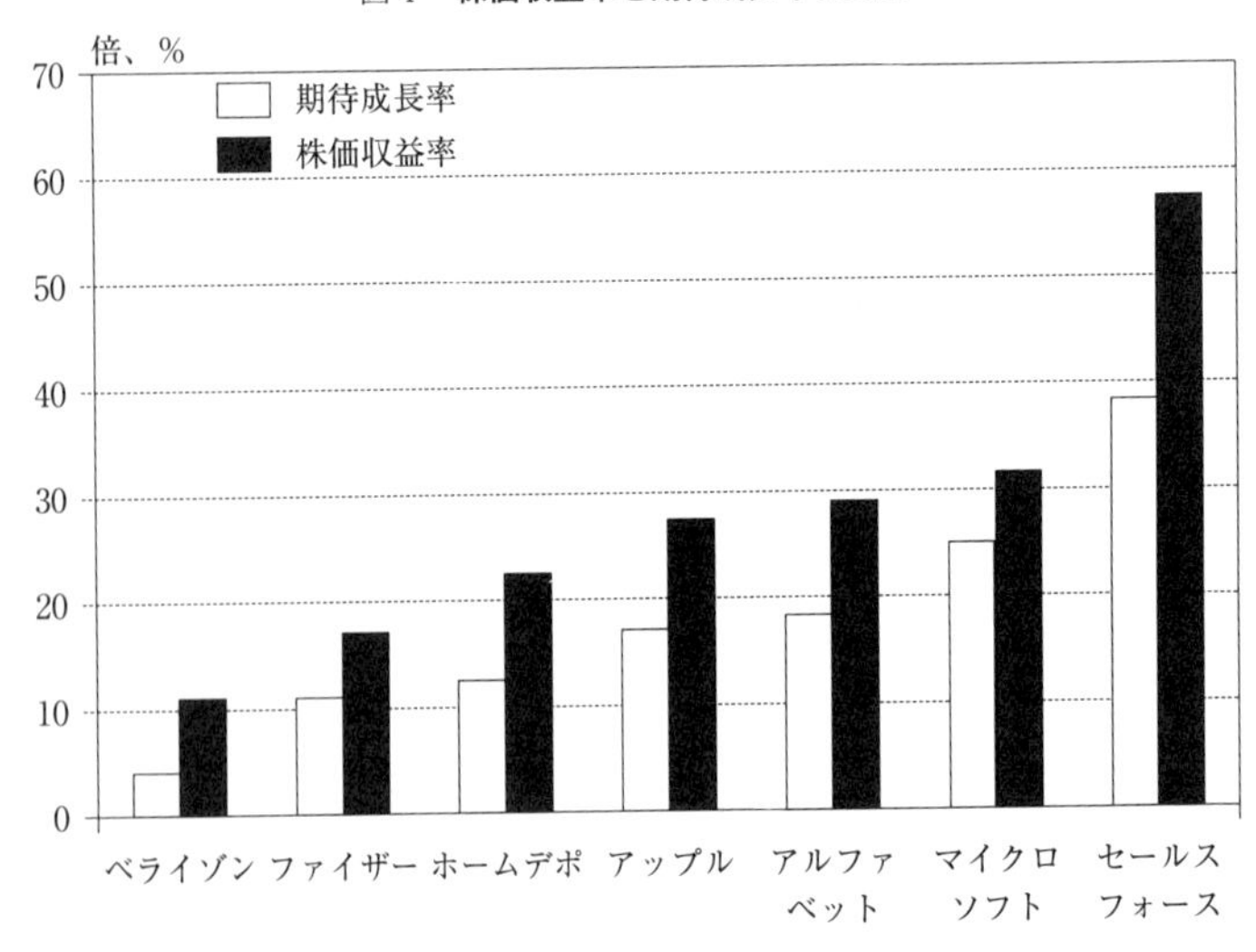

図4　**株価収益率と期待成長率の関係**

> **第一のルールの付則**　合理的な投資家は、非常に高い成長が見込まれる期間が長ければ長いほど、株式に対して高い価格を支払うはずである。

さてこのルールは果たして現実を反映したものだろうか。この疑問を確かめるために、まず設問自体を株価そのものではなく、株価収益率を用いて書き直してみよう。株価収益率で表現することによって、一株当たり利益や株価水準がいろいろ異なる多数の銘柄を、共通の土俵で比較、検討することができるのである。例えば、一〇ドルの一株当たり利益で一〇〇ドルに評価されている銘柄も、四ドルの利益で四〇ドルに評価されている銘柄も、株価収益率で見ればどちらも一〇倍の評価と考えることができる。市場での評価を測る普遍的な尺度は、個々の銘柄の株価そのものではなく株価収益率なのだ。

株価収益率を用いて先の設問を書き直すと、「実際の株価収益率は一株当たり利益の期待成長率に正比例しているか」ということになる。この計算に必要な株価と一株当たり利益のデータを入手するのは簡単だ。また、長期平均の期待成長率は、IBESから入手すればいい。主要な大企業に関する図4は第一のルールが正しいことを示している。すなわち期待成長率が高い銘柄ほど、株価収益率も高くなっているのだ。

この図は、単に市場が異なる期待成長率をどのように評価するかを示すのにとどまらず、あなたが実際に特定の銘柄に対する投資判断を下す上で有用な基準をも提供してくれる。例えば、投資を考えている銘柄の期待成長率が一一％と予想されているとすると、市場での平均的評価を知りたければ、図4で成長率がそれに最も近いファイザーを見ればいい。つまり株価収益率は一七倍だ。したがって、その銘柄の株価収益率が仮に二五倍になっているとすれば、その銘柄はやめてもっと低い株価収益率のものを探したほうがいいだろう。

株価評価の第二の要素——支払配当額

成長率に比べると、投資家が毎期受け取る配当額が株価の決定要因として重要であることは、すぐに納得がいくだろう。すなわち、他の条件が等しければ、支払配当額が多ければ多いほど、株価は高くてしかるべきである。

このルールの落とし穴は、「他の条件が等しければ」というくだりである。一株当たり利益のより高い割合を配当として支払う企業は、もしそれが今後成長の余地が乏しいことを反映しているのであれば、投資対象としては魅力がない証拠かもしれない。というのは、ダイナミックな高成長期にある企業の多くは、利益のほとんどすべてを再投資するため、配当は全くしないか、してもほんのわずかでしかないのだ。また多くの企業が、配当を増やすよりは自社株買い戻しに余ったキャッシュを振り向けるようになっている。しかし、期待成長率が同じ程度の二つの企業を比べる場合には、当然株主還元額の多いほうが株価は高くてしかるべきである。

そこで株価評価の第二のルールは次のようになる。

> **株価評価の第二のルール**　合理的な投資家は、他の事情が等しければ、企業の利益のうち現金配当ないしは自社株買戻しで株主に還元される割合が多ければ多いほど、高い株価をつけるはずである。

株価評価の第三の要素――リスクの度合い

商売熱心な証券の営業マンが何と言おうと、株式を考える上でリスクは重要な要素である。株式は常にリスクを伴うからこそ面白いとも言えよう。リスクはまた、株価評価にも影響を与える。株式について分析する必要があるのは、リスクのみであると主張する人もいるくらいだ。

信頼できる株式ほど、換言すればリスクの少ない株式ほど、優良株と考えられる。例えば、いわゆるブルーチップと言われる会社の株式は、クオリティ・プレミアムがついてしかるべきである。優良株に、「ブルーチップ」というポーカー・ゲームで用いられる名称が冠されているのは、ウォール街ならではと言えよう。ほとんどの投資家はリスクの少ないほうを好むため、これらの株式は、リスクが高くて質の悪い他の株式よりも高い株価収益率を与えられる。

高いリスクをとることに対する報酬が、将来実現するかもしれない高い期待リターン（したがって、低い現在株価）であるというのが、一般に受け入れられた暗黙の了解である。だが、リスクを正確に測定することなど実のところ不可能に近い。しかし、だからといって、経済学者たちが諦めてしまったわけではない。学者や実務家によって、株式のリスクを測定するために様々な努力が払われてきた。

一般に受け入れられている理論によれば、ある株式の価格変動（換言すれば、配当を含む投資の総リターンの変動）が市場平均よりも大きいほど、その株式のリスクは高いと考えられる。例えば、Ｊ＆Ｊのような株価の動きの振れが少ない安定株は、市場では「未亡人や孤児」のための投資対象としてうってつけの株式としてのお墨付きをもらっている。というのは、Ｊ＆Ｊは景気後退局面でもほとんど減益になることなく、配当は景気の悪い時でも比較的安定しているからだ。例えばＳ＆Ｐ五〇〇指数が二〇％下落するような局面でも、Ｊ＆Ｊの株価は一〇％くらいしか下げないだろう。したがって、Ｊ＆Ｊは市場平均よりもリスクが低い株の条件を満たしている。

他方、セールスフォース・コムの株価の推移を見ると、非常に変動性が高く、平均株価が二〇％下落した時には、三〇％あるいはそれ以上の下落を示してきた。このような銘柄への投資は、特に相場環境が悪い時に売らなければならない可能性がある場合には、大きなリスクをとっていることになる。

もちろん、景気の状態がよく、株式相場が持続的に上昇している局面では、セールスフォース・コムの株価パフォーマンスはＪ＆Ｊを大きく上回る可能性が強い。しかし、もしあなたが大部分の一般投資家と同じタイプならば、投機的な期待よりは安定的なリターンを、資産の目減りについて不眠症に陥るような苦しみを味わわないで済むほうを、そして相場の下降局面が来ても限られた損失で済むほうを選ぶだろう。

他の事情が等しければ、あなたはより安全な銘柄を選択するはずだ。このことから、株価に関する第三のルールが導かれる。

> **株価評価の第三のルール**　合理的な（つまり、リスクは大きいより小さいほうがいいと考えるような）投資家は、他の事情が等しければ、その株式のリスクが低ければ低いほど、高い価格を支払うはずである。

ここで読者に対して、前述の「株価の相対的変動性」は、株式のリスクの度合いを完全に正確にとらえているわけではないことを警告しておこう。株価評価の重要な要素であるリスクについては、第９章でより詳しく検討する。

株価評価の第四の要素――金利水準

株式市場は、市場関係者がどう思おうと、世の中とかかわりなく自己完結的に成立しているものではない。投資家は、株式以外の投資ではどのくらいのリターンが上げられるかも常に考慮する必要がある。もし、金利が十分高ければ、預金や債券は株式に代わるリスクの少ない投資対象になりうる。一九八〇年代初めのように、第一級の社債の利回りが一五％以上にのぼった時期を思い起こしてほしい。他方、株式市場では、これらの債券利回りに対抗できるリターンを期待することは難しかった。この結果、当然株価が急落し、投資資金は債券市場にシフトした。そして、ついに株価があまりに低い水準にまで落ち込んだため、一部の投資家が再び株式に魅力を感じ始めたところで、株価の下落が収まったのである。一九八七年になるとまた金利が高騰し、あの一〇月一九日の株価暴落の伏線となった。別の言い方をすると、高利回りの債券から再び投資家を取り戻すために、株式も値引き販売をしなければならなかったというわけだ。*

＊これを別の言い方で表せば、現在の金利水準が非常に高い時は、将来受け取るキャッシュはより高い率で割り引かなければならない。したがって、将来の配当の現在価値は金利が比較的高い時期には相対的に低くなる。しかし、金利と株価の関係はこの議論が示しているよりももっと複雑である。投資家はインフレが五％から一〇％に上昇すると予測しているとしよう。そして、インフレの激化による購買力の減少を補うために、債券の金利は五％上昇するはずである。この結果、他の条件が変化しなければ、株価は下落することになる。しかし、インフレ期待が高ければ、投資家は企業収益や配当も高い率で増加すると考えるかもしれない。その場合には逆に株価が上昇してもおかしくない。インフレ、金利、株価についてのより詳しい議論は第13章で取り上げる。

他方、金利水準が非常に低い時は、株式のほうが債券より圧倒的に有利で、株価水準も上昇する。これが株価に関する第四のルールの裏づけになっている。

> **株価評価の第四のルール**　投資家が合理的で他の事情が等しければ、金利水準が低ければ低いほど、株価は高くなる。

7　三つの重要な注意点

以上で紹介した四つのルールによれば、株式のファンダメンタル価値、したがって株価収益率は、企業の成長率が高く、その持続期間が長く、支払配当が多く、リスクが低く、そして金利水準が低ければ低いほど、高くなることを意味する。

一般論として、こうした理論は、株価の合理的な基準を示唆する上でも、また投資家に対して基準となるめどを与える上でも、大変有効である。しかし、その前にまず、三つの注意事項を申し上げておこう。

注意事項1　将来についての期待が正しいかどうかは、現時点では証明できないこと。

将来の利益と配当を予測するなどということは最も恐れ多い職業の一つと言えよう。というのも、株式市場では野心的な楽観主義と極端な悲観主義が常に激しくせめぎ合っているからである。

例えば、二〇〇八年には内外の経済は深刻なリセッションと金融システム危機のまっただ中にあった。あの時には投資家は、ほとんどの企業の先行きについてごく控え目な成長を織り込むのがやっとであった。そして、一九九〇年代末から今世紀初めにかけてのインターネット・バブルの時には、新しい高度成長と無限の繁栄の時代が到来したと皆が思い込んだものだ。

強調しておきたいのは、将来を予測するためにいかなる公式を用いようとも、その公式のよって立つ土台はそんなに盤石なものではないということだ。多くのウォール街の専門家たちがどんなに胸を張って将来を予測できると言おうとも、彼らとて、私たちと同じように間違いを犯す人間なのである。かつて、サミュエル・ゴールドウィンは口ぐせのように、「ともかく予測は難しい。特に将来の予測はね」と言ったものである。

注意事項2　不完全なデータから正確な期待値を計算することはできないこと。

不完全なデータを用いて正確な期待値を得ることができないのは自明の理である。しかし、実は、投資家や証券アナリストは目的に駆られて常にこれを行っているのだ。

いいニュースがたくさん伝えられている、ある企業を例にとろう。あなたはこの会社の将来性を詳しく検討した上で、長期にわたって高成長を維持できると結論づけたとしよう。さて、ここでどのくらい長期かが問題である。仮に一〇年としておこう。

そこで、あなたはルールに従って、現在の配当額、配当の期待成長率、金利水準、そしてリスクの度合いまで考慮した上で、この「理論値」を計算したとしよう。その結果、あなたの期待に反して、この株の理論値は現在の株価をわずかながら下回っていたとする。

あなたには二つの選択肢が残されている。実際の株価は不当に高く評価されているとして買うのをやめるか、あるいは「もしかしたら、この株の成長持続期間は一〇年ではなく、一一年かもしれない。大体最初に一〇年と考えたこと自体、『えい、やっ！』だったのだから、一一年でもいいではないか」と考えることもできる。そして、また電卓を取り出して計算してみると、どうであろう。現在の株価を上回る理論値が出たではないか。

このようなことが起こりえたわけは、成長が長く続くと見込むほど、将来の配当の合計が大きくなるからだ。したがって、株式の理論値は、計算を行う人の腹一つで決まる。もし一一年で足りなければ、一二年もしくは一三年を用いれば、よい結果を得ることができるだろう。どんな価格でも、それを正当化しようと思えば、それを与えてくれる成長率と成長期間の組み合わせを探すことが可能である。この意味では、株式の本質価値を計算することは、まさに人間の本質に根ざす理由からして不可能と言えよう。

私は、ごく原理的な次元においてさえ、株式の本質価値の議論には、「本質的」な不確定性があると考える者である。全知全能の神ですら正しい株価収益率はわかるまい。

注意事項3　メスのガチョウにとって成長であることが、オスのガチョウにとっても成長であるとは限らないこと。

難しいのは、特定のファンダメンタルな要因に対して、市場がどれだけの値段をつけるのが適切かという点にある。市場が成長を高く評価するということは常に正しく、成長が高ければ株価収益率も高くてしかるべきだ。しかし重要な問題は、成長率の高さに対してどれだけのプレミアムを支払えばよいかということなのである。

この問題に対する絶対的な答えはない。例えば一九六〇年代の初めや、七〇年代のように、将来に対する見通しが特に強気であった時期には、市場は高い期待成長率を持つ株にはきわめて高い株価をつけた。しかし逆の時期、例えば八〇年代の後半から九〇年代初めにかけては、高成長株といえども市場平均の株価収益率よりも、ほんのわずか高く買われただけだった。

これに対して二〇〇〇年の初めには、ナスダック一〇〇指数を構成する代表的な成長銘柄の平均株価収益率は、一〇〇倍以上になっていた。このように「成長期待」自体も、多くの投資家が高い授業料を払って学んだように、チューリップの球根同様、はやりすたりがあるのだ。

実際問題として、株価水準が短期間に急激に変化する傾向が強いことを考えると、ある年にたまたま成立している株価の相対的な関係をそのまま長期的に当てはまる傾向として用いることは、非常に危険だ。しかし、成長株が過去に比べて現在どのあたりに評価されているかを比較することによって、私たちは少なくとも、市場がチューリップの開花期にさしかかっているかどうかを見分けることはできる。

8　なぜファンダメンタル分析も必ずしもうまくいかないのか

もっともらしさと科学的な外見にもかかわらず、この種の分析には以下のような三つの問題点がある。まず第一は、情報や分析が必ずしも正しいとは限らないという点である。第二に、アナリストが「価値」の推定を間違う可能性が指摘できる。そして第三に、市場も必ずしも「間違い」を速やかに訂正するとは限らないこと、すなわち株価が必ずしも本来あるべき値段にサヤ寄せされないことがしばしばあることも、忘れてはなるまい。

様々な企業を分析し、数多くの業界専門家と接触する証券アナリストは、豊富なファンダメンタル情報を入手できるだろう。しかし、全体として見た場合、これらの情報が本当にどれだけ価値があるかについて疑問を抱く人もいる。ある時は正しい情報（ただし、市場ではまだ認識されていないものに限るが）のおかげで儲かったとしても、またある時には間違った情報で損をして、儲けを吐き出すにすぎないというわけだ。また、アナリストの情報収集には多大な時間とエネルギーがかけられており、投資家はそうした情報を活用するために膨大な取引手数料を支払わされているのだ。

また、何年も先のこととともなれば、たとえ正確に予測できたにせよ、それを正しい利益予想につなげることは、証券アナリストにとっても至難の業だということである。たとえ情報が正しくても分析が間違っていれば、その結果得られる利益や配当の予想成長率は、現実のそれとかけ離れたものとなってしまう。

第二の問題点は、たとえ情報が正しく、将来の成長率も適切に予想されるとしてもなお、アナリストがそれに基づく株価評価を誤る可能性があるという点である。予想成長率やその他の様々な株価決定要素を、たった一つの本質価値へと凝縮させるのは、困難なのだ。

私は以前にも、株式の本質価値を正確に予測する方法を見つけようとするのは、まるで夜の闇に漂う狐火をつかまえようとするようなものだと指摘した。たとえ証券アナリストの予想する成長率が正しいとしても、それはすでに正確に株価に反映されており、分析の結果得られた株価と本質価値の差は、単に価値を誤って推定した結果によるものかもしれないのだ。

そして最後の問題点は、たとえ情報とそれに基づく推定結果のいずれもが正しいとしてもなお、あなたの買った株の値段は下がるかもしれないということである。例えば、バイオ・ボトリングという架空の会社について考えてみよう。同社の主力商品は微生物分解容器で、同社株は株価収益率三〇倍で取引されている。アナリストは同社が二五％の長期成長率を維持できると見ているとしよう。もしこの時、二五％の成長が予想されている企業が平均すると株価収益率四〇倍で取引されていたとすると、アナリストはバイオ・ボトリングを「割安銘柄」と判断し、買い推奨するだろう。

ところが、その後数カ月たって、二五％の成長が予想される銘柄の平均株価収益率が、二〇倍に低下したとしよう。たとえアナリストの成長率予想が完全に正しかったとしても、彼の顧客は少しも得しないことになる。なぜなら、市場は成長株の価値に対する一般的評価を変えてしまったからである。市場はバイオ・ボトリング株を上昇させるよりも、すべての株の値段を引き下げることによって、その誤りを「修正」するかもしれないのだ。

このような変化は決して例外的なケースではない。過去に幾度となく繰り返されてきた、日常的な市場センチメントの振れにすぎないのである。市場の平均株価収益率は時として急激に変化する。そればかりか、成長に対してつけられたプレミアムもまた、劇的な変化を示すことがあるのだ。したがって、ファンダメンタル分析も絶対ではないことを肝に銘ずべきなのである。

9　成功するための三つのルール

多くのアナリストは、その銘柄が割安かどうかを判断するのに、いくつかの手法を組み合わせて用いている。最も妥当と思われるアプローチの一つは、次の三つのルールに集約されるだろう。本書を辛抱強く読み進んできた読者の皆さんは、これらのルールが私が前章で展開した基準に基づくものであることに気づくはずだ。

第一のルール　利益成長率が今後五年以上にわたって市場平均以上の銘柄を買うこと

株式投資で成功するための最も重要な要素をただ一つあげろと言われれば、それは長期の利益成長率であろう。グーグルをはじめ、これまで真に傑出したパフォーマンスを上げた銘柄は、実質的にはすべて成長株であった。

成長株を見つけ出すのは非常に困難な仕事である。しかし、それこそが投資にとって最も重要なポイントなのである。継続的な成長は、利益と配当の増加をもたらすだけでなく、その銘柄の株価収益率も上昇させるだろう。急速な成長の初期にその銘柄を購入した投資家は、利益の増加と株価収益率の上昇という二重の恩恵に浴するチャンスが得られるというわけだ。

ここまでのところで、私は株式の本質価値を正確に知ることは不可能だと主張してきた。しかし、アナリストの多くは、その銘柄の株価がおおむね妥当かどうかの判断はできると考えている。この場合、市場平均の株価収益率が有用なベンチマークになるだろう。株価収益率が市場平均とほぼ同じかそれをあまり上回っていない成長株は、おおむね割安だと言ってもよいだろう。

株価収益率が妥当な水準にある成長株への投資には重要な利点がある。もし予想した成長率の正しさが明らかになれば、私が第一のルールとの関連で言及した二重のボーナスが得られるかもしれないのである。このとき株価は、単に利益の増加に伴って上昇するだけでなく、実現された成長を市場が織り込むことによる株価収益率の水準訂正によっても上昇するというわけだ。

例えば、一株当たり利益が一ドル、市場で取引されている値段が七・五ドルの株式について考えてみよう。今、一株当たり利益が二ドルに高まる可能性が強まったとする。すると市場は、この利益の成長具合いを見て、この銘柄を成長株と見なすようになり、株価収益率は従来の七・五倍から一五倍に上昇するかもしれない。そうすると株価のほうは二倍にとどまらず、四倍に跳ね上がることになる。つまり、七・五ドルでこの銘柄を購入した投資家は、（一株当たり利益二ドル×株価収益率一五倍）三〇ドルを手にすることができるわけだ。

しかし、物事はよい面ばかりとは限らない。ある銘柄の成長性が広く市場に認識されるようになると、その銘柄には他の平凡な株に比べてプレミアムがつけられ、高い株価収益率で取引されることになる。これが俗に「成長株」と呼ばれるわけだが、この手の株式への投資には特別なリスクが存在する。

というのは、非常に高い株価収益率のついた銘柄の株価には、すでにその成長が完全に織り込まれていることが多いということだ。そのような状況で、もし予想が実現せず、実際には利益が減少し、あるいは減少とは言わないまでも、単に予想より低い成長率に終わりそうだというだけでも、それは投資家に非常に不愉快な結果をもたらすに違いない。株価収益率の低い銘柄が利益成長によって二重のボーナスをもたらすのと同じ理由で、株価収益率の高い銘柄の利益減少は二重の損失を招くからだ。利益の減少は、同時に株価収益率の崩壊を伴うものである。

そこで、私が提案したい戦略は、市場にまだあまり知られておらず、株価収益率が市場よりも極端に高くなっていないような成長株に投資するということである。もちろん、成長率を予想することは非常に難しい。しかし、株価収益率が低ければ、もし予想が間違って利益が減少したとしても、損失はそれに対応したものにとどまるだろう。反対に予想した成長率が実現すれば、一挙両得になるだろう。これはかなり有利な賭けではないだろうか。

マゼラン・ファンドの運用で名を残し、今は引退したあのピーター・リンチは、ファンド・マネジャーとして駆け出しの頃、このアプローチを巧みに駆使して大成功した。彼は組み入れ候補銘柄の期待成長率対株価収益率の比率（いわゆるＰＥＧ比率）をはじいて、成長可能性の割に株価収益率が低いものだけに投資したのである。これは単なる「低ＰＥＲ」戦略とは異なる。というのは、例えば五〇％の成長可能性に対して二五倍の株価収益率（つまり前述の比率が二倍）の銘柄のほうが、二〇％の成長可能性に対して二〇倍に買われている（つまり前述の比率が一倍）銘柄よりも割安だと考えるからである。ある時期のリンチがそうであったように、もし成長可能性を適切に予測できたなら、この戦略がもたらすリターンは目を見張らせるものである。

それでは、はじめの二つのルールを以下のように言い換えて、これまでの議論を要約することにしよう。「成長が期待でき、かつ低PERの銘柄を探そう。もし成長が実現したら、利益成長と株価収益率の上昇による二重のボーナスが得られるため、大きな利益をもたらすだろう。将来の成長がすでに織り込みずみの高PER株には気をつけよう。もし成長が実現しなければ、利益の減少と株価収益率の低下によって二重の損失を被るからだ」

第三のルール　投資家が「砂上の楼閣」を作れるようなストーリーが描ける銘柄を探そう

私はまた株価形成における心理的側面も強調してきた。個人であれ機関投資家であれ、彼らは与えられた数値をもとに自動的に妥当な株価収益率を計算し、売り買いの判断をプリント・アウトするコンピュータではない。欲望やギャンブル本能、自ら下した相場判断の適否に対する願望や不安に動かされる生身の人間なのだ。それゆえ、投資の世界で成功するためには、知性と感性の両方ともが研ぎ澄まされていなければならない。

投資家に「受けがよい」銘柄は、たとえその成長率が並の水準にすぎなくても、長期間にわたって高い株価収益率で取引されることがある。反対に、投資家に受けが悪い銘柄は、成長率が平均を上回っていたとしても、長期間にわたり低い株価収益率のまま放置され続けるかもしれない。もし成長率の高さがはっきり認識されれば、その銘柄がある種の信奉者を引きつけることはほぼ間違いない。市場は決して非合理的ではないのだが、ある意味きわめて人間的な側面を持っている。ある人にとって刺激的な事件も、他の人の興味を全く引き起こさなかったりするものだ。もし、そのストーリーがヒットしなければ、株価収益率の上昇は小幅にとどまるかもしれないし、あるいは実現するのに長い時間を要するかもしれない。

したがって、第三のルールとして私が主張したいことは、あなたの購入した銘柄についてのストーリーが人々の心をつかめそうかどうかをまず自問せよ、ということである。

それは、伝染性の夢を生じさせることができる種類のストーリーだろうか。投資家がそれに基づいて砂上の楼閣を作り上げられるようなストーリーだろうか。その砂上の楼閣は、ファンダメンタルズの基盤に基づいて作られたものだろうか。これらの点をよく吟味しなければならない。

このルールを実践するために、テクニカル分析を用いる必要はない。その銘柄に関するストーリーが、人々の想像力をつかむことができるか、中でも機関投資家の気を引くことができるか、それを判断する直感力、あるいは投機のセンスを用いればいいのだ。それに対して、テクニカル・アナリストたちには、その投資アイデアが実際に受け入れられるものかどうか、目に見える証拠を見つけるまでわからない。彼らが言う目に見える証拠とは、もちろん上昇トレンドの始まりや、上昇トレンドの形成を「確かに」予言する、テクニカル・シグナルのことである。

ここで私が述べた手法は、おおむね的を射たものだと言えよう。しかし、それが実際にうまくいくかどうかは、よく確かめてみる必要があるだろう。結局のところ、非常に多くの人々がこのゲームに参加しており、誰一人として確実に勝ち続けるなどということはありえないのである。

次の二つの章では、プロの戦いぶりの実際の成果について見てみることにしたい。まず、第6章では、「テクニカル分析はうまくいくのか」という疑問について検討しよう。そして、第7章では、ファンダメンタル分析の効力を見ることにしよう。この二つの章は、投資のプロが行う戦略を評価し、私たちが彼らのアドバイスをどの程度信頼してもいいのかを、判断する助けとなるだろう。

第6章 テクニカル戦略は儲かるか

物事の本質が外見通りであることはめったにない。例えば、クリームだと思ったら、実はスキム・ミルクであったなどということは、大して珍しいことではない（ギルバートとサリバン『H・M・S・ピナフォー』より）

利益も配当もリスクも、あるいは高金利が市場に落とす影も、チャーティストを彼らに課せられた任務から引き離すことはできない。その任務とは、株価の動きを研究することである。そのような二心なき献身は、単なる数値の連なりの中から、この世で最もカラフルな理論を生み出し、また数多くのウォール街特有の方言を作り出したものだ。

「勝ち馬は残し、負け犬は売れ」、「モメンタムの強い銘柄に乗り換えろ」、「値動きの悪い銘柄は売れ」、「相場のことは相場に聞け」。これらはすべて、テクニカル・アナリストの書く処方箋の代表例である。

テクニカル・アナリストは、砂上の楼閣理論に基づいて投資戦略を練り上げる。彼らはテクニカル分析を用いれば、市場でどのような楼閣が作られようとしているのか、また、それに早い段階で一枚噛むにはどうしたらよいかがわかると考えている。問題は、それが本当にうまくいくのかどうかである。

1　穴のあいた靴と予想の曖昧さ

大学で教えていると、「先生がそんなに頭がいいのなら、どうして自分で金儲けをなさらないのですか」という質問を受けることがある。この手の質問は、教授たちを苛立たせる。というのは、先生と呼ばれる人種は、自分たちは世俗的な金持ちになる機会を犠牲にしてまで、教育を通して社会に貢献しているつもりだからである。

そのような質問は、むしろテクニカル・アナリストに対してこそ、向けられるべきではないだろうか。なぜなら、テクニカル分析のすべてが、要するに金儲けの手段にほかならないからだ。詳細な調査によると、テクニカル信者には、穴のあいた靴や衿の擦り切れたシャツを身にまとっている者が多いということが知られている。私個人の経験では、失敗したテクニカル信者の成れの果ては何人か知っているが、成功したテクニカル信者というものには、ついぞお目にかかったことがない。

ところで不思議なことに、文無しになったテクニカル信者は、この道を選んだことを決して後悔したりはしないのだ。それどころか、以前にも増して熱心な信者になるのである。無礼を承知で、そういう連中が文無しになった理由を尋ねてみるがいい。おそらく彼は何のためらいもなく、「私はチャートに疑いを差し挟むという、全く人間的な、お恥ずかしい失敗を犯したのだ」と答えることだろう。みっともない話だが、私はかつて、ディナーの席で友人のチャーティストがそう答えるのを聞いて、食事を喉に詰まらせてしまったことがある。それ以来、消化に悪いからチャーティストとは食事を共にしないことにしている。

テクニカル信者は、彼らの理論を実践することで豊かになることはできないかもしれないが、言葉の蓄えは実に豊かである。ここに、あるテクニカル分析サービス会社が顧客向けに行ったアドバイスがある。その内容を見てみよう。

> モメンタムが再び蓄積された後の相場上昇は、強気のサインである。しかしながら、それが支持線になるに足る証拠は、まだはっきりと現れておらず、また、ダウの四〇ポイント上方には抵抗線も存在している。したがって、これを強気相場の始まりと見るのは時期尚早であろう。ここ数週間のうちに、下値をテストする動きを持ちこたえ、市場がフラッグをブレイクすれば、その後、一段の上昇が見込めるだろう。反対に、もし下値を切り下げることになれば、しばらくは下降トレンドが続くだろう。トレーダーは、次のトレンドがはっきりするまで積極的な参加を手控えるものと考えられ、したがって、市場の動きは狭いトレーディング・レンジにとどまる可能性が非常に高い。

このコメントが、一体何を言おうとしているのか教えてほしいと言われても、残念ながら私にも答えることができない。これは想像だが、おそらくこのテクニカル・アナリストが言いたいことは、「もし、相場が上にも下にも行かないのなら、市場はこのままの水準にとどまり続けるだろう」ということではないかと思う。天気予報士でさえ、これよりはましな予想ができるだろう。

ご存じの通り、私はチャーティストに対して偏見を持っている。それは、個人的な好き嫌いという次元だけでなく、プロの立場に立った時の見解でもある。テクニカル分析は、学者の世界では異端の教義であり、それを非難するのはわれわれにとって喜びでさえある。われわれを、このような弱い者いじめに走らせる動機は、第一に、彼らの手法が明らかに間違っていること、第二に、いじめやすいこと、である。これほど哀れな対象をいじめるのは、多少アンフェアな気もするが、忘れないでいただきたい。私が守ろうとしているのは、ほかならぬあなたがたの財布なのだ。

コンピュータ技術の進歩は、一時的にはテクニカル・アナリストの立場を強化するのに役立ったかもしれない。またインターネットを介して、チャート・サービスは簡単に利用できるようになった。しかし、結局のところ、そのことによって彼らの努力が何の役にも立たないことを証明することになったのだ。コンピュータを用いれば、テクニカル・アナリストがチャートを打ち出すのとほとんど変わらない速さで、学者たちも彼らの成績表を打ち出すことができるのだ。また、テクニカル分析に基づく様々なトレーディング手法を試してみることも、簡単にできるようになった。

こうして、それらが実際にうまくいくかどうかを調べるのは、学者たちにとって格好の暇つぶしとなったのである。

2　株式市場にモメンタムは存在するか

過去の株価の動きを分析すれば将来の株価を予想できる、というのがテクニカル信者の信念である。これを言い換えれば、ある日付に先立つ一連の株価変動は、その当日の株価変動を予測する上で重要な手がかりになるということだ。

これを私は、壁紙理論と呼びたい。なぜなら、テクニカル・アナリストが将来の株価を予想する方法は、私たちが鏡に映る壁紙のパターンを見て、鏡に映っていない部分にも同じパターンを想像するのと変わらないからだ。前者は時間的パターン、後者は空間的パターンという違いはあるが、特定のパターンの繰り返しを前提としている点で両者に違いはないのである。

チャーティストたちは、市場にはモメンタムが存在すると信じている。モメンタムとは、上昇し続けてきた銘柄は引き続き上昇を続けるし、下がり始めた銘柄はさらに下がるという傾向のことを言う。もし、このような傾向が存在するとすれば、投資家に求められる戦略は、上昇し始めた銘柄を買い、上がっている銘柄はさらに持ち続けるということになる。反対に、その銘柄が下がり始めたり、値動きの悪い時には、売ることが勧められる。

このテクニカル・ルールに関しては、徹底的なテストが行われてきた。いくつかの主要取引所を対象に、また二〇世紀初めにまでさかのぼる膨大なデータが、そのために用いられた。そして過去の株価を分析したところで、将来の株価を予測するのに何の役にも立たないというのが、その結論である。株式市場はほとんど記憶というものを持たない。株式市場は時として、「モメンタム」の存在を裏づけるような動きを示すことはあるが、それには全く規則性がなく、それを利用して超過リターンを得られるかどうかは、売買コスト差し引き後で見ると、断定的なことは言えないのだ。第11章で詳しくお話しするが、要するに売買コストや税金を考慮すると報われないのだ。

経済学者はまた、株価変動は何日か、何週間か、あるいは何カ月かにわたり、同一方向に連続して起こりがちなものだという経験則についても、吟味している。この場合、株価は、アメフトでいったん勢いに乗るとさらにゲインを稼ぐフルバックにたとえられる。しかし、このたとえも適当ではないことがわかっている。確かに、株価の上昇が数日にわたって連続することは時々見られる現象だが、それは何も特別な現象ではない。というのは、裏表が等しい確率で出るコインを投げたとしても、表が何回も続けて出ることはよくあるのだ。株価の上昇あるいは下降が連続して起こる頻度は、コイン投げで表や裏の連続が何の規則性もなく起こるのと変わらないと言える。

つまり、株式市場で「持続的パターン」と呼ばれるものも、ルーレットの赤と黒に賭けるギャンブラーが勝ち続けるのと、確率的には全く同じことなのだ。経済学者が、「株価の動きはあたかもランダム・ウォークのように見える」と言う時の意味は、以上のようなことである。

3 ランダムなコイン投げが描くチャート

ギャンブラーにとっての運、不運の波

多くの人にとって、株価がランダムに動くなどということは、全くのナンセンスに聞こえるだろう。普段、新聞の金融面などにはほとんど関心を持たない読者でも、株式市場の動きに何らかのパターンを見つけることは造作もないことだろう。例えば、図1の株価チャートを見てほしい。

読者の方々の目には、ここに描かれた株価は何らかのパターンに従って動いているように映るだろう。株価は初め上昇した後、下落に転じ、その後も下げが続いた。しかし、ここで市場は強気に転じ、株価は新たな上昇局面を迎えた。この株価チャートを見て大半の人は、このようなコメントを自明のものとして受け取るだろう。経済学者という連中は、こんなにも明白なことが理解できないほど頭が悪いのだろうか。

株式市場の動きに特定のパターンが存在することを頑固に信じている人は多いが、これは単に統計上の幻想にすぎないのだ。説明のために、私が最近、学生にやらせた実験についてお話ししたい。それは、ある架空の株式を考え、その価格変動を表示するチャートを作るというものであった。その銘柄

は、当初五〇ドルで取引されており、その後は、取引日ごとにコインを投げ、その結果によって終値を決めることになっていた。コインを投げた結果が表であれば終値は前日のそれよりも五〇セント上昇し、逆に裏が出れば株価は五〇セント下がるという具合である。図1のチャートは、実は、この実験の結果作られた架空の株価チャートの中の一つなのである。

図1

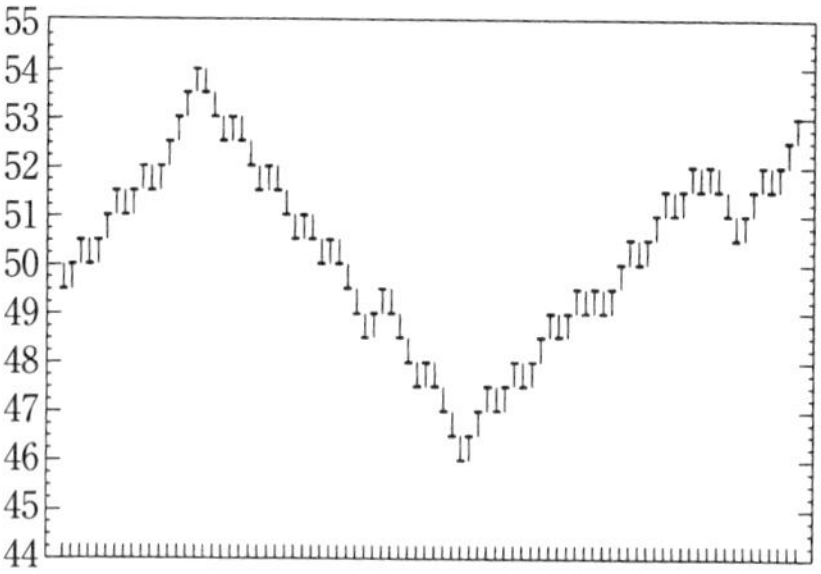

　ランダムなコイン投げの結果として描かれたチャートは、通常の株価チャートと驚くほど似ている。時にはサイクルさえ描いてみせる。もちろん、私たちがコイン投げの過程に見出したいわゆる「サイクル」は、本物のサイクルのように定期的にそっくりそのまま繰り返されはしない。そして、株式市場の上昇や下降もまた、コイン投げの「サイクル」と同じように、定期的に繰り返されるものではないのである。

　この規則性のなさこそが、決定的な点なのである。株式市場における「サイクル」は、ギャンブラーにとっての運、不運の波と何ら変わりはない。そして、ある銘柄の上昇パターンが、以前の上昇期におけるパターンと同じように見えても、それは現在の上昇が続く長さやその信憑性について、判断を下す材料にはならないのだ。

　なるほど、株式市場でも往々にして歴史は繰り返すものである。しかし、過去の株価パターンは驚くほど多様であり、その知識から利益を得ようと試みたところで、決してうまくいかないものだ。

　さて、学生のコイン投げを通じて得られた架空の株価チャートの中には、三つの頂点と底を持つ、いわゆるヘッド・アンド・ショルダーや、その他のもっと複雑なチャート・パターンも見られた。それらのチャートの一つに、逆ヘッド・アンド・ショルダーを上へブレイクしようとする状況を示したものがあった。これは、チャーティストの間では、非常に強気のサインとされているパターンである。

そこで、私はそれを友人のチャーティストに見せることにした。すると彼は、まさに飛び上がってこう叫んだ。「これは、何ていう銘柄だい」。さらに次のように続けた。「今すぐ買いだ！　こいつは古典的なパターンだ。これなら来週中に、少なくとも一五ポイントはいけるはずだ」

このチャートがコイン投げによって描かれたものであることを告げた時の彼の反応は、決して好意的なものとは言えなかった。チャーティストという連中は、ユーモアのセンスがない。ビジネス・ウィーク誌がテクニカル・アナリストを雇った時、私はその当然の報いを受けることになった。彼は書評欄の中で、この本の初版をケチョンケチョンにこき下ろしたのである。

この架空の株価チャートを作る実験は、完全にランダムなプロセスに従って行われた。株価はコイン投げによって決定され、使用されたコインがイカサマなものでない限り、それぞれの試行で表と裏が出る確率、すなわち株価が上下に変動する確率は五〇％ずつになっていた。この場合、たとえ一〇回連続で表が出たとしても、次の一回のコイン投げで表が出るのは、それ以前の結果のいかんにかかわらず、やはり五〇％の確率である。

数学者たちは、私たちがここで用いたようなランダムなプロセスから得られた一連の数値のことを、ランダム・ウォークと呼ぶ。そのようなプロセスから得られたチャートが次にどう動くかということは、過去の動きに基づく限り、全く予測不可能なのである。

これは、過去の株価変動に基づいて、将来の株価を予測することはできないということを意味する。

過去の株価の動きがどうあれ、明日の株価の上昇下降は五分五分でしかない。株価が次にどう動くかということは、コイン投げと同じで、誰にも予測できないのである。

テクニカル戦略は儲かるか

ところで、現実の株式市場には、数学者たちが理論を作る上で仮定するほど純粋なランダム状態というものは存在しない。実際、現在の株価変動と過去のそれとの間に、ある程度の相関が見られることが知られている。株価にプラスの情報が伝えられても、投資家はその影響を即座に一〇〇％株価に織り込まないことが多い。時間をかけて徐々に織り込まれていくために、ある程度のモメンタムが発生するのだ。このような実際の株価変動の完全なランダム・ウォークからの逸脱をテーマに、アンドリュー・ローとクレイグ・マッキンレーは『ウォール街のノンランダム・ウォーク』という題で一冊の著書を書いたほどだ。また、もっと長期で見ると、大半の銘柄の株価が、利益や配当の成長に沿って、長期的には上昇トレンドを描くのだ。しかし、これまでに発見された相関はいずれも非常に小さく、投資家がこれを利用して利益を得ようとしても、うまくいかないだろう。なぜなら、取引に伴って発生する手数料が、そこから得られる利益を遥かに上回ってしまうからだ。これが株価に関する様々な研究が等しく主張する結論である。したがって、「ウィーク（弱度）」型のランダム・ウォーク理論の正しい内容は、次のように言うことができるだろう。

> 過去の株価変動の記録を分析しても、有用な情報は得られない。したがって、これに基づいて投資しても、バイ・アンド・ホールド戦略を継続的に上回るパフォーマンスを上げることはできない。

もし、市場でウィーク型のランダム・ウォーク理論が成立するとすれば、私の同僚であるリチャード・クォントが言うように、「テクニカル分析は科学的な外見を装ってはいるが、実は占星術と同類である」ということになる。

私は、テクニカル戦略が絶対に儲からないと言っているわけではない。実際、テクニカル戦略を用いたために損失を被ったという投資家は少ないはずだ。大事なことは、単なる「バイ・アンド・ホールド」戦略、つまり、ある銘柄ないしは銘柄群を買って長期間保有するだけでも、テクニカル戦略と同じくらい、ないしはそれ以上に儲かるということなのだ。

科学者が新薬の効能をテストする際には、通常、次のような試験が行われる。被験者を二つのグループに分け、一方には試験対象となる薬分を含んだ錠剤を与え、もう一方には何の効能もない気休めの丸薬（例えば、砂糖の錠剤でもよい）を与えておくのである。そして、両者の結果を比較し、薬を処方されたグループのほうが、気休めの丸薬を与えられたグループの経過よりもよかった場合、初めてその薬効が認められる。もし、両方のグループが同一期間で同じようによくなった場合には、その薬効は認められない。それは、たとえ気休めの丸薬で患者が回復した場合でも同じことである。

株式市場に関する実験で、テクニカル戦略と対比されるのは、バイ・アンド・ホールド戦略である。テクニカル手法を採用して成功したという投資家は、結構多いに違いない。しかし、彼らが、それに比べて遥かに単純なバイ・アンド・ホールド戦略を採用していたとしても、同様な利益が得られたことだろう。

実際、後で見るように、市場平均と全く同一のポートフォリオに投資したバイ・アンド・ホールド戦略でも、過去八〇年以上の期間にわたって、一〇％以上の年平均リターンを実現してきたのである。テクニカル手法の有効性を証明するには、それを採用することによって、市場平均を上回るリターンが得られるかどうかが問われなければならないのである。残念ながら今日までのところ、どれ一つとして、そのテストを首尾一貫してパスしたものはない。

4　より高度なテクニカル手法の診断

テクニカル分析の信奉者は、私の態度が不公平だと非難するかもしれない。私の紹介した単純なテストだけで、テクニカル分析の「豊かな広がり」のすべてに断を下すことはできないというわけだ。

しかし、テクニカル信者には気の毒だが、彼らの編み出した他のより精巧なトレーディング・ルールの多くも、科学的テストの対象となってきたのである。そのうちのいくつかについてその内容を概観してみよう。

フィルター法

この手法では、まず「フィルター」となる一定の幅を設定しなければならない。この幅には特に決まった数値があるわけではなく、どのような値を用いてもかまわない。以下では、これを仮に五%と置くことにしよう。さて、フィルター法によれば、直近の下値から五%以上上昇した銘柄は上昇トレンドにあり、反対に、直近の高値から五%以上下がった銘柄は下降トレンドにあるということになる。したがって、投資を行う際には、直近の下値から五%以上上昇した時点で購入し、その後の高値から五%下がった時点でそれを売却し、あるいは空売りするのである。そして、空売りポジションは、その銘柄がその後の安値から五％以上上昇するまで維持される。

フィルター法は、ブローカーの間では広く用いられている手法である。ブローカーが顧客に勧める「損切り」注文は、この考え方に基づくものだ。損切り注文とは、例えば購入した銘柄がその時の値段よりも五％以上下がった時点で、「それ以上の損失を制限」するために、その銘柄を売却することを言う。

フィルター法については、これまでも徹底的なテストが繰り返されてきた。フィルター幅として試みられたパーセンテージは一％から五〇％に至り、テスト期間に選ばれた時期も様々であった。分析の対象も、いろいろな市場平均から個々の銘柄までと広範囲にわたっていた。それらの結果は、またもや驚くほど首尾一貫していた。

フィルター法に基づく投資戦略は、その結果発生する売買手数料を考慮すると、個々の銘柄にせよ市場平均にせよ、同じ対象に同じ期間投資したバイ・アンド・ホールド戦略のパフォーマンスを継続的に上回ることはできなかったのである。私個人としては、たとえどんなブローカーが、またどんなフィルター法を勧めたとしても、個人投資家はこれを使用しないほうが賢明だと考えている。

ダウ理論

ダウ理論は、抵抗線と支持線との間に繰り広げられる壮大な綱引きである。相場が頂点をつけ下降に転じると、以前のピークは抵抗線となる。なぜなら、頂点で売り損なった人々は、もう一度同じ機会が与えられたら売りたいと思うだろうからである。相場が再び上昇し、以前のピークに近づくと、抵抗線を「テストする」と表現される。それは、審判の時と言ってもよい。もし、相場が抵抗線を上にブレイクすれば、以前の抵抗線は支持線となり、なおしばらくは上昇が期待できることになる。反対に、相場が「抵抗線を抜けなかった」り、これまでの支持線となっていた安値を下回ったりすると、それは弱気のシグナルとなり、投資家は売りを勧められる。

ダウ理論は、基本的には、相場が直近のピークより高くなった時に買い、直近のボトムを下回った時に売るという戦略を意味することになる。この理論には様々なバリエーションがあるが、基本的なアイデアは多数のチャーティストから支持され、チャート教の教理の一部にもなっている。

残念ながら、ダウ理論のメカニズムが生み出すシグナルは、将来の株価の動きを予測する上で、何の役にも立たない。売りのシグナルが出た後のパフォーマンスは、買いのシグナルが出た後のそれと全く変わらないのである。市場平均を構成する代表的な銘柄群をバイ・アンド・ホールドで投資するのに比べて、ダウ理論信奉者のパフォーマンスは、実のところ若干ながら劣ったものになる。なぜなら、この戦略を採用した場合、これに基づいて投資家が売り買いを繰り返すごとに、幾度も余分な手数料をブローカーに支払わなければならないからだ。

相対強度（レラティブ・ストレングス）法

この手法に基づくと、投資家は好調な銘柄、つまり直近期に代表的な市場インデックスを上回るパフォーマンスを上げた銘柄を買って保有することになる。反対に、市場に比べて不調な銘柄は、避けるか、もしくは売り越すことになる。ある特定の時期を対象にした分析では、この相対強度戦略がバイ・アンド・ホールド戦略を上回るパフォーマンスを上げたという結果も報告されているが、それがどの時期でも有効であるという確証は得られていない。

過去二五年間についてコンピュータによるテストを行ったところ、この種の方法は、取引手数料と税金を考慮すると、比較対象となるバイ・アンド・ホールド戦略を上回るパフォーマンスを上げることはできないという結論が得られている。

株価―出来高法

ある銘柄が上昇する際に、大量の取引を伴ったり、出来高の増加を伴ったりする場合、それは未充足の買い意欲が存在することを意味し、その銘柄はさらに上昇を続けることが予想される。反対に、大量の出来高を伴う下げの場合、売り圧力の存在を示しており、売りのシグナルとなる。これが、株価―出来高法の主張である。

この手法もまた、成果は芳しくない。これが示す「売り」や「買い」のシグナルも将来の株価の動きを予測する上では何の役にも立たないのだ。しかも、この戦略を用いた場合、投資家は他のすべてのテクニカル戦略と同様、頻繁な売り買いを余儀なくされる。そのため、投資家の取引コストは、バイ・アンド・ホールド戦略をとった場合のそれを遥かに上回ってしまう。したがって、取引手数料と税金のことを考えに入れると、この手法を用いるよりは、いくつかの銘柄に分散して投資し、後は何もせずに持ち続けたほうがいいのだ。

チャート・パターンを読む

前章で取り上げたような、もっと複雑なチャート・パターンを用いれば、株価を予想することも可能になるのだろうか。例えば、ヘッド・アンド・ショルダーのネックラインを下へブレイクすることはどうだろうか。もしかすると、本当に弱気相場の前触れになっているかもしれないではないか。

とりわけ念の入った研究例を紹介しよう。この研究では、まずニューヨーク証券取引所で取引される五四八銘柄について、それぞれのチャートを描くようコンピュータがプログラムされた。次に、コンピュータは、それらすべてのチャートを走査し、代表的な三二のチャート・パターンのいずれかを見つけるように指示されたのである。探し出すよう命じられたチャート・パターンには、ヘッド・アンド・ショルダー、トリプル・トップおよびトリプル・ボトム、チャネル、ウェッジ、ダイヤモンド等々が含まれていた。

コンピュータは、株価がヘッド・アンド・ショルダーからネックラインを切るような場面を見つけると、これを弱気を示す兆しと判断し、売りのシグナルを記録した。反対に、トリプル・ボトムの後、続いて株価が上方にブレイクするような局面では、これを強気相場の始まりとして、買いのシグナルを記録した。

テストの結果は、またもやテクニカル・シグナルとその後のパフォーマンスとの関係に対して否定的なものであった。これらの代表的なチャート・パターンにのみ基づいて売買した時の取引手数料後のパフォーマンスは、バイ・アンド・ホールド戦略をとった時の成果を上回ることはなかったのだ。仮に売買手数料がゼロの場合でも、トレーディングの際、取引コストが発生するし、売却益が出れば税金も発生する。

ランダムだと認めることは難しい

人間の性は秩序を好む。人々にとって、ランダムさという概念を認めることは難しい。私たちは、偶然の法則がどうであれ、ランダムな事象の中からパターンを探そうと努めるのである。それは株式市場に限ったことではない。例えばスポーツの世界の現象についても同様である。

バスケットボール選手の素晴らしい成績に対して、レポーターや観客は、「レブロン・ジェームズは、『ホット・ハンド』を持っている」だとか、「コービー・ブライアントは『ストリーク・シューター』だ」とかいった表現をよく用いる。バスケットボールの世界では、プレーヤー、コーチ、ファンの別なく、直前の、あるいは直前までの二、三本のシュートが成功した選手の次のシュートは成功しやすいと、ほとんどの人が信じている。しかしながら、一九八〇年代に、ある心理学者のグループがこれを研究した結果、「ホット・ハンド」現象は迷信であることが証明されたのである。

心理学者たちは、一シーズン半にわたってフィラデルフィア・セブンティシクサーズのすべてのシュートを詳細に研究した。しかし、シュートの成功に連続性があるという証拠は、ついに発見できなかったのである。実のところ、成功の後には失敗が来ることのほうが、成功が二回連続するよりも、わずかながら確率が高かった。さらに、研究者たちは二回以上続けて成功した場合についても検討を加えている。その結果は、シュートが幾度か連続して成功する「ストリーク」の発生回数は、各シュートがそれ以前のシュートと無関係であると仮定した場合にそれが起こる頻度と全く変わらなかった。直前の二、三回のシュートの結果は、次のシュートが成功するかどうかという選手の心理に対しては、確かに影響を与えるかもしれない。しかし、シュートの結果に対しては何の影響力も持たないのである。

研究者たちは、この他にも、ボストン・セルティックスにおけるフリー・スローの記録を分析したり、コーネル大学のバスケットボール選手にシュートを繰り返してもらう実験を行っている。そして得られた結論は、直前のシュートの成功、不成功は、次のシュートに関する選手の予想には影響を与えるが、結果には影響しなかったのだ。

これらの発見は、バスケットボールが技を競うものではなく、偶然性のゲームだということを意味しているわけではない。シュートやフリー・スローに抜きん出た選手が存在するのは確かなことだ。しかしながら、ここでのポイントはそのシュートが成功する可能性は、その前のシュートの結果とは独立した事象だということである。心理学者は、「ホット・ハンド」に対する頑固な信仰は、記憶におけるバイアスに由来するものではないかと推測している。成功するにせよ失敗するにせよ、長く連続したほうが、交互に起こる場合よりも印象に残りやすい。とすれば、観測者がいずれか一方の結果が連続する確率を過大に見積もることは、ありがちなことではないだろうか。

事象はしばしば集団や一つの連続を形づくる。そのような場合、人々はそれらの説明やパターンを探し求めるのである。集団化や連続といった現象が、コイン投げによって得られるようなランダムなデータにおいても、頻繁に起こることを知っていても、それらの事象がランダムなものだと認めることは難しいものだ。株式市場についても全く同じことが言える。

5　損失を約束するその他の様々なテクニック

こうして一般的なテクニカル手法の大半がメッキをはぎ取られてしまうと、学者たちの飽くなき探究心は、より空想的な手法にまで向かうことになった。チャーティストたちがいなければ、証券分析の世界は、もっと静かで退屈なものになっていたことだろう。彼らが編み出したユニークな技法の数々を、以下ではとくとご覧いただくことにしよう。

ト 丈 指 標

スカート丈指標

テクニカル・アナリストの中には、株価の観察だけに満足せず、その観察範囲を他の様々な対象にまで広げた者もいた。そうして生まれた数々のアイデアの中でも、アイラ・コブレーが「強気相場とあらわな脚（bull markets and bare knees）」理論と呼んだものは、最もチャーミングな例だろう。この理論によれば、その年のスカート丈を見れば株価の方向がわかるというのである。一般的に、短いスカートが流行する時には相場は強気であり、逆に相場が低迷する時期には、街で女の子を眺める楽しみも少なくなるというわけだ。図2のチャートを見てい

図2　スカー

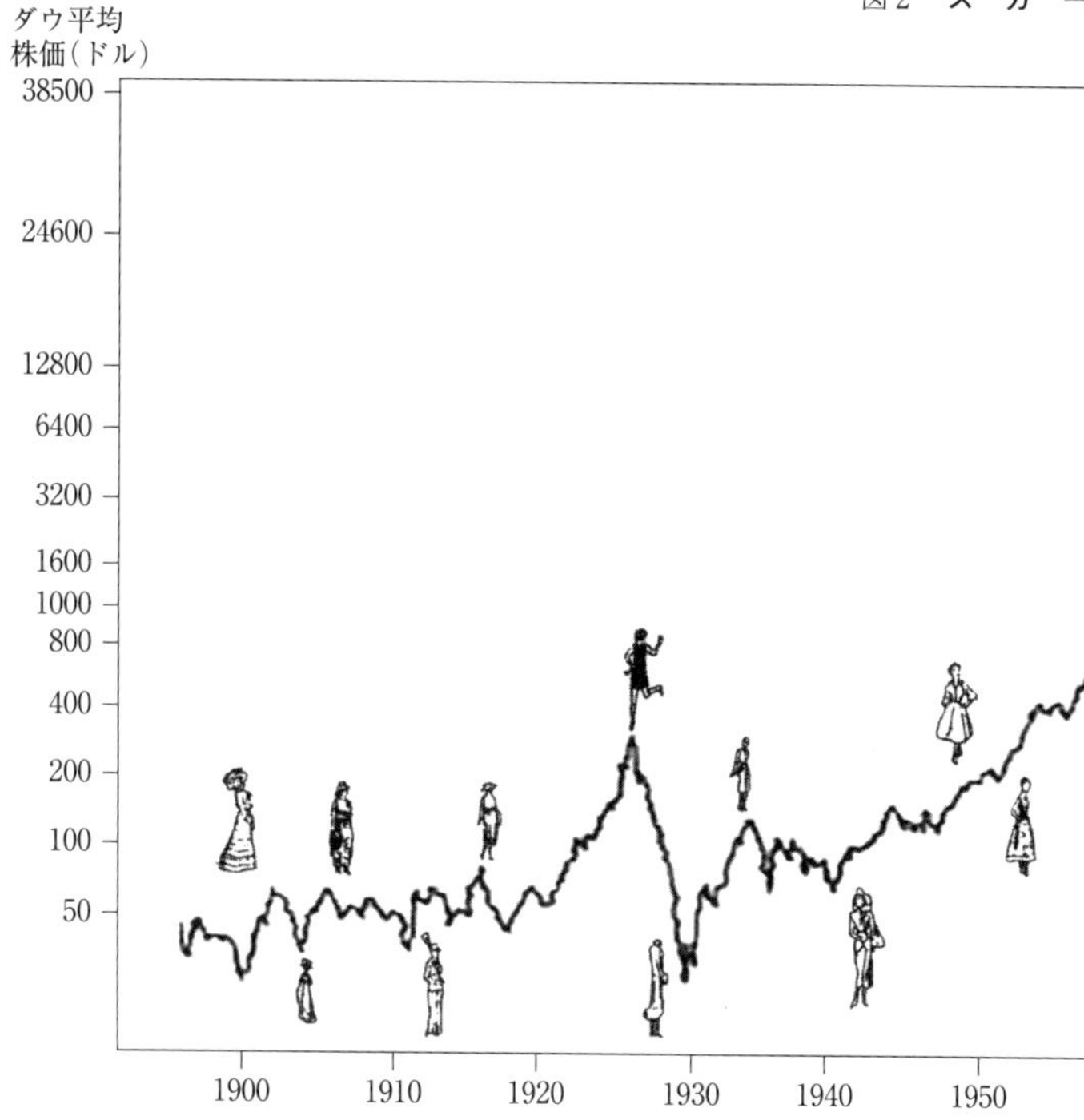

(出所) DOW JONES INDUSTRIAL AVERAGE BIMONTHLY HIGHS AND LOWS

ただきたい。いかがなものだろうか。

例えば、一九世紀の終わりから二〇世紀の初めにかけて、株式市場はどちらかというと停滞期であった。おかげさまで、スカート丈にも見るべきものはなかった。しかし、一九二〇年代に入って、スカート丈が短くなり始めるのと時を同じくして、相場は力強く上昇を開始したのである。そして、その後に続いたのが、ロング・スカートの流行と三〇年代の大恐慌であった。実のところ、このチャートには多少のごまかしがある。スカート丈のほうは、この上昇相場が絶頂期を迎えるのに先立つ一九二七年、すでに長くなり始めていたのだ。

残念ながら、第二次世界大戦が終わると、この法則もあまりうまく当てはまらなくなってきた。一九四六年の夏に、市場は急な下げに見舞われたが、長めのスカートを提唱した「ニュー・ルック」が紹介されたのは、四七年に入ってからだった。この時は、市場の下げがスカート丈にずいぶん先行していたわけだ。同様に、六九年から七〇年にかけてミディ・スカートが流行した時は、それに先駆ける六八年末から株式市場は急落し始めたのである。

一九八七年のクラッシュの時はどうだったのだろうか。一見、スカート丈指標は間違ったかのように見える。実のところ、八七年の春、デザイナーが秋物の出荷を始めた頃は、超ミニがそのシーズンのファッションだということになっていたのである。しかし、一〇月の初め頃になって、最初の寒風が吹き始めると、奇妙なことが起こった。女性たちがミニ・スカートをはかなくなったのである。女性たちがロング・スカートに回帰すると、デザイナーはすぐさま追随した。デザイナーのビル・ブラスは、「短いスカートはもう時代遅れだ」と言い切ったのだった。その後、株式市場に何が起こったかは、ご承知の通りである。

二〇〇〇年代初めの厳しい下げ相場については、どうだったのだろうか。ご存じのように、世紀が変わる頃には、カプリ・パンツが大流行していた。そして、女性の経営者や政治家たちは好んでカプリ・パンツで公の場に現れたものだ。というわけで、カプリ・パンツこそが新世紀初めの相場暴落の真犯人だったのだ。

この指標が全くデタラメとまでは言えないものの、売買タイミングに関してあまり期待してはいけない。女性はもはやスカート丈など意に介さなくなったのだ。ヴォーグ誌は二〇〇二年に次のように言っている。「あなたは女性であることにこだわる必要はありません。今はどんなスカート丈でもOKなのです」。もちろん、二〇〇七年から〇八年にかけての暴落は、第4章で取り上げたように世界的な金融危機に伴うものであり、二〇二〇年の場合は新型コロナの流行によるものであった。どちらの暴落も全く予想されていなかった。

スーパー・ボウル指標

なぜ、二〇二一年に相場は上昇に転じたのか。スーパー・ボウル指標を用いるテクニカル・アナリストにとって、その疑問に答えるのはたやすいことだ。スーパー・ボウル指標とは、アメフトのチャンピオンを決めるスーパー・ボウルでどちらのチームが勝つかに基づいて、株式市場のパフォーマンスを予測するものである。タンパ・ベイ・バッカニアーズのようにNFC（National Football League）所属のチームが勝てば強気相場の到来を意味し、反対にAFC（American Football League）所属のチームの勝利は、投資家にとっては悪いニュースとなる。

スーパー・ボウル指標は、全く因果関係のない二つの事象が一見高い相関を示すこともありうるという好例である。実際、マーク・ハルバートに言わせると、株式市場研究家として知られるデビッド・ラインウェーバーが、S&P五〇〇指数と最も相関度の高い事象を徹底的に調べた結果、バングラデシュにおけるバターの生産量だということが判明したという。

「ダウの負け犬」戦略

この興味ある名前の投資戦略は、人気薄の銘柄群の株価はやがて反転して上昇するという考えに基づく、いわゆる「逆張り（コントラリアン）」戦略を発展させたものである。これは「ダウの負け犬」戦略として知られ、毎年ダウ工業株三〇種平均の採用銘柄の中から、最も配当利回りの高い一〇銘柄を買うというものである。これらの一〇銘柄は最も人気がないのだから、通常は株価収益率も株価純資産倍率も低いと考えられる。この戦略は、一九九一年に『ダウに勝つ』という本を出版した、リチャード・オヒギンズというファンド・マネジャーが提唱したものである。ジェームス・オショーネシーはこの戦略を一九二〇年代の昔から最近までについて検証した。そして「ダウの負け犬」戦略のパフォーマンスがダウ平均を年に二％以上上回っていることを発見し、この戦略では他にリスクをとる必要もないと指摘した。

ウォール街の犬族のアナリストたちはたちどころにこの話を嗅ぎつけ、このルールに基づいた多数の投資信託が売り出された。そして予想通り、大勢の投資家が同じゲームを始めた途端、負け犬は本当の負け犬になってしまったのだ。「ダウの負け犬」戦略は九〇年代の後半には毎年市場平均を下回る成績に終わった。「負け犬」の生みの親のオヒギンズは、「私の戦略はあまりにも有名になりすぎた」と嘆き、やがて自滅してしまったのである。もはや「ダウの負け犬」は何の役にも立たない。

「一月効果」

何人もの研究者が、一月の株式投資のリターンが高いこと（いわゆる「一月効果」）に気がついた。とりわけ一月の最初の二週間に限れば、異常に高くなる傾向があるのだ。

この効果は小型株に特に強いように見える。リスクを調整した後でも、投資家は小型株から異常に高いリターンを得ることができ、しかもその超過リターンのほとんどは、一年の最初の数日間に生まれるというのである。このような効果は、いくつかの海外の株式市場についても確認されている。

この結果、一九八〇年代には『驚くべき一月効果』という刺激的な題名の本が出版されるに至った。しかし残念なことに、ビッドとアスクのスプレッドが大きく流動性に乏しい小型株の取引コストは、大型株に比べてかなり割高なため、売買手数料を支払う一般投資家がこのアノマリーを利用するのは難しい。その上、一月効果の規模は年によってまちまちである。言い換えれば、一月に落ちている小銭を見つけるコストは高く、年によっては幻に終わるのだ。

他のいくつかの手法

さて、ここまで様々なテクニカル手法を紹介してきたが、これ以上続けても得るものは少なくなってきたようだ。おそらく、株価変動と太陽黒点との関係を本気で信じている人々は、ごくわずかだろう。しかし、あなたはニューヨーク証券取引所の騰落レシオ（下落銘柄数に対する上昇銘柄数の比率）が、市場全体のピークを予見する先行指標になると信じてはいないだろうか。コンピュータによる詳細な研究の答えは「ノー」である。あなたは空売りの増大を、強気のシグナル（なぜなら、最終的にはそれらの株は、売り方がポジションをカバーするために買い戻すことになるから）だと思っているのではないだろうか。徹底的なテストの結果は、市場全体にしろ個別銘柄にしろ、そのような関係は全く見られなかった。

あなたは、移動平均法（例えば、株価が過去二〇〇日間の平均よりも上にいったら買い、下にいったら売りというような方法）に従えば、大儲けができると考えてはいないだろうか。証券会社に支払う手数料がなければ、そういうこともあるかもしれない！　五月に売っておいて一〇月まで旅行に行けばいいんだ、なんて思うなかれ。その間に相場は下がるよりも上がることの方が多いのだ。

6　テクニカル分析の教祖たち

このようにテクニカル・アナリストたちは株価を予測することはできないのだが、ひと昔前の教祖たちは人目を引く華麗な存在であった。

一九八〇年代にもっとも人気があったエレイン・ギャザレリは、投資銀行のリーマン・ブラザーズの執行副社長を務めていた。ギャザレリは、それまでの教祖たちとは異なり、一つの指標だけを用いることはなかった。彼女は、豊富な金融データをもとに、一三種以上の異なる指標を駆使して、市場の予測を行った。ギャザレリは、時々刻々と変化する生きた情報を分析することを好んだ。彼女は処理場から届いたばかりの豚のモツのように新鮮な情報を、子供がするように熱心に切り刻んだのである。

ギャザレリは、現代のロジャー・バブソンであった。彼女は、一九八七年八月に弱気に転じ、九月一日には、顧客に対して手持ちの保有株をすべて売るように勧めたのであった。一〇月一一日までには、彼女はクラッシュがすぐそこに差し迫っていることをほぼ確信するに至った。二日後には、それは予想というよりも予告に近いものとなり、彼女はUSAトゥデイ紙に対して、近いうちにダウは五〇〇ポイント以上上下落するだろうと語った。週を経ずして、彼女の予言は的中した。

しかし、このクラッシュはギャザレリにとって最後の檜舞台となった。マスメディアは、彼女に「ブラックマンデーの導師」という称号を与え、コスモポリタンからフォーチュンに至るあらゆる雑誌が彼女を称える記事を載せた。その結果、彼女は自分の予想が的中したこと、あるいはそれによって評判が高まったことの虜になってしまったのである。

クラッシュの後、彼女は自分としては投資を控えるつもりであると語り、ダウはさらに二〇〇ないし四〇〇ポイント下落するだろうと予言した。その結果、ギャザレリはマーケットのリバウンドを取り損ない、彼女が運用を任されていたファンドを買った投資家もすっかり失望させられてしまった。見通しを外した理由を聞かれて、彼女は言わずもがなの、失敗したテクニカル信者の決まり文句を口にしたのである。「私はチャートをもっと信じるべきだった」と。

九〇年代半ばを飾った最も華やかな尊師は、平均年齢七〇歳のビアーズタウンのおばあちゃんたちであった。マスコミが「当代最高の投資家グループ」と称賛したこの人気もののおばあちゃんグループは、キッチンで儲けと熱狂を同時に炊き上げ、ミリオンセラーになった本を出すかと思うと、全国ネットのテレビのショーに登場したり、あちこちの週刊誌をも賑わしたものだ。自分たちが投資に成功した秘訣は、アメリカの中流社会の基盤である勤勉さと教会に欠かさず通う価値観、値上がり保証付きの株式マフィンを作る家庭料理のレシピの、絶妙な組み合わせだと説明した。九五年にベストセラーになった『ビアーズタウンのおばあちゃんたちの株式投資大作戦』の中で、彼女らはそれまでの一〇年間の自分たちの運用がもたらした平均リターンは、S&P五〇〇平均の一四・九%を遥かに上回る二三・九%になっていたと誇らしく書きまくった。そして、彼女らの真似をすれば誰でも同じような成果を上げられると吹聴して歩いた。中西部の小さな町のお年寄りたちが常識に基づいて投資するだけで高給を食むウォール街のプロたちを打ち負かし、インデックス・ファンドをも辱めるようなパフォーマンスを上げるなんて、何と素晴らしい話だろう。

だが残念なことに、このおばあちゃんたちは帳簿にも味つけしていたことがばれてしまった。後でわかったのだが、そのパフォーマンスを計算する時に、彼女らの投資クラブに入る年会費も、株式投資の儲けに計上していたのだ。監査法人のプライス・ウォーターハウスが招かれて、過去一〇年間の複利ベースの投資リターンを正確に計測した結果は、九・一%にすぎなかった。市場平均より約六%も低かったのである。投資の世界の人気者にあやかってお金儲けをすることは、つくづく難しいというわけである。

これらの物語の教訓は明白だ。市場では非常に多くの人々が日々、株価の予想を行っている。したがって、直近の転換点を一度ないしはそれ以上にわたって言い当てたとされる人は、常に存在するだろう。しかし、同じ人物が継続的に正しく予言するということはありえないのだ。聖書の警句になぞらえて言えば、「汝、導師の言いつけに背いて後を振り返る者、後悔のうちに死を迎えん」というわけだ。

7 「学者のたわごと」という反撃に答えて

ご想像の通り、ランダム・ウォーク理論によるチャート手法の否定は、テクニカル信者の間では決して歓迎されてはいない。ウォール街の一部地域では、ランダム・ウォーク理論を支持する学者は、まるでビジネス倫理協会の番組に監獄の独房から講演するバーニー・マードフのように、敵意に満ちた態度で迎えられる。テクニカル・アナリストが、ランダム・ウォーク理論とそれが意味することをどう考えているかというと、あるベテランの言葉を借りれば、「単なる学者のたわごと」だということらしい。

ここで一息入れて、追い詰められたテクニカル信者の反撃にも、少し耳を傾けてみようではないか。

おそらく、ランダム・ウォーク理論に対する反論で最も多く聞かれるものは、数学に対する不信と、この理論が何を意味しているのかについての誤解に基づくものだろう。例えば、「市場の動きはランダムではない。数学者が何と言おうと、私には納得がいかない」という具合だ。ウォール街のコメンテイターの中でも特に鋭敏な知性の持ち主である「アダム・スミス」でさえ、次のような誤解に陥っている。「もしランダム・ウォーク論者が、株式市場のランダムさを証明する完璧な数学的根拠を示したとしても、私は長期的には株価が企業収益に影響を受けるということを信じ続けるだろう。そしてまた、短期的に最も重要な要因は、群集心理という得体の知れない存在であるということも信じ続けるに違いない」というのである。

もちろん、利益や配当は株価に影響を与えるし、群集心理もまたしかりである。その豊富な証拠をこれまでのいくつかの章で私たちは見てきた。しかし、たとえ市場が非合理的な群集心理に支配されている時期であろうとも、その変動を近似的にランダム・ウォークとしてとらえることは十分可能なのである。ランダム・ウォークという言葉の語源になったのは、何もない原っぱをふらつき歩く酔っぱらいの動きである。酔っぱらいの動きは全く規則性がなく、予測することもできないのだ。

さらには、企業に関する新たな重要情報（例えば、鉱山のストライキだとか、ＣＥＯの急死等々）もまた、予測不可能である。こうした出来事は、ランダムに発生する。実際、日々のニュースの内容はランダムであるに違いない。もし、ニュースの内容が前のニュースの内容に依存していたとしたら、もはやそれはニュースとは言えないだろう。ウィーク型のランダム・ウォーク理論が主張するのは、株価は過去の株価に基づいて予測することはできないということにすぎない。したがって、前に引用したような種類の批判は、的を射ていないということになる。

テクニカル・アナリストはまた、学者たちがこれまでに考案されたすべてのテクニカル手法をテストしたわけではないと指摘する。その指摘は全く正しい。たとえどんなに優れた経済学者、あるいは数学者であっても、テクニカル手法がうまくいくことは絶対にありえないと証明することはできないだろう。ただ言えることは、株式市場の価格変動パターンが含む情報はわずかであり、その情報に基づいて取引した場合に支払うことになる費用に見合うものではない、というだけのことだ。

毎年、多くの研究熱心な人々がラスベガスやアトランティック・シティーのカジノを訪れ、数の出方に特定のパターンがないかと、幾百回となく回されるルーレットを見つめている。通常、彼らは何らかのパターンを発見するものである。そうして、彼らはすべてを失うまで賭けを続ける。なぜ、このような事態になるのかというと、彼らがそのパターンをきちんとテストしてみないからだ。同様のことはテクニカル信者についても当てはまるのである。*

*実のところ、エドワード・O・ソープはブラック・ジャックに勝つ方法を発見した。ソープは、そのすべてを彼の著書『ディーラーに勝つ』という本に書いた。それ以来、カジノ側は、一回の勝負で使用するトランプを一組から複数組へ変更し、客の側が勝つのをより困難にした。そして、最後の手段としては、出たカードをカウントするような客は、カジノのテーブルから追い払ってしまうのである。

もし、あなたが過去のある期間をとって株価の推移を調べたら、ほとんど必ずと言っていいほど、有効な投資戦略が見つかることだろう。十分な数の銘柄選択手法を試す時間があれば、最終的にはその期間で最もうまくいった方法が見つかるだろう。

肝心なのは次の点である。過去を振り返って、どのような種類の株式が最も高いパフォーマンスを上げたかを調べるのは難しいことではない。しかし問題は、その手法が他の期間にもうまくいくかどうかである。テクニカル分析を擁護する人々の大半が見過ごしていることは、あるテクニカル手法をテストする際には、その手法が考案された時期とは異なる期間のデータを用いて、テストしなければならないということである。

しかし、テクニカル・アナリストが私の助言に従い、彼の手法をいくつもの異なる期間についてテストしたところで、それで私を納得させることはできない。たとえそれが信頼に足る株価予測指標であることが判明したとしても、テクニカル分析は究極的には無価値なものだという私の信念は揺るがないだろう。論証のために、そのテクニカル・アナリストが、毎年、クリスマスから元旦までの間に株価上昇が起こること、いわば年末ラリー効果といったものが存在することを発見したと仮定しよう。

問題は、一度そのような規則性が市場参加者に知られれば、人々はそれが実際に起こるのを妨げるように行動するだろうということである。したがって、もしある人物がそのような規則性に気づいたとしたら、彼は黙ってその技法を自分だけでやり続けるだろう。なぜなら、そのほうが得られる分け前が多いからだ。真に有効な方法ならば、それを他人と分かち合おうとする動機はどこにもないに違いない。

有効なテクニカル手法はすべて、究極的には自家撞着に陥るものである。年明けの株価がクリスマス前よりも高くなることを知った瞬間、私はクリスマスがやって来る前に買い始めるだろう。もし、人々が明日、株価が上昇することを知っていたら、それは今日中に上がってしまうに違いない。いかなる種類の規則性であれ、人々に知られ、しかも、それを用いて利益が得られるのなら、それは結局のところ自らを破壊することになる。私が、テクニカル手法を用いて株式市場の平均的リターン以上の利益を上げられないだろうと信じている理由が、おわかりいただけただろうか。

8 投資家への示唆

過去の株価の記録を用いて将来を予測しても、そこから利益を得ることはできない。テクニカル戦略の発想は概して面白いし、しばしば気休めにもなる。しかし、実質的な価値は全くない。これがウィーク型のランダム・ウォーク理論の結論である。テクニカル理論は、テクニカル情報を作ったり売ったりする人々と証券会社だけを肥えさせてきた。証券会社がテクニカル・アナリストを雇うのは、彼らの分析が投資家により頻繁な売買を行わせ、その結果、証券会社により多くの手数料が落ちることを期待するからだ。

テクニカル分析を使って相場変動のタイミングを当てるアプローチは、特に危険である。株式には長期的には上昇トレンドがあるから、タイミングに備えて大きなキャッシュポジションを抱えていることの機会損失は大きい。相場の下落を恐れて大きなキャッシュポジションをとる投資家は、しばしば上昇相場に乗り遅れてしまう。ミシガン大学のH・ネガット・セイバン教授は、一九六〇年代半ばから九〇年代半ばまでの三〇年間に起こった大きな上げ相場の九五%が、この期間の約七五〇〇取引日のうちのたった九〇取引日に起こったことを確かめている。もし全取引日の一%強にすぎない九〇日を外したとすると、株式投資の高い長期平均リターンの大部分は、実現しなかったことになる。もっと長期で見ても、『マスター・トレーダー』の著者であるラズロ・ビリニーは次のように指摘している。「一九〇〇年にダウ三〇平均に一ドル投資して二〇一三年初めまで保有したと仮定すると、その価値は二九〇ドルに増えたことになる。しかしもし毎年最も相場が上昇した五日間を外したとすると、二〇一三年の投資価値は一セント以下になってしまっただろう」と。

これが示唆するところは簡単である。もし、過去の株価データが将来の株価を予測するのに何の役にも立たないとしたら、テクニカル分析に基づいて売り買いをする根拠は全くないということになる。単純なバイ・アンド・ホールド戦略は、少なくともどんなテクニカル戦略よりもましなのだ。したがって、無価値なテクニカル情報サービスを購読するのはやめ、またチャートに基づいてしょっちゅう売り買いを勧めるような証券会社は避けるのが賢明だろう。

ところで、このバイ・アンド・ホールド戦略には、私がまだ触れていないもう一つの重要な利点がある。株式を市場で売買すると、株価が上昇していた場合にはキャピタルゲインが発生し、所得税の課税対象となる。バイ・アンド・ホールド戦略は、このキャピタルゲイン課税の支払いを先に延ばし、あるいは避けたりすることを可能にする。テクニカル戦略に従えば、あなたはキャピタルゲインの大半を実現させることになり、バイ・アンド・ホールド戦略を採用した場合よりも、より多くの税金を、しかもより早く支払うことになるだろう。

したがって、あなたの投資目的に適したポートフォリオに分散投資し、それを単純なバイ・アンド・ホールド戦略によって運用することは、テクニカル手法を用いた時と同等以上のパフォーマンスを達成することができるだけでなく、同時に売買に伴って発生する費用や売買手数料、税金などの節約にもなるのである。

第7章 ファンダメンタル主義者のお手並み拝見

専門家を信じるという間違いを、何度繰り返したことだろう（ジョン・F・ケネディ――ピッグス湾での大失敗の後で）

そもそも彼は記録係にすぎなかった。着古した紺の背広から糊の利いた白いワイシャツをのぞかせ、グリーンの目びさしをかけて日がな一日机に向かい、担当会社の財務情報をちまちまと記録するのが、彼の日課だった。その成果といえば、屑かご行きの原稿を量産するだけだった。しかし、時は移り状況は大きく変化した。彼は席を立ち、かつては単なる財務数字の寄せ集めとしてしか知らなかった企業を訪れるべく、あちこちに出張し始めたのである。同時に、外見も一変した。目びさしを投げ捨てると、ブルーのボタンダウン・シャツに、グレーのフランネルのスーツを身にまとい、颯爽と人々の前に姿を現した。今や、かつての記録係は証券アナリストとして知られるようになったのである。

さらに最近になると、証券アナリストの給料や各種手当、補助、休暇、福利厚生プログラムなどはますます増大した。野心ある女性たちをも惹きつけるようになり、女性アナリストも珍しくなくなった。そして今では、ごくごく凡庸なアナリストでも全員ファースト・クラスで出張し、口を開けばただただ金儲けの話ばかりするようになった。新人類たちの目には、ダークスーツにネクタイはダサイと映るらしく、グッチのシューズにアルマーニのスラックスが、新人類アナリストの定番になったのだ。彼らは飛び切り頭がよく知識も豊富とされているため、ファンド・マネジャーたちは彼らの投資推奨に耳を傾けるようになった。また彼らを雇う証券会社も、優秀なアナリストを次第に投資銀行業務に活用するようになってきた。そう、彼らは今日ではもはや単なる証券アナリストではない、「エクイティ・リサーチのプロ」なのだ。しかし、彼らのことを、「投資銀行業務を獲得するために魂を売った、ウォール街の売春婦たちなのさ」と、そっと陰口をたたく人々がいることも事実だ。

1　ウォール街 vs. 学者

これらのアナリストたちがどのような肩書き、あるいは蔑称で呼ばれるにせよ、そのほとんどが「ファンダメンタル学派」の信奉者であることに変わりはない。したがって、テクニカル分析の有効性に対して疑問が投げかけられたところで、これらの投資のプロにとって別に驚くほどのことではない。ファンダメンタリストこそ、ウォール街のプロ中のプロなのだ。しかし、問題は「ファンダメンタル分析は本当に役に立つのか」ということだ。

ファンダメンタル分析の有効性に関しては、二つの対立する見方が存在してきた。ウォール街の多くが支持する見方は、ファンダメンタル分析は、時を経るにつれますます強力かつ精巧になってきているというものである。そして、個人投資家が、プロのファンド・マネジャーとファンダメンタル・アナリストの連合軍に勝つチャンスは、ほとんどないというのだ。

一方、多くの学者や研究者はそうしたウォール街の驕慢さをせせら笑う。学者の中には、目隠しした猿にウォールストリート・ジャーナルの相場欄めがけてダーツを投げさせて銘柄を選んでも、プロのファンド・マネジャーと同じくらいの成果が得られる、とまで言う者もいる。ファンド・マネジャーと彼らの信頼するファンダメンタル・アナリストの銘柄選択能力は、投資のアマチュアと大して変わらないというのが、学者側の意見である。

この章では、ウォール街を根幹から揺るがしつつ、学者と市場のプロとの間で繰り広げられている大戦争について詳しく述べてみよう。また、いわゆる「効率的市場仮説」が何を意味するのかを詳しくお話しする。そして、それがなぜ読者の財布の中身にかかわりがあるのかを説明したいと思う。

2　頼りない利益予想能力

将来の利益を予想することは、証券アナリストのレーゾン・デートル（存在理由）とも言える。インスティテューショナル・インベスター誌によれば、「このゲームで最も重要な要因を一つあげるなら、それは昔も今も利益予想だ」とされている。

将来の方向を予想するために、アナリストは通常、過去の軌跡をたどることから始める。あるアナリストの言葉を借りれば、「過去に実現した利益成長は、将来の利益成長を占う上で、最も信頼できる指標だ」というわけである。なるほど、これまでの繁栄が経営者の手腕によるものならば、今後もそれが発揮されると考えるのは不自然ではないだろう。だとすれば、これまでと同じ経営陣が舵取りを続ける限り、将来も過去と同様の利益成長が続くだろうという理屈もわからないではない。

これはテクニカル・アナリストの主張と驚くほど似ているではないか。しかし、アナリストたちは、チャートと異なり、証券分析は企業の過去のしっかりした経営実績に裏づけされたものだと自負しているのだ。

しかし、このような答えは学者の世界では落第である。過去の実績を分析したところで、それが将来の成長を予想するのに役に立つ保証はないのだ。たとえ、あなたが世の中のすべての会社について、二〇〇〇年から二〇一〇年までの期間に実現された成長率を知っていたとしても、二〇一〇年から二〇二〇年の期間に達成された成長を当てることはできなかったのだ。

この驚くべき事実は、まずイギリスの研究者によって報告された。研究対象となったのはイギリスの企業であり、論文は「規則性のない利益成長」という魅力的なタイトルがつけられていた。この論文を聞き知ったプリンストンとハーバード大学の学者たちが、イギリスでの研究と全く同じことをアメリカ企業についても行ったところ、驚いたことに結果は全く同じであった。

ここまで話を進めてくると、皆さんの脳裏には、ある企業の名前が浮かぶに違いない。ＩＢＭである。しかし、一九八〇年代の半ば以降、全能なるＩＢＭでさえ、その着実な歩みを続けることはできなかったのである。この他にも、継続的に高い成長を遂げてきた企業が突然、その成長力を失ってしまった例は少なくない。ポラロイドやコダック、ノーテルやゼロックスなどがその代表例である。例外的なケースを中心に考えるのではなく、一般的なルールのほうを重視すべきなのだ。

ウォール街の専門家の多くは、企業の過去の経営実績と将来の成長の間には、信頼に足るような因果関係は全く見られないという事実を受け入れようとしない。しかし実際には、一九九〇年代の長期繁栄の時期ですら、毎年安定的に成長率を維持した大企業は八社に一社の割合でしか存在しなかったのだ。

そして、その中で二〇〇〇年代に入ってからも高成長を維持した企業となると、一社もなかったのだ。証券アナリストが、長期間一貫して高成長を続ける企業を予見することはできない。なぜなら、そんな企業は存在しないからだ。

それでも真面目なアナリストは、「われわれがやっているのは、単なる過去の調査・分析にとどまらない」と反論するに違いない。実際、アナリストの中には、過去の実績は必ずしも将来の完全な測度ではないことを認める者もいるが、有能なアナリストは高い予想能力を持っていると主張する。

残念ながら、証券アナリストが産業分析や工場見学に基づいて注意深く行った予想も、単純に過去を延長した結果とほとんど変わらなかったのである。ところが、すでに見てきた通り、過去の延長は何の役にも立たない。実のところ、かなり簡単な手法を用いても、証券アナリストによる予想値より実際の成長率に近い答えを求めることもできた。こうした事実はいくつもの実証研究によって確認されている。こうして見ると、アナリストによる業績予想というのは、どうも占星術よりお粗末なもののようだ。

これらの議論の中には致命的なほど深刻なメッセージが含まれている。すなわち、証券アナリストは、業績予想という基本的機能でさえ満足に果たすことができていないということである。このような予想を盲目的に信じて銘柄選択を行うような投資家は、思いがけない失望に見舞われることになりかねない。

3　なぜ水晶玉は曇ってしまったのか

さて、当然のことながら、高度な訓練を受けた集団や、高い給料を得ているプロの技能が一般の人と大して変わらないと言われても、にわかには信じがたいかもしれない。とはいえ、不幸なことに、これは別に珍しいことではない。同様のことがほとんどあらゆる分野のプロについて言えることなのだ。

例えば、医薬の分野で起こった古典的事例を紹介しよう。扁桃腺除去手術が流行した頃、全米児童健康協会がニューヨーク市の公立学校に通う一一歳の児童一〇〇〇人を対象に調査を行ったところ、そのうち六一一人はすでに扁桃腺を除去していた。そこで、残りの三八九人について内科医たちによる診察を受けさせたところ、一七四人が扁桃腺炎と診断され、残りの児童は全く正常ということだった。次に残った二一五人についてさらに他の医師たちに診察させたところ、このうち九九人が扁桃腺炎と診断された。そして、一一六人の「健康」な児童が三度目の診察を受けたところ、またもやほぼ同じ比率の児童が扁桃腺を除去するようにと告げられたのであった。三度にわたる検診の後で、扁桃腺炎と診断されずに残った児童の数は六五人にすぎなかった。四度目の検診は行われなかった。理由は単純で、実験を引き受けてくれる内科医の供給が尽きたからだ。

同じような研究結果は他にも数多く寄せられている。例えば、レントゲン技師の場合、彼らが見過ごす結核患者の数は全患者の三〇%にのぼるという報告もなされている。レントゲン・フィルムの上には病巣がはっきりと現れているにもかかわらず、見落としてしまうのである。また、精神病院の専門スタッフを対象にした実験の結果は、正常者とそうでない者を区別することがいかに困難であるかを示していた。重要な点は、どんな分野であれ、専門家の言葉を鵜呑みにしてはならないということだ。世間に出回っているプロの判断というものが、かくも当てにならないものである以上、証券アナリストがその例外ではないとしても別に驚くほどのことではないだろう。

では、一体何が原因となって証券アナリストが予想を誤るのだろうか。私は次の五つをあげたい。(1)ランダムに発生する事件の影響、(2)企業による「クリエイティブ」な会計手法を通じたいかがわしい利益の捻出、(3)多くのアナリストに見られるお粗末なエラー、(4)セールス活動への協力と運用部門への人材流出、そして(5)大手証券会社における証券アナリスト業務と投資銀行業務との間の利益相反の存在——である。それぞれの要因について、さらに詳しく見てみよう。

ランダムに発生する事件の影響

企業の業績予想に対して大きな影響をもたらす出来事の大半は、本質的にランダムな事象であり、したがって予想不可能である。

私が以前に言及した電力業界を例に見てみよう。おそらく電力会社の業績は非常に安定しており、アナリストの予想が信頼のおける代表的産業と思われているのではなかろうか。しかし、この業界においてもいくつもの予測できない重要な変化が起こり、業績を予測するのが非常に難しくなったのだ。一九九〇年代を通して、各州の公益事業規制当局が意外にも業界に不利な料金政策を打ち出したため、需要の急増にもかかわらず利益が伴わなくなったのである。

業績予想の仕事は、他の多くの業種については一層困難であった。第4章で見た通り、二〇〇〇年初めに出されたハイテクおよびテレコム関連企業の様々な成長予想は、はなはだしく的外れなものであった。政府の予算や契約方針、あるいは法律や規制の変更によって、業界や企業の業績は大きく左右される。また、経営の中核を担う人物の死や重要な新製品の開発、欠陥製品の発生、深刻な石油流出事故、工場爆発、テロリストによる攻撃、新規参入や価格戦争の勃発、洪水や台風被害の発生、等々によっても、大きな影響を受けるのだ。企業収益に大きな影響を及ぼす予想不可能な出来事は枚挙に暇がないと言えよう。また、バイオ産業分野の予想も難しい。画期的な新薬候補の多くは、臨床のフェイズⅢの段階で脱落してしまうからだ。生存率の目立った改善が見込めなかったり、思わぬ副作用が見つかったりするためだ。例えばセルジョン・コープというバイオ企業は期待された肝臓ガン薬が認可されなかったと発表したとたんに、同社の株価は九〇％も暴落したのだ。

企業による「クリエイティブ」な会計手法を通じたいかがわしい利益の捻出

企業の損益計算書はビキニの水着にたとえられるかもしれない。それが露わにしているものも興味深いが、隠しているものこそが真に重要なのである。

その最たる例が、私がこれまでに見たこともない腐敗企業エンロンである。その腐敗ぶりは「類稀な」などでは表現できない域に達していた。同社は一九九〇年代末には株価を吊り上げるために、架空の売り上げと利益を加速的に作り上げる不正会計のワザを高度化していった。

人気ミュージカルの『ザ・プロデューサーズ』の劇中で、登場するレオ・ブルームはヒット作よりも失敗作のほうで儲けることにした。彼に言わせれば、「すべては創造的会計の問題だ」というのだ。これを聞いたブルームの顧客のマックス・ビアリーストックは、このやり方のうま味を直ちに悟ったのだ。そして自らも「ヒットラーの春」というタイトルのブロードウェー・ミュージカルを製作するための資金を、お金持ちの婦人たちから言葉巧みに引き出すことにしたのだ。彼はこのミュージカルが完全な失敗に終わることを期待しつつ、誰も詳しい会計報告など要求しないことを見越して、すべての資金を私的に流用した。

実のところ、投資家や証券アナリストを騙すために架空の利益を作り出すというやり口では、大企業の経営者の使った方法はこのミュージカルより数段手が込んでいた。事実は小説より奇なりである。第3章で紹介したZZZZベストの例では、バリー・ミンコウは一九八〇年代に、インチキなクレジットカード子会社との架空契約のモザイクの上に、カーペット・クリーニング事業帝国を築いた。しかし、一九九〇年代から二〇〇〇年代初めにかけて、企業の会計数値の操作はさらに一般化したように思われる。経営破綻に瀕したハイテク・ドット・コム企業にとどまらず、老舗のブルーチップ企業の多くも、公表利益を水増しするためにいかがわしい会計操作に手を染め、投資家を惑わせたのだ。

以下は、企業がアナリストや投資家一般を欺くために、いかに会計原則を拡大解釈して経営実態をごまかしたかを示す代表例である。

●二〇〇一年九月、エンロンとテレコム大手のクエストは、売り上げと利益数値を水増ししなければならない状況にあった。そこで両社は、業績が順調に拡大しているかのように見せかける、素晴らしい方法を思いついた。両社が抱える余剰光ファイバー網を、五億ドルという不当に高い金額でスワップする契約を結び、売り上げに計上することにしたのだ。こうして生み出された架空の利益によって、悪化しつつある業績をごまかそうとした。業界全体が光ファイバー網の大幅な供給過剰に陥っていたため、このスワップを五億ドルで評価する根拠は乏しかったと言えよう。

●モトローラ、ルーセント、ノーテルの三社は、いずれも顧客に巨額の融資を行って売り上げを計上し、利益を水増しした。

●ゼロックスはカナダ、ヨーロッパ、ラテンアメリカの子会社が数年間にわたる長期リース契約で販売したコピー機の収入を、一括して売り上げに計上することを認めた。

●年金会計操作もある。多くの企業は、一九九〇年代末にかけての株価高騰を利用して、年金プランは積立超過になっていると計算した。したがって、これらの企業は年金費用を計上せず、その分だけ利益が膨らむことになった。しばしばそれに伴う増益効果は、財務諸表の脚注にこっそりと注記されるだけだった。しかし、二〇〇〇年代初めに相場が大きく崩れると、これらの企業の多くは年金が大幅な積立不足に陥っていることに気がついたというわけだ。投資家が持続的な高収益と思わされていたものが、実は年金会計操作によって水増しされた、一時的な増益の結果にすぎなかったのである。

こうした会計操作以上に、アナリストの利益予想で大きな問題となったのは、多くの企業が会計原則に基づいて計算された実績値としての利益ではなく、いわゆる「プロフォーマ（予定）」利益のほうを強調して発表し始めたことである。そしてこのプロフォーマの計算に際して、企業は経常的に発生しないある種の費用を無視してしまうのだ。事実、この計算には何のルールもガイドラインもない。プロフォーマは「すべての悪材料控除前」利益とも呼ばれ、企業は「特別な」、あるいは「異常な」、あるいは「毎期繰り返し発生しない」、あらゆる費用を除外する自由を認められている。本来計上すべき費用のどれかを除くことによって、実態を大きく上回る利益を計上することも可能なのだ。こうなると、証券アナリストが企業の利益を正確に予想することがいかに困難かが納得できるではないか。

多くのアナリストに見られるお粗末なエラー

遠慮なく言わせてもらえば、証券アナリストの多くは、特に明敏でも、批判力があるわけでもなく、しばしば間違いをやらかすのだ。私は、ウォール街でトレーニーとして働いていた頃の経験からこのことを学んだ。そのうちのいくつかを披露しよう。ある時、私はプロの手法を勉強するために、ルーイーという非鉄金属担当のアナリストが行った分析を自分でもやってみることにした。ルーイーによれば、ある銅精錬会社の一株当たり利益は、銅価格が一〇セント上昇するごとに一ドル増加するということだった。彼は銅価格が五セント上昇すると予想していたので、それを根拠にこの銘柄を「めったにない魅力的な買い候補」として推奨していた。

計算をし直しているうちに、私はルーイーが小数点を一桁間違えていることを発見した。銅価格一〇セントの上昇でもたらされる増益効果は、一ドルではなく一〇セントだったのである。私はルーイーがすぐさま訂正するとばかり思って、このことを彼に報告した。しかし、彼は単に肩をすくめて次のように言っただけだった。

「わかったよ。しかし、レポートはそのままにしておいたほうが、より説得力のある推奨になるんじゃないかね」。彼が分析に際して細かいことにはこだわらない性格であることは明らかだった。ルーイーが細部に無頓着だということは、担当している業界の詳しい実態を理解していないということだ。しかし、これは何もルーイーに限ったことではないのだ。二〇〇〇年の初め、バロンズ誌に注目すべき記事が載った。プラスチック整形手術の大家であるロイド・クリーガ博士が、バイオテク業界を担当している何人かのアナリストの調査レポートについてチェックした結果をコメントしていたのだ。博士は特に、彼の専門分野である深い傷や火傷の治療に用いられる、人工皮膚を作っている企業を中心にチェックした。その結果、これらの銘柄を担当しているアナリストの分析は全くデタラメなことがわかった。まず博士は、アナリストが予想している競合各社の市場シェアを足してみたところ、大手五社分だけで一〇〇%を大きく上回っていたのだ。第二に、アナリストが予想しているこの製品の将来の市場規模は、簡単に入手できる実際の火傷患者の数とはあまりにかけ離れたものであった。そして第三に、主要な企業に関する調査レポートを読んだ限り、業界のことを全く理解していないとしか思えなかった、と言うのだ。この記事を読んで私は、往年の野球の名選手を経て監督になったケーシー・ステンゲルが、「うちの連中は誰も野球を知らないのか」と言ったことを思い出したものだ。

しかし、アナリストによく見られるのは、どちらかというとルーイーに近いタイプだろう。概して彼らは非常に怠慢で、自分たち独自の利益予想を作ろうともしない。彼らは、他のアナリストの予想を借用したり、企業の経営者が配布する数値を咀嚼することさえせず鵜呑みにする。したがって、彼らにとって何かまずいことが起こった場合、誰を責めればよいかは言うまでもない。もし、他のアナリストが皆、自分と同じように間違っていれば、事はさらに簡単である。赤信号も皆で渡れば怖くない！　ケインズはこう述べている。「古今東西の英知が教えるところによれば、大勢に従って行動して失敗するほうが、革新的に行動して成功するよりも往々にして高い評価を得られるものだ」

最近もアナリストのお粗末な予想例は枚挙に暇がない。「フェニックス大学」を経営するアポロ・グループは、二〇一二年にウォール街で人気を博した銘柄の一つだ。金儲け目的の教育事業のリーダー格だった同社にアナリストたちは同社の事業の大きな将来性をはやし立て、株価は大幅に上昇するだろうと予想した。その背後にあった奨学ローンの深刻な返済滞り状況、高い留年率、強引な入学勧誘活動といったマイナスの側面は一切無視された。しかし連邦議会がこの問題を本格的に調査したレポートを配ったのをきっかけに入学者数が急減し、同社の株価は八〇％も暴落したのだ。

二〇一六年になって、アナリストたちはこぞってGE株の格付けを「強い買い推奨」に格上げした。GEが金融ビジネスの大半を手放したことを評価したものだ。あるアナリストは、「高い負債レバレッジのせいで金融危機下で大打撃を受けた金融部門の問題が、ほとんど取り除かれた」と述べ、「今後は利益成長が続く可能性が強い」と評した。今やGEの事業ポートフォリオはすっきりと整理されてスリムな体質に変わり、キャッシュがほとばしり出てくるはずだ、と言うのだ。アナリストたちは、生まれ変わったGEは、事業の九〇％以上がハイテク・ビジネスにフォーカスされていると称賛した。

二〇一七年初頭のマクロ経済環境は、この強気の見方をサポートするものだった。経済成長率は高まるという見方が支配的で、GEは世界最大のデジタル企業として、再び力強く前進し始めると見られた。株価はピークから四〇％も低い三〇ドル台に低迷しており、そのおかげで配当利回りは三％台に高まっていた。アナリストたちは、「保守的な投資家にとってはこの上なく魅力的な状況だ」と、はやしたてた。

残念ながらそうはならなかった。結局GEは、どの事業をとっても特別優れた強みのない、ただの「何でも屋」企業になっていたのだ。利益は増えるどころか減り続け、その責任を問われてCEOが交替した。そして安定とみられていた配当も、半分にカットされた。加えて、過去の収益実績が過大に計上されていたことが判明し、下方修正を余儀なくされた。これを受けて二〇一八年六月に、GEはついにダウ平均の構成銘柄から除外されてしまった。そして株価はと言うと、たったの一三ドルまで下落したのだった。アナリストの予想能力というのは、所詮この程度なのだ。

私は、ウォール街のアナリストのほとんどは、経営者の言うことを鵜呑みにしてオウム返しに言っているだけだなどと言うつもりはない。

しかし、平均的なアナリストがやっていることは、ほとんどそれに近いと断言してもいい。高給取りで、非常にハードな仕事に従事し、どちらかと言えば凡庸な手法でそれをこなしている、平均的には非常に高い知性を備えた人間というのが、私の描く典型的なアナリスト像と言えるだろう。彼らはしばしば間違いを犯し、時として杜撰であり、おそらくは尊大であり、往々にして他の人々と同じようにプレッシャーに弱い人種だ。早い話が、アナリストもまた生身の人間だということである。

セールス活動への協力と運用部門への人材流出

この四番目の論点は矛盾をはらんでいる。というのは、最高給の証券アナリストの多くは、証券を分析することによって給料を得ているわけではないからなのだ。彼らの実体は、大きな影響力を持つ機関投資家向けセールスマンだったり、アナリストを卒業してファンド・マネジャーになっていくケースも珍しくない。

リサーチ能力に自信を持つ証券会社は、セールスマンが金融機関を訪れる際に証券アナリストを介添えにつけ、権威の香りを身にまとわせるのだ。機関投資家にしてみれば、新しい投資アイデアを直接本人の口から聞きたいものだ。それゆえセールスマンは通常後ろに控えて、ほとんどアナリストの独演会となる。したがって、話のできるアナリストの多くは、もっぱら顧客である機関投資家と過ごすことになり、財務諸表を分析したり担当企業の財務担当者と過ごす時間が持てなくなってくるのである。

今世紀に入ると、多くの有能なアナリストたちが、さらに高い報酬が約束されるポートフォリオ・マネジメントやヘッジ・ファンドに引き抜かれていった。スタッフ部門として、単に投資助言を提供するだけのアナリストに対して、ポートフォリオ・マネジャーはまさに収益部門の柱である。アナリスト業務よりも遥かに刺激に満ち、プレステージも高く、もちろん報酬も高いのだ。優秀なアナリストほど運用の世界への流出率が高いのも無理からぬ話だ。

リサーチと投資銀行業務の間の利益相反

アナリストに課せられた業務上の目標は、雇い主である証券会社のために、できるだけ多くの手数料収入を上げることにある。そして多くの証券会社にとって、ドル箱は投資銀行部門なのだ。もっとも、ウォール街が昔からそうであったわけではない。一九七〇年代に株式売買手数料が自由化され、大口売買の手数料が大幅に引き下げられ始める以前は、個人向けブローカレッジ業務（株式売買の仲介業務）こそが最大の収益源であり、アナリストはまさに個人および機関投資家のために仕事をしていたのだ。しかし手数料自由化に伴って、ブローカレッジ業務の収益は急速にしぼんだ。代わって、新規公開会社やすでに公開している会社の資金調達のための証券発行引受業務（時には一件当たり手数料が数億ドルにもなる）をはじめ、資金調達手段、事業ならびに財務リストラ、M&Aなどに関するアドバイス業務が最大の収益源となった。そのためアナリストには、証券会社のために投資銀行業務を新規開拓し、発展させることが求められるようになってきた。そして、アナリストの給料やボーナスのある部分が投資銀行部門への貢献度によって決まるようになり、それが利益相反問題を引き起こすことになった。こうして今では、アナリストは投資銀行業務獲得のための道具にすぎなくなったという批判が高まってきた。

アナリストと投資銀行業務との強い絆を示唆するのは、最近までアナリストによる「売り推奨」がほとんど見られなかったことだ。顧客企業の機嫌を損ねると情報が得られなくなるのではないかという心配から、常に「買い推奨」に比べて「売り推奨」の件数は少なかった。しかし、証券会社の収益に占める投資銀行業務の比重が高まるにつれて、アナリストの仕事はますます適正な株価評価から遠ざかり、強気の評価につながる投資情報サービスの提供に傾いていった。この問題に関連して有名になった出来事がある。大統領になったドナルド・トランプがかつてカジノ事業の資金を調達するため、「タジ・マハール」債を発行しようとした時のことだ。「金利が支払われる可能性が低い」として、そのアナリストは債券の引き受けに反対するコメントを出した。激怒したトランプが、「訴えてやる」と証券会社に脅しをかけたため、この勇気あるアナリストは即刻クビになってしまったのだ（果たせるかな、その後タジ・マハール債は債務不履行に陥った）。

こうした例は枚挙に暇がない。BNPパリバのアナリストは、エンロンを売り推奨したところ解雇されたと主張している。こうした話を聞くにつけ、ほとんどのアナリストが、現在あるいは将来の投資銀行業務の顧客の機嫌を損ねるようなマイナスのコメントを一切放棄してしまったのも頷けよう。この結果、インターネット・バブルのさ中には「買い推奨」と「売り推奨」の比率は一〇〇対一にまで広がってしまった。

おそらく、アナリストが「買い」という時、本当は「ホールド」と言っているに違いない。そして彼らが「ホールド」という時には、「この屑みたいな銘柄を今すぐ叩き売ってしまえ」と言いたいところを婉曲に表現していると考えるべきなのだ。しかし大半の投資家は、レトリックの訓練など受けているはずもなく、インターネット・バブルの最中にはアナリストの言うことを真に受けてしまったのだ。

アナリストの投資推奨が収益源の投資銀行業務に毒されていることを示す証拠は、いろいろあがっている。何人もの研究者がアナリストの推奨銘柄の投資パフォーマンスを検証している。例えばカリフォルニア大学のブラッド・バーバーは、彼らの「強い買い推奨」銘柄のパフォーマンスを調べたところ、全く〝悲惨な〟結果に終わったことを報告している。実に「強い買い推奨」銘柄は市場平均を月次で三％も下回ったかと思うと、「強い売り推奨」銘柄はなんと三・八％も上回っていたのだ。もっとひどい証拠もある。ダートマス大学とコーネル大学の学者の研究によれば、投資銀行部門を持たない証券会社のアナリストの投資推奨は、投資銀行部門を持つところよりも明らかに優れた結果をもたらしているというのだ。また、インベスターズ・コムが行った調査によると、アナリストを雇っている証券会社が新規公開の主幹事、もしくは副幹事を務めたケースで「買い推奨」に従った投資家は、平均して元本の五〇％以上を失ったことがわかった。結局、最近のリサーチ・アナリストたちは、投資銀行業務で引き受けた株式を強引に売り込むことに対して給料をもらっている。そして彼らは臆面もなく発行企業にゴマをすってきたのだ。

この問題に関して状況は少し改善している。依然として「買い」推奨が中心になってはいるが、ストレートに「売り」推奨を出すケースも増えてきたのだ。しかし、インターネット・バブルが生んだ数々の企業不祥事を受けて成立したサーベンス・オクスレー法によって、企業の財務担当者が直接アナリストだけに情報を提供することが制限されるようになったため、アナリストの比較優位性が大きく損なわれることになった。SECはいわゆる「公正開示」ルールを制定し、株価に影響するいかなる情報も投資家全体に対して速やかに開示することを義務づけたのである。こうした要請によって株価形成の効率性はさらに高まると考えられるが、不満を募らせた多くのアナリストは、「これではまるで『情報不開示』ルールみたいだ」と皮肉っている。つまり、アナリストにとって有利な情報は基本的になくなってしまったのだ。となると、今後アナリストの投資推奨の質が高まることはあまり期待できないのではなかろうか。

サーベンス・オクスレー法が成立した後でも、アナリストの利益相反と独立性問題はなくならなかった。一例が、二〇一〇年に起こったBP（ブリティッシュ・ペトレリアム）の海底油田の爆発と油漏れ事故だ。これを受けて、同社の株価は六〇ドルから五〇ドルへと、一〇ポイントも下げた。しかしアナリストたちは異口同音に、「この下げは市場の過剰反応もいいところで、躊躇なく買うべきだ」とはやし立てた。あるアナリストに言わせると、仮に誰かが損害を訴えることができたとしても、それによる損失はせいぜい四億五〇〇〇万ドル程度で、一〇ドル下げはあまりに大げさすぎる、と言うのだ。

BPをフォローする三四人のアナリストのうち二七人は、「買い」推奨を出した。そして残りの七人も、株価レーティングは「持続」だった。「売り」推奨はなんとゼロだった。そしてハイパー（多動で機関銃のようにまくし立てる人）で知られるテレビ投資指南者のジム・クレイマーは、彼がホストを務めるテレビ番組で自分が運用する慈善目的のファンドでBPを購入していると公表した。しかし実際は、同社の株価は二〇ドル台まで暴落し、時価総額は一〇〇〇億ドル近くも消滅してしまった（二〇一八年一月、BPは海洋汚染問題のコストは六五〇億ドルにふくらみ、今後さらに増大するだろうと推定している）。

この類の問題が数え切れないほど起こっていることを考えると、アナリストの利益相反問題は依然として深刻だと言わざるを得ない。BPはウォール街の投資銀行を通して様々な資金調達を行っており、巨額の引受手数料を落としている。したがってアナリストたちは今でも、ネガティブな株価コメントを出そうものなら、将来重要な投資銀行ビジネスを失うかもしれないという懸念を抱えているのだ。

最後に、運用資金をキャッシュや債券から株式に移すかどうかの決め手となる景気や金融見通しに関して、プロのファンド・マネジャーたちの予測、判断能力の低さは驚くべきものだ。その結果、株式投資信託の現金比率は往々にして相場のボトム期に高く、ピーク期には低くなっているのだ。

4　投資信託の意外な成績

市場平均を下回る

これを書いていると、どこからか次のようなコーラスが聞こえてくる。「アナリストを試したいのなら、推奨銘柄の投資パフォーマンスを調べてごらんなさい」と。非鉄金属担当の「スロッピー・ルーイー」は確かに小数点の位置を間違えて、でたらめな業績予想しかしなかったかもしれない。しかし、もし彼の推奨した銘柄のおかげで顧客が儲かったなら、杜撰な分析も許されるのではなかろうか。「パフォーマンスを調べなさい」「利益予想ではなく」と、コーラスは繰り返す。

幸いにも、一つのプロ集団、すなわち投資信託のパフォーマンスは公にされている。私の議論にとって好都合なことに、証券アナリストやファンド・マネジャーの中でも最も優秀な人々が投資信託の運用にかかわっているのだ。ある投信マネジャーはつい最近、「一般投資家の能力が今日のやり手の投信マネジャー並みに達するには、まだ何年もの月日がかかるだろう」と語っている。

このような主張は学問の世界に住む高潔な心の持ち主たちの好奇心をくすぐらずにはおかない。十分なデータと時間、そして学問の優位を証明しようという熱意を持った多くの学者たちが、投資信託のパフォーマンスに的を絞るのは自然の成り行きだ。

ここでもまた、この問題に関して行われたいくつかの研究から得られた結果は驚くほど一致していた。平均的な投資信託のパフォーマンスは、広く分散投資されたインデックス・ファンドにバイ・アンド・ホールド戦略で投資した場合のパフォーマンスを上回ることができなかったのである。

言い換えれば、長い期間で見ると、プロが運用する投資信託も、ランダムに銘柄を選んで作ったポートフォリオも、パフォーマンスは変わらなかったということだ。特定の短期間をとれば、素晴らしいパフォーマンスを達成するファンドもあった。しかし、一般的に優位なパフォーマンスは長続きしなかったし、どのファンドが将来どのようなパフォーマンスを上げるのか、全く予想がつかないのだ。

表1は二〇二一年末までの二〇年間の、典型的な大型株投信の運用成績を示している。市場平均を示すベンチマークとしては、S&P五〇〇平均をとっている。これと同様な結果が過去の異なる時点についても、また投信だけでなく年金運用を専門にするファンド・マネジャーの成績についても確認されているのだ。単純に広く分散されたポートフォリオを買って、ずっと持っているという投資戦略を上回る成績を上げることは、実はプロにとっては至難の業なのである。

表1　**投資信託と市場平均の比較**

	2021年12月末までの20年の平均（年率，％）
(1)　S＆P500平均	9.68
(2)　株式投資信託平均	8.70
(1)－(2)	0.98

（出所）SPIVA U.S.

こうしたいくつもの本格的な研究に加えて、いろいろなより簡便なテストの結果も、この結論を支持している。例えば、一九九〇年代の初めには、ウォールストリート・ジャーナルがダーツ投げコンテストを開始した。毎月四人の専門のアナリストが選ばれて、銘柄選択能力をダーツと競うのである。同紙は親切にも、名誉ある第一回のコンテストのダーツ投げの役を私に務めさせてくれた。今世紀の初めの時点では、専門家チームが少々ダーツをリードしていた。しかし、もし比較の基準時点を、彼らの選んだ銘柄が同紙の記事になったコンテストの当日ではなく翌日にとった場合には、実はダーツのほうが少々リードしていたのである。

これは何も、頭脳よりも手首のほうが賢いということを意味しているわけではあるまい。しかし、「怠惰であっても幸運と組み合わされれば、最高の頭脳にも勝るようだ」というフォーブス誌の編集者のコメントには、重要な意味が含まれているように思う。

永遠に勝ち続けるわけにはいかない

なぜこのようなことが起こるのだろうか。毎年出版される投資信託のパフォーマンス・ランキングを見れば、市場を上回る実績を上げたファンドが数多く存在していることがわかるだろう。そして、そのうちのいくつかは市場平均を顕著に上回っている。

ここでの問題はその継続性である。まさに、過去の利益成長をもとに将来の利益を予想することができないのと同じで、ファンドの過去におけるパフォーマンスをもとに将来の結果は予測できないのである。ファンドの運用といえども、ランダムな事象の支配下にあることを忘れてはならない。ファンド・マネジャーが太って怠惰になってしまったり、体がまいってしまうことだってあるかもしれない。また、ある時期に非常にうまくいった投資手法が、次の時期には損失をもたらすことも、いとも簡単に起こりうるのだ。

そう考えると、パフォーマンス・ランキングが決定される舞台裏では、私たちの古い友人である幸運の女神が、力を振るっているに違いないと断定したくなる誘惑に駆られる。

この結論は何も目新しいものではない。実際、様々な相場の局面で、また一般投資家の人気のアップダウンを繰り返してきた過去四五年間を通して、一貫して当てはまることなのだ。昨日の花形投信は今日は負け犬ということの繰り返しなのだ。一九六〇年代後半に、若きガンマンが登場して一世を風靡した「ゴーゴー・ファンド」は、一時輝かしいパフォーマンスを上げ、ファンド・マネジャーたちはスポーツのスタープレーヤーのように騒がれたものだ。しかし、その後に続く六九年から七六年にかけての下げ相場の下では、同じファンドの値段がバナナの叩き売りのように暴落したのだ。六八年の花形ファンドのその後は、おしなべて惨憺たるものに終わった。

同じことは一九九〇年代以降についても当てはまる。優れたパフォーマンスに関して、全く一貫性が認められなかったのだ。例えば一九七〇年代に上位二〇位に入ったファンドは八〇年代については平均以下に終わり、個別にみると多くのファンドがボトムに近い成績に終わったのだ。同じことは一九八〇年代、九〇年代の花形ファンドにも当てはまる。インターネット関連銘柄を多数組み入れていた九〇年代のトップファンドの多くは、二〇〇〇年代に入ってバブルが弾けたため、惨憺たる結果に終わった。ケイシー・ウッドが運用するARKイノベーション・ファンドはいわゆる破壊的イノベーション銘柄に集中投資することで、二〇二二年に倍以上に値上がりした。しかし二〇二一年にはS&P五〇〇指数が二七%上昇する中で同ファンドは二三・五%下落した。ウッドはそれでも多くの投資家は二〇二〇年のパフォーマンスを信じて、ついて来ていると言っている。しかし、このファンドはそれ以前は全く無名で、ほとんどの投資家は二〇二一年になってからこのファンドに投資したのだ。したがって、大部分の投資家は、損失を被ったことになる。

ファンドが一年目に一〇〇％値上がりしても、翌年五〇％下落すれば元の木阿弥だという教訓を、投資家は身に染みて学んだというわけだ。もちろん、二つの時期を通して平均以上のリターンを上げているファンドもないことはないが、その数は少なく、次に述べるようなランダム性の法則で説明できる数以上のものではない。

偶然の法則の産物

この偶然の法則は、具体例で説明したほうがわかりやすいだろう。そこで、コイン投げコンテストをやってみることにしよう。このコンテストでは、続けて表を出した人を勝者とすることにする。さて、競技は一〇〇〇人の参加者がコイン投げをするところから始まる。確率論によって予想された通り、彼らのうち五〇〇人が表を出し、これらの勝者は競技の二回戦へ進むことが許され、再度コインを投げる。これまた予想されたように、二五〇人が表を出す。こうして偶然の法則の下に競技は続けられる。その結果、三回戦では一二五人が勝者となり、四回戦ではそれが六三人となり、五回戦では三二人、六回戦では一六人、七回戦では八人となるだろう。

七回戦ともなると、これらのコイン投げのプロたちは、驚くべき能力を持つ人々として世間の注目を集め出す。彼らは勝者として称賛の的になり、コイン投げの天才と称えられ、彼らの伝記が書かれることになるかもしれない。そして人々は争って彼らのアドバイスを求めるに違いない。一〇〇〇人もの競技者がいたのに、ずっと続けて表を出せたのは、結局のところ、たったの八人にすぎなかったのである。さらにゲームが続けば、やがて九回、一〇回と続けて表を出す人間さえ出てくるだろう。*

＊もし、ここで私たちが、敗者にも競技を続けさせたとしよう。投資信託のマネジャーたちが、パフォーマンスが悪かったからといって、すぐ次の年にクビになることはないのと同じことだ。そうしていれば、一〇回のうち八回ないしは九回も表を出し、コイン投げのプロと見なされる競技者を、もっと多く発見することができただろう。

このアナロジーのポイントは、ファンド・マネジャーをコイン投げで判断してもよいとか、いけないとかいうことではない。偶然の法則に従った世界においても、驚くべきサクセス・ストーリーは起こりうるということである。

平均が存在する限り、平均に打ち勝つ人々は必ず存在する。マネーゲームは非常に多くのプレーヤーが参加するゲームである。したがって、卓越したパフォーマンス記録の多くは偶然によって説明されうるだろうし、また実際に説明がつくのである。私は銘柄選択の成功に関する大げさな評判を聞くたびに、以前に聞いたある話を思い起こす。それは鶏のガンの治療法を開発したと発表した医者についての話だった。まず、彼は自信満々に、テストしたケースの三三％について驚くほどの改善が見られたことを報告した。しかし、残りがどうなったのかという質問が出ると、ややトーンを落とし、他の三分の一については病状に何の変化も見られなかったと答えたのであった。その上で、彼は少し口ごもりながら、「残りの一羽は実は逃げてしまったようです」とつけ加えたのである。皆さんはこの治療法を信用できるだろうか。

二〇〇九年にウォールストリート・ジャーナル紙が、投信の運用成績がいかに当てにならないものかを取り上げた。その記事によると、二〇〇七年までの九年間、連続してS&P五〇〇平均を上回った株式投信が一四存在したのだそうだ。ところが、二〇〇八年にも市場平均を上回ったファンドはそのうちたった一つだけだった。このように、たとえ過去の成績が申し分ないものだったとしても、特定のファ

表２　**S&P指数と積極運用ファンドのパフォーマンス比較**
（市場平均よりも低いリターンに終わったファンドの比率、%）

	1年	5年	20年
S&P500平均対大型株ファンド	85.1	67.9	94.1
S&P小型株600平均対小型株ファンド	70.5	62.5	93.6
S&Pグローバル1200平均対グローバル・ファンド	84.1	69.2	85.3
S&P IFCI平均対新興市場ファンド	64.6	74.7	93.4

（出所） S&P SPIVAレポート、2022年

ンド、あるいはファンド・マネジャーが一貫して市場平均を上回り続けることはできないのだ。

インデックス運用の優位性を示す証拠は、時が経つとともにますます増えている。スタンダード＆プアーズ社は、毎年Ｓ＆Ｐ平均に関する様々な指数と積極（アクティブ）運用されている株式投信のパフォーマンスを比較して公表している。二〇二二年の結果は表２に示す通りだ。過去二〇年間を見ると、積極運用ファンドの約九〇％はそのベンチマーク指数に負けていることがわかる。どの年の結果も似たようなものだ。本書の版を改訂するごとに新しいデータを紹介しているが、いつも結果は同じだ。市場平均のパフォーマンスは「月並み」ではない。平均的なプロのマネジャーたちよりも、常に優れているのだ。しかもこの結果は大型株のみならず、小型株でも、国内株でも、外国株でも一貫している。また、株式だけでなく債券についても同じ結果なのだ。このように、インデックス運用は本当に「賢明な」投資なのだ。

私はプロのファンドが市場平均に勝つことは不可能だと言っているのではない。ただ、それは至難の業なのだ。このことを示すために、本書の初版を書く準備を始めた一九七〇年から二〇一七年まで生きながらえたすべての株式投信の成績を調べてみた結果が、図１に示してある。

その当時（一九七〇年）、存在した株式ファンドは、三五八本だった。ちなみに現在は何千本も存在する。そのうち現在まで生きながらえたのは七八

図1　**生き長らえた株式投信の成績**

（平均年率リターンとS&P500との比較）

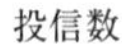

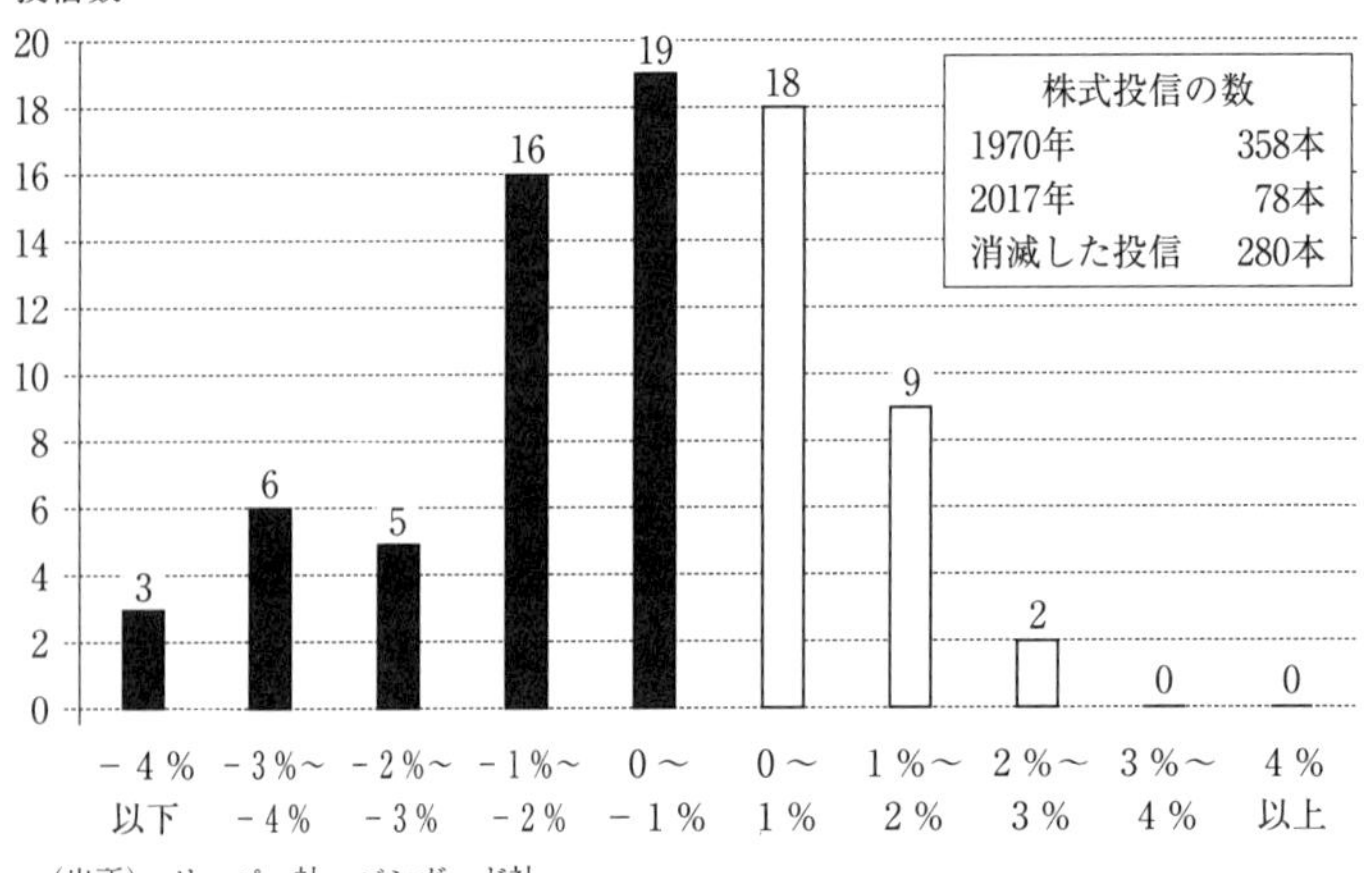

（出所）リッパー社、バンガード社

本にすぎず、残りの二八〇本は途中で消えてしまった。したがって、図1に示したファンドは、いわゆる「生存者バイアス」を持っている。これらのファンドはすべて生き残った勝ち組ファンドなのだ。投信業界の「不都合な真実」は、だめになったファンドのひどい成績は業界が発表する平均運用成績に一切反映されないことなのだ。というのも、負け組の多くは勝ち組に吸収されたり併合されたり、あるいは消滅したりして、公式記録から抹消されてしまうからだ。したがって、表に出るのはすべて、比較的優等生だったファンドだけなのだ。こうしたバイアスがあることを前提にして見ても、これら優等生の成績がいかにお粗末なものかが、一目瞭然だ。当初の三五八本のファンドの中で、過去四七年の平均リターンが市場平均を二%以上上回ったものは片手で数えられるほどしかないのだ。一%以上上回ったものに広げてみても、市場平均に打ち勝ったものは全体のわずか三%に当たる一一ファンドにすぎなかった。

結論は単純明快だ。プロが市場平均を上回り続けることは至難だ、ということだ。まさにわらの山から一本の針を探し出すようなものだ。それより遥かに賢明な選択は、わらの山そのものをそっくり買うことだ。つまりインデックス運用だ。嬉しいことに、ますます多くの投資家がそれを実践するようになっている。今では、個人および機関投資家の投資資金の半分以上がインデックスファンドないしインデックスETFで運用されている。そしてその比率は年々高まってきている。

ここまでの議論は投資信託に焦点を絞ってきたが、それは投資信託が、様々な投資運用機関の中で最も成績が悪いからだとは思わないでいただきたい。事実、投資信託のパフォーマンスは、他の多くのプロの投資家に比べ幾分か勝っているのである。実際、生保や損保、年金基金から各種財団、州地方公務員共済基金、信託銀行、投資顧問に至る他の運用機関のパフォーマンスもすべて研究対象とされてきたのである。

こと株式投資に関しては、どのタイプの運用機関のパフォーマンスも大して違いはないことがわかっている。もちろん、投資信託の場合と同じく例外は存在する。しかし、ここでもまた、それらはごく稀な存在なのだ。プロの運用を全体として見た時、それがランダムに選ばれた銘柄からなる、幅広く分散投資された市場ポートフォリオよりも高いパフォーマンスを上げてきたことを示す科学的証拠は、いまだに発見されてはいないのである。

5　セミストロング型かストロング型か

実のところ、学者の世界ではすでに判決は下されていた。投資家に平均以上のリターンを提供しうるかどうかという点で、ファンダメンタル分析はテクニカル分析と大して変わらないのである。しかし、細かいことにこだわらずにはいられない学者たちは、今度はファンダメンタル情報の正確な定義について論争を始めたのである。

ある定義によれば、ファンダメンタル情報とは今現在知られているものだけを指し、また他の者によれば、その範囲は現在知られているものだけにとどまらず、もっと拡張されるべきだということだった。ここに至って、ストロング型の効率的市場理論は、「セミストロング型」と「（狭義の）ストロング型」の二つに分かれることになった。このうち「セミストロング型」の言わんとするところは、企業についての公開情報をもとに銘柄選択を行っても他人より優れたパフォーマンスは得られないということである。それは私たちがここまで見てきた通りである。

ここでの論点は以下のようなものである。市場でつけられている株価には、貸借対照表や損益計算書、あるいは配当公約などに関するあらゆる情報は、公表されている限りすべて適切に織り込まれている。したがって、プロがこれらのデータをもとに分析したところで何の役にも立たないというわけだ。一方、「ストロング型」の言わんとするところは、公表、未公表を問わず、いかなる情報を用いても、他人より優れたパフォーマンスは得られないということである。すでに公表されているニュースのみならず、今のところはまだ外部に伝わっていない情報までも、株価はすでに織り込み済みと言うのである。ストロング型の理論によれば、インサイダー情報でさえ投資家の役には立たないというわけだ。

もしストロング型の理論が、インサイダー情報を活用して利益を上げる可能性まで否定するものだとすれば、それは明らかに行き過ぎと言えよう。古い話だが例のウォータールーの戦いで、ウェリントン公の勝利を伝書鳩によって他の商人よりも早く知りえたことで、ネイサン・ロスチャイルドは巨万の富を手に入れることができた。しかし今日では、情報スーパーハイウェーに乗って情報は伝書鳩よりも遥かに速いスピードで伝わってしまう。ＳＥＣはＦＤ（公正開示）規制を制定し、株価に影響すると考えられるすべての重要情報を速やかにかつ公平に開示することを義務づけた。加えて、インサイダーが未公開情報に基づいて利益を上げることは明白な違法行為なのだ。

ノーベル賞を受賞したポール・サミュエルソンは、この状況を次のように要約している。

仮に、多数の優秀な人々が、過大評価されている銘柄を売ったり、過小評価されている株式を買ったりする機会を常に探し回っているとしよう。各人がこうした行動をとる結果、現在の株価は将来の見通しを適正に割り引いていることになるだろう。したがって、自ら積極的に銘柄選択を行わないパッシブ（消極的）な投資家でも、現在の株価で買えば、様々な情報を分析した投資家と全く変わらない結果が得られることになる。こうしたパッシブ投資家から見れば、偶然も他の複雑な銘柄選択手法も大して違いはないのである。

ここで効率的市場理論と呼ばれるものについてまとめておこう。まず、狭義（ウィーク型）の理論では、過去の株価に基づくテクニカル分析が投資家にとって何の役にも立たないものとして否定される。株価は、ある期間から次の期間にかけてランダム・ウォークに近い動きを示すのである。そして、広義（セミストロングおよびストロング型）の理論では、ファンダメンタル分析もまた無意味だということになる。企業の利益や配当の期待成長率に関する情報や、その他の情報でファンダメンタル・アナリストの分析対象となるようなものはすべて、株価に織り込まれているからだ。したがって、市場平均と同じ組み入れ内容のポートフォリオでも、プロのアナリストたちに従って運用するものと変わらないパフォーマンスを上げることができるというわけだ。

効率的市場理論とは、一部の批判者がふれ回るように、株価がファンダメンタル情報の変化におかまいなく、ただランダムにふらふらと動くものだと主張しているわけではない。実のところ、この理論の要点はまさにその逆なのだ。株価が新たな情報に対して非常にすばやく反応するがゆえに、それに基づいて継続的に利益を得られる投資家はいないということなのである。重要な新情報は定義的にランダムに発生し、予測不可能なのだ。それはいくら過去のテクニカルな、あるいはファンダメンタルな情報を研究してみても予見できない。

ファンダメンタル分析の父と言われる伝説的な人物、ベンジャミン・グレアムでさえもが、やや消極的にではあるが、ファンダメンタル分析の優位性に対して疑問を提示している。一九七六年に亡くなる少し前、彼はファイナンシャル・アナリスト・ジャーナル誌のインタビューに答えて次のように述べている。

……もはや、どんなに精巧な証券分析テクニックを用いても、他人より優れたリターンを得ることはできないのかもしれない。こうしたテクニックは、『証券分析』の本が最初に出版された四〇年前には確かに実りの多い行為だった。しかし、状況は変わってしまった。……（今日では）多大な努力を費やして分析を行ったとしても、そのために必要なコストに見合った銘柄選択の効果を上げられるかどうかは疑問だ。……私の意見は、「効率的市場」学派のほうに近いと言えるだろう。

したがって、マゼラン・ファンドの運用から引退した直後にピーター・リンチも認め、あのウォーレン・バフェットも言っていることだが、ほとんどの投資家は積極運用タイプの投資信託に投資するよりは、インデックス・ファンドを購入したほうが長期平均的にはより大きく報われるのだ。

第3部
新しい投資テクノロジー

POPE URBAN PREACHING THE FIRST CRUSADE
C. Mackay, *Extraordinary Popular Delusions and the Madness of Crowds* より

第8章 新しいジョギング・シューズ——現代ポートフォリオ理論

どのような知的影響とも無縁であるとみずから信じている実際家たちも、過去のある経済学者の奴隷であるのが普通である。権力の座にあって天声を聞くと称する狂人たちも、数年前のある三文学者から彼らの気違いじみた考えを引き出しているのである（J・M・ケインズ『雇用・利子および貨幣の一般理論』塩野谷祐一訳より）

本書全体を通じて私は、プロが使う株価理論について、ファンダメンタル価値理論と砂上の楼閣理論という二つの形に単純化して説明してきた。これまで見てきたように、多くの学者がこれらの理論を攻撃し、それらを用いても格別高いリターンが得られるわけではないと主張することによって名声を獲得してきた。

多くの大学院が若い優秀な経済学者や統計学者を輩出するにつれ、従来の理論に対する攻撃は激しくなり、ついには学界にとってさえ新しい戦略が必要になってきた。そこで学界でも新しい株価理論を打ちたてるべく大変な努力を払ってきた。この章では象牙の塔の中で開発された、新しい投資テクノロジーの世界についてご紹介しよう。このうちの一つ、現代ポートフォリオ理論、またはMPTと呼ばれる考え方は非常に基本的なもので、今ではウォール街全体に普及している。その他の理論はまだ確立されたと言えるところまではいかず、盛んに議論されている段階である。大学院生は無数の論文を生産し、指導教授たちもそれについて講義してたんまり稼いでいるところだ。

この章では現代ポートフォリオ理論とその実践について紹介したい。これらの考え方を利用すれば、より高いリターンを実現しながらリスクを低減することも可能になる。第9章では、投資家はある種のリスクをとることによってリターンを高められると主張して注目を浴びた学者たちについて触れたい。それに続く第10章と第11章では、ランダム・ウォークなどというものは存在せず、市場は合理性ではなく群集心理によって導かれると結論づける学者や実務家たちの主張に耳を傾けよう。これらの人々は、市場は決して効率的ではなく、株価は予測可能で、市場平均を上回るリターンを獲得できる投資戦略がいろいろありうると主張している。

その中には最近ウォール街で人気を博しているいくつかの「スマート・ベータ戦略」と「リスク・パリティー戦略」も含まれる。そして最後に、あらゆる方面からの批判にもかかわらず、結局のところインデックス運用こそが、最も実り多いウォール街の歩き方だということを再確認する。どんなポートフォリオを組む場合でも、一定部分はインデックス・ファンドを組み入れるべきなのだ。

1 リスクこそ株式の価値を決める

効率的市場理論は、相場はランダム・ウォークすると主張する。つまり、株式市場は新しい情報を速やかに織り込む能力に長けているため、誰も他人以上にうまく市場の先行きを予測することはできないと言うのである。多数のプロがより高いリターンを上げようとする結果、すべての新しい材料がたちどころに個別銘柄の株価に織り込まれる。したがって、魅力的な銘柄を選び当て、あるいは市場全体の先行きを予測できる確率は、よくて五分五分なのである。あなたが素晴らしいと思ったアイデアも、せいぜいサルの浅知恵、出入りの証券会社のセールスマン、あるいは私のアイデアと似たようなものでしかないというわけだ。

「ハハーン、におうぞ」と、サミュエル・バトラーはその昔書いたものだ。お金は市場で作られる。他の銘柄をアウトパフォームする銘柄も確かにある。それならば常識的に考えて、他の人間や市場をアウトパフォームする人間がいてもおかしくはない。すべてが偶然というわけではないだろう。こうした見方に同意する学者も多い。しかし、市場に打ち勝つための方程式は優れた透視力ではなく、より大きなリスクをとることだと言うのである。リスクこそ、そしてリスクのみが、どの銘柄のリターンがどの程度市場平均を上回るのかを決め、株式の価値を決めるのだ、と。

2　ではリスクとは具体的に何を意味するのか

リスクはつかみどころがなく、わかりにくい概念である。投資家のみならず経済学者にとっても、リスクの明確な一つの定義に同意するのは難しい。アメリカン・ヘリテージという辞典をひも解くと、「リスク」を損害や損失を被る可能性と定義している。利回り五％の一年物の財務省証券を買って満期まで持っていれば、確実に税引前で五％のリターンが得られる。損失を被る可能性は事実上皆無と見な

期待リターンと分散――リターンとリスクの測度

簡単な例を用いて，期待リターンと分散，およびその計算方法を示してみよう。異なった経済状況の下で株式投資の総リターン（配当利回りプラス株価の変動率）が次のように予測される場合を考える。

シナリオ	起こる確率	予想リターン
通常の経済状態	3分の1	10%
インフレなしの高成長	3分の1	30%
スタグフレーション	3分の1	−10%

もし，過去に平均して3年のうち1年が通常の経済状態，1年はインフレなしの高成長，そして残る1年がスタグフレーションだったとすれば，こうした過去の相対的な頻度を将来の各経済状態の起こる確率の推定値として用いることは理にかなっていると考えられる。そうすると，この例では期待リターンは10%になる。3年に1回は30%のリターン，もう1回は10%のリターン，残る1回は10%の損失を被るとすれば，それを平均すると年間リターンは10%ということになる。

$$\text{期待リターン} = (1/3)\times 0.30 + (1/3)\times 0.10 + (1/3)\times(-0.10) = 0.10$$

しかしながら，リターンはプラス30%とマイナス10%の範囲で大きく変動する。このリターンの散らばりの尺度が「分散」である。分散はそれぞれの起こりうるリターンとそれらの平均値（つまり10%）との差を2乗したものの平均と定義される。

$$\begin{aligned}\text{分散} &= (1/3)\times(0.30-0.10)^2 + (1/3)\times(0.10-0.10)^2 + (1/3)\times(-0.10-0.10)^2\\ &= (1/3)(0.20)^2 + (1/3)(0.00)^2 + (1/3)(-0.20)^2 = 0.0267\end{aligned}$$

分散の平方根は標準偏差と呼ばれる。この例では，0.1634（16.34%）になる。

してかまわない。しかし、利回り六%の配当を期待して地方の電力会社の普通株に一年間投資する場合には、損失を被る確率は大きくなる。減配があるかもしれないし、もっとこわいのは、一年後の株価が大幅に値下がりして多額の元本損失を被ることである。つまり、投資のリスクとは、具体的には証券（債券や株式）の期待したリターンが実現しない可能性であり、特に値下がりの可能性の大きさであると言える。

もし、投資のリスクとは期待したリターンが実現せずにがっかりする可能性の大きさであるという考えを受け入れ

図１　Ｓ＆Ｐ500指数ポートフォリオの月次リターンの分布（1970年１月〜2020年３月）

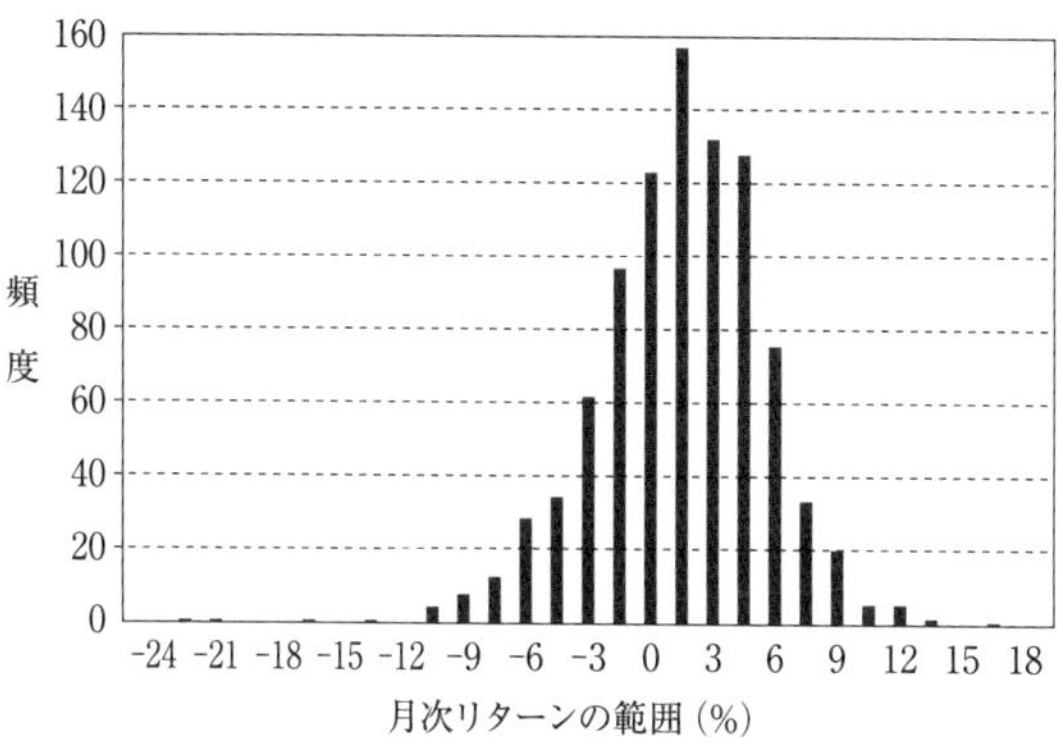

（出所）　ブルームバーグ社

れば、リスクを測る尺度も、将来のリターンの変動性または散らばり具合と定義できる。したがって、金融資産のリスクは、一般にリターンの分散または標準偏差として定義されている。少し専門的になるので、囲み欄でこれらの定義について詳しく説明してある。リターンが平均値（期待値）から大幅に乖離しそうもない証券は、リスクがほとんど、または全くないと考えられる。逆にリターンの振れが大きい（つまり、年によっては大損も覚悟しなければならない）証券の場合は、リスクが大きいと言うのだ。

　分散や標準偏差のようなリスクの尺度に誰もが満足しているというわけではない。批判的な人々は「リスクは分散とは関係ない」と主張する。「もし、平均からの乖離がうれしいサプライズ、つまり予想以上に高いリターンが得られるなら、それをリスクと呼ぶ投資家はいないだろう」と言うのである。

　確かに、この散らばりのうち下方の、失望させられる可能性だけがリスクである。しかしながら実際問題として、リターンの分布が対称型、つまり、非常に高いリターンの確率と、非常に低いあるいはマイナスのリターンの確率が大体同じなら、平均からの散らばりや分散をリスクの尺度としても何ら問題はないのだ。散らばりや分散が大きいほど、失望させられる確率も高いからである。

過去における個々の証券のリターンの散らばりは、常に左右対称というわけにはいかないものの、適度に分散投資された株式ポートフォリオのリターンはほぼ対称的に分布している。図1は、S&P五〇〇指数に投資されたポートフォリオの月次リターンを五〇年にわたり記録したものである。リターンの範囲を同じ間隔（約一・五％）ごとに分け、リターンが各間隔内にあった頻度（月数）を示している。平均してポートフォリオのリターンは月次で一％弱、年率で一一％である。しかしながら、市場が急落した月には、ポートフォリオのリターンも一カ月に二〇％以上も下落していることがわかる。

このように、かなり対称的な分布の場合には、月次リターンの三分の二が平均から一標準偏差、九五％は二標準偏差内の範囲内に収まるという原則を覚えておくとよい。この分布では平均リターンの値は月次で約一％、（ポートフォリオのリスクの尺度となる）標準偏差は約四・五％になる。つまり、全体のおよそ三分の二の月には、リターンは五・五％からマイナス三・五％の範囲内に、また、九五％の月にはリターンは一〇％からマイナス八％の範囲内に収まることになる。明らかに、標準偏差が大きいほど（リターンの散らばり具合が広いほど）、少なくともある期間大損する可能性が高くなる（リスクが大きくなる）。標準偏差などの変動性の尺度がリスクのモノサシとしてよく用いられ、また正当化されるのはこのためである。

3　ハイリスク、ハイリターンの検証

金融の分野で最も説得力ある形で検証されてきた命題は、平均してより大きなリスクをとった投資家は、より高いリターンを得てきたというものである。その中でも最も徹底した研究が、イボットソン・

図2　**主要な金融資産のリターン（1926～2020年）**

	年次リターンの幾何平均	算術平均	標準偏差	リターンの分布
大型株	10.3%	12.2%	18.7%	
小型株(注)	11.9	18.5	28.2	
長期社債	5.9	6.3	8.4	
長期国債	5.7	6.1	8.5	
中期国債	5.1	5.2	5.6	
T　B	3.3	3.3	3.1	
物価上昇率	2.9	2.9	4.0	

－90%　　0％　　90%

（注）1933年の小型株の総リターンは142.9％だった
（出所）イボットソン、ダフ＆フェルプスSBBI年報

アソシエイツによって行われてきた。彼らの研究は一九二六年から二〇二〇年までを対象にしており、その結果は図2に示されている。

イボットソン・アソシエイツは株式、債券、財務省証券といった数種類の資産クラスと消費者物価指数を取り上げて、それらの資産価値の年々の上昇率もしくは下落率を測定したのである。それから、リターンが〇％と五％の間にあった年数を一つの黒い棒によって示し、五％と一〇％の間にあった年数をまた別な黒い棒で示した。これをプラス、マイナスのリターン双方について行った結果が、リターンの散らばりを示す棒グラフになる。また、リターンの標準偏差も計算された。

一見したところ、長い期間をとってみると、株式は平均的に比較的高い総リ

ターンを生んでいることがわかる。株式の総リターンは、配当収入と値上がり益（キャピタルゲイン）から構成されるが、その平均は長期社債、財務省証券、あるいは消費者物価の年間上昇率で測ったインフレ率を大きく上回っている。したがって、株式の「実質」リターン、すなわちインフレの影響を除いた後のリターンはプラスになる傾向があると言える。しかしながら、棒グラフの隣に示されている標準偏差や年間リターンの散らばっている範囲を見ると、株式のリターンはまた非常に大きく変動することがわかる。株式のリターンの範囲は、五〇％以上のプラス（一九三三年）から、それとほとんど同程度のマイナス（一九三一年）にまでわたっている。明らかに、投資家が株式から得る高いリターンは、非常に高いリスクをとる代償として生まれているのである。また、小型株は一九二六年以降、全株式平均よりもさらに高いリターンを生んでいるが、これらのリターンの散らばり（標準偏差）も、全株式平均より高くなっていることに注意していただきたい。ここでも、より高いリスクを伴ってより高いリターンが生まれていることがわかる。

株式が実際にマイナスのリターンを五年以上にわたって生んだ期間がいくつかある。一九三〇年代前半は株式にとっては大変な逆境であった。また、一九七〇年代初めにも、株式のリターンはマイナスが続いた。八七年一〇月に平均株価が三分の一も下落したのは、三〇年代以降に起こった短期間の株価変動としては最も劇的なものであった。また、二一世紀の最初の一〇年間、および新型コロナの流行が始まった二〇二〇年の株式投資のリターンがひどいものであったことは、多くの人が骨身にしみて思い知った。しかし、こうした出来事にもかかわらず、長期的には株価は上昇を続けたため、投資家はより大きなリスクをとることによって、より高いリターンを得てきたのである。しかし、リターンの目標が与えられた時に、リターンを犠牲にせずにリスクを低下させる方法がある。これこそが現代ポートフォリオ理論の主要なテーマであり、それはプロの株式投資に対する考え方に革命的な変化をもたらしたのである。

4 リスクを減らす学問

現代ポートフォリオ理論は、私の妻と同様、すべての投資家はできるだけリスクを回避したがるものだという前提に立っている。すべての投資家は、同じ条件ならリターンはより高く、また結果が保証されるほうを好むというのだ。この理論はまた、リターンの目標が与えられた時に、株式をどのように組み込めばポートフォリオのリスクが最小になるかを教えてくれる。リスクを低下させたい人間にとって、分散投資が賢明な戦略であるという昔からの格言を、数学的に厳密な形で裏づけるものなのだ。

現代ポートフォリオ理論は、一九五〇年代にハリー・マーコビッツが始めたもので、彼はその業績によって九〇年のノーベル経済学賞を受賞している。彼の著書『ポートフォリオ選択論』はシカゴ大学における博士論文を発展させたものである。

マーコビッツはUCLA（カリフォルニア大学ロサンゼルス校）で教えたり、ランド・コーポレーションでコンピュータ言語を開発したり、アービトラージ・マネジメント・カンパニーというヘッジ・ファンドの社長として、実際に資産運用まで手がけてきた。マーコビッツが発見したのは、リスク（変動性）のある株式を組み合わせれば、それを構成する個別の株式のどれよりもリスクが低くなるようなポートフォリオを作ることができるかもしれない、ということであった。

現代ポートフォリオ理論で用いられる数学は難解で近づきがたいものがある。学術誌は数式で満ち溢れており、多くの学者がその取扱いに忙殺されている。その数学自体が大変な学問的業績なのだ。しかし幸いなことに、この理論の核心を理解するためには、読者を二次計画法の迷路に誘い込む必要はない。次の簡単な例によって、そのエッセンスを明確に示すことができるのである。

たった二つしか会社がない離れ小島の経済を考えてみよう。第一の企業は、ビーチ、テニスコート、ゴルフコースなどを経営するリゾート企業である。第二の企業は傘のメーカーである。両社ともその業績は非常に天候に左右される。晴れの続く時期にはリゾートが繁盛し、傘の売り上げは落ち込む。雨の季節にはリゾートは不振だが、傘メーカーは高収益を享受する。表1は、季節別に両社の株式投資のリターンを仮定したものである。

表1

	傘メーカー	リゾート企業
雨の季節	50%	－25%
晴れの季節	－25%	50%

平均して一年の半分は晴れ、半分は雨が降る。すなわち、晴れと雨の確率は二分の一であるとしよう。傘メーカーの株式を買った投資家は、一年の半分は投資額の五〇%のリターンを上げ、残る半分は二五%損をするため、この投資家の平均リターンは一二・五%になる。この一二・五%という数字は、先に投資家の期待リターンと呼んだものである。同様に、リゾートへの投資も同じ結果になるであろう。しかし、結果がかなり変動するし、ある年には晴ればかり、ある年には雨ばかりが続くこともありうるから、どちらの事業への投資もかなりのリスクを伴う。

しかし、投資家が一つの証券に投資するのではなく、持っている二ドルを分散して、一ドルを傘メーカーに、残りの一ドルをリゾートに投資したとしよう。晴れた季節にはリゾートへの投資一ドルは五〇セントのリターンを生み、傘メーカーへの投資一ドルは二五セントの損になる。この投資家の利益の合計は二五セント（五〇セント－二五セント）で、これは投資総額の二ドルに対して一二・五％のリターンとなる。

雨の季節には、社名が入れ替わるだけで、全く同じことが起こることに注意してほしい。傘メーカーへの投資は五〇％という素晴らしいリターンを生み、リゾートへの投資は二五％の損失となる。しかしこの場合も、分散投資をした投資家は、投資総額の一二・五％のリターンを手にすることができる。

この簡単な例は、分散投資の基本的なメリットを説明している。天気がどうなろうと、そしてその結果、島の経済がどうなろうと、両社に投資を分散させることで、投資家は毎年確実に一二・五％のリターンを上げることができるのだ。

これを可能にしているトリックは、両社ともリスクがある（リターンが毎年変動する）ものの、両社は全く逆な形で天気に影響されるということである（統計用語では、これを両社のリターンの共分散がマイナスであると言う）*。個別の会社の業績が全く同じように動かない限り、分散投資は常にリスクの低下をもたらす。このケースでは、両社のリターンは完全にマイナスの相関関係にあり、一方がよい時には他方が

* 統計学者は，2つの証券のリターンが同じ方向に動く度合いを測るために，共分散という用語を使う。リゾートの実際のリターンをR，期待リターン（平均リターン）を$\overline{R}$，傘メーカーの実際のリターンをU，平均リターンを$\overline{U}$で表すと，UとRの間の共分散（COV_{UR}）は次のように定義される。

$$COV_{UR} = (雨の確率) \times (雨の場合のU-\overline{U}) \times (雨の場合のR-\overline{R}) + (晴れの確率) \times (晴れの場合のU-\overline{U}) \times (晴れの場合のR-\overline{R})$$

前述のリターンの表と想定される確率をもとに，共分散は次のように計算される。

$$COV_{UR} = 0.5 \times (0.50-0.125) \times (-0.25-0.125) + 0.5 \times (-0.25-0.125) \times (0.50-0.125) = -0.141$$

2証券のリターンが同じように動く（片方が上がると，もう片方も上がる）場合はいつでも，共分散は大きなプラスの数字になる。もし，ここにあげた例のようにリターンが全く反対に動く場合，2証券はマイナスの共分散を持つと言う。

常に悪くなるため、分散投資によって完全にリスクをなくすことができるのである。

もちろん、物事は常にそううまくいくわけではない。このケースでは、大半の会社の先行きはかなりの程度同じ方向に動くことが問題になる。不景気になり多くの人が失業すれば、夏の休暇もとらず、傘も買わなくなるかもしれない。したがって実際には、この例のようなきれいな形ですべてのリスクを除去することはできない。それでも、すべての企業の業績が常に完全に同じように動くわけではないから、株式のポートフォリオを組んで分散投資をすれば、一つや二つの証券に投資するよりもリスクは小さくなるだろう。

この例の教訓を、実際のポートフォリオ運用に持ち込むことは簡単である。フォード・モーターと同社向けに新車用タイヤを納入するメーカーを組み入れたポートフォリオを組むとしよう。これによってリスクは大きく低下するだろうか。おそらく、そうはならないだろう。もしフォードが不振に陥れば、タイヤメーカーから買う新車用タイヤの量も減るだろう。一般的に言えば、もし二つの銘柄間の共分散が大きければ、分散投資の効果はそれほど大きくならないのである。

それに対し、もし、不況時に政府からの受注が増える企業をフォードと組み合わせて分散投資を行えば、リスクを大幅に減らせるかもしれない。もし、消費支出が低下する（または石油価格が暴騰する）とすれば、フォードの売り上げや利益が減小するし、国全体の失業率も上昇するだろう。もし、失業率が高い時期に政府が（失業の苦痛を和らげるために）経済不振地域の企業から調達する習慣があれば、フォードのリターンとこの地域の受注企業のリターンは同じようには動かないだろう。この二証券の共分散はかなり小さくなるか、あるいはマイナスになるだろう。

この例は少しこじつけのように聞こえるかもしれない。というのは、大半の投資家は、株式市場がひどい状況の時には、ほとんど全部の株式が下がることを知っている。それでも、時には、いくつかの株式銘柄や資産クラスが市場全体とは反対の方向に動くことがある。そうした場合に、これらの資産は市場とマイナスの共分散を持つ、あるいは同じことだが、互いにマイナスの相関関係にあるというのである。

5 相関係数のマジック

異なる市場がどのように異なるタイミングでピークやボトムを迎えるかの程度を測定するために、相関係数が用いられる。相関係数はマーコビッツの理論の鍵になる数字である。完全に正の相関（相関係数がプラス一）とは、二つの市場がぴったり足並みを揃えて完全に同じ動きをする（同時に上下する）場合を意味する。完全に負の相関（相関係数がマイナス一）とは、二つの市場が常に逆方向に動くことを意味する。片方が上がれば、もう一方は必ず下がる。もし、先ほどの離れ小島の例にあった会社のように、二つの市場の間の相関が完全にマイナスならば、分散投資によって完全にリスクを取り除くことができる。

ここからが重要なポイントである。分散投資によるリスク低減の恩恵にあずかるのに、マイナスの相関は必ずしも必要不可欠ではないのだ。マーコビッツが投資家の財布に真に貢献したのは、完全に正の相関でない限り、分散投資さえすれば何であれリスク低減に役立つ可能性があることを示した点にある。彼

表2　**相関係数とリスクの分散**

相関係数	リスク分散効果
+1.0	効果なし
0.5	緩やかなリスク低下
0	かなりのリスク低減
−0.5	ほとんどのリスクが消滅
−1.0	すべてのリスクが消滅

の研究結果を要約して示したのが表2である。ここに示されているように、相関係数の重要な役割は、一つの証券あるいは一つの資産クラスを加えることが、どの程度ポートフォリオ全体のリスクの低減に貢献するかを決めることにある。

6　分散投資という豊かな鉱脈

シェークスピアの表現をもじって言えば、いいことがありすぎて困ることがあるのだろうか。言い換えれば、分散投資がもはやリスクを減らすための魔法の杖とはならない境界点があるのだろうか。多くの研究が示すところでは、答えは圧倒的に「イエス」である。

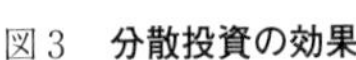
図3　**分散投資の効果**

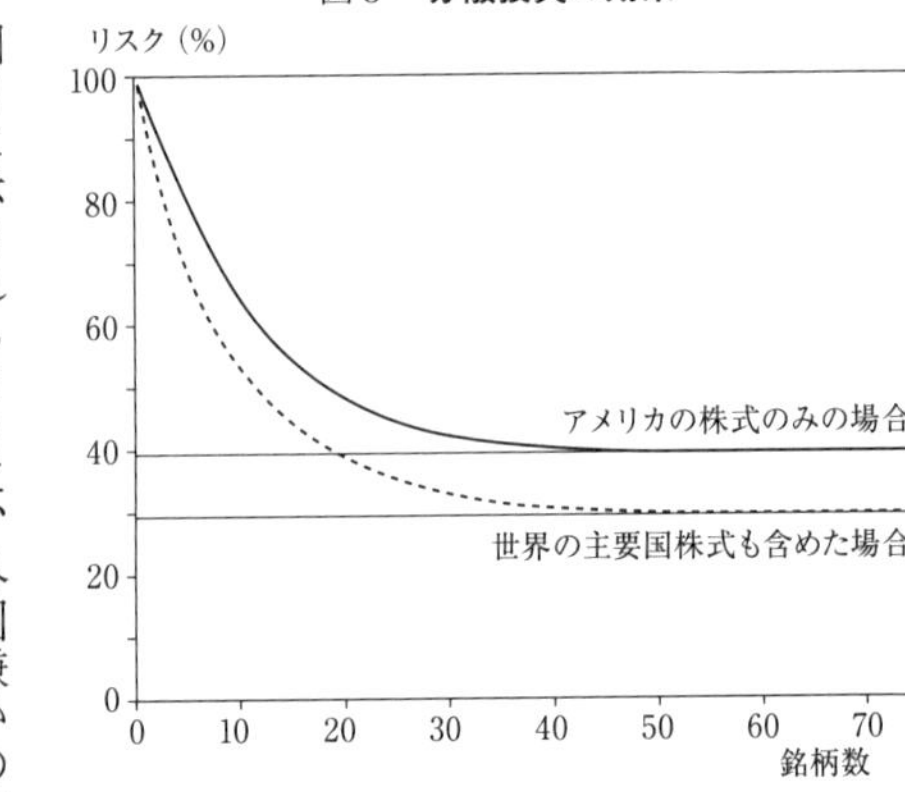

図3に示されるように、外国嫌いの内気なアメリカ人投資家にとっての黄金ナンバーは、いろいろな業種から選んだアメリカ株五〇以上の銘柄に等金額投資することである（当然ながら、五〇の石油会社あるいは五〇の電力会社に分散投資してみても、あまり大きなリスク低減効果は期待できない）。このようなポートフォリオを組めば、総リスクの六〇％以上は低減できる。しかし、よい知らせはここまでである。というのはこれ以上保有銘柄数を増やしても、実質的なリスク低減はもうあまり期待できないからだ。

しかし、より心の広い人々――つまりマーコビッツが最初にこの理論を確立して以来、世の中は大きく変わったことを認識している投資家たち――ならば、諸外国、特に新興国の経済は必ずしもいつもアメリカのそれと同じ方向には動かないため、国際投資分散によってさらに大きなリスク低減効果を享受できるのである。例えば、石油や他の資源価格の高騰はヨーロッパや日本はもちろん、部分的には自給自足が可能なアメリカ経済にも大きな打撃を与えた。一方で、石油価格の値上がりは、インドネシアや中近東の産油国の経済には大変なプラス要因となった。同様に、鉱物その他の天然資源の値上がりは、オーストラリアやブラジルといった資源国にはプラスに、資源を持たない多くの先進国にはマイナスに働く。

実は、国際派の投資家にとっても、またもや黄金ナンバーは五〇なのである。しかし、国際派の投資家が手にするポートフォリオはさらに望ましいものなのだ。この図では投資先はアメリカだけでなく、外国の主要な株式市場にも及んでいる。予想通り、国際分散ポートフォリオは、これと同規模のアメリカ株だけで構成されたポートフォリオよりもリスクが小さくなっている。

国際分散投資のメリットについては十分な研究が行われ、多くの論文が発表されている。図4は一九七〇年から二〇一九年までの五〇年間にわたる実現リターンに基づいている。この期間、モルガン・スタンレーキャピタル・インターナショナル（以下MSCI）のEAFE［ヨーロッパ、オーストラリア、極東］先進国株価指数は、S&P五〇〇指数よりもわずかに高い平均リターンを上げている。しかしながら、アメリカ株のリターンの年間変動率のほうが小さかったため、より安全度が高かった。この期間における二つの指数の相関係数はおよそ〇・五で、プラスではあるが大きくはなかった。図4の曲線は、EAFEに含まれる先進国株式とアメリカ株式の分散投資によって、リターンとリスク（変動性）の様々に異なる組み合わせを作ることが可能なことを示している。図の一番右上の点はEAFE株

図４　**アメリカ株と先進国株への分散投資**
（1970年１月～2019年12月）

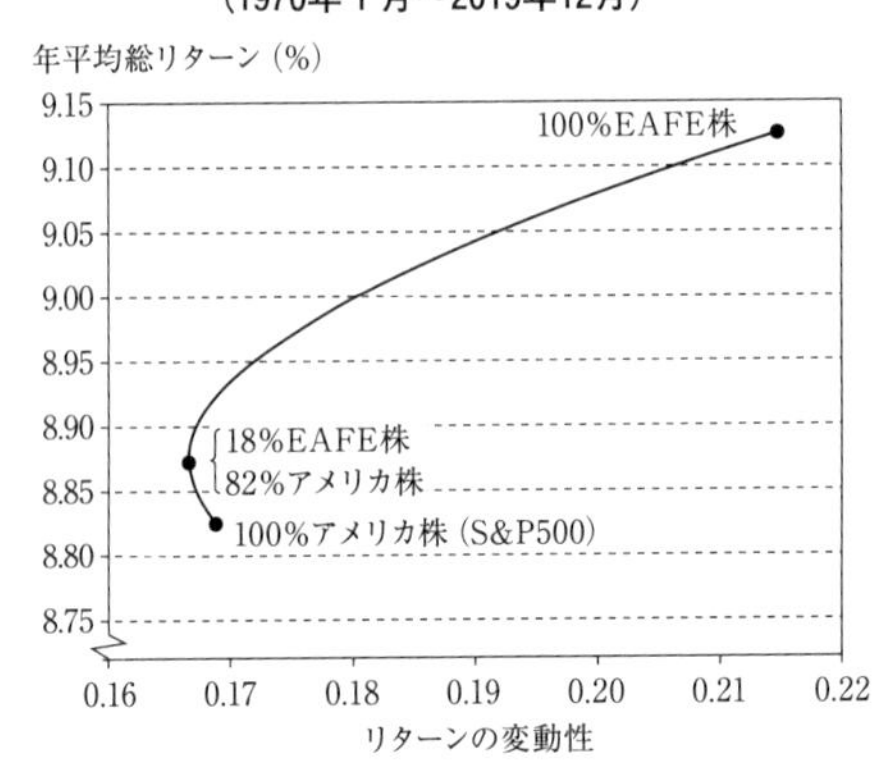

（出所）　ブルームバーグ社

式のみの場合で、リターンは高いがリスクも高く（変動性も大きく）なっている。図の左下の点は、純粋にアメリカ株式だけで構成されるポートフォリオのリスクとリターンを示している。そして実線は国内・海外株式への配分をいろいろ変えれば、異なったリターンとリスクの組み合わせができることを示している。

ポートフォリオの中身が一〇〇％アメリカ株式から始まって外国株式が次第に増えるにつれ、この区間、ＥＡＦＥ株式のリターンはアメリカ株式よりわずかに高かったことを反映して、全体のリターンも次第に高まっていくことに注意してほしい。しかし重要な点は、少なくともしばらくの間はリスクの高い外国株式が増えているのに、実際にはポートフォリオのリスクが低下することである。もっとも、最終的には、ポートフォリオの中でリスクの高い外国株式の割合が高まるにつれて、全体のリスクもリターンも高まっていく。

この分析でちょっと逆説的なのは、リスクの高い外国株式を少しだけ加えることによって、ポートフォリオ全体のリスクが低下するというところである。これは、例えばアメリカ市場で日本車のシェアが高まっている期間に日本の自動車株を組み入れておけば、その高いリターンがアメリカの自動車株の低いリターンを補ってくれるということだ。また、ドル安でアメリカの国際競争力が強まり、一方、日本とヨーロッパ経済の不況が続く中でアメリカが好況に沸くような時には、アメリカの製造業の

図5　S&P500平均 対 MSCI EAFE指数（2年移動平均）

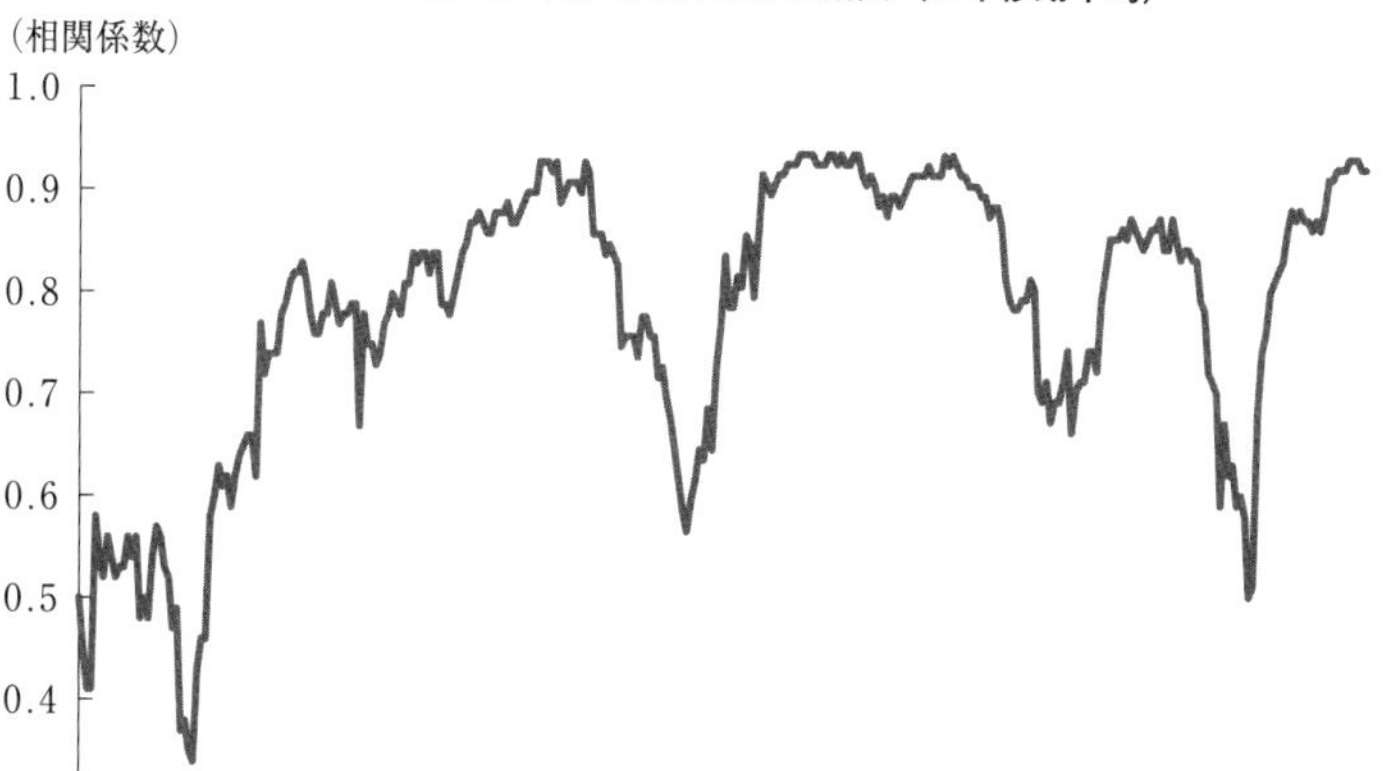

高いリターンが外国の製造業の低いリターンを補ってくれるからである。これらの相殺効果がポートフォリオ全体の変動性を低下させるのである。

　図4によれば、ポートフォリオのリスクが最も小さくなるのは、外国株式一八％とアメリカ株式八二％という組み合わせであることがわかった。さらに、アメリカ株式だけだったところに一八％だけＥＡＦＥ株式を加えることによって、ポートフォリオのリターンも高まっている。この意味で、国際分散投資は金融の世界では珍しく、「ただ飯」に近いものを提供してくれるのである。リスクの高い外国株式を加えることによって、より高いリターンとより低いリスクが実現できるというのなら、これは個人投資家にとっても機関投資家にとっても無視するわけにはいかない。

もっとも、プロのファンド・マネジャーの中には、国際分散投資のメリットはひと頃に比べると小さくなってきたと指摘する人もいる。経済のグローバル化の急速な進展によって、アメリカと諸外国の株式市場や、債券と株式との間の相関係数が高まったというのだ。図5は二〇〇〇年代になってからの、アメリカの株式（S&P五〇〇平均）と主要先進国株式（EAFE指数）の間の相関係数の二四カ月移動平均値を示している。この図から特に気になるのは、相場の下落局面において相関係数が目立って上昇していることである。とりわけ二〇〇七年から二〇〇九年にかけての世界的な信用危機の局面では、すべての市場が同時に下落したことがうかがえる。新型コロナが急速に世界中に広まった二〇二〇年にも、同様な関係が見られた。もはや安全な避難場所はないのだ。これらを踏まえて考えれば、分散投資もリスクを低下させる手段としてはあまり有効ではないという主張も、もっともなことだ。多くのファンド・マネジャーは世界的な金融危機の時期に上昇するのは、主要な資産間の相関係数だけだと言っている。もっともアメリカ株とMSCI新興国株価指数およびゴールドマン・サックス社のコモディティ指数の間の相関係数は比較的低水準で推移した。

しかし、市場間の相関係数が高まったといっても、依然として完全相関状態とは程遠く、幅広い分散投資によってポートフォリオ全体のボラティリティを低下させる余地は残っている。そして主要国の株価が同様な変動を示した期間について見ても、実はかなりの分散投資の効果が認められたのだ。アメリカの投資家にとって「失われた一〇年」と呼ばれる二〇〇〇年代の最初の一〇年をとってみよう。主要先進国、すなわちアメリカ、ヨーロッパ、日本の株価水準は、いずれも起点と同じかそれより低水準で終わった。したがって、投資先を先進国の株式だけに限定した投資家にとっては、満足のいく結果は得られなかっただろう。しかし、同じ一〇年間に新興国市場の株式を組み入れた投資家にとっては、十分

図6　S&P500平均 対 新興市場指数

（出所）バンガード，データストリーム，モーニングスター

高いリターンを享受することができたのだ。今日では幅広い新興国市場を組み込んだ低コストの株式インデックス・ファンドが簡単に購入できるようになっている。

図6は、これを具体的に見たものである。S&P五〇〇平均だけに投資した場合には、二〇〇〇年代最初の一〇年間はマイナスのリターンに終わった。しかし、同じ期間に新興国株式に幅広く分散投資するインデックス・ファンドに投資した場合は、申し分のない高いリターンを上げることができた。このように、「失われた一〇年」においてすら、幅広い分散投資を選んだアメリカの投資家にとっては、その恩恵は非常に大きかったのである。

加えて、安全な債券への分散投資によっても、リスクを低下させることが

図7　米大型株と長期国債のリターンの相関係数の推移

（出所）　バンガード社

できた。図7は、二〇〇八年から二〇〇九年にかけての金融危機の局面に、アメリカの長期国債と大型株平均との価格変動の相関係数が目立って低下したことを示している。そして、最悪だった二〇〇八年ですら、幅広い債券に分散投資するバークレイズ・キャピタル・インデックス・ファンドに投資していたら、五・二％のリターンが得られたのである。あの金融危機の時でも、安全な避難場所は存在した！　効果的な分散投資先として債券市場は依然として健在なのだ。

結論として、時節に耐えた分散投資の教訓は、今日でも少しも輝きを失っていない。そこで、第4部ではこの教訓を踏まえて、年齢やリスク許容度の異なる個人投資家にとっての最適なアセット・アロケーションについてアドバイスするつもりだ。

第9章　リスクをとってリターンを高める

二回に一回しか正しくない理論は、コイン投げよりも非経済的だ（ジョージ・J・スティグラー『価格論』）

すでに読者の皆さんもお気づきのように、リスクにはその報酬もある。それだからこそ、象牙の塔の中でもウォール街でも、人々は昔からリスクと格闘し、これをうまく利用してより高いリターンを実現しようとしてきた。この章では、リスクを計測するための分析ツールの開発と、こうした武器を手により多くのリターンを勝ち取る試みについて取り上げる。

私たちは現代ポートフォリオ理論に磨きをかけるところから始めた。前章でも述べたように、架空の小島の経済と違って、現実の世界では分散投資によってもすべてのリスクを取り除くことはできない。なぜなら、株式というものは程度の差はあっても、同じ方向に上げ下げする傾向があるからだ。したがって、現実には分散投資はすべてのリスクではなく、ある程度のリスク低減をもたらすことになる。三人の学者、元スタンフォード大学教授のウィリアム・シャープ、ハーバード大学のジョン・リントナー（故人）、そしてフィッシャー・ブラック（故人）は、その知力を結集して、証券投資のリスクのどの部分を取り除くことができ、どの部分はできないかという問題に取り組んだ。その結果が、資本資産評価モデル（CAPM）として知られるものである。この研究に対する貢献によって、シャープはマーコビッツと共に一九九〇年にノーベル賞を受賞した。

資本資産評価モデルの背景にある論理は、分散できるリスクをとっても市場はプレミアムをくれないというものだ。だから、より高い長期平均リターンを得ようと思えば、分散しても取り除けないリスクをとらなければならない。そしてこの理論によれば、ちょっと気をきかせて、「ベータ」と呼ばれるポートフォリオのリスクの尺度を調節することによって、市場平均より高い運用成績を上げ、リターン競争に勝つことができるというのだ。

1 「ベータ」の福音

ベータだって？　そんなギリシャ文字が株式投資にどんな関係があるのだ。もちろん、最初にこれを考えたのは株屋ではない。彼らが、「個別銘柄あるいはポートフォリオの総リスクは、リターンの総変動性（分散または標準偏差）を用いて大体説明できるんですよ」などと言うのを想像できるだろうか。しかし、私たち学者はよくこういう説明をするのだ。さらに、総リスク、すなわちリターンの変動性のうち、ある部分を証券の「システマティック・リスク」と呼んでいる。これは、株式市場全体が変動し、また全部の株式が少なくともある程度は一緒に動く傾向があることから生まれるリスクである。株式のリスクのうち残りの部分は、「非システマティック・リスク」と呼ぶ。これは、例えばストライキや新製品の発表など、その企業特有の要因によって生まれるリスクのことである。

システマティック・リスクは市場リスクとも呼ばれ、個別銘柄やポートフォリオが市場全体の変動に対して反応する度合いを示す。銘柄やポートフォリオによっては、市場の動きに非常に敏感に反応するものもあれば、比較的安定しているものもある。この相対的な変動性、または市場に対する感応度の大きさは、過去の実績に基づいて推計することが可能で、ギリシャ文字のベータ（β）として広く用いられているのだ。

今やあなたは、これまでもっと知りたかったのに、質問するのをためらっていた「ベータ」について学ぼうとしているのである。基本的には、ベータはシステマティック・リスクを数値で示したものである。ベータの測定には数字が用いられるが、その背後にある考え方は、これまでファンド・マネジャーが何十年もの間肌で感じてきたことを厳密な数字で示そうとするものにすぎない。ベータは、基本的には個々の銘柄やポートフォリオのリターンの動きと、市場全体のリターンの動きの相関関係をとらえるものである。

ベータの計算は、まずS&P五〇〇などの広範な市場指数のベータを一と想定するところから始まる。ある銘柄のベータが二であれば、その株価は平均して市場の二倍揺れ動く。つまり市場が一〇％上昇すれば、その銘柄の株価は二〇％上昇する。ある銘柄のベータが〇・五であれば、その株価は市場平均が一〇％上下する時に、五％しか上下しない。プロはしばしば、ベータの高い株式のことを攻撃的（アグレッシブ）な銘柄と呼び、逆に低い株式を防御的（ディフェンシブ）な銘柄と呼ぶ。

ここで重要なのは、システマティック・リスクは分散投資によっても低減できないということだ。というのは、すべての株式は多かれ少なかれ同じ方向に変動するため（株式の変動性の多くの部分はシステマティックなものであり）、分散されたポートフォリオであっても、このリスクからは逃れられない

図1　**分散投資によるリスクの低減**

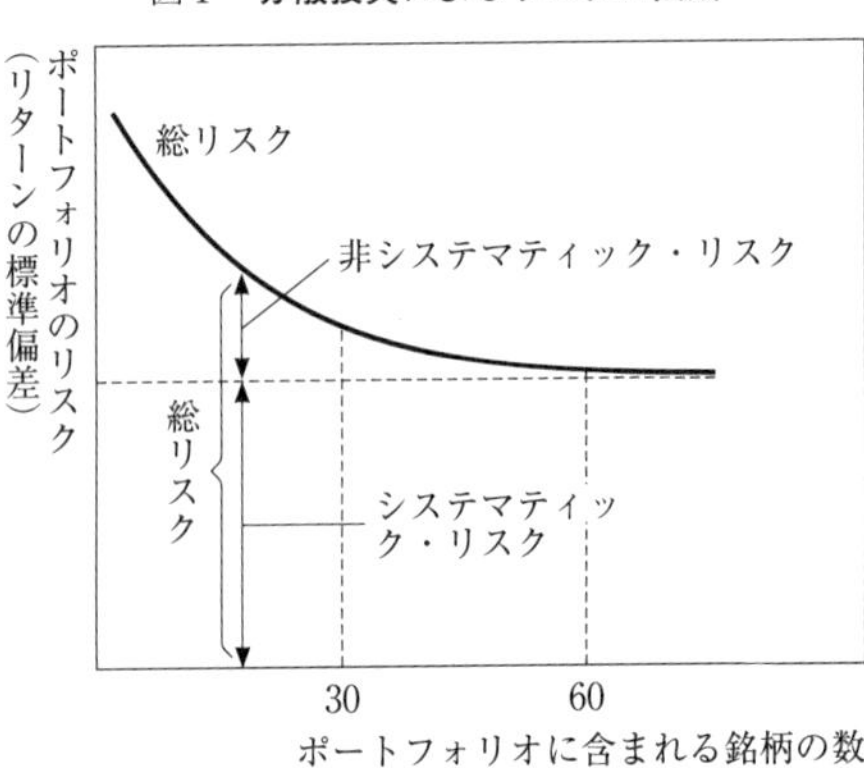

からである。

実際、定義上ベータが一である株式市場平均を買って完全な分散投資を行ったとしても、市場自体も大きく変動するため、リターンはやはり変動する（リスクを伴う）のである。

非システマティック・リスクとは、個別企業に特有の要因によって引き起こされる、株価（そして株式のリターン）の変動性のことである。大規模な新規受注の獲得、有望な鉱脈の発見、労働争議、財務部長の使い込みの発覚といったニュースの影響を受けて、株価は市場とは独立して動くことも多い。

こうした要因がもたらす株価変動に伴うリスクは、まさに分散投資によって取り除くことができる。ポートフォリオ理論の核心となるのは、株価は常に一緒に動くとは限らないから、他の株式のリターンの変動と組み合わせることで変動性を相殺し、低下させることができるというものである。

右の図は、第8章の図3と似ているが、分散投資と総リスクとの重要な関係を示している。平均して市場と同じくらい変動する傾向のある株式をランダムに選び出して、ポートフォリオを作ると仮定しよう。この場合、ポートフォリオの平均ベータは常に一である。図1は、組み入れ銘柄の数が多くなるにつれ、特に早い段階でポートフォリオの総リスクは目立って低下することを示している。

ポートフォリオに三〇銘柄を組み入れた時点で、非システマティック・リスクがかなり取り除かれ、そこからさらに分散投資を行っても、リスクはあまり低下しなくなる。よく分散された六〇の銘柄を組み入れると、非システマティック・リスクはほとんど取り除かれ、それ以後このポートフォリオは（ベータが一だから）ほとんど市場と同じように動くようになる。

もちろん、ベータの平均が一・五であるような銘柄を組み入れて同じ実験を行うこともできる。この場合にも、分散投資によって非システマティック・リスクは急速に減少するが、残されたシステマティック・リスクはより大きいものになるであろう。ベータの平均が一・五である銘柄を六〇以上組み入れたポートフォリオは、市場よりも平均的に五〇％変動が大きいことになる。

ここからが重要な部分である。金融の理論家も実務家も、より大きなリスクをとればより高いリターンによって報われるべきだという点では意見が一致している。したがって、すべての証券が誰かに保有されるためには、より大きなリスクのある証券にはより高い期待リターンがもたらされるように、株価が形成されなければならない。いうまでもなく、リスクの嫌いな投資家はより高いリターンが得られなければ、リスクの高い証券を保有することはないだろう。しかし、個別証券のリスクのすべてが、リスクの代償としてプレミアムにつながるわけではない。総リスクのうち非システマティック・リスクの部分は、適切な分散投資によって容易に取り除くことができるからだ。したがって、投資家が非システマティック・リスクを負うことに対してリスク・プレミアムが支払われると考えるべき理由はない。総リスクのうちプレミアムによって報われるのは、あくまでも分散投資によっても除去できないシステマティック・リスクの分だけである。このように、資本資産評価モデルは、どんな株式やポートフォリオについても、そのリターンやリスク・プレミアムは分散できないシステマティック・リスクであるベータとの関係で決まると主張するのである。

2 CAPM旋風

リスクとリターンが関連しているという命題は別に目新しいものではない。金融の専門家は昔から、より高いリスクをとる投資家は正当に報われる必要があるという点では、意見が一致しているのだ。新しい投資テクノロジーがそれまでの考え方と異なるのは、リスクの定義と測定方法にある。資本資産評価モデルが出現するまでは、個別の証券のリターンはその証券の総リスクと関係があると考えられていた。ある証券のリターンは、その証券の値動きの不安定性、すなわちその証券が生むリターンの変動性、換言すればその標準偏差の大きさとの関連で決まると考えられていたのだ。しかし、新しい理論によれば、個々の証券の総リスク自体は期待リターンとは直接関連しない。証券のリターンに関係があるのは、変動性全体のうちシステマティックな部分なのである。

この命題の数学的な証明は難解であるが、その背後にある理屈は比較的単純である。グループⅠとグループⅡの、二つの株式ポートフォリオがあり、ともに組入銘柄は六〇としよう。単純化のため個々の証券のシステマティック・リスク（ベータ）はすべて一とする。すなわち、二つのグループに含まれるそれぞれの銘柄は市場全体と同じように変動する。また、グループⅠの組入銘柄それぞれの総リスクは、グループⅡのそれよりもかなり高いとする。例えば、市場全体の影響に加えて、グループⅠの銘柄は特に気象条件、為替レートの変動、自然災害などの影響を受けやすいものとする。したがって、グループⅠに含まれる銘柄の個別リスクは非常に大きい。一方、グループⅡの銘柄の個別リスクは非常に低く、総リスクも非常に低い。この状況を要約して示すと表1のようになる。

表1

グループⅠ（証券数60）	グループⅡ（証券数60）
各銘柄のシステマティック・リスク（ベータ）＝1 各銘柄の個別リスクは高い 各銘柄の総リスクは高い	各銘柄のシステマティック・リスク（ベータ）＝1 各銘柄の個別リスクは低い 各銘柄の総リスクは低い

ここで、資本資産評価モデルが生まれる前に一般に受け入れられていた伝統的な理論によれば、グループⅠのポートフォリオのほうが、グループⅡのポートフォリオよりもリターンは高くてしかるべきである。というのは、グループⅠの個々の銘柄は総リスクが高く、すでに述べたようにより高いリターンで報われるべきだからだ。しかし、新しい投資テクノロジーはこの考え方に変革をもたらした。資本資産評価モデルによれば、両方のポートフォリオのリターンは同じになるべきだというのである。なぜであろうか。

第一に、この章の図1を思い出してほしい（忘れた人はページをめくってもう一度じっくり見ていただきたい）。そこには、組入銘柄数が六〇に近づくと、ポートフォリオの総リスクはシステマティック・リスクのレベルに近づいていくことが示されている。非システマティック・リスクはすべて取り除かれてしまったのである。注意深い読者なら、ここであげた例では、それぞれのポートフォリオの組入銘柄数がいずれも六〇になっていることにお気づきだろう。これはおよそ六〇銘柄のところで非システマティック・リスクが事実上、除去されるということなのだ。例えば自然災害が発生しても、為替レートがプラスの方向に動くことによってその悪影響が相殺されるといったことが起こっているのである。残っているのは、ポートフォリオの中にある個別銘柄のシステマティック・リスクのみであり、それはベータで示される。しかし、二つのグループのどの銘柄のベータも一と想定している。したがって、グループⅠの銘柄のほうがグループⅡの銘柄よりも個別には総リスクが高くても、二つのグループのポートフォリオの総リスク（標準偏差）は同じなのだ。

従来の理論と新しい理論とは、ここで真正面から対立する。古い株価評価の考え方は、グループⅠの銘柄はリスクが大きいから、より高いリターンがもたらされると見る。これに対して資本資産評価モデルは、グループⅠの銘柄群も分散されたポートフォリオの中で保有されるなら、必ずしもより高いリスクをもたらすことにはならないと主張するのである。実際、グループⅠの銘柄のほうがより高いリターンをもたらすならば、合理的な投資家はすべてグループⅡよりもグループⅠの銘柄を欲しがり、高いリターンを得るためにポートフォリオの中身を組み替えるだろう。しかし、こうした調整が行われると、グループⅠの銘柄群の株価は上昇し、グループⅡの銘柄群の株価は下落することによって、（投資家がもはや銘柄の変更を行おうとしなくなった時点で）均衡に達する。

こうした均衡状態の下では、二つのグループのポートフォリオは（非システマティックな、すなわち個別リスクも含んだ）総リスクではなく、システマティックなリスクの部分（ベータ）が同じだから、期待リターンも同じになるのである。個別リスクは、銘柄を組み合わせてポートフォリオを作ることで取り除くことができる。だからこそ、分散できないシステマティック・リスクのみがリスク・プレミアムを決定することになる。投資家は分散できるリスクをとることに対しては少しも報われない。これが資本資産評価モデルの背後にある基本的な理論なのである。

以上を要約すれば、資本資産評価モデル（私たち経済学者は略称を好む人種だから、以後はＣＡＰＭと呼ぶことにする）の証明は、次のように表現できる。

もし、非システマティック・リスクをとることによってより高いリターン（リスク・プレミアム）が得られるのであれば、非システマティック・リスクの高い銘柄を組み入れた分散されたポートフォリオは、ベータは同じだが非システマティック・リスクがより低い銘柄群からなるポートフォリオより高いリターンが得られることを意味する。そうなると、投資家は皆、より高いリターンを求めてそうした投資機会に飛びつき、非システマティック・リスクが高い銘柄群は買い上げられ、非システマティック・リスクの低い銘柄は売られるだろう。

このような裁定のプロセスは、ベータが同じ銘柄の期待リターンが等しくなり、非システマティック・リスクをとることに対してリスク・プレミアムが全くなくなるまで続くだろう。効率的市場の下ではこれ以外の結果は起こりえないのだ。

ＣＡＰＭの想定する基本的な関係は図2に示されている。個別銘柄またはポートフォリオのシステマティック・リスク（ベータ）が高まれば、期待リターンも高まる。もしすべての資金を国債や銀行預金で運用すれば、（国債や銀行預金のリターンは株式市場が変動しても全く変化しないため）ベータはゼロになる。

このように、ベータがゼロのポートフォリオでも、何がしかのささやかなリターンを受け取ることになり、これは一

図2　**資本資産評価モデル（CAPM）に基づくリスクとリターンの関係**

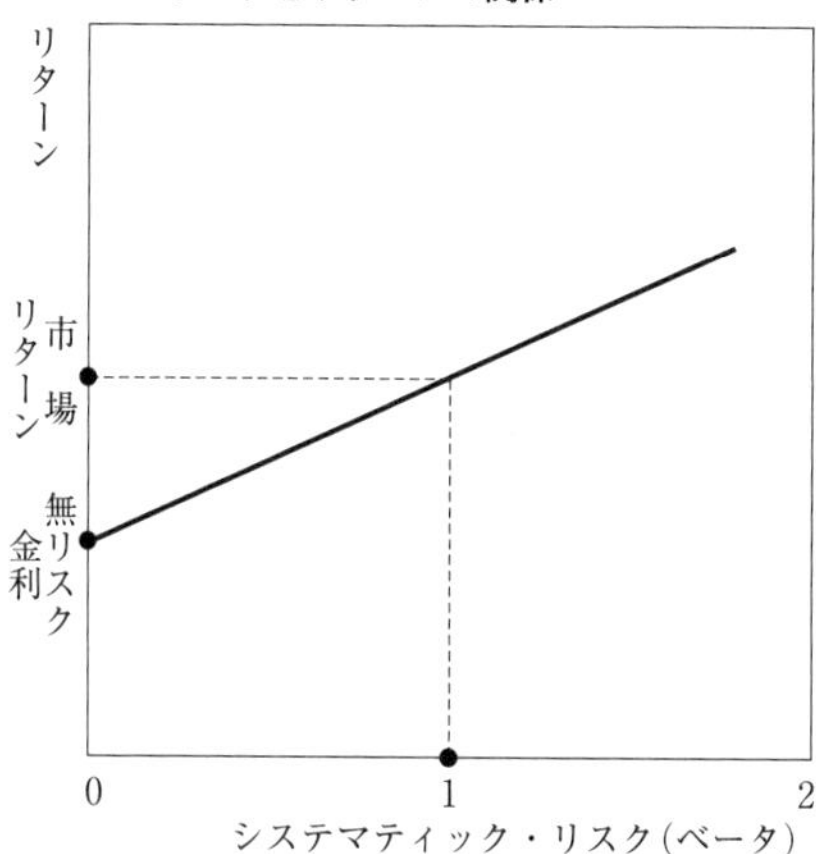

（注）中学や高校で習った代数を覚えている読者は，いかなる直線も一次方程式で表されることを思い出してほしい。この図の直線を式で示すと，

期待リターン＝無リスク金利＋ベータ×（株式市場平均の期待リターン－無リスク金利）

これはまた，ポートフォリオの期待リターンがどれだけ無リスク金利を上回っているかという，リスク・プレミアムの式として表すこともできる。

証券またはポートフォリオの期待リターン－無リスク金利＝ベータ×（株式市場平均の期待リターン－無リスク金利）

この式は，個々の株式やポートフォリオから得られるリスク・プレミアムベータに比例して高くなることを示している。これまでの議論の中で非常に重要な役割を占めていた共分散の概念とベータがどのように関係しているのか，とまどっている読者もいるかもしれない。ある証券のベータは，基本的には過去のデータから測定された，その証券と市場指数の間の共分散と同じことを意味している。

表2　**ポートフォリオ設計の説明***

望ましいベータ	ポートフォリオの構成	ポートフォリオの期待リターン
0	無リスク資産1ドル	10%
0.5	{無リスク資産0.5ドル {株式市場ポートフォリオ0.5ドル	0.5×0.10＋0.5×0.15 ＝0.125(12.5%)**
1	株式市場ポートフォリオ1ドル	15%
1.5	{株式市場ポートフォリオ1.5ドル {金利10%で0.5ドル借り入れ	1.5×0.15－0.5×0.10 ＝0.175(17.5%)

(注)　*　市場平均の期待リターンを15%，無リスク金利を10%と想定。
**　期待リターンの値を図2で示した公式から次のように直接求めることもできる。
期待リターン＝0.10＋0.5×(0.15－0.10)＝0.125(12.5%)

般に無リスク金利と呼ばれる。しかし、投資家がより多くのシステマティック・リスクをとれば期待リターンは高まるはずである。

もし投資家が、(例えば、ある広範な分散投資した株式市場インデックス・ファンドを一単位保有するといった形で) ベータが一のポートフォリオを保有すれば、得られるリターンは株式市場の平均的なリターンに等しくなる。このリターンは長期的には無リスク金利を上回るが、同時にリスクを伴う。したがって、ある時期にはリターンは無リスク金利を大きく下回り、かなりの額の損失を生むこともあるのだ。これまで述べてきたように、これこそがまさにリスクという言葉が意味するものである。

図2からは、ポートフォリオのベータを調節することによって様々な期待リターンが作り出せることがわかる。例えば資金の半分を銀行預金に回し、残り半分を株式市場平均に投資するとしよう。この場合、投資家は無リスクのリターンと株式市場の平均リターンを足して二で割ったリターンを受け取り、ポートフォリオの平均ベータは〇・五になるだろう*。CAPMは、長期平均的に高いリターンを得るためにはポートフォリオのベータを高めればよいと主張する。ベータが一より高いポートフォリオを作るためには、ベータの高い株式を買うか、平均的な変動性を示すポートフォリオを信用買いすればよい(表2を参照のこと)。

＊一般に、ポートフォリオのベータはそこに組み入れられている銘柄のベータの加重平均値になる。

株式市場に一時的な人気や流行があるように、一九七〇年代の初めにはベータもまた大流行した。権威ある投資雑誌インスティテューショナル・インベスターは、プロのファンド・マネジャーのパフォーマンスに多くのページを割いている。七一年には新しい潮流として、ＢＥＴＡという金文字を掲げた寺院の挿絵を表紙に掲げ、「ベータ教！　リスクを測る新しい方法」という特集記事を載せたものだ。大きな桁の数の割り算をするのがやっとだった金融関係者が、今や「多くの統計学博士と一緒になってベータと取っ組み合いしている」と同誌は伝えた。そしてＳＥＣでさえ、機関投資家調査レポートでベータをリスク尺度として認めるに至った。

ウォール街では、初期のベータ信奉者は、単に高いベータの銘柄をいくつか持つことによって長期的に高いリターンを得ることができると自慢したものである。また、市場のタイミングを読むことができると考えていた人々は、もう一つ強力な武器を手に入れたというわけだ。彼らは市場が上昇すると思う時にはベータの高い銘柄を買い、下落する恐れがあると思われた時にはベータの低い銘柄に乗り換えればよかったのである。この新しいアイデアの熱狂的な普及に応えるために、証券会社の間にベータ計測サービスが流行し、投資機関独自のベータの推計値を提供することが進歩のシンボルとなった。ベータの推計値は、今ではメリルリンチのような大手の証券会社やバリューラインのような投資情報サービス会社から簡単に入手することができる。実際、ウォール街のベータ信奉者によるこの新商品の売り込みはいささか行き過ぎの感があり、それにはベータの福音の普及に熱心な学者たちでさえ呆れるほどだった。

3　実績を見よう

シェークスピアの『ヘンリー四世』の第一幕の中で、グレンダウアーがホットスパーに向かって次のように言っている。

「私は大海原の深みから精霊たちを呼び寄せることができる」
ホットスパーは動じることなく、言う。
「そんなことは、私にだって、誰にだってできますよ。問題はその精霊とやらが、あなたが呼んだ時に本当に現れるかどうかですよ」

誰でも、証券市場がどのように機能するかについての理論を作ることはできる。そして、資本資産評価モデルもその一つにすぎない。本当に重要なのは、果たしてその理論は有効なのかということである。

多くの機関投資家はベータの概念を信奉してきた。しかし、結局のところ、ベータも所詮、学者が考え出した概念にすぎない。他にもっと信頼できるものがありうるだろうか。単に株式のリスクを表す指標として作られたものとしては、ベータは無味乾燥な数字に見える。しかし、今では机上で勝負するチャーティストたちもまた、それを愛用するようになったのである。たとえあなたが本心からはベータを信じていなくても、その言葉を用いないわけにはいかないのだ。

というのは、アメリカ中の大学で私のような人間やその同僚たちが、ベータという言葉をとうとうと論じるPhDやMBA（経営学修士）を多数教育して市場に送り出しているからである。彼らはプロになり、今ではベータをファンド・マネジャーの運用成績を測る基準として使っている。もし実現したリターンがポートフォリオ全体のベータから予測されるものよりも高ければ、そのマネジャーは正のアルファ（超過リターン）を生み出したとされる。そして最大のアルファを生み出せるマネジャーを求めて、多額の資金が市場を行き交っているのだ。

しかし、ベータは本当に有用なリスクの尺度なのだろうか。資本資産評価モデルが主張するように、高ベータ・ポートフォリオは低ベータ・ポートフォリオよりも長期的に一貫して高いリターンを生むのだろうか。ベータのみで証券のシステマティック・リスクをすべて表せるのだろうか。それとも他の要素も考慮に入れるべきなのだろうか。一言で言えば、ベータは本当にアルファに結びつくのだろうか。この問題をめぐって、現在、実務界でも学者の間でも激しい議論が行われている。

図3　**平均月次リターンとベータ（1963～90年）**

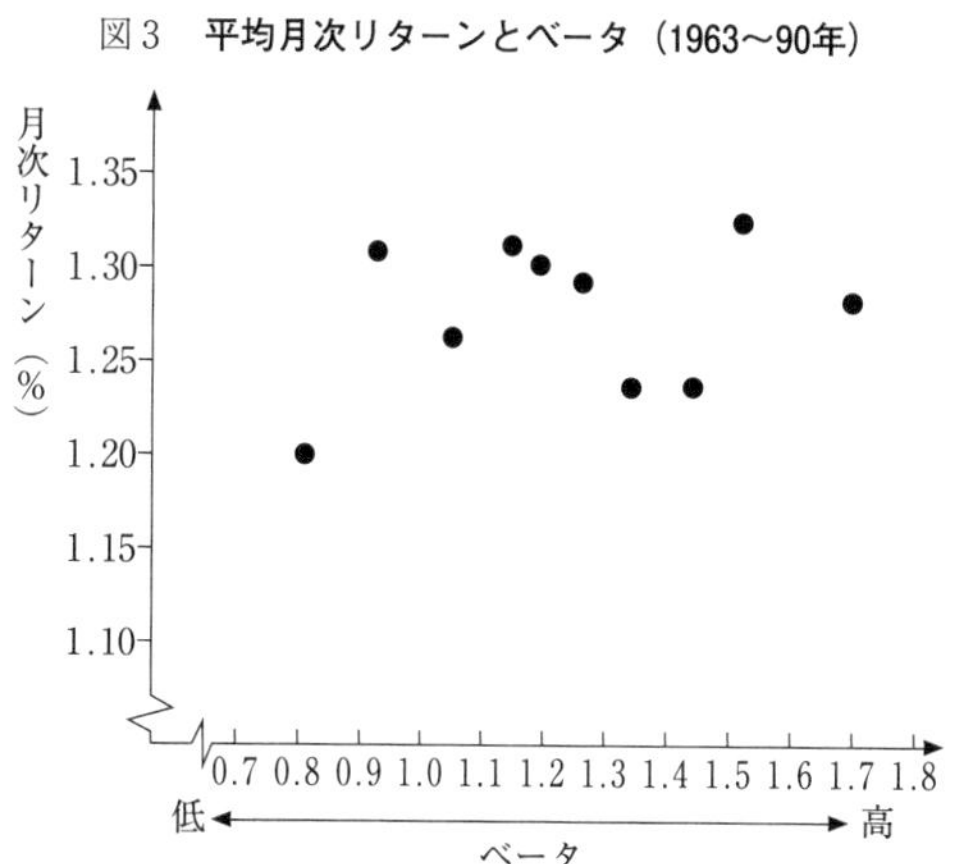

（注）　ファーマとフレンチはベータとリターンとの関係はフラットであることを発見。
（出所）　Fama and French Study

一九九二年に出版された研究論文でユージン・ファーマとケネス・フレンチは、ニューヨーク、アメリカン、ナスダックの全上場株式を一九六三年から九〇年までの期間にわたるベータによって、一〇分位に分類した。第一分位は全銘柄のうち最もベータの低い一〇％、第一〇分位には最もベータの高い一〇％が分類された。その驚くべき結果は図3に示されている

「君が早口でMPT（現代ポートフォリオ理論の略語）と言うと，どうもempty（空っぽ）と聞こえるんだが，大丈夫なのかい？」

（出所） *Pensions and Investments,* September 15, 1980.

が、基本的にこれらのグループ別ポートフォリオのリターンとベータの間には何の関係もなかったのだ。私自身も八〇年代における投資信託のリターンとベータについて調べ、同様な結果を得た。個別株式やポートフォリオのリターンと、計測されたベータには何の関係も見出されなかったのだ。

ファーマとフレンチの包括的な研究はほぼ三〇年近い期間を対象にしており、ベータとリターンは基本的に勾配ゼロの直線で示される関係にあるというのがその結論である。ベータは資本資産評価モデルの中心的な分析ツールだが、それだけでは決してリスクとリターンの関係を説明できないのだ。そして九〇年代半ばまでには、実務に携わる人々だけではなく多くの学者も、ベータを見捨ててもいいと思い始めていた。かつて長期にわたりベータの台頭を掲載した金融業界の同じ出版物が、今や「ベータは死んだ」「バイバイ、ベータ」「打ち捨てられたベータ」などと題した記事を載せるようになった。その典型例がインスティテューショナル・インベスター誌に引用された、「ディープ・クオンツ*」と名乗る寄稿者からの手紙である。その手紙は次のように始まっている。「資産運用業界にとって衝撃的なニュースがある。資本資産評価モデルが亡くなったのだ」。同誌はさらに続けて、「転向クオンツ」なる人物のコメントを載せている。「投資家にとってのこの高等数学は、航海術にとってのタイタニック号と同様の運命をたどることになるだろう」。このため、新しい投資テクノロジーを構成する数々の手法は、現代ポートフォリオ理論（MPT）そのものも含めて、大きな疑惑の目で見られるようになったのである。

*クオンツとは、ウォール街では、主として新しい投資テクノロジーの開発を専門に行う数量分析アナリストのニックネームである。

4　ベータの「死亡宣告」

私自身の推測では、この「転向クオンツ」氏は間違っている。CAPMに重大な欠陥が見つかったからといって、金融分析における数学的なツールを捨て去って、伝統的な証券分析に逆戻りすべきだということにはならないと思う。さらに、私は現時点ではまだベータの死亡記事を書く気にはなれない。早急な判断を避けたい理由はたくさんある。

まず、変動性の大きいリターンよりも、安定したリターンがより好ましいということは重要なポイントである。もし石油の掘削事業から国債と同程度のリターンしか得られないとすれば、明らかに、石油の掘削に投資するのはギャンブルのためのギャンブルを愛する輩だけだろう。もし投資家が本当にリターンの変動性を全く気にしないのなら、何兆ドルにも達するデリバティブ商品は今日のように栄えはしなかっただろう。したがって、相対的な変動性を測るベータは、少なくとも私たちがリスクと考えているもののある側面をとらえている。そしてポートフォリオの過去のベータは、将来のリターンの相対的な変動性の予測に関しては結構頑張っているのだ。

第二に、リチャード・ロールが論じているように、正確なベータの測定は非常に難しい（おそらくは不可能といってよい）ことに注意する必要がある。S&P五〇〇指数は「市場」そのものではない。株式市場にはアメリカの何千という銘柄と、さらに外国の何千という銘柄が含まれているのである。その上、資産市場には債券、不動産、貴金属や他の商品など、ありとあらゆる資産があり、中でも教育と職業と人生経験によって作り上げられる人的資源は最も重要なものである。まさに「市場」をどのように定義するかによって、得られるベータの値は大きく異なってくる。資本資産評価モデルとリスクの尺度としてのベータについての結論は、ベータをどのように計測するかによるのだ。ミネソタ大学の二人の経済学者、ラヴィ・ジャガナサンとゼンユー・ワンは、（ベータを測る対象になる）市場指数に人的資源をも加え、また景気循環に合わせてベータが変動することを認めさえすれば、リターン予測モデルとしてのCAPMとベータは非常に強力であると主張している。

最後に、たとえ長期間のベータとリターンの関係がフラットであったとしても、ベータは投資運用に役立つツールであるということを忘れてはならない。仮に百歩譲って、実際に低ベータの株式が少なくとも高ベータの株式と同程度のリターンを安定的に稼いでいるとすれば、投資ツールとしてのベータは資本資産評価モデルが成立する場合よりもさらに有益ではないか。というのは、私たちが低いベータの銘柄を発掘すれば、市場と同程度のリターンをより少ないリスクで得ることを意味するからだ。そしてハイリスク、ハイリターンを狙う投資家も、低ベータ銘柄をレバレッジをかけて信用買いすればよい。さらに、ベータは相場が大揺れする時の尺度としても有効かもしれない。過去五〇年間に経験したすべての相場下降局面において、高ベータの株式は低ベータの株式よりも大きく下落する傾向が観測されている。ベータの高いハイテク銘柄は、二〇〇〇年代の初めにとりわけ厳しい下げに見舞われた。現在一般に計測されている形のベータが、決して人間の頭脳に取って代わるわけではないし、長期の期待リターンの唯一絶対の予測値としては信頼できないことも明白である。

5　裁定価格理論

もしベータがリスクの数量的な尺度として役立たないなら、これに取って代わるものがあるだろうか。リスク計測の分野におけるパイオニアの一人にステファン・ロスがいる。ロスは裁定価格理論（アービトラージ・プライシング・セオリー＝ＡＰＴ）と呼ばれる、資本市場の価格形成についての新しい理論を開発した。リスク計測の新しい理論、ＡＰＴの考え方を理解するためには、ＣＡＰＭの根底にある物の考え方――とることによって報われるリスクは、分散投資によってはとり除けないリスクだけである――を思い出さなければならない。市場でリスク・プレミアムを決めるのは、システマティック・リスクだけである。しかし、個々の株式やポートフォリオによっては、システマティック・リスクの構成要因はあまりにも複雑で、市場平均の動きに対する感応度を表すベータだけではとてもとらえられないだろう。どんな株式市場指数も市場全般の動きを表すには不十分なのだからなおさらである。このため、ベータだけではシステマティック・リスクの重要な部分をとらえきれない可能性は大きい。

そこで、システマティック・リスクの主要な要素のいくつかについて見てみよう。例えば、国民所得の変化も、個々の株式にはシステマティックな影響を与えるかもしれない。これは、第8章の単純な離れ小島の経済の例で示した通りである。また、国民所得の変化は個人所得の変化をも反映しており、証券のリターンと給与所得との間の関係は、個人の行動に大きな影響を与えることが予想される。例えば、フォードの工場労働者は同社の株式を保有することは特にリスクが大きいと感じるだろう。というのは、労働者が解雇される可能性とフォードの株価の不振が同時に起こる確率が高いからである。

金利の変化もまた、システマティックに個別株式のリターンに影響を与えるため、分散できないリスクの重要な要素になる。金利が上がれば株価が下がる傾向がある限り、株式はリスクのある投資対象であり、金利変動の影響を受けやすい銘柄は特にリスクが高い。このように債券価格と同方向に動く傾向のある株式も多いため、これらの株式に投資することは債券ポートフォリオのリスク低減には役立たない。確定利付証券は多くの機関投資家のポートフォリオの重要な部分を占めるため、金利にかかわるシステマティック・リスクは、とりわけ大規模な機関投資家にとっては重要である。したがって、リスクを最も広範で意味のある形でとらえようとするなら、ある種の株式銘柄は明らかに金利動向の影響を受けやすいことに注意する必要がある。

インフレ率の変化も同じように、株式のリターンにシステマティックな影響を与える傾向が強い。その理由は少なくとも二つある。第一に、インフレ率の上昇は金利を上昇させるため、結果的に前述のように株価を低下させる傾向がある。第二に、インフレ率の上昇はあるグループの企業の収益性に悪影響を及ぼすかもしれないからである。例えば、公益企業の料金値上げは、コストの上昇にタイムラグをもって行われる。一方、インフレは、資源産業の株価にはプラスに働くかもしれない。したがって、ここでも、単純にリスクをベータで測っただけでは十分にとらえられない、株式のリターンとマクロ経済変数との間のシステマティックな関係が存在するのである。

いくつかのシステマティック・リスク指標が証券のリターンに与える影響について、統計的な検証が行われ、多少とも有望な結果が得られてきた。伝統的なリスクの尺度であるベータに加えて、国民所得、金利、インフレなどの変化に対する感応度など、いくつかのシステマティック・リスクを表す変数を用いると、異なった証券の間のリターンの違いについて、ＣＡＰＭよりも優れた説明が得られる。もちろん、ＡＰＴによるリスク計測もまた、ＣＡＰＭ、ベータによるリスク計測がぶつかったのと同じ問題に手を焼いている。

6　マルチ・ファクター・モデル

ユージン・ファーマとケネス・フレンチは、リスクに関してＡＰＴと同様なファクター・モデルを提唱した。ベータのほかに二つの説明変数を加えたものだ。二人は実証分析に基づいて、株式時価総額でとらえた会社の規模（サイズ）と株価純資産倍率が重要なリスク・ファクターであることを突き止めた。規模が小さい企業ほどリスクは高く、それは景気後退期に経営困難に陥る可能性が高いため、ＧＤＰの変動に対して大きなシステマティック・リスクを持っていることによるのではないかというのだ。また、簿価の一株当たり株主資本（いわゆる純資産）に対して株価が低い銘柄は、何らかの「財務上の問題」を抱えている懸念があることを反映しているというのだ。このモデルは白熱の議論を呼び、必ずしもみんながファーマとフレンチの3ファクター・モデルに賛成しているわけではない。しかし、少なくとも二〇〇九年初めに巨大銀行の株価純資産倍率が軒並み著しい低水準にあったことは、彼らが言うように、多くの投資家が巨大銀行とていつ何時倒産するかもしれないという懸念を抱いていたことを反映したものだったことは、議論の余地がなかった。そして、低い株価純資産倍率の銘柄が高いリターンをもたらす傾向があることは、投資家がいかに非合理的かを示すものだと主張する人々も、ファーマとフレンチのリスク・モデルには大きな関心を示したのだ。

ファーマとフレンチの研究に触発されて、銘柄間のリターン格差を説明できるファクターをもっと広範囲に探して、運用戦略に利用しようとする動きも出てきた。例えば利益率が安定的に高い企業は、将来にわたっても好業績が続く可能性が高いというのだ。

それに加えて、一株当たり利益成長や売上の伸び率の安定性、負債依存度の低さといった指標で示される企業の「質」の高低も、新しいファクターの候補にあがっている。利益率や企業の質といったファクターはリスクの尺度とは言えないが、リターン格差を説明する上では強力なファクターになり得る。

表3　ファーマとフレンチの3つのリスク・ファクター

1．ベータ：CAPMモデルを踏襲
2．サイズ：個々の銘柄の株式時価総額
3．バリュー：株価純資産倍率

もうひとつの有望なファクターは「モメンタム」だ。つまり、優良企業が相対的に高いリターンをあげ続ける傾向があるという事実だ。他にもいろいろなファクター候補が挙がっているが、リターン格差を説明する要因はほぼこれで尽きている。

今日ではファクター・モデルは投資パフォーマンスを測定し、また第11章で詳しく取り上げる「スマート・ベータ」ファンドをデザインするツールとして、幅広く活用されている。

まとめ

第8章、第9章は、学界で実際に行われた現代資本市場理論についての、ちょっとアカデミックな勉強であった。株式市場は新しい情報に対してきわめて迅速に反応する効率的なメカニズムを持っているように見える。もっぱら過去の株価動向を分析するテクニカル分析も、個別企業や経済の予測についてのより基本的な情報を提供するファンダメンタル分析も、それだけで常にいい結果をもたらすとは言えないようだ。長期的により高いリターンを手にする唯一の方法は、より高いリスクを受け入れることであるように思われる。

残念なことに、完全なリスクの尺度は存在しない。資本資産評価モデルのリスクの尺度であるベータは一見素晴らしい。ベータは簡潔でわかりやすい市場感応度の指標である。しかしながら、ベータにも欠陥があるのだ。長期間にわたって計測すると、ベータとリターンの間の実際の関係は理論が想定するような形にはなっていない。さらに個別銘柄のベータは対象期間によって値が不安定であり、計測する際の市場指数として何をとるかによっても影響されてしまう。

私はどんな単一の尺度も、個別株式やポートフォリオに対する様々なシステマティック・リスクの影響を十分にはとらえられないと論じてきた。リターンは市場全体の変動、金利やインフレの変化、国民所得の変化、そしてもちろん為替レートをはじめ、他の経済諸変数の影響も受ける。また、株価純資産倍率が低い銘柄や小型株は、常に高いリターンをもたらすことを示す研究結果もいろいろある。完全なリスクの尺度は、依然として神秘的で私たちの手の届かないところにあるのだ。

論文を書かなければ生き残れない助教授連中にとっては、幸いなことに、学会には依然としてリスクの測定について様々な議論があり、もっと多くの実証研究を行う必要がある。リスク分析のテクニックにまだ大いに改良の余地があり、リスク測定の数量的な分析は決して死に絶えたわけではない。将来のリスク尺度は今後より一層洗練されたものになっていくだろう。しかしながら、ベータやその他のいかなる尺度にしても、それらは機械的にリスクを測り、将来のリターンを確実に予測するための簡便な方法ではないことに注意する必要があろう。もちろん、新しい投資テクノロジーの最先端のテクニックについて知る必要はある。それらは強力な味方になりうるからだ。しかし、魔法使いが現れて、私たちが頭を悩ます投資に関する問題をすべて解決してくれるなどということは決して起こらない。仮にそんな魔法使いがいたとしても、間違った目的に使ってしまうのがオチだろう。キャピタル・ガーディアン・トラストのロバート・カービーお気に入りの小話を紹介して、この章を終えることにしよう。

おばあさんが、余生を過ごす小さな家のポーチでロッキング・チェアで日向ぼっこしていると、小さな魔法使いが現れて言いました。

「おばあさん、あなたの願いを三つかなえてあげますよ」

「あっちへお行き、お馬鹿さん。年寄りをからかうんじゃないよ」

「いいえ、本当ですよ。試しに何かお願いしてみてください」

「わかったわよ。そんなに言うなら、このロッキング・チェアを黄金に変えてごらん」

するとたちまち黄金になりました。

するとまたもや煙がたちのぼり、ロッキング・チェアはたちまち黄金になりました。そこでおばあさんは真剣になり、

「私をきれいな若い娘にしておくれ」

するとまたもや煙がたちのぼり、おばあさんは若くてきれいな娘になりました。そこで、おばあさんは「最後に、あそこにいる私の猫ちゃんを若くてすてきな王子様にしてちょうだい」

すると、たちどころに若くてすてきな王子様が現れ、彼女の方を向いて言いました。

「私を去勢してしまったことを、後悔しているんじゃないのかい」

第10章　行動ファイナンス学派の挑戦

行動ファイナンスは伝統的なファイナンス理論の一分野ではない。それはより正しい人間性理解の上に立った、伝統的理論にとって代わる新しい理論なのだ（メイヤー・スタットマン）

第3部のここまでの章では、株式市場の理論や投資手法を、投資家は完全に合理的に行動することを前提に説明してきた。つまり、どの投資家にとっても目的は資産価値の最大化であり、それを一人一人のリスク許容度を唯一の制約条件として投資の意思決定がなされると考えてきたのだ。しかし、二一世紀に入って急速に力を持ち始めた、行動ファイナンスと呼ばれる新しい金融経済学の学者たちは、「その前提が間違っている」と声高に主張する。彼らに言わせれば、多くの（というよりほとんどの）投資家は、合理的な人間とは程遠い存在なのだ。あなたの友だちや知人、職場の同僚や上司たち、両親、それに連れ合いの行動をちょっと観察すればわかるだろう、と（もちろん子供たちにいたっては何をか言わんやだ）。身の回りにいるこうした人々の中で、いつも非常に合理的に行動していると言えるような人はいるだろうか。もしあなたの答えが「ノー」、あるいは「時々はノーだね」というものなら、きっとこの章で案内する行動ファイナンスの曲がりくねった小道の散策を楽しんでいただけるものと思う。

効率的市場理論も現代ポートフォリオ理論も、リターンとリスクの関係を扱う資産評価モデルも、市場に参加する投資家は非常に合理的な人間だという前提の上に成り立っている。すなわち、投資家は全体としては投資対象となる株式の現在価値を合理的に推定して売買しており、市場では常にその銘柄の将来の利益や配当見通しを適切に反映した、公正な株価が形成されているはずだというのだ。

鋭い読者諸氏は、この「全体としては」という言葉が学者の逃げ道になっていることに気づかれたに違いない。この表現を使っておけば、必ずしも合理的ではない一部の投資家の存在を許容できるからだ。そして効率的市場論者たちは、たとえ非合理的な投資家がいても、その行動はランダムなインパクトしか持たないため、決して効率的な株価形成の妨げにはならないと言い抜ける。また、仮に非合理的な投資家の非合理な行動によって株価形成に歪みが生じたとしても、合理的な投資家が必ずそれを修正する売買を行うため、効率的な状態が回復されるのだと言う。これに対して心理学に根ざした学者たちは、この問題に関して経済学者たちのような言い逃れはしない。中でもダニエル・カーネマンとエイモス・トヴェルスキーの二人は、投資家行動に関する伝統的な学者たちの考え方をこっぱ微塵に打ち砕いた。彼らはその功績によって、「行動ファイナンス」と呼ばれる全く新しい経済理論の父と称えられている。

二人は単刀直入に、人々は経済学者が主張するほどには合理的に行動しないものだと主張した。この、普通の人にはごく常識的と思える指摘が、経済学者の間で受け入れられるまでに、なんと二〇年もの歳月を必要とした。そして、ようやくその主張が受け入れられ始めた一九九六年に、トヴェルスキーはこの世を去った。それから六年後、生き残ったカーネマンはその功績を評価されてノーベル経済学賞に輝いた。経済学出身ではない学者にこの賞が与えられたという点で、これは特筆すべき出来事であった。受賞の知らせを聞いたカーネマンは、「この賞は、……エイモス（トヴェルスキー）と私の共同研究に対して与えられたものであることは言うまでもありません。それなのに死者に授けられる賞がないのは、かえすがえす残念でなりません」と語った。

この二人の学者が提示した考え方は、人間の意思決定プロセスにかかわる社会科学のすべての分野に影響を与えた。とりわけ国中の大学の経済学部およびビジネススクールに対して、きわめて大きなインパクトを及ぼすことになった。何しろ論文を発表したり、高額の謝礼をもらって講演したり、博士論文をまとめたりするのにうってつけの、全く新しい学問分野が大きく切り開かれたのだ。

学者や大学院の学生にとっては、なるほど大変結構な話なのだが、一般の投資家にとってはどうだろう。行動ファイナンスがどのように投資家の役に立つのだろうか。つまり、これを読んでいるあなたたちにとってだ。実はこれが大いに役に立つのだ。

行動ファイナンス学派によれば、市場株価は実にあやふやなもので、株価が過剰反応することは例外的なことではなく、むしろいつもそうなのだ。その上、投資家は合理的に期待される行動から規則正しいパターンで逸脱し、非合理的な売買の間には強い相関関係があると言うのだ。そして、行動ファイナンス学者たちはそこからさらに議論を一歩進めて、投資家の非合理的な行動を数量化し、あるいはいくつかのパターンに分類することが可能だと主張する。彼らによれば、投資家の非合理的な行動をもたらすのは、⑴自信過剰、⑵偏った判断、⑶群れの心理、⑷損失回避願望、の四つの要因なのだ。

これを聞いた効率的市場論者たちは、とりあえず「なるほど、もっともだ」と受け止める。しかし、私を含む合理的経済学者たちは、必ず「しかし」と続けて言う。「しかしだよ、そういった非合理的な行動がもたらす株価形成上の歪みは、必ず合理的な投資家の裁定行為（アービトラージ）によって矯正されるはずじゃないのかね」と。市場価格が少しでも本来あるべき合理的な水準から乖離していれば、裁定取引を行ってそこから利益を得ようとする投資家、いわゆるアービトラージャーが、鵜の目鷹の目でそういう機会を探しているのだ。アービトラージを厳密に定義すれば、同一の財が二つの市場で異なる値段で売買されている時、一物二価の状態をうまく利用して利益を上げる行為を意味する。例えば、今ニューヨークで英通貨の一ポンドが一ドル五〇セントで売買されており、一方ロンドンでは二ドルで売買されているとしよう。抜け目のないアービトラージャーなら、ニューヨーク市場で一ドル五〇セント払って一ポンド購入し、同時にロンドンでそれを売って二ドルに換え、瞬時に五〇セントの棚ボタ差益を懐にするだろう。同様に、もしある企業の普通株がニューヨーク証券取引所とロンドン証券取引所で異なった株価で売買されているとすると、株価が低いほうの市場で「買い」、高いほうの市場で「売れ」ば、やはり棚ボタの差益を上げることができる。

しかし、一般にアービトラージという時はもっと広い意味で使われる。例えば、同じような利益、配当見通しの同一業種のライバル二社があるとして、両社の株価収益率にかなりの差がついている状態や、交渉中の買収提案が受け入れられれば、高い株価のついている会社の株式と交換できる可能性もあるもう一方の会社の株価がかなり低い水準にある場合なども含まれる。そしてアービトラージの最も緩い定義によれば、ファンダメンタル価値に照らして割安と思われる銘柄を買い、同時に割高と思われる銘柄を売るような投資戦略も含まれる。こうしたチャンスに賭ける多数のアービトラージャーによる様々な裁定取引を通して、不合理な一物二価の状態が修正され、解消されて、効率的市場が保たれるのだ。

これに対して行動ファイナンス論者は反論し、効率的市場を維持するのに必要なアービトラージは、様々な障害が存在するため実際には機能しないと言う。そして、裁定取引を通して株価がファンダメンタル価値に収斂すると考えるのは幻想だと言い切る。彼らの考えからすれば、株価は効率的市場の下で成立するであろう水準から著しく乖離することも大いにありうるのだ。

以下では、行動ファイナンス学派の考え方に沿って、なぜ市場における株価形成はそんなにも非効率的になり、またなぜ彼らがウォール街のランダム・ウォークがすべて無意味だと主張するのかを、彼らに成り代わって紹介してみよう。併せて、行動ファイナンス学派の理論を理解することによって、投資家が陥りやすい規則性のある失敗からいかに身を守ることが可能かについてもお話ししたい。

1　個人投資家の非合理的な投資行動の解明

第1部で紹介した豊富な例からもおわかりいただけたように、どんな時代にも投資家が非合理的な行動に走る「場面」がある。しかし行動ファイナンス学派は、ある場面が来ると投資家は非合理的になるのではなくて、常に基調として非合理的なのだと主張する。

自信過剰と過度の楽観

認知心理学の研究者たちは数々の研究結果に基づいて、人々が不確実性の存在する中で判断を下す時は、ある規則性をもって間違いを犯すことを証明している。最も普遍的な傾向として指摘できるのは、自分の信念や能力に対する過信と、将来に対する過度の楽観主義である。

これらの傾向を確かめるために行われる実験の一つに、多数の被験者に対して、平均的なドライバー、あるいは自分以外のすべてのドライバーと比較して、「あなたの運転能力はどのレベルだと思いますか」という質問がある。車の運転は、言うまでもなくリスクを伴う行動であり、運転技術の巧拙が非常に大きくかかわってくる。したがって、この質問に対する答えを見れば、被験者が他との比較で自分の運転能力に対して客観的な認識を持っているかどうかがわかる。この実験を大学の学部レベルの学生を対象に行った場合には、例外なく八〇%ないし九〇%の学生が、自分は他のクラスメイトと比べると運転が上手で、また事故を起こす可能性は低いと答える。伝説のウォビゴン湖の子供たちのように、ほとんどすべての学生が自分は平均以上だと考えるのだ。

学生を対象にしたもう一つの実験は、被験者に彼ら自身とクラスメイトの将来性について聞くものである。この実験の典型的な結果を見ると、圧倒的多数が自分の将来はバラ色で、仕事では成功し、幸せな結婚をして、健康な一生を送れると答える。一方、クラスメイトの将来はとなると、ほとんどの学生が彼らの多くはアルコール依存症になったり、病気で倒れたり、離婚されたり、その他諸々の不幸に見舞われる可能性があると、きわめて現実的な答えを書いている。

こうした実験がいろいろコンテクストを変えて繰り返し行われた。例えばベストセラーになったビジネス書『エクセレント・カンパニー』の中で、著者のピーターズとウォーターマンはランダムに選んだ成人男子に対して、他人とうまくやっていける能力について尋ねた結果について、次のように報告している。被験者の実に全員が、その点に関しては自分は少なくとも平均より上だと答え、また被験者の二五%は上位一%に入っていると思うと答えた。運動神経がどの程度優れているかという、かなり客観性の高い質問に対しても、被験者の六〇%以上は上位二五%に入っていると信じていたのだ。のろまな男ですら自分の運動能力を過大評価していた。被験者のうちたったの六%だけが、自分の運動能力は平均より下だと認めたのだった。

カーネマンはこの自信過剰傾向はとりわけ投資家について顕著に見られると言っている。様々なグループの中でも、特に投資家は自分の運用能力を過大に評価し、偶然の果たす役割を認めないのだ。彼らは自分の知識を過大評価し、リスクは軽視し、将来起こる事柄を十分コントロールしていると錯覚する傾向が強い。カーネマンは例えば次のような質問をしてみるのだ。

一カ月後のダウ平均の、もっともありそうな予想値をあげてください。次に、一カ月後のダウ平均が九九%の確度で（ただし絶対にではなく）上回らないと思われる高値をあげてください。また、同様にダウ平均が九九%の確度で（ただし絶対にではなく）下回らないと思われる安値をあげてください。

もしこのテストが正しく行われたなら、実際のダウ平均があなたの予想値を上回る（下回る）確率は一%ということになる。言い換えれば、あなたは九八%の確度で一カ月後のダウ平均が一定のレンジに収まると予想していることになる。そして同様な実験が金利水準やインフレ率、個別銘柄の株価などについても行われた。

その結果、一カ月後の株価のレンジを正確に予想できる投資家は、ほとんどいないことが判明した。正確なレンジとは、実際の株価がそこから上下にはみ出る頻度が、一〇〇回に二回、二%しかないようなレンジを意味する。しかし、実際の株価は平均的に予想されたレンジを上下に二〇%近くもはみ出しているのだ。こうした傾向を心理学者たちは「自信過剰」と呼ぶ。投資家が「私は九九%の自信を持って、〇〇だと思う」と言う時、実際には八〇%程度しか当てにならないと考えるべきなのだ。そんなに自信を持って高い確率を約束する人は、自分の予想に不当に強い自信を持ちすぎているのだ。そしてまた、こと投資問題となると、男性のほうが女性よりも一般的にかなり自信過剰傾向が見られるという。

これらの実験の教訓は何か。それは予想レンジに対してあまりにも高い確率を与えすぎる傾向があるということだ。投資家は自分の予想能力を過信し、将来見通しに関して常に楽観的にすぎるのだ。こうした傾向は株式市場ではいろいろな形を取って繰り返し現れる。

まず何より、多くの個人投資家は根拠なしに市場平均に打ち勝てると固く信じている。その結果、投機に走り、また不必要な短期売買を繰り返す。この点に関して行動ファイナンス学者のテランス・オディーンとブラッド・バーバーは、ある大手ディスカウント・ブローカーの個人投資家の売買記録を長期間にわたって分析した。その結果、売買頻度の多い投資家ほどパフォーマンスが悪かったのだ。また男性のほうが女性よりも遥かに頻繁に売買を行い、したがってパフォーマンスも劣ることがわかった。

より最近になって、バーバー、ホアング、オーディーン、シュワルツの四人の研究者が、フィンテック会社ロビンフッド社のプラットフォーム上でトレーディングを繰り返す個人投資家の行動を分析した。その結果、同社の顧客がもっとも頻繁に投資した銘柄群は、絶対リターンでも相対リターンでもマイナスになっていることがわかった。投資後一カ月目のリターンは、市場平均に比べて五％も低かったのだ。

この個人投資家の運用能力に関する根拠のない幻想は、「後知恵」と呼ばれる、もう一つの心理学的な傾向と密接に関連しているのかもしれない。つまり、過剰な自信が過去にうまくいったケースの記憶に根ざしているのだ。例えば、後から振り返って「私はグーグルの株価が株式公開の直後に四倍に暴騰することはわかっていたんだよ」と言うのは簡単だ。人間はうまくいった場合には、それを自分の能力の結果だと考える強い傾向がある。そしてうまくいかなかった時には、めったに起こらない外的要因のせいにしたがるのだ。しかし、世の中はいくつかの成功したケースだけで動いているわけではない。後知恵に頼ることは自信過剰につながり、また将来を予見することはやさしいという幻想にとりつかれることにつながる。全く価値のない投資サービスを提供している人々の多くは、自分たちのしていることが投資家のお役に立っていると思っている。フォーブス誌の発行責任者であるスティーブ・フォーブスはこのことの本質をよくわきまえた人物で、小さい時に祖父の膝で聞いた忠告を実践している。「投資アドバイスはもらうより売るほうが、遥かに儲かる」というものだ。

多くの行動ファイナンス学者は、企業収益の成長性の予測能力に関する自信過剰が、いわゆる成長株が過大評価される傾向をもたらしていると主張する。画期的なコンピュータ関係の新技術や医療機器の開発、あるいは急成長する新しい小売形態が一般投資家を魅了し始めると、彼らはこれまでの成功と高成長をそのまま未来に投影し、はっきりした根拠もないのに素晴らしい未来を強く確信するようになる。そして、成長株の高い期待利益成長予想が株価収益率を押し上げるのだ。しかし、こうしたバラ色の予想はほとんどの場合裏切られることになる。やがて一株当たり利益は減少に転じて株価収益率も大幅に下落し、惨めな結果に終わるのだ。こうした、誰もがもてはやす成長株の利益成長率の過大評価が、成長株グループの投資パフォーマンスがバリュー株グループを常に下回る傾向をもたらしていることの有力な証明になるだろう。

偏った判断

私は運用成果を自分でコントロールできると固く信じている人に、毎日のように出くわす。とりわけチャーティストがそうだ。彼らは過去の株価パターンを見るだけで、将来がわかると信じている。『非合理的な相場の下での合理的な投資』を著したラリー・スウェドローは、素晴らしい勝ちパターンが想像以上に頻繁に起きることを、次のような例で説明している。

ある統計学の教師は、毎年最初の授業を始めるに当たり、生徒全員に頭の中でコインを一〇〇回投げるゲームを想像させ、その結果を書き留める演習を行うことにしている。そして選ばれた一人の生徒だけには、本当にコインを一〇〇回投げるように指示する。それからその教師は一五分間だけ席を外し、帰ってくると教卓の上に全員の演習結果が提出されている。教師はおもむろに生徒に向かい、「実際にコインを投げた結果がどれかを当ててみましょう」と言うのだ。そして常に教師はそれを言い当てて、生徒を魅了する。

一体この教師はどのようにして、まるで魔法使いのような技を発揮するのだろうか。種を明かせば、教師は表、あるいは裏が連続して出る「連」が最も長いものが、本物のコイン投げによる結果だということを知っているのだ。確率的にはどちらも同様に可能な「表表表表表裏裏裏裏裏」と、「表裏表裏表裏表裏表裏」の二つの結果を見せられて、どちらのほうがよりありうると思うかと聞いた時、大部分の人は迷わず後者を選ぶ。したがって想像に基づいて結果を書かせると、例えば「表表裏裏裏表裏表裏裏裏」といったもののほうが、「表表表裏裏裏表表表表」といったものよりも、遥かに多くなるのだ。

株式は長期的なトレンドとしてプラスのリターンをもたらすが、それを上回る過大なプラスのリターンの連続は決して持続しない。必ずその後に低水準あるいはマイナスのリターンが待ち受けている。つまり短期のリターンは平均に向かって収斂するのだ。同様に、金融の重力の法則は逆方向にも働く。少なくとも株式市場全体に関しては、下げ相場の後には必ず上げ相場が訪れる。それなのにその時その時の支配的な見方は、相場が異常に強い時には今後さらにそれが加速し、弱い時にはさらに落ち込むというものだ。

心理学者たちはつとに、個人投資家は何の根拠もないのに、自分たちは事態をしっかりコントロールできているという幻想の虜になる、強い傾向があることを指摘してきた。学者たちは、例えば次のような実験を行う。画面が上下に二分されているコンピュータ・スクリーンの前に、被験者たちを座らせる。画面上ではボールが中央の水平なラインを突き破って、自由に動き回っている。被験者にはボタンを押せばボールが上方に動く装置が渡されており、また時々ランダムにショックが与えられ、それによってもボールは突き動かされると説明されている。その環境下で、被験者はボールをなるべく長時間、水平ラインの上半分のスペースにとどめるように求められるのだ。

ある実験では、被験者の持つ装置は見せかけで、ボールの動きをコントロールする力は与えられていなかった。にもかかわらず、実験が終わった後の面談では、ほとんどの被験者は「かなりうまくボールの動きをコントロールできたと思う」と答えたのだ（ちなみに、このダマシの実験に惑わされなかった被験者は全員重症のうつ病患者だった）。

もう一つの実験は、ある職場で二組の全く同じプロ野球のスタープレーヤーの写真カードセットを用いて行われた。一組のカードセットは箱の中に置かれ、後でその中から一枚だけランダムに取り出されることになっている。そしてもう一組のカードセットは、被験者に一枚ずつ配られる。ただし被験者の半数は好きなカードを選ぶことができ、残る半数はただ渡されるだけである。そして箱の中から引かれるカードと同じカードを持っている人に、賞金が与えられることになっていた。

すべてのカードが配られたところで、新たな被験者が一人加わり、カードを買いたいと申し出る。カードを保有する被験者たちは、何がしかの価格でカードを売却するか、賞金を射止めることに賭けてカードを持ち続けるかの選択を迫られることになる。言うまでもなく、どのカードも賞金にありつく確率は同じだ。にもかかわらず、カードを売ってもいいと思う価格は、自分で選んだ被験者グループのほうがただ渡されただけのグループのそれよりも、例外なく高くなる。こうした実験の結果を踏まえて、州政府が行うロッタリーでは、運だけが決める当たりくじの番号をあえて購入者に選ばせているのだ。

このように、自分はある程度結果を左右できるという幻想が、投資家をポートフォリオの中の負け犬銘柄にこだわらせるのだ。そしてその延長線上で、ありもしない株価トレンドや、将来の株価を予測する株価パターンの存在を信じるようになる。実際、何とか過去の株価データから将来を予測できる可能性を探るために多大な努力がなされてきたにもかかわらず、時間軸の上での株価の動きはきわめてランダムで、将来の株価は基本的に過去とは無関係なのだ。

一般の人は厳密な確率論の原則を理解せず、「類似性（similarity）」や「代表性（representativeness）」に基づいた直感を用いて判断するため、問題が増幅される。カーネマンとトヴェルスキーによる次の有名な実験が、この問題の性質を端的に示している。

この実験では被験者はまず次のような文章を読まされる。


リンダは三一歳の女性で独身、はっきり自己主張するタイプで非常に聡明である。大学では哲学を専攻し、学生時代から差別や社会的不公正に強い関心を持ち、核兵器廃絶を求めるデモにも参加していた。

これを読んだあと、被験者たちはリンダに関する八つの記述がどの程度もっともらしいと思うかを尋ねられた。その中の二つは、次のような記述であった。第一は、「リンダは銀行の窓口係の仕事をしている」というもので、第二は、「リンダは銀行の窓口係の仕事をしており、フェミニスト活動に積極的にかかわっている」というものだった。すると被験者の八五％が、リンダは単なる銀行の窓口係にすぎない確率よりはフェミニスト運動家でもある可能性のほうが高いと答えたのだ。しかし、この答えは確率論の基本にある原則の一つである、複合命題の確率に違反しているのだ。つまり命題Aと命題Bの両方に該当する確率は、命題Aに該当する確率に等しいかそれ以下であるべきなのだ。被験者の大半は確率論を全く理解していなかったことは明らかだろう。

リンダの記述は、彼女がフェミニスト運動家であることを連想させる。したがってリンダの記述としては、単に「銀行の窓口係だ」というよりは、「銀行の窓口係で、かつフェミニスト運動家だ」というほうが、よりリンダを代表しているように思えるのだ。この実験は、ナイーブな被験者グループにとどまらず、高学歴グループ（すなわち大学で確率・統計学を履修したことがあるが、本当に専門的には理解していない人々）に対しても繰り返し行われた。

この結果を記述するために、カーネマンとトヴェルスキーは「代表性の簡便的意思決定法（representative heuristic）」という専門用語を編み出したものだ。そして、この用語は特に基礎確率の軽視ないし無視に起因する。ベイズの法則と呼ばれる確率論の大原則によれば、ある人が特定のグループに属する可能性は、代表性と基礎確率（母集団中に特定のグループが占める割合）を、掛け合わせて考えなければならない。卑近な例で言えば、もしある人物が犯罪者のように思える（私たちの持つ犯罪者のイメージを代表している）という時、その人物が本当に犯罪者である可能性を判断するためには、犯罪者の基礎確率、すなわち社会全体に占める犯罪者の比率も十分考慮する必要があるのだ。しかし、様々な被験者のグループに共通する特色として、判断を下す際に基礎確率をほとんど考慮しないという強い傾向が見られる。わかったようなわからないような話かもしれないが、この「代表性の簡便的意思決定法」という傾向は、人気の投資信託信仰や、最近の実績のナイーブな将来への延長を含む、株式投資面でよく見られるいくつかの誤りを説明してくれるように思える。

多くの研究結果によれば、一般にグループとしての判断のほうが、一人一人の判断よりは優れていることが多い。より多くの情報が共有され、より多面的な見方が考慮に入れられ、より多くの人が議論に参加するほどよりよい判断が導かれる。

集団の英知は、経済全体における自由市場メカニズムが端的に示している。多種多様な消費者と生産者の無数の意思決定が、経済全体としては市民が必要とする財やサービスが提供されることを可能にする。需要と供給の力関係に対応することを通じて、アダム・スミスの見えざる手に導かれて価格メカニズムが財やサービスを必要な量だけ提供されることを保証するのだ。共産主義中央計画経済が高い代償を払って学んだように、中央政府の全知全能のエリート官僚たちは、必要な財やサービスを生産するための資源配分に関しては、効率的な市場メカニズムの足元にも及ばなかった。

同様に、無数の個人や機関投資家の「売り」「買い」の意思決定の総和として均衡株価が形成され、どの銘柄も同じ程度に魅力的になるような株価がついている。そして、株価に含意される将来の予想リターンは結果的に間違いだったとなることも多いが、市場参加者全体の平均的予想は、どの個々の投資家のそれよりもより適切なもののように思われる。その結果、ほとんどの積極運用で勝負するファンド・マネジャーは、低コストの市場インデックス・ファンドと成績を比較されると、頭を垂れて恥じ入ることになる。

読者の皆さんが先刻ご承知のように、市場はどんな時でも正しく株価をつけられるわけではない。時として群集の熱狂が市場を席巻する局面があることは、一七世紀オランダのチューリップ・バブルに始まり、今世紀冒頭のインターネット・バブルに至るまで、見ての通りだ。そして、行動ファイナンス学派が重視するのは、この「病的な」群れの心理なのだ。

群集行動の研究対象として最も代表的な現象と考えられているものに、「集団思考」と呼ばれるものがある。これは個々人が集団で行動することによって、ある間違った考え方が訂正されるどころか増幅されて、あたかも正しい考え方であるかのように広く共有される現象を指す。確かに、二〇〇〇年当時見られたインターネット関連銘柄の将来性に関する途方もなく楽観的な予想や、明らかに行き過ぎたニューエコノミー銘柄の株価評価などは、病的な群れの心理の結果と言えるだろう。

社会心理学者のソロモン・アッシュは、誤った意思決定につながりかねない集団行動をいち早く取り上げた学者の一人だ。つとに一九五〇年代に、彼はどんな子供でも答えられるような簡単な質問に基づく実験を行った。この実験では被験者は縦の直線が描かれたカードを見せられた。左側には縦の直線が一本だけ描かれ、右側には同じく三本描かれている。そして七人の被験者に右側の三本の直線のうち、左側の直線と同じ長さなのはどれかと尋ねるのだ。ただしアッシュは、実験のやり方にいろいろ巧妙な罠を仕掛けた。ある実験では、七人のうち六人とあらかじめ示し合わせて、七人目の被験者が答える前に全員が間違った答えを表明するように仕組んだ。その結果は驚くべきものだった。七人目の被験者はしばしば、間違った答えのほうを選択することがわかったのだ。これを見てアッシュは、七人目の被験者は間違っていることを知りながらも、多数意見にくみするほうを選んだのだと考えた。

神経科学者のグレゴリー・バーンズは二〇〇五年にＭＲＩスキャナーを使って実験を試みた。ソロモン・アッシュが行った実験で、間違いと知りながら多数意見に従ったのか、それとも多数意見に触れた結果、認識そのものが変わったのかを見つけるために、脳の動きを調べてみたのだ。バーンズはもし被験者がグループのプレッシャーに屈して心ならずも間違った結論を選んだ場合には、心の葛藤を察知する前頭部の働きに変化が生じるはずだと考えた。しかし、もし認識そのものに変化が生じて同意したのなら、視覚や空間認識に関わる後頭部に変化が生じると考えたのだ。その結果、間違った多数意見に従う人の場合、脳の空間認識をつかさどる部分が活発になることがわかった。換言すれば、他の多くの人の言動が、被験者が実際何を見ていると思うかを変えてしまうというのだ。大勢の他の人々の間違った考え方が、一人一人の認識に大きな影響を与えるというわけだ。

また別の実験では、心理学者たちが一人の協力者に、一分間街角に立って空を眺めているように頼んだ。傍を通りかかったほんの一握りの人々がそれに気づいて立ち止まったが、ほとんどの人は全く注意を払わずに通り過ぎた。その次に学者たちは、五人の協力者に同じことをするように頼んだ。すると今度は前回よりも四倍もの通行人が立ち止まって、一緒に空を眺めた。そして協力者を一五人に増やしたところ、なんと通行人の半数近くが立ち止まって空を眺めたのだ。こうして協力者の数を増やせば増やすほど、立ち止まる人も増えていった。

前世紀末から今世紀初めにかけてのインターネット・バブルは、多数の投資家が間違った投資判断に集団で熱狂する古典的な例と言えよう。ニューエコノミー関連銘柄への投資で巨大な値上がり益が得られる可能性に興奮して、無数の個人投資家が根拠のない群集心理に感染してしまった。ゴルフクラブの友人や職場の同僚、ブリッジゲームのパートナーなどとの雑談を通して、インターネットの爆発的な普及によって巨大な富が築かれつつあるという強力なメッセージが広まっていったのだ。人々は株価が利益や配当の成長可能性といったファンダメンタルな要因では説明のつかないほど高くなっているのに、株価が上昇を続けており、他の投資家が大儲けしているという理由だけで、株を買い始めたのだ。

経済史家のチャールズ・キンドルバーガーが述べたように、親しい友人が自分より金持ちになることほど、人の心をかき乱し判断を狂わせるものはないのだ。そして『根拠なき熱狂』を著したロバート・シラーは、「このプロセスは『ポジティブ・フィードバック（順張り投資）の回路』を通して、自己増殖する」と指摘している。株価が上がり始めると、より多くの投資家がゲームに参加し、そのことによってより多くの投資家が潤い、ますます多くの投資家を惹きつけることになる。この現象は私が第4章で紹介したポンジ・スキームのインターネット版に他ならない。そしてやがて「より馬鹿」な投資家の供給が底をつくのだ。

こうした集団行動はナイーブな個人投資家にとどまらない。投資信託のファンド・マネジャーも同じ行動を取る傾向があり、皆が同じ銘柄に集中しがちなのだ。実際、ホング、キュービック、シュタインの三人の行動ファイナンス学者は、投信のマネジャーは他のファンド・マネジャーの多くが似たような銘柄のポートフォリオを保有しているなら、やはり自分もそれらの銘柄を保有する傾向が強いと結論づけている。これはいわゆる「流行モデル」にかなっており、人気の銘柄についての一方向の情報が投資家から投資家へ口伝てに、瞬く間に広まっていくのだ。

こうした集団行動の結果は、個人投資家に対して壊滅的な打撃をもたらすことになる。確かに株式市場は長期平均的には高いリターンをもたらしてきたが、実際に平均的な個人投資家が手にしたリターンは、それを大幅に下回るものにとどまるのだ。それというのも、投資家は熱狂的ブームで相場がピークにさしかかる頃に、本格的に投資信託を購入する傾向が強いからだ。例えば、二〇〇〇年三月までの一年間に株式投信に対して新規に流入した金額は、それ以前のどの一年間よりも大きかった。そして、バブル崩壊後の相場の暴落が大底を迎えつつあった二〇〇二年および二〇〇八年の秋には、逆に個人投資家は株式投信を大量に投げ売りして、資金回収に回っていた。ダルバー・アソシエイツの調べによれば、この売買タイミングの選択の間違いのせいで、平均的な個人投資家が手にするリターンは、市場インデックス・ファンドをずっと保有していた場合に比べて五％は低くなっていると考えられる。

その上、投資家は直近に高いパフォーマンスを上げた投資信託を選ぶ傾向がある。例えば二〇〇〇年の第一・四半期には巨額の新規資金が株式投信に流入したが、そのすべてはハイテク成長株ファンドに向けられた。一方、バリュー株ファンドは大量の解約に見舞われたが、その後二年間に成長株ファンドの価格は大幅に下落した中で、バリュー株ファンドは多少とも値上がりしたのだ。このファンド選択の間違いによるリターンへのマイナス効果が、上述のタイミングの間違いによるマイナスに追い討ちをかけた。このように、行動ファイナンス理論が個人投資家にもたらした最も大切な教訓は、決して集団自決的な行動に身を委ねてはいけないということだ。

損失回避願望

カーネマンとトヴェルスキーの学問上の最大の貢献は、「プロスペクト（期待）理論」と呼ばれる新しい考え方を提唱したことにある。これは、利益や損失につながるリスクのある状況に直面した時の、個人の選択行動に関するものである。ハリー・マーコビッツをはじめとする伝統的な金融経済学者たちは、投資家の行動モデルを金融資産の価値の最大化を目的関数に据えて構築してきた。しかし、期待理論はその前提に疑問を呈したのだ。カーネマンとトヴェルスキーは、個人の投資意思決定は価値の最大化というよりは、利益あるいは損失がその人々の持つ効用に与える影響の大きさに依存すると考えた。そして金額が同じなら、通常は損失のほうが利益よりも遥かに望ましくないもの（大きなマイナスの効用）と受け止められると言う。それからまた彼らは、どのような表現で利益あるいは損失の可能性が提示されるかによって、人々の選択は大きく左右されると言うのだ。心理学の専門用語では、これを「選択肢がどのような形で『フレーム（設定）されるか』」と呼ぶ。

例えば、偏りのないコインを投げて表が出れば一〇〇ドルもらえるが、裏が出れば逆に一〇〇ドル取られるとしよう。この賭けをやってみるかと聞かれると、繰り返しやればトントンになるとわかっていても、ほとんどの人は「ノー」と言う。つまり二回に一回は表が出て一〇〇ドル儲かり、二回に一回は裏が出て一〇〇ドルを損するのだ。数学的表現を用いれば、この賭けの（数学的）期待値はゼロで、次のように示される。

表が出る確率×利益＋裏が出る確率×損失＝期待値
＝〇・五×一〇〇＋〇・五×（－）一〇〇＝〇

そこでカーネマンとトヴェルスキーは、様々な被験者に対して、表が出た時の利益をいくらに引き上げれば皆がこの賭けをやってもいいと思うかの実験を重ねた。その結果、平均的には表が出た時の利益を二五〇ドルにしないと、この賭けは成立しないことがわかった。この場合の数学的期待値は、次に示されたように七五ドルということになる。悪くない話だ。

数学的期待値＝〇・五×二五〇＋〇・五×（－）一〇〇＝七五

これを踏まえて、カーネマンとトヴェルスキーは、平均的投資家にとって損失は同額の利益に比べると二・五倍も望ましくないものだという結論に達した。つまり、一ドルの損失は一ドルの利益の二・五倍も大きな痛みと受け止められるのだ。かなりの金額の資産を保有する人にとって、資産が限界的に一

○○ドル減ってもほとんど痛くもかゆくもないと思うかもしれないが、多くの人は極端に損失を回避したがるのだ。後に取り上げるように、実はこの強い「損失回避願望」が、いろいろな高くつく投資の失敗につながるのである。

しかし興味深いことには、選択肢の一つが確実に発生する損失である場合には、圧倒的に多くの被験者はうまくいけば損失を避けられる可能性のある賭けのほうを選ぶ傾向があることがわかった。例えば次のような状況がそれだ。

(1)確実に七五〇ドルの損失が発生

(2)七五％の確率で一〇〇〇ドルの損失か二五％の確率で損失なし

ここで注意してほしいのは選択肢(1)も(2)も、数学的期待値は共にマイナス七五〇ドルだということである。にもかかわらず被験者の九割近くは二番目の選択肢、すなわち一か八かに賭けるほうを選ぶ。確実に損失が発生する場合には、人々はむしろリスク（不確実性）があるほうを選ぶのだ。

この問題に関連してカーネマンとトヴェルスキーは、選択肢がどのような形でフレームされるかによって影響を受けるという、もう一つの重要な側面に気がついた。同じ選択問題が、設定の仕方によって全く違った意思決定につながると言うのだ。この問題を調べるために彼らは次のような設問を用いた。

今アメリカ政府はアジア発の新しい深刻な伝染病の爆発的な流行に備えた対策を検討しているものとする。このまま手をこまねいていると、六〇〇人の死者が出ることが懸念される。専門家たちはプログラムA、Bと呼ぶ二つの対応策を提案している。そしてそれぞれのプログラムの効果は、次のように見積もられている。

- プログラムAを採用すれば、二〇〇人は助かる
- プログラムBを採用すれば、三分の一の確率で六〇〇人全員が助かり、三分の二の確率で一人も助からない

ここで注意してほしいのは、どちらのプログラムの下でも助かる人の数学的期待値は二〇〇人で同じであることだ。しかし、期待理論によれば、人々は得られる利益に関してはリスク回避的な選択をする。そして予想通り、被験者の三分の二はプログラムAのほうがより望ましいと答えた。しかし、もし同じ問題を次のように設定した場合はどうだろうか。

- もしプログラムA*が採用されたら、四〇〇人が死亡する
- もしプログラムB*が採用されたら、三分の一の確率で一人の死亡者も発生せず、三分の二の確率で六〇〇人が死亡する

注意してほしいのは、プログラムAとA*、BとB*は全く同じものであることだ。ただし二番目の設定の下では、死者の数に焦点を当てて選択肢が記述されている。同じ問題をこのように設定し直したところ、なんと七五％以上の被験者が、今度はB*のほうがより望ましいと答えたのだ。この例は、選択肢の設定の仕方の影響を端的に示すと同時に、損失を伴う状況においては多くの人々は賭けのあるほうを選ぶ傾向が強いことを示している。別の例では、医者がガン患者に手術するかどうかを決めさせる時に、手術の結果を助かる可能性を中心に説明するか、助からない可能性を中心に説明するかによって、患者の選択が異なりうるという。

自尊心と後悔

行動ファイナンスの学者たちはまた、自尊心と後悔の念が投資行動に及ぼす影響を重視する。投資家は間違った投資の選択を行ったことを自分でも認めたがらない。ましてや、その誤りを友人や配偶者に対して認めなければならない時には、後悔の念は一層強いものになる。逆に、もし投資判断が正しく大

いに儲かった場合には、誰彼かまわず声高にふれて回りたがるのだ。

多くの投資家が損失の発生している銘柄を持ち続けるのは、やがて株価が回復し、後悔の念を回避できると期待するからだ。こうした自尊心と後悔の念を回避したいという願望が強いため、投資家はしばしば損をしている銘柄を保有し続け、儲けの出ている銘柄から手放すのだ。バーバーとオディーンが大手ディスカウント・ブローカーと取引のある一万人の投資家の取引行動を調べたところ、どの銘柄を処分するかに関して際立った傾向があることがわかった。すなわち個人投資家は、値上がりした銘柄を処分し、値下がりしている銘柄は持ち続けるという、はっきりした選好を持っているのだ。うまくいって値上がりした銘柄を売れば売却益が得られ、自尊心は大いに満たされる。逆に値下がりしている銘柄を売れば、現実に損失が発生し、自尊心も大いに傷つく。これはプロスペクト理論によれば、同額の利益の何倍かに匹敵するダメージになる。

こうした損失回避行動は、合理的な投資理論の下では明らかに最適な選択ではない。常識的に言っても馬鹿げているように見える。というのは、値上がり銘柄を処分すれば、それが非課税口座でない限りキャピタルゲインが発生する。一方、値下がり銘柄を処分する場合はキャピタルゲインは発生せず、またある範囲では他の銘柄の値上がり益と相殺できる。仮に値下がりしている銘柄が近い将来値上がりする可能性が大きい場合でも、とりあえず処分して損失を出し、値上がりの期待できる同様なリスクカテゴリーの他の銘柄を新たに購入すればいいわけだ。

似たような損失回避行動は個人住宅市場でも知られている。住宅が値上がりしている局面では売り物が増え、また売却希望価格あるいはそれ以上であっという間に買い手が見つかる。しかし、価格が下落している局面では売り物は少なくなり、また売り手がいたとしても売却希望価格を引き下げることを渋るため、いつまでも売れ残っている。売り手に損失回避願望が強いため、損失を出してまで売却することに対する強い抵抗があると考えることができる。

2　行動ファイナンスと貯蓄

行動ファイナンス理論はまた、雇用者側が同額の拠出を約束する場合でも、なぜ多くの人々が401k型年金プログラムに参加したがらないのかを説明してくれる。もし定額の手取り給与になれている社員に対して、その中から退職時に備えて積立額を月一ドル増やすように勧めると、来月から天引きされる追加の一ドルは、現在の消費可能所得の削減ととらえる。実際にはある限度まではそれによって課税所得が減るため、税引き後の純減額は一ドル以下にとどまるにもかかわらずである。人々はこうした小さな額の所得減でも、金額以上に大きく評価する。金額が同じなら、失う場合は増える時の嬉しさの二倍以上の痛みと受け止められるのだ。この損失回避願望に、現状をなるべく変えたくない、あるいはできれば面倒な意思決定はなるべく先延ばしにしたいという願望が重なる。このため、心理学者に言わせれば、人々が強制されなければあまり貯蓄したがらないのは、まことにもっともなことなのだ。

貯蓄を奨励するために二つの提案が考えられる。一つは、現状維持願望を打破するために選択肢の設定方法を変えることだ。前述のように、従業員の自主選択に任せれば401kプランへの加入率は低い。しかし、もし加入したくない従業員には公式にプラン非加入申請を提出することを義務づける形で選択を迫ると、参加率は飛躍的に高まる。実際、全社員加入の形で401kプランを運用する企業における加入率は、加入希望者だけが申請する形をとる企業よりも遥かに高い。後者の場合、加入を希望しない社員は非加入の得失をよく考慮した上で、はっきり非加入の意思表示をしなければならないからだ。

リチャード・セイラーとシュロモ・ベナルジは、もう一つの別な形の貯蓄奨励策を提案している。全社員参加型プランの場合でも、一部の社員には全くその余裕がないことが多い。そこでセイラーとベナルジは「セイブ・モア・トゥモロー」プランなるものを考案し、その下ではあらかじめ従業員全員から将来給与増があった場合には、増加分の一定割合を積み立てるという同意を取り付けておくようにするのだ。このプランに加入すると、次に昇給があった月から退職積立プランへの引き落とし額も増加する。こうすることによって手取り給与が減ることの痛みを緩和することが期待できる。そして積立額は昇給のつど多くなり、税法上の限度額に達するまで続くのだ。その結果、４０１ｋプランと現状維持願望の共存が可能になる。もちろんプランからの脱会はいつでも認められる。

セイラーとベナルジは、このアイデアを一九九八年に初めて中規模製造業で試してみた。当時、この会社は退職積立プランへの社員加入率が低いことに困っていた。セイブ・モア・トゥモロー・プランは非常に好評だった。全社員の四分の三が加入に同意したのだ。その上、加入した社員の八〇％以上が、その後もプランに入り続けている。また途中で脱会した社員も、積立率を最初の低レベルに戻すケースは見られなかった。脱会後の積立増をストップしただけで、加入前に比べるとかなり多額の積み立てを続けたのだった。

3　裁定取引（アービトラージ）の限界

　これまでは投資家の判断、したがって株価形成に影響を与える可能性の強い、認知面のバイアスの問題を取り上げてきた。つまり、個人投資家はしばしば経済学者の考える合理的な最適選択とは矛盾する、非合理的な行動をとる。そして最も病的なケースになると、人々は集団で正気を失い、あるタイプの銘柄群の株価を異常な高水準にまで吊り上げてしまうのだ。こうしたケースでは個々人の非合理的な行動が相互に打ち消し合うのではなく、むしろ同じ方向に加速するために効率的な株価形成など絵空事になってしまう。

　効率的市場論者はまるで口癖のように、仮に多くの個人投資家が非合理的な行動をとっても、アービトラージが働いて効率的株価水準は維持されるはずだと繰り返す。ウォール街のプロのトレーダーやヘッジ・ファンド・マネジャーに代表される裁定投資家が、過大評価された銘柄群を売り、過小評価されている銘柄群を買うことによって、その反対の行動をとるはずだ。これによって非合理的な個人投資家の行動の影響は速やかに是正される。つまり行動ファイナンス的に行動するトレーダーがいても、合理的なトレーダーが存在するため株価形成面への影響は中和されるというのだ。したがって何人かの行動ファイナンス学者は、効率的市場理論に挑戦するための第二の根拠として、経済学者が持ち出すアービトラージの機能は非常に限定されていると主張する。常軌を逸した株価形成を速やかに修正する形で裁定が働くことを期待するには、いろいろ制約が多すぎると言うのだ。

　例えば、非合理的な投資家がある石油会社の株価を、そのファンダメンタル価値に照らしても同業他社との比較でも、不当に高い水準まで買い上げたケースで考えてみよう。理屈では、裁定投資家は割高になった石油会社の株を空売りし、適正な価格のついた別の石油会社の株を現物で買うものと想定される。こうした組み合わせのアービトラージでは、石油業界に目先どんなサプライズが発生しても、両方の会社が同程度に好影響あるいは悪影響を受けるので業界リスクはヘッジされている。例えば、石油市況が上昇したため空売りした銘柄の株価が上昇したとしても、現物買いした銘柄の株価も同様に上昇するはずだからだ。

しかし、ちょっと考えただけでわかることだが、この裁定取引は非常に大きなリスクをはらんでいる。例えば割高になっている会社が、新しい油田を掘り当てたといった、全く織り込まれていないプラスのニュースを発表したとしよう。他方、現物買いした企業が、海底オイルリグの爆発といった予想もしなかった業績悪化を発表したため、株価が下がってしまったとする。この場合、裁定投資家は取引の両方で損失を被ることになりかねない。すなわち空売りした銘柄の株価はさらに上昇し、現物買いした銘柄の株価は下落するということだ。

間違っていると思われる株価形成を是正しようとして反対方向の売買をするトレーダーはまた、割高な銘柄を買い上げた投資家がその先行きの見通しに関して一層強気になるかもしれないリスクをも抱えている。例えば一九九九年当時、裁定投資家がインターネット銘柄は著しく割高に評価されていると確信したとしよう。そして代表的なインターネット銘柄群を空売りし、値下がりしたところで買い戻して一儲けしようと考えたかもしれない。しかし、実際にはニューエコノミー熱はその後もますます燃え盛り、多くのインターネット銘柄の株価はそれからまた倍になり、さらにまた倍になった。後になって振り返って見ると、二〇〇〇年にバブルがはじけたことがわかったにすぎないのだ。その間に多数の裁定投資家が無一文になってしまうかもしれないのである。

その結果、非合理的な高株価は多くの裁定業者よりも長生きするのだ。このことは投資家側に資金制約がある時には、特に当てはまる。ノーベル賞学者たちが運用戦略を指揮したヘッジ・ファンド、ロング・ターム・キャピタル・マネジメントは、理屈に反する価格形成がさらに進展したため、ヘッジ・ポジションの資金操りがつかなくなり破綻した。また、ヘッジ・ファンドのメルヴィン・キャピタルは、二〇二一年に燃え上がったミーム株バブルに際してゲームストップ株を空売りし、一三億ドルの運用資産の約半分をなくしてしまった。

割高な銘柄を空売りし、割安な銘柄を現物買いするゲームの主要なプレーヤーと目されるのは、何兆ドルもの資金を操るグローバルなヘッジ・ファンドだろう。プロ中のプロを自任するこれらのファンドは、当然、インターネット・バブルは長続きするはずがないと考えて、馬鹿高値をつけている銘柄を大々的に空売りして裁定利益を狙いにいったに違いないと思うかもしれない。マーカス・ブルンナーマイヤとステファン・ナゲルは、ヘッジ・ファンドが投機的な株価上昇の抑止力として機能したかどうかを確かめるために、一九九八年から二〇〇〇年にかけてのヘッジ・ファンドの行動を詳しく研究した。

その結果は驚くべきものだった。ヘッジ・ファンドという最もレベルの高い投機的機関投資家が、バブルの局面で行き過ぎた株価形成を修正する働きを全くしていなかったことがわかったのだ。実際にはヘッジ・ファンドは、行き過ぎにつけ込んでバブルをつぶすのではなく、むしろそれを増幅する形でバブルに便乗していた。すなわち、一九九八年から二〇〇〇年初めにかけて、ヘッジ・ファンド全体ではインターネット銘柄を買い増していたことが判明したのだ。ヘッジ・ファンドがとったこの戦略は、ナイーブな個人投資家の間に燃え広がる投機熱と集団思考が、行き過ぎた株価をさらに加速させるに違いないという確信に基づいていた。つまりヘッジ・ファンドは、第1章で紹介したケインズの新聞紙上の美人投票を地で行ったわけだ。三〇ドルで取引されている銘柄の本当の価値は一五ドルしかないとしても、どこかのより愚かな投資家がそれを六〇ドルで買いたいというなら、三〇ドルは安い買い物だというわけだ。

ヘッジ・ファンドはまた、二〇〇五年から二〇〇六年にかけて石油価格が高騰した局面でも、安定化要因ではなく、むしろ高騰を煽る動きをしている。二〇〇四年から二〇〇六年にかけて原油価格は二倍以上に値上がりした。世界経済全体が高成長したことからくる需要増が基本にあったとはいえ、ファンダメンタルな要因で需給が逼迫しただけで、価格が二倍以上になったことを説明するのは困難である。ヘッジ・ファンドを中心とした投機的な動きが高騰をもたらした可能性が大きいのだ。価格バブルが発生している時に、行き過ぎが是正されるほうに賭けて裁定取引を行うことは、そもそもきわめて大きなリスクをはらむ行為なのだ。

それからまた、時には空売りを行うこと自体が不可能、ないしはきわめて困難なこともある。典型的な空売りでは、空売りの対象となる証券を買い手に引き渡すために、どこかから借りてこなければならない。私がＩＢＭの普通株を一〇〇株空売りしようと思えば、それを誰かから借りてきて買い手に引き渡すわけである。また、空売りしている間に配当金を受け取れば、それも買い手のものになる。しかし、時には空売りしたい株の貸し手が見つからないこともあり、その場合はそもそも空売りそのものが実行できなくなる。最も極端なバブル的株価形成が見られたいくつかの銘柄に関しては、テクニカルな理由から空売りしようにも、その株が全く調達できなかったために裁定が働かなかったケースがいくつも見られたのだ。

もし、値上がりしすぎた証券と代替可能な類似証券の調達が困難な場合にも、裁定を行うことは困難になる。効果的に裁定取引を実行するためには、空売りポジションと相殺できるような、適正に値付けされている代替物が必要だ。そうでないと、仮に空売りした銘柄の所属する業種やセクターに予期しなかった好材料が発生して、下がるどころか値上がりした時のリスクをヘッジできないのだ。

行動ファイナンス論者が市場の非効率性の例として好んで用いるのは、全く同じような価値を持つと思われる二つの会社の株が、必ずしも同じ価格で売買されるとは限らないという事実だ。ロイヤル・ダッチ石油とシェル・トランスポートは、ファンダメンタル価値に関して結合双生児のような関係にある。というのは、この両社は一九〇七年に石油事業を共同で行う契約書を取り交わし、毎年事業がもたらす税引利益の六〇％をロイヤル・ダッチが、四〇％をシェルが受け取ることに同意していた。したがって、もし株式市場が効率的なら、受け取るキャッシュフローの額の違いを反映して、ロイヤル・ダッチの株式時価総額はいつもシェルの一・五倍になっているはずである。しかし現実はというと、ロイヤル・ダッチの時価総額はほとんど常にこの理論値よりも二割がた大きくなっているのだ。

この二社を例にとる時の難点は、株価が形成されるのが違う国の市場だということだ。二つの市場の取引ルールや規制は異なり、また将来どうなるか不確かだということもある。しかし、両社の株式があらゆる点で同一だと仮定しても、株価に開きがある場合に裁定を行うことはそれほど簡単ではない。もしロイヤル・ダッチの株価がシェルより一〇％割高だとすると、想定される裁定取引は、割高なロイヤル・ダッチを空売りし、割安なシェルを現物買いすることだ。

しかし、この裁定取引は非常なリスクをはらんでいる。というのは、割高な銘柄は常にもっと割高になって、空売りで損失が発生する可能性を秘めているからだ。逆に、今日割引価格で売られている商品が、明日になればもっと値引き幅が大きくなっていることはよく見られる。株価がファンダメンタル価値から乖離した時に、裁定取引だけに行き過ぎの修正を委ねるのは難しいことは明らかだ。

空売りができないことは、二〇〇〇年代初めの住宅バブルが膨れ上がるのを助長したことは間違いない。特定の地域で住宅価格が上がりすぎても住宅を空売りできないとすれば、強気の買い手の動向だけが市場を支配するだろう。あの当時のように買い手はいくらでも抵当ローンを調達できたのだから、裁定取引によってバブルを抑制できなかったのは当然だ。

4　行動ファイナンス理論から得られる教訓

夜ふかし族の私は、よく深夜にテレビを観ている。デビッド・レターマン・ショーの中で私のお気に入りの場面は、「馬鹿馬鹿しいペットの特技」という出し物だった。ここではいろいろな飼い主がペットを連れて登場し、ありとあらゆる馬鹿馬鹿しい特技を披露する。悲しいことに投資家も、まるでこのショーの飼い主とペットのように馬鹿げた行動をとるのだ。しかし、こちらのほうは面白おかしく笑ってはいられない。投資家は自信過剰で、群集心理のプレッシャーに押しつぶされ、自分は大丈夫と錯覚し、過ちを決して認めない。実際、ペットたちのほうがまともに見えてくるくらいだ。

この章では、人間行動の様々な側面がいかに株式投資と関係しているかをいろいろ見てきた。こと株式投資に関しては、ポーゴが「敵に出くわした。自分という敵にな」と言ったように、自分自身が最大の敵なのだ。私たち人間は自分自身の心の気まぐれにいかに振り回されやすいものであるかを十分認識する必要がある。そのことが馬鹿げた錯覚によって財産を危うくすることから身を守ることになる。

ポーカーゲームのテーブルについて他のプレーヤーを見回し、誰が「カモ」か見極められない時は直ちに立ち去るべきなのだ。なぜなら「カモ」は他ならぬ自分だからだ。投資家心理に関するこうした洞察こそが、「カモ」になることから身を守ってくれるのだ。

長年株式市場を観察し、『敗者のゲーム』という素晴らしい投資の教科書を著したチャールズ・エリスは、アマチュアのテニス・ゲームは勝者の見事なスマッシュによってではなく、敗者が自滅することによって勝敗が決まるのだと喝破している。株式投資もまさにそうなのだ。エリスに言わせれば、ほとんどの投資家は、本書で説くように消極運用によってインデックス・ファンドを長年保有する代わりに、誤ったいろいろな投資戦略に打って出て墓穴を掘る。ほとんどの投資家がこうした行動をとる限り、株式投資もまた敗者の自滅が勝負を決める「敗者のゲーム」なのだ。あなたが買うハイテク銘柄が右肩上がりで上昇を続けた二〇〇〇年の初めには、自分は投資の天才だと思い込んだに違いない。そしてまた、直近期に最も目覚ましい値上がりを示した投資信託を追いかけることこそ、ベストな投資戦略だと確信したことだろう。正業を投げ打ってデイトレーダーの道を選んだ諸君にとっては、朝の一〇時に買った銘柄が正午には一〇％も値上がりしているのを見る喜びはいかばかりだったろう。しかし今となっては、これらはすべて誤りだったことがはっきりしたのだ。頻繁に売買を繰り返す投資家のパフォーマンスは例外なく、じっくりバイ・アンド・ホールドを続ける投資家よりも劣っている。

間違った選択がもたらす致命傷から身を守るための第一歩は、まずそれを自覚することである。市場の教訓に敬意を表するのだ。アマチュアのテニスでは派手なアクションに走らず、相手のサーブをきっちりと打ち返すことに徹するプレーヤーが、たいていの場合、試合に勝つ。それと同じように、地道に幅広い銘柄に分散投資したインデックス・ファンドを辛抱強く持ち続ける投資家こそが勝利を手にする。自分を敵に回してはいけない。つまらない投資戦略を弄してはいけない。どうしても自分で銘柄を選んで投資したい場合には、次に示す行動ファイナンス理論の教訓をしっかり胸に刻んでからやることだ。

群集の暴走に巻き込まれるなかれ

行動ファイナンス学者によれば、群集の暴走に巻き込まれるメカニズムははっきりしている。ネット株が値上がりを続けている局面で、自分も一枚かんで幸せな気分に浸りたいという誘惑に抵抗するのは難しい。特に親しい友人たちが大儲けした手柄話を得意げに吹聴するのを聞くと、なおさらだ。個人の投資意思決定に対して身の回りの友人たちが与える影響の大きさは、多くの研究結果が共通に示しているところである。

シラーとポンドは、一三一人の個人投資家を対象に、一番最近購入した銘柄を選んだ理由を調査した。その典型的な答えは、友人や親類の誰かに勧められたというものだった。ホング、キュービック、シュタインの三人の学者は、友だちが投資決定に与える影響に関してより本格的な実証結果を出している。彼らによると、近所づき合いや教会での交流といった人間関係の要因が、株式投資を行う際に重要な決め手になっているというのだ。

人々が好んで話題にしたがるような投資対象は、あなたの財産の健康にとって特に有害だ。一九八〇年代の初めの金（きん）や八〇年代末の日本の不動産と株式もそうだった。世紀の変わり目のインターネット銘柄も、その後のカリフォルニア、ネバダ、フロリダでのマンションもまたしかり、だ。

一つの時代に最も人気を博する銘柄やファンドは、その次の時代には例外なく最悪の結果に終わる。

図1　**投信への資金流入と相場**

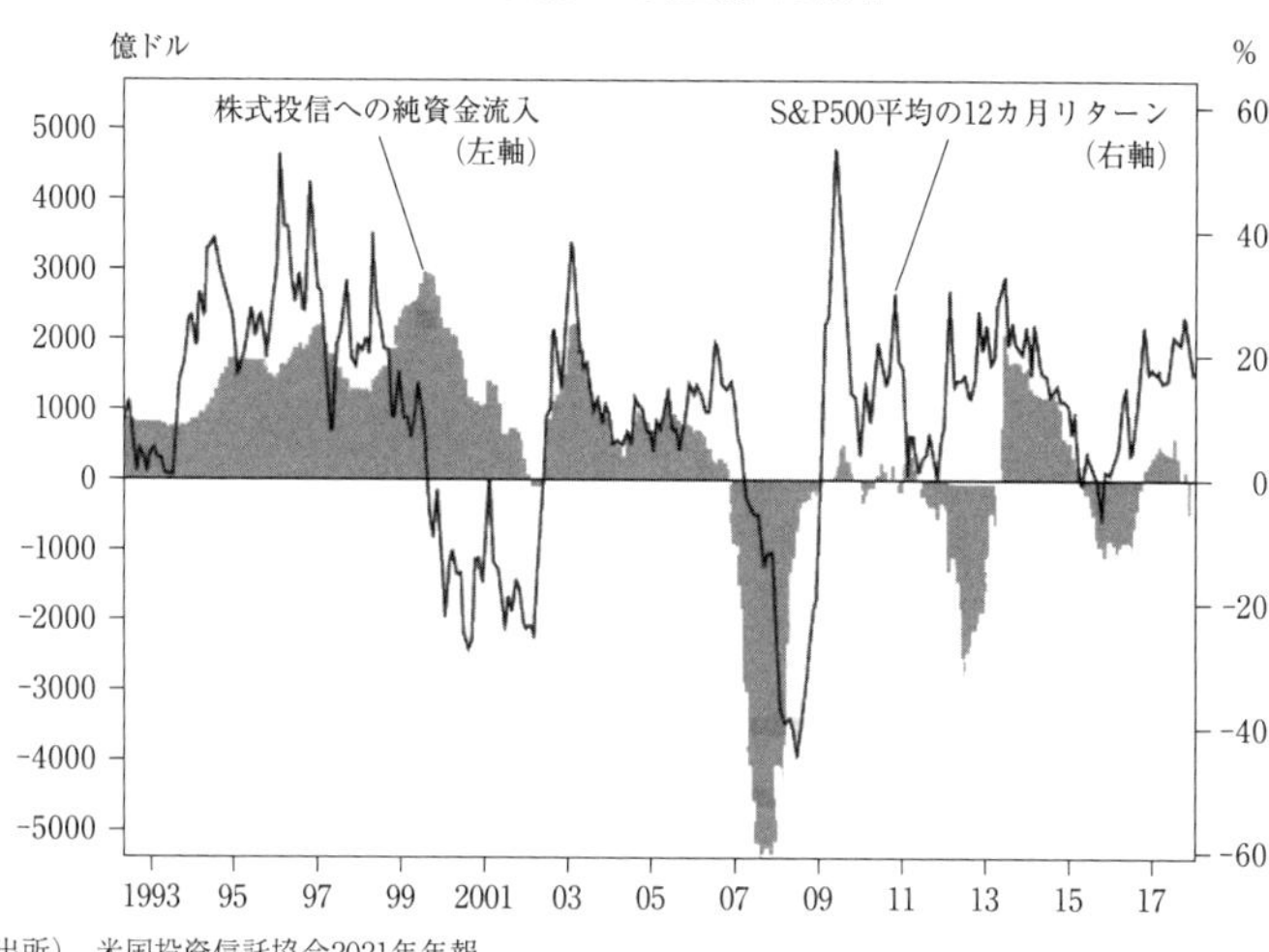

（出所）　米国投資信託協会2021年年報

そして群集心理というのは、幸福の絶頂にある時にさらに大きなリスクをとり、逆に悲観論が支配する暴落の局面では最悪のタイミングで全員にタオルを投げ入れさせるように働くのだ。メディアもまた、世間の関心を煽るために下げ相場のきつさをことさら誇張して宣伝し、集団自決的な行動に拍車をかける。こうしたマスコミの不必要な雑音を除いても、株価の大きな下落は理性よりも感情に依存した売買の意思決定を助長するものだ。

売買タイミングの選択を間違ったために、投資信託を売買する投資家が手にするリターンは、インデックス・ファンドをずっと持ち続ける投資家よりも遥かに低いものになっている。それというのも、多くの個人投資家は、相場のピークまたはそれに近いところで（つまりほぼ全員が楽観的になっているタイミングで）大量に投資信託を購入し、下げ相場の大底が近づいたところで（つまりほぼ全員が悲観的になっているタイミングで）いっせいに資金を引き揚げる傾向が強いからだ。図1がそれを示している。個人の株式投資信託へのネットの資金流入のピークが、二〇〇〇年代初めのバブル相場のピークにほぼ一致している。また二〇〇二年の相場の底入れとほぼ同じタイミングで、投資信託からの資金の流出も底を打っていることがわかるだろう。さらに、二〇〇八年末から二〇〇九年初めにかけての世界的な金融危機のボトムで、個人投資家は空前の規模で株式市場から引き揚げたのだ。これがもたらすリターンの低下は、「タイミング・ペナルティ」と呼ばれる。

もう一つ、「セレクション・ペナルティ」と呼ばれる現象も指摘できる。二〇〇〇年初めの相場のピークと同じタイミングで、個人の資金はハイテク銘柄やインターネット銘柄を組み入れた成長株ファンドに大挙して流入した。一方、一株当たり利益や純資産に対する倍率が低い「オールド・アメリカ」銘柄中心のバリュー株ファンドからは、どんどん資金が逃げ出していた。実はその後の三年間に、バリュー株ファンドが立派なプラスのリターンを上げ続ける中で、成長株ファンドは大幅な下落を続けた。そしてナスダック指数がピークから八〇％下げた二〇〇二年の第三・四半期に、成長株ファンドの解約額が最大になった。今日最もホットなファンドは、明日は氷のように冷たくなるのだ。

過度の売買を控えるべし

行動ファイナンスの専門家によると、個人投資家は自信過剰で、健全な財産管理上は不必要な売買を繰り返す強い傾向がある。多くの個人投資家は、まるでトランプのジン・ラミーのゲームで、一枚のカードを捨てては別のカードを引くような調子で、銘柄から銘柄へ、そして一つのファンドから別のファンドへ頻繁に乗り換える。しかし、こうすることによって売買コストはかさみ、実現益に対する税金が確実に発生する半面、得るものは何もない。

短期売買で実現した値上がり益に対しては総合所得税率で課税される。これに対して長期買い持ちする場合には売却時点まで税の支払いを先延ばしでき、また遺産として残す場合には事実上免税につながる。あの伝説的投資家、ウォーレン・バフェットの次の話を肝に銘じてほしい。「ナマケモノに限りなく近い半睡眠状態が、今のところ最善の投資スタイルだ。そして最適な投資期間は半永久的だ」

行き過ぎた売買のコストは、考える以上に大きい。バーバーとオディーンは、一九九一年から九六年における六万六〇〇〇所帯の株式売買行動を調査した。調査の対象になった典型的な家計は年平均一六・四％のリターンを上げたが、この期間の市場全体の年平均リターンは一七・九％だった。一方、対象になった世帯の中で最も頻繁に売買したグループのリターンは一一・四％にとどまった。頻繁な売買は運用パフォーマンスを大きく引き下げるのだ。また男性は女性よりもより自信過剰で、遥かに頻繁に売買する傾向が認められた。オディーンは、「もし保有銘柄を売買しようかどうか思案しているなら（そして結婚していればだが）、是非奥さんに相談することだ」と忠告している。

フィデリティ・インベストメンツ社は、五二〇万人の顧客のアカウントを対象に、二〇一一年から二〇年にかけての運用成績を調べてみた。その結果、女性の方が男性よりも平均するとかなり高いリターンをあげたことがわかった。その最大の原因として調査担当者は女性顧客の売買頻度が男性の約半分にとどまったことを挙げている。バンガード社が同じ期間を対象に行った調査でも、同様な傾向が確認された。これから言えることは行き過ぎた短期売買は、財産の健康には有害だということだ。

どうしても売る必要があれば儲かっている銘柄ではなく、損している銘柄を売れ

人々は一般に、値上がりしている銘柄を売って利益を出すことの喜びよりも、値下がりしている銘柄を売って損を出す痛みのほうに遥かに大きな重みを置くものだ。したがって逆説的だが、損失を避けるためには利益を上げようとする時よりも遥かに大きなリスクをとるのだ。加えて投資家は損失を実現して自分の失敗を認めたくないがために、値下がりした銘柄や投資信託を売ることを極力避ける傾向がある。一方、正しい選択の結果うまくいったという満足感を味わうために、値上がりしている銘柄を喜んで手放す傾向も強いのだ。

もちろん市場の暴落過程で、値下がり銘柄を売らずに持っているほうが賢明な場合もある。その銘柄の業績見通しが基本的にしっかりしていて、遠からず株価が大きく回復することが見込めるような場合だ。そういうケースでは、手放したすぐ後で株価が上昇に転じたりすると二重に後悔する。しかし、エンロンやワールド・コムのように、明らかに銘柄選択を間違ったとわかっているのに、売らない限り損失は出ないという錯覚から持ち続けることは全くナンセンスだ。「帳簿上の損失」も損失であることに変わりはない。売らないという意思決定は、現在の株価で買うということと同じなのだ。その上、もしその銘柄をフルに課税される投資の一環で保有している場合には、売れば税法上損失が計上でき、課税対象所得額を減額する形で、政府が損失の痛みを和らげてくれるのだ。逆に勝ち馬を売れば、税負担も増える。

その他の身を滅ぼす投資戦略

⑴新規公開株は要注意　新規公開株（ＩＰＯ）を公開価格で入手できれば大儲けできると信じていないだろうか。二〇〇〇年に破裂したインターネット・バブル相場の下では、ＩＰＯ株投資こそ成功への近道のように見えたものだ。確かにうまくいったＩＰＯの中には、公開直後に公開価格の二～三倍、そし

て一つのケースでは七倍もの高い初値で取引が始まったものもあった。一部の投資家が、ＩＰＯを公開価格で入手することこそ、株式市場を通した錬金術だと考えるようになったのも無理からぬことだ。

私のアドバイスは、ＩＰＯを公開価格で買ってはいけないし、また公開直後に公開価格を上回る株価で売買されるＩＰＯ銘柄は絶対に買ってはいけないということだ。歴史的に見て、ＩＰＯ投資の平均的なパフォーマンスは全然よくなかった。すべてのＩＰＯ銘柄の公開後五年間の平均リターンを詳しく調べたところ、市場平均より年平均四％も低かったことがわかっている。ＩＰＯのリターンは公開後六カ月以降、市場平均を下回り始める。というのも、最初の六カ月の間はロックアップ期間と言って、公開した企業のインサイダーたちが持ち株を処分することを禁じられているからだ。そしてその縛りがなくなった途端、多くのＩＰＯ銘柄の株価はおかしくなり始める。

個人投資家にとってのＩＰＯ投資の結果は、さらにひどいものだ。というのは、本当に将来性のあるＩＰＯ銘柄を公開価格で手に入れられる可能性はまずありえないからだ。そうした魅力的なＩＰＯ株は、引き受け投資銀行の大口顧客となっている大手の機関投資家や、非常に裕福な個人投資家にかっさらわれてしまっている。もし取引のある証券会社から電話がかかってきて、「いいＩＰＯ株がありますよ」と言われたら、まずその銘柄は負け犬だと思っていい。大手の機関投資家や上得意の個人にはめ込めないような時にだけ、証券会社は小口の個人投資家に声をかけてくれるというわけだ。したがって、個人投資家が公開価格で入手できるＩＰＯ銘柄は最悪のものだけだということになる。こうしたＩＰＯ投資ほどあなたの財産を痛めつける投資戦略を、私は他に思い浮かべることはできない。あえて探せば、競馬かラスベガスの賭け事くらいだろう。

⑵耳寄りな話には耳を貸すな

あなたも思い当たることがないだろうか。ジーン叔父さんが、ザイールできわめて有望なダイヤモンド鉱脈が発見されたという噂を聞きつけたらしい。しかし、鉱山業というのは地面に穴を掘るわけだが、ほとんどいつもその入り口には山師が立っているものだ。従兄弟の義理の妹のガートルードが、まだ誰も知らないバイオテック会社に関するとっておきの材料をこっそり聞き込んできたと言う。「これは大変なバーゲンだ。この会社の株価はたったの一ドルだが、近々ガンの特効薬を開発したことが公表される予定だ。今なら二〇〇〇ドルあれば二〇〇〇株も手に入るんだ」というわけだ。この手の耳寄りな話はあらゆるところからやってくる。親しい友人、親類、電話による勧誘、そしてインターネットだ。かかわりなさるな。一切の耳寄りな話に耳を貸さないように心するのだ。この種の話に乗ったが最後、人生で最悪の失敗に終わることを請け合ってもいい。息せき切って耳寄りな話を持ち込んでくる輩には、特に気をつけてほしい。

(3)「保証つきの投資手段」を信用するな　株式投資のプロやアマの人たちから、最高の投資信託を選別したり、株式から資金を引き揚げるタイミングを見つける確実な手法があるといった話を聞いたことがあるに違いない。残念なことに、そんなものはないのだ。もちろん後から振り返ってみると、平均を上回るリターンを上げ続けてきた投資戦略はありうる。しかしその戦略を続けていくと、必ず自滅するのだ。また過去においては何年、あるいは何十年もうまくいったように見えるタイミング戦略もありうる。しかし長期的な有効性となると、私は二〇世紀初めの伝説的な投資の達人、バーナード・バルークの次の意見に賛成する。「マーケット・タイミング戦略は大ほら吹きにとってだけうまくいく」。また、二〇世紀末の投資の世界に伝説を作ったあのジャック・ボーグルは、次のように言っている。「私はマーケット・タイミング戦略で一貫して成功してきた人間に会ったことがない」

また、「うますぎる話は信ずるべからず」という昔からの格言を決して忘れてはいけない。もしこの格言を憶えていたなら、多くの投資家が二〇〇八年に発覚した前代未聞の巨額の詐欺事件の餌食にならずに済んだと思われる。世間を騒がせたバーナード・マードフによる詐欺事件では、被害総額は何と五〇〇億ドルに達したとされる。しかし、この事件の本当の犯人は、多くの人々がマードフが運用するファンドなら毎年安定的に一〇〜一二%のリターンを稼ぎ出すという迷信を信じ込んだことにあった。

マードフが巧妙だったのは、比較的控えめなリターンを約束したことだ。もし彼が毎年五〇%と言ったなら、「何をそんな絵空事を」と疑った人も多かっただろう。毎年一〇ないし一二%というのは、非常に現実的に聞こえる水準なのだ。しかし、実際にこの水準のリターンを株式市場あるいはいかなる投資市場においても、来る年も来る年も達成することはもともと不可能である。それを約束するのはまさに詐欺そのものだ。確かにアメリカの株式市場の超長期平均リターンは九%ほどになっているが、例えば陰の極ではマイナス四〇%の年もあってのことなのだ。したがって、マードフが約束したようなリターンは、数字を粉飾する以外には不可能だった。あえて言うが、政府は決してこういった詐欺行為からあなたを守ってはくれない。ＳＥＣに対してマードフのファンドの成績は怪しいと訴えた人もいたが、何の手も打たれなかった。唯一の護身術は「うますぎる話は信じるな」という言い古された格言なのだ。

行動ファイナンス理論は市場平均に打ち勝つのに役立つか

何人かの行動ファイナンス学者は、投資家が規則性のある間違いを犯すことを利用して、冷静で合理的な投資家は市場平均に打ち勝てるはずだと主張する。すなわちこれらの学者は、非合理的な売買は予測可能な相場パターンを生み出し、賢明な投資家ならそこにつけ込めるはずだと考えているのだ。しかし、こうした可能性に関しては、これまでにあげたいくつかの教訓と比べると、いろいろ議論の余地がある。そこで次の章では、これらのより複雑な問題を取り上げるとしよう。

第11章 「スマート・ベータ」と「リスク・パリティー」

――新しいポートフォリオ構築方法

「結果は」だって？ 証拠はいくらでもあるさ。だけど実際やってみるとうまくいかないんだよ。（トーマス・エジソン）

二〇二〇年代に入って、伝統的な銘柄選択方法では低コストのインデックス・ファンドに勝てそうもないと考える投資家がますます増えている。それを反映して何千億ドルという投資資金が、いわゆる積極運用型の投信から、インデックス・ファンドやETFにシフトしている。そうした中で、プロのファンド・マネジャーたちの中に、市場に打ち勝つためには必ずしも銘柄選択で勝負する必要はないと主張する人たちが現れた。彼らはポートフォリオの回転率を低く抑えてパッシブ気味に運用しつつ、追加のリスクを取ることなくプラスの超過リターンをあげることができると言うのだ。

そのための新しい運用手法が、「スマート・ベータ」と「リスク・パリティー」そして「ESG（環境・社会・ガバナンス）投資」と呼ばれるものだ。これらを用いることによってより優れた運用パフォーマンスが得られるという触れ込みで、何千億ドルもの資金を吸い寄せているのだ。そこでこの章では、⑴スマート・ベータ運用は本当に「スマート（賢い）」な運用なのか、⑵リスク・パリティー運用は本当は「高リスク」ではないのか、そして⑶人間にとっては優しいESG投資だが、はたして投資家にとってはどうなのかという問題を検証することにしよう。

1　スマート・ベータとは何か

実のところ誰もが納得するスマート・ベータ戦略の定義は存在しない。この言葉を用いる多くの関係者が念頭に置いているのは、低コストの市場インデックス・ファンド以上のリスクを取らずに、それを上回るリターンが得られるような、一種の「消極（パッシブ）運用」のことだ。

本書を通して、どんな運用戦略を取るにせよ、幅広い分散投資を行い、税制上も有利なインデックス・ファンドで運用すべきだと強調してきた。時価総額ベースで市場インデックスに含まれるすべての銘柄をそっくり組み入れたファンドをじっと保有するだけで、市場平均と同じリターンが得られるのだ。さらには、市場平均を打ち負かすことを標榜して売り出される積極運用ファンドに比べて、経費や税金を差し引いた後の「ネット」のリターンは、インデックス・ファンドの方が高いことがいろいろな調査の結果、はっきりしている。

もし私の勧めに従ってトータル・ストック・マーケット・インデックス・ファンドを保有した場合、市場全体と同じアップ・ダウンとセットで市場平均と同じリターンを手にするのだ。第9章で詳しく説明したように、株価のボラティリティは「ベータ」で計測され、市場平均を買った場合のリスク、すなわちベータは一・〇だ。株式を保有することに伴って、投資家はリスクを抱える。それに対する報酬が

「リスク・プレミアム」と呼ばれるもので、株式の期待リターンと安全資産を代表する短期国債の利回りの差で示される。

過去の平均リスク・プレミアムは、かなり大きなものだった。一九二七年から最近にかけての、配当を含む株式の総実現リターンは、約七・〇%だった。しかし、株式のリターンが長期にわたって安全資産の利回りを下回った時期もあった。例えば二〇〇〇年から二〇〇九年にかけての、株式の年平均総リターンは、マイナスだった。このように、株式投資に関しては、かなりの期間、不本意な結果が続くことも覚悟しなければならないのだ。

幅広い分散投資を行いつつ、一つまたは複数の「ファクター」を重視して運用するポートフォリオのパフォーマンスを評価する時に重視されるのが、「シャープ・レシオ」と呼ばれる指標だ。CAPMモデルの提唱者の一人、ウィリアム・シャープが考案したものだ。一般に投資家は、リターンは高く、リスクは低い方を好む。そしてシャープ・レシオはこの二つの要素を併せて計測するものだ。この尺度の分子は、特定の運用戦略から得られた超過リターン、すなわち総リターンから無リスク金利（三カ月物政府短期証券の利回り）を差し引いた値だ。一方分母は、その運用戦略によって得られた総リターンの変動の大きさを示す、標準偏差値だ。

今、運用戦略A、Bがあり、共に平均リターンは一〇%、標準偏差はAが二〇%、Bは三〇%だったとしよう。この場合のシャープ・レシオは、Aが〇・五（一〇%÷二〇%）、Bが〇・三三（一〇%÷三〇%）となる。ここから、Aの方が一単位のリスクに対して、Bよりかなり高いリターンをあげたことが分かる。

スマート・ベータを支持する人たちは、全ての銘柄を時価総額加重で組み入れたポートフォリオは、必ずしも「最適ポートフォリオ」とは言えないと考える。それよりももっとシャープ・レシオが高くなるような組み入れ方がありうるというのだ。その鍵になるのが、「バリュー株対グロース株」、「小型株対大型株」、「モメンタム株対非モメンタム株」といった、いくつかのファクターにウエイトをかけてポートフォリオを構築することなのだ。

重視するファクターとして、上記の他にも銘柄の売り上げ成長率や利益成長の安定性、保守的な財務レバレッジなどで測ったクオリティー、利益率、低ボラティリティー、高流動性などがある。シェフが何種類もの調味料を併用するように、スマート・ベータ運用でもしばしば上記の中の複数のファクターに傾斜した運用を行う。

スマート・ベータ運用は、第9章で紹介した複数のリスク・ファクターを取り入れたモデル（マルチ・ファクター・モデル）とも関連性がある。実際、スマート・ベータ運用は、「ファクター・ベース」運用とも呼ばれている。もしCAPMモデルに基づくベータ値がリスク尺度として不十分だとすると、上記のような諸ファクターがそれを補う追加のリスク尺度ということになる。例えば小型株に傾斜した運用を行う戦略の場合、小型株に特有のリスクを少し多めにとることによって、追加のリターンを狙うことになる。つまり、スマート・ベータ運用は、追加のリスクをとることによって期待リターンを高めようとする運用なのだ。

2　代表的な四つの属性についての検証

バリュー株は勝つか

一九三四年にベンジャミン・グレアムとデビッド・ドッドは、バリュー株投資の聖書とも言われるようになった『証券分析』を世に出した。それ以後無数のフォロワーが生まれ、その代表があのウォーレン・バフェットだ。彼らは「バリュー株」を保有していれば、最後は報われると主張する。バリュー株とはＰＥＲ（株価収益率）やＰＢＲ（株価純資産倍率）が低い銘柄のことだ。また割安かどうかを判断するのに遠い将来の予測に頼るのではなく、すでにわかっているファクツ（実績値）だけに基づいて判断せよというのだ。

彼らの株価観は第10章で取り上げた行動ファイナンス学派のそれと重なる。行動ファイナンスの信奉者は、投資家はＥＰＳ（一株当たり利益）の将来の成長性を強気に見積もる傾向があり、いわゆる「グロース株」を不当に高く評価しがちだと考える。

私は個人的にはバリュー株投資に対して大いに知的に共鳴している。私が重視する銘柄選択ルールの一つは、ＥＰＳの健全な成長が見込めるのに市場がまだそれを十分には評価していないため、ＰＥＲが相対的に割安な状態にあるというものだ。このアプローチは一般にGARPルール、すなわち“Growth At a Reasonable Price”と呼ばれている。私は本書の中でも、高ＰＥＲの人気銘柄に投資することのリスクを繰り返し警告してきた。というのは、ＥＰＳの成長を正しく予測することは非常に難しいことで、低ＰＥＲ銘柄を保有する方が遥かに賢明なのだ。こうした銘柄はうまくいけばＥＰＳの成長率も高

図1　**株式の年平均総リターンとPER（1960年代後半から最近まで）**

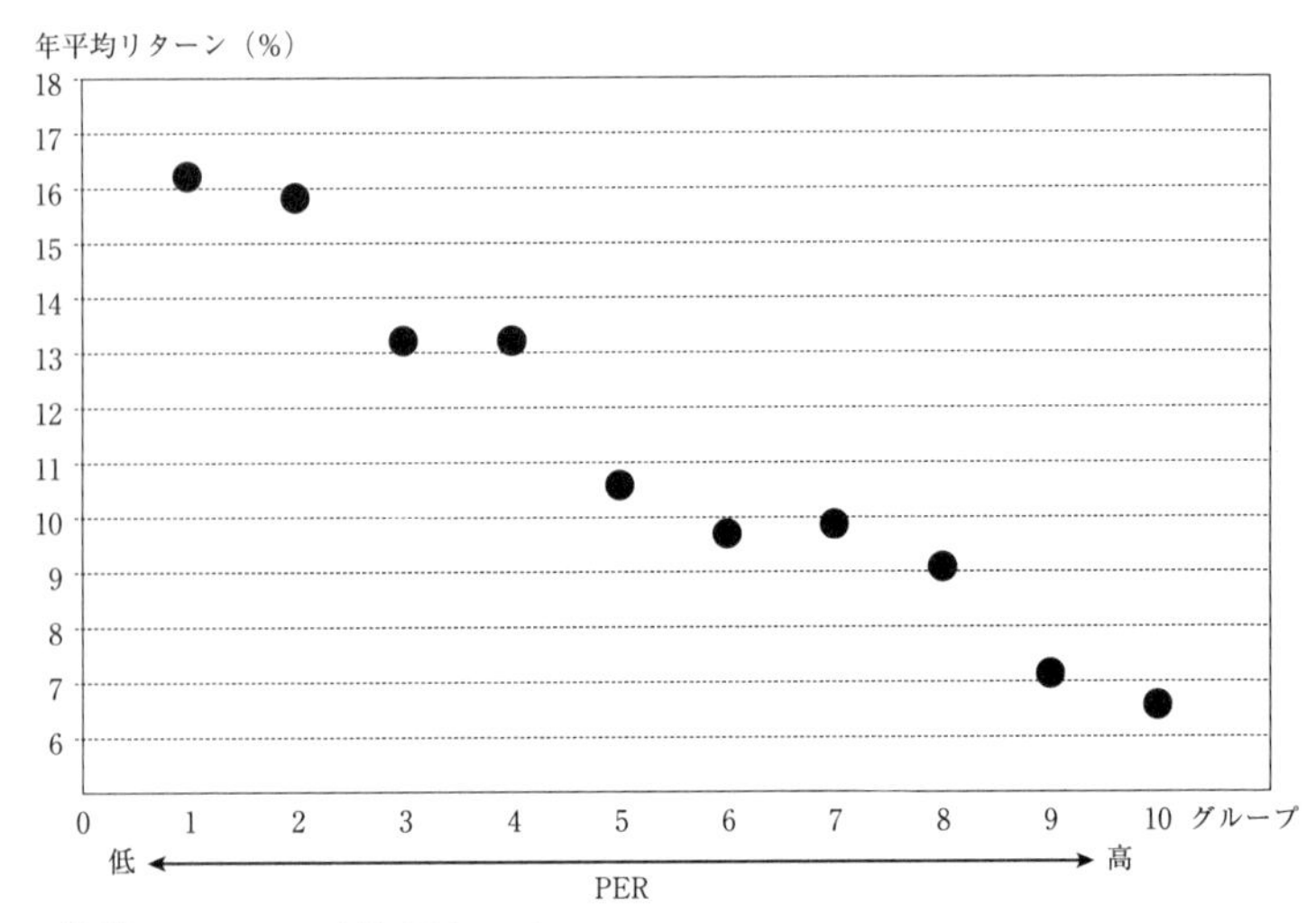

（出所）ニューヨーク大学ビジネススクール

まるし、それを反映してＰＥＲも上昇することが多い。そうなれば一挙両得になるのだ。一方、高ＰＥＲ銘柄が織り込んでいる高いＥＰＳ成長が実現しないとわかると、利益もＰＥＲも下方に修正されるため、投資家は往復ビンタを食うことになる。

多くの実証研究の結果も、バリュー株投資の有効性を確認している。低ＰＥＲ銘柄、あるいは一株当たり純資産（ＢＰＳ）、キャッシュ・フロー、売上といった指標に対する株価の倍率が低い銘柄群を組み入れたポートフォリオは、ＣＡＰＭモデルを用いてリスクの度合いを調整した後で測っても、平均以上のリターンをもたらしてきたことがわかっている。例えば、図1がそれを示している。この図ではＰＥＲが低い順に同じ銘柄数のファンドを一〇個作り、一九六七年から毎年組み替えた結果を示している。ＰＥＲが最も低い銘柄を組み入れたポートフォリオの年平均リターンは一六％強で、ＰＥＲが高くなるにつれてリターンは低下し、最も高いPERのグループは七%弱に終わっている。

低PERも低PBRも市場がリスクを織り込んだ結果であることだ。というのは何らかの経営不安を抱えている銘柄は、直近のEPSやBPSに対して一見割安な株価がついていることが多いのだ。例えば、リーマン・ショック後の金融危機下にあった二〇〇九年当時、シティバンクやバンカメといったマネー・センター銀行の株価は簿価ベースの一株当たり純資産価値を大きく下回る株価がついていた。なぜなら、これらの大銀行が軒並み国有化される不安が現実味を帯び、そうなれば投資家が保有している株式は紙屑になりかねなかったからだ。

「バリュー・ファクター」の大きさを計測する標準的な手法は、「HLM」と呼ばれる。これは、株価純資産倍率が上位三〇%の銘柄の平均リターンと、下位三〇%の銘柄の平均リターンの差を示すものだ。一種の「バリュー・プレミアム」の大きさを示す指標と考えてよい。この数値の一九二七年から二〇二〇年までの平均値は、四・〇%であった。バリュー・プレミアムを計測するもう一つの尺度は、いわゆるシャープ・レシオである。同じ期間のHLM尺度で計測したシャープ・レシオの平均値は〇・三四で、上述の市場ベータ・ファクターで計測したものとほぼ同水準であった。

市場インデックス・ファンドを「バリュー」と「グロース」の二つのセグメントに分割したファンドが販売されている。そのうちでバリュー株ファンドはPERとPBRが最も低い銘柄群だけを組み入れている。バンガード・グループが提供しているのはETF形式のもので、VVIAXというコード名で取引されている。このETFはCRSP大型バリュー株指数をトラックするように組成されている。同様にバンガードVIGAXと呼ばれるETFは、CRSP大型株指数のグロース・グループの株価をそっくりトラックするように仕組まれている。こうしたバリューとグロースだけにフォーカスしたET

図2　**株式の月次リターンと時価総額規模（1963〜1990年平均）**

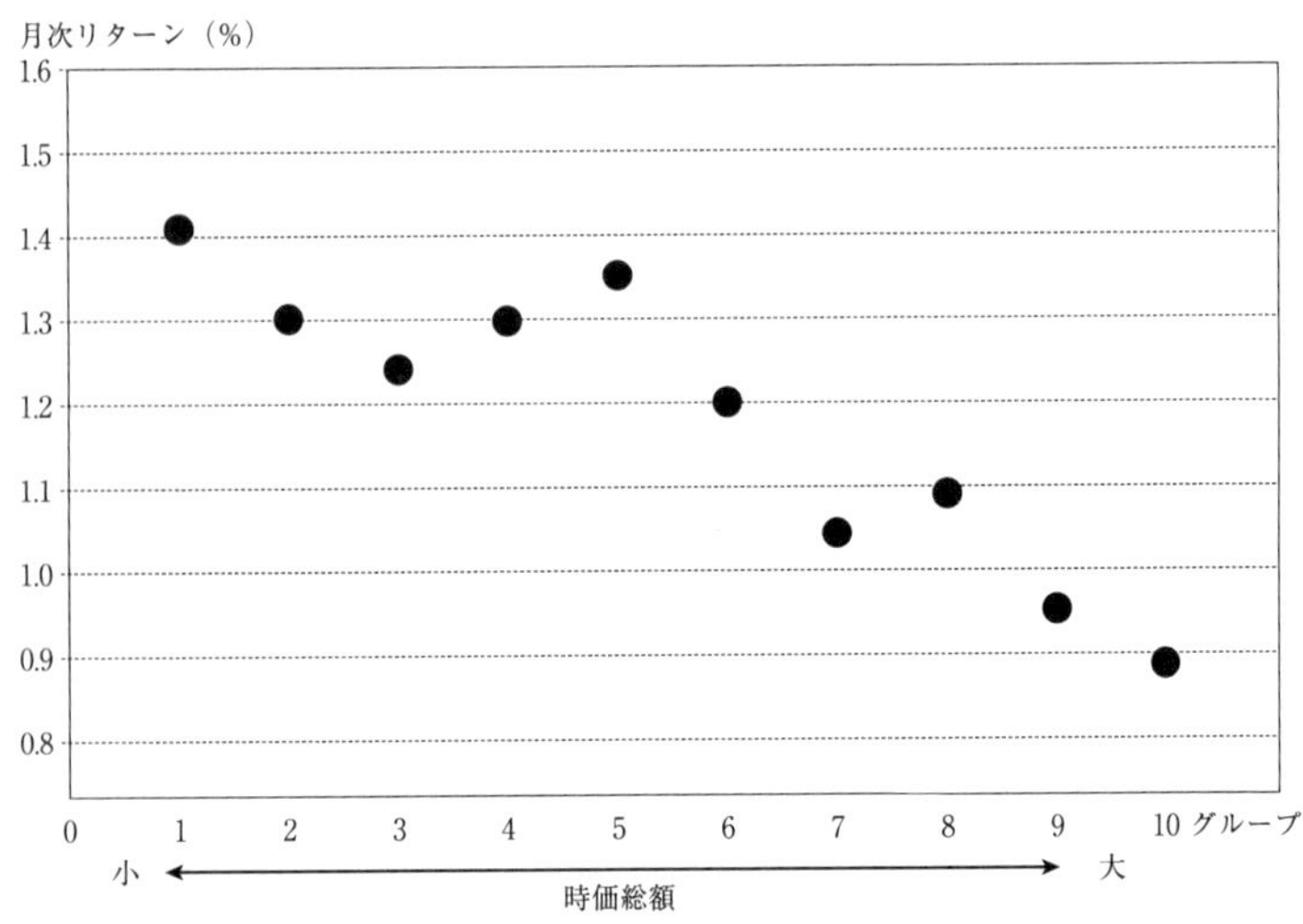

（出所）　ファーマとフレンチ、ジャーナル・オブ・ファイナンス1992年6月号

Fは、小型セグメントに関しても提供されている。

小型株ほどハイリターンか

研究者たちが見出したもう一つのはっきりしたパターンは、非常に長期で見るといわゆる「小型株」のリターンが「大型株」を上回る傾向が強いということだ。イボットソン・アソシエートによると小型株の一九二六年以来の長期平均リターンは、大型株を年率二％ポイント上回っていたというのだ。その一端を示すのが図2だ。

ファーマとフレンチは市場指数に含まれる銘柄を、時価総額を基準に一〇のグループに分けて、月次のリターンの長期平均値を比較した。その結果、最も小さいグループの月次リターンが一・四％と最も高く、最も大きなグループは〇・九％と、最も低かったのだ。また同じベータの銘柄に絞った分析でも、時価総額の小さなグループの方が、大きなグループよりも高いリターンを上げていることがわかった。

こうした実証結果にもかかわらず、小型株は大型株に比べるとリスクが高いということを忘れてはいけない。したがって、小型株のリターンが結果的に高いのは当然と言える。小型株グループが高いリターンをもたらしたとしても、それは単に投資家が負担した小型株特有のリスクに対する当然の報酬なのかもしれない。

株式市場にはある程度のモメンタムが認められる

学問的な株価変動の実証分析の歴史は二〇世紀初めにさかのぼるが、それは株価の短期変動が非常にランダムなものであることを見つけたことから始まった。しかしその後の多くの研究によると、株価変動の「ランダム・ウォーク」モデルは、必ずしも厳密には当てはまらないことがわかってきた。株価形成にはいくつかのパターンが存在することが確認されたのだ。ごく短期間ではあるが、市場にはいわゆる「モメンタム」が存在することがわかっている。モメンタムというのは勢い、慣性あるいはトレンドのことで、株価が上昇した翌日も上昇が続く確率の方が、下落する確率よりもわずかに高いということだ。

一方、より長期を取ると、今度はモメンタムではなくて「リバージョン」、すなわち平均への回帰性が認められる。株価が何カ月、あるいは何年も上昇トレンドをたどると、その後には相場に非常に大きな調整が起こるというものだ。

なぜモメンタムが見られるかについては、二通りの説明がなされている。一つは行動ファイナンス理論に基づくもので、もう一つは新しい情報が株価に反映されるまでに少しタイムラグがあるというものだ。行動ファイナンス理論の研究者のひとりであるロバート・シラーは、二〇〇〇年に心理的なフィードバック・メカニズムの重要性を指摘した。とりわけ相場が非常に過熱する局面では、フィードバック・メカニズムが働いて株価形成にモメンタムが入り込むというのだ。個人投資家の多くは、株価がどんどん上昇し続けるのを目の当たりにすると、「乗り遅れるな」効果が働いて相場に引き込まれてしまうのだ。

二番目のタイムラグの話だが、ＥＰＳ（一株当たり利益）の成長見通しが予想を上回る、あるいは下回る公算が大きいといった新しい情報が伝えられた時、投資家は必ずしも直ちにそうした情報をフルには織り込まないというものだ。何人かの研究者は、投資家がＥＰＳ予想の変化を徐々にしか織り込まないため、高いプラスのリターンが、ある期間持続する傾向があることを確認している。

モメンタム現象の存在を、株式市場におけるリスク要因の証拠と考えることは難しい。しかし、突然モメンタムが失速して人気銘柄群の株価が急落し、それまでに稼いだリターンをそっくり吐き出す羽目に陥ることは、よくある。これを考えると、トレンドに追随するアプローチには、ある程度のリスクを伴うと言えよう。

モメンタム効果は、通常直近月を除く最近一二カ月の平均リターンによって計測される。直近月を除くのは、相場はしばしば反転するからである。具体的な計測法は、対象期間中に最も高いリターンをあげた上位三〇％の銘柄群と、最も低いリターンに終わった下位三〇％銘柄群の、平均リターンの差をとるのだ。上位三〇％を買い、下位三〇％を空売りする戦略の、一九二七年から二〇二〇年にかけての差の長期平均値は九・一％、シャープ・レシオは〇・五九だった。どちらの数値で見てもベータ・ファクターを重視した運用よりも高いものになっている。もっともこのテストでは、取引コストやもろもろの

表1 **低ベータ・ファンドをレバレッジをかけて保有すると……**

	市場インデックス・ファンド	低ベータ・ファンド	借金して2倍のレバレッジで低ベータ・ファンドを保有(注)
平均リターン	+10%	+10%	+20%
ベータ	1.0	0.5	1.0

（注） 単純化のため借り入れのコスト（金利）はゼロとみなす

費用、税金などは一切考慮していない。

低ボラティリティ銘柄は高いリターンをもたらすか

低ボラティリティ銘柄にフォーカスした運用戦略を理解するには、第9章で紹介したCAPMモデルを思い出す必要がある。CAPMによれば株式の期待リターンは個々の銘柄、あるいはファンドの市場全体との連動性の大きさを示す「ベータ」に比例する。銘柄あるいはファンドのベータが高ければ、平均的には高いリターンが期待できるのだ。しかし、第9章でお話ししたように、多くの実証研究の結果、ベータの有効性はかなり低い。したがって高ベータ・ファンドは必ずしも低ベータ・ファンドに比べて高いリターンをもたらす保証はない。

これに注目して、低ベータ銘柄にフォーカスしたいろいろな運用戦略が考えられる。例えば、非常にベータが低い銘柄群を集めて、ベータ＝〇・五のファンドを作る。このファンドはベータ＝一・〇の市場インデックス・ファンドと同じリターン、例えば一〇％をもたらすものとする。そこで、ベータ＝〇・五のファンドを信用でもう一単位購入することによって、表1に示すようにベータもリターンも二倍に高めることが可能になる。

このように借り入れによって低ベータ・ファンドを自己資金の二倍保有すると、自己資金部分のリターンもリスク（ベータ）も二倍に高まる。この点については、後ほど「リスク・パリティー」のところで取り上げている。

この他にも株式の過去のリターンに関係があるとされる多くのファクターが挙げられる。その中でもっとも頻繁に取り上げられるのは、企業の「収益性」と「質」だ。

問題点は何か

そこで、データ分析に基づく結果が、実際の運用戦略としても有効かどうかを検証していきたい。少なくとも事後的な検証では、前述の四つのファクター、すなわちバリュー、サイズ、モメンタム、低ベータは、リスク調整後で超過リターンを生んできたことが確認されている。しかし現実の運用では、必ずしも想定通りの結果が得られるとは限らないのだ。

まず、研究者が運用戦略の分析を行う際に、あるファクターを重視して選んだ銘柄群を現物保有（ロング）すると同時に、別な銘柄群を空売り（ショート）することを前提にする。しかし現実にはこのような運用戦略を実行するのに伴うコストは非常に大きく、時には実行不可能なこともある。具体的に言えば、空売りする銘柄群を調達するコストは高く、借り入れ可能な株式の供給には限度がある。また、特定のファクターがもたらす超過リターンが、本源的なリスクを反映したものと言うよりは市場の気まぐれによるものだとすると、超過リターンは時間の経過とともに平準化されて消滅してしまうだろう。とりわけ、スマート・ベータ運用がもてはやされる昨今は、その可能性が強い。実際、ファクターに帰せられる超過リターンは、その存在が認められ知れわたった暁には、次第に小さくなる傾向があることが確認されている。

バンガード・グループが運用するＶＶＩＡＸと呼ばれるＥＴＦは、ＣＲＳＰ米国大型バリュー株指数の動きを反映するインデックス・ファンドだ。さらに、市場全体に比べて相対的に魅力的と思われる銘

表２　単一ファクター・ファンドの評価（2022年までの10年間の年平均）

ファクターETF	市場インデックス・ファンドVTSAXとの比較	
	平均超過リターン	シャープ・レシオ
バリュー バンガードVVIAX （1992年12月～）	−2.55	−0.15
サイズ バンガードVSMAX （2000年９月～）	−2.13	−0.30
モメンタム AQR　AMOMX （2009年８月～）	0.23	0.02
低ベータ パワーシェアーズ500 SPLV （2011年５月～）	−3.48	−0.08

柄に特化したＥＴＦも、いろいろ売られている。例えばＡＱＲ社が運用するＡＭＯＭＸと呼ばれるファンドは、プラスのモメンタムを持つと思われる大型株および中型株を組み入れた投信である。また、ＳＰＬＶと呼ばれるＥＴＦは、低ベータ銘柄だけを組み入れたインデックス・ファンドである。

表２は、代表的な四つの単一ファクターＥＴＦの長期の運用成績を、市場全体をカバーするインデックス・ファンドと比べたものだ。市場インデックス・ファンドには、バンガード社が運用するＶＴＳＡＸを用いている。長期平均リターンについて見ると、ファクター・ファンドは一つが若干のプラス、残りはインデックスをかなり下回っている。

最近一〇年間のモメンタム銘柄のパフォーマンスは、市場インデックスをわずかに上回っていた。しかしバリュー、小型株、低ボラティリティグループはいずれも下回っていた。その上、リスク調整後のリターンで見ると、どのグループも市場インデックスを下回る状態が続いた。単一ファクター・ファンドに関して

表3　4つのファクター間の相関係数（1964〜2020年）

ファクター	市場ベータ	サイズ	バリュー	モメンタム
市場ベータ	1.00	0.26	−0.27	−0.19
サイズ	0.26	1.00	−0.02	−0.12
バリュー	−0.27	−0.02	1.00	−0.16
モメンタム	−0.19	−0.12	−0.16	1.00

（出所）アンドリュー・バーキン、ラリーEスエドロ著“*Your Complete Guide to Factor-Based Investing*”

表4　バーキンとスエドロによる4つのファクターへの分散運用のシミュレーション結果

ファクター	平均リターン（%）	標準偏差（%）	シャープ・レシオ
市場ベータ	8.7	20.3	0.43
サイズ	3.1	13.6	0.23
バリュー	4.0	15.3	0.26
モメンタム	9.1	15.6	0.59
分散ポートフォリオ	6.4	8.7	0.71

はスマート・ベータ戦略は有効ではなかった。

ファクター・ブレンド運用

以上では単一のファクターだけを重視したスマート・ベータ運用戦略について検証した。次に、複数のファクターを組み入れた運用戦略の結果を見てみよう。もしかすると、複数のファクターに分散投資することによって、リターンとリスクの関係が改善され、リスク調整後でプラスのリターンが期待できるかもしれない。ファクター間の相関係数が低い場合には、分散投資によってリスクが軽減される。相関係数がマイナスになっていたりすると、一層大きなリスク低減効果が期待できる。

実際に計測してみると、果たしてファクター間の相関係数は低く、マイナスの場合もある。例えばモメンタム・ファクターは、市場ベータ、バリュー、サイズ・ファクターのいずれに対しても、マイナスの相関を示している。このため、いくつかのファクターに分散投資する運用は、分散効果が十分期待できる。バリューだけを重視した運用が有効でなくても、それにモメンタム・ファクターを加えれば、リターンは向上するかもしれない。表3は、一九六四年から二〇二〇年に至る期間について観測された、四つのファクター間の相関係数を示している。

ファクター運用に関する優れたガイドブックを著したバーキンとスエドロは、異なるファクターを重視したポートフォリオ運用の結果について、シミュレーションを行っている。表4に示されるのは、市場ベータ、サイズ、バリュー、モメンタムの四つのファクター・ファンドに、資金を二五%ずつ分散投資した結果を示している。それによると、分散運用によってポートフォリオのリターンの変動率（標準偏差）は大幅に低下し、シャープ・レシオは大きく高まっている。もしこの四つの他に「企業の収益性」と「質」という二つのファクターを追加してみると、シャープ・レシオは一層高まったが、平均リターンは多少低下した。

もちろんこのシミュレーションでは、運用手数料や売買コストは一切考慮されていない。個々のファクター・ファンドへの運用は、前述のようにロング・ショート運用を前提にしており、空売りを実行する際には何ら問題は生じないと想定している。したがって、実際に運用した時に上に示されるような大きな効果が得られるかどうかについては、疑問の余地は残る。また多くのマルチ・ファクター戦略の長期的な成績は良好だがサイズ、バリュー、低ボラティリティの三つのファクターの成績が振るわなかった二〇一二年までの一〇年間についてどのような結果に終わったかは、興味あるところだ。

3　代表的なブレンド・ファンド

1．ディメンジョナル・ファンド・アドバイザーズ（DFA）

DFA社は、ブレンド戦略を展開するための手段を提供する目的で、一九八〇年代の初めに設立された。同社の提供するファンドは、ファーマ・フレンチの3ファクター・モデルの中で使われたサイズ・ファクターとバリュー・ファクターを用いて、短期のモメンタムと高利益成長率に傾斜したものになっている。DFA社が運用するファクター・ファンドは、二〇二一年時点で六五〇〇億ドルを優に上回る規模に達している。

DFA社は、競合するあまたあるファンドの中で、比較的良好な成績を上げてきた。経費率は時価総額加重のインデックス・ファンドを少し上回る程度で、コスト面でも優位に立っている。このファンドは、ミューチャル・ファンド・タイプでもETFタイプでも投資可能で、また投資顧問会社から買うこともできる。

DFA社では、同社のファンドが生み出す超過リターンは、まぎれもなく追加のリスクを取った結果であることを明言している。また、他の全てのスマート・ベータ・ファンド同様、同社のファンドもバリュー株がグロース株に大きく負けた、二〇二二年までの一〇年間については、かなりの期間市場平均を下回る成績に終わった時期があったことにも留意してほしい。

2. リサーチ・アフィリエイト・ファンダメンタル・インデックス（ＲＡＦＩ）

商業的成功という意味では、ＲＡＦＩ社のスマート・ベータ・ファンドも巨額の資金を引きつけた。二〇一八年の時点で、運用資産規模は二〇〇〇億ドルを上回っている。ＤＦＡ社と異なり、ＲＡＦＩ社は超過リターンの源泉は市場の非効率性にあると考えている。同社の創設者ロバート・アーノットは、業界の常識になっている時価総額加重の組み入れ比率は間違いだと主張する。従来の方式では、過大評価されている成長銘柄群を、不当に多く組み入れることになると言うのだ。そして、この一種の「非効率性」を回避するために、時価総額ではなく利益額や資産額といった企業のファンダメンタル指標の規模に従って、組み入れ比率を決めるべきだと言う。

彼はこの考え方を、「ファンダメンタル指数化」と呼んでいる。したがって、当然ながらＲＡＦＩ社のポートフォリオは、バリュー株と小型株に傾斜したものになり、他社のマルチ・ファクター型スマート・ベータ・ファンドに類似したものになっている。同社の運用するＥＴＦは、ＰＲＦという名前で取引されている。ＰＲＦが目立った好成績を上げたのは、二〇〇九年のことだった。というのも、あの当時ＲＡＦＩ社のＥＴＦは、金融パニックから脱しつつあったものの株価が一株当たり純資産額を大幅に割込んでいた大手銀行株を、市場インデックスに比べて大幅に上回って組み入れていたのだ。

しかし当時、これらの大銀行は国有化される危機を回避できるかどうか、定かではなかった。同社の銀行株への極端な集中投資は、大きなリスクを抱えていたのだ。バリュー株が振るわない局面ではＲＡＦＩの成績も良くない。

表5　マルチ・ファクター・ファンドのパフォーマンス分析（2022年までの10年間）

ファンド名	幅広く分散投資した市場インデックス・ファンド（VTSAX）との比較	
	年平均超過リターン（%）	シャープ・レシオ
DFA社大型バリュー株ファンド DFUVX	−2.53	−0.29
DFA社小型バリュー株ファンド DFSTX	−3.75	−0.48
RAFI社パワーシェアーズPRF	−1.86	−0.15
RSP社等金額加重ETF	−1.01	−0.14
ゴールドマン・サックス アクティブ・ベータGSLC	−0.19	−0.07

3．ゴールドマン・サックス社のアクティブ・ベータETF

ゴールドマン・サックス社も、二〇一五年にスマート・ベータ・ファンドを売り出した。それが、GSLCというコードネームのETFだ。このETFは、⑴グッド・バリュー、⑵強いモメンタム、⑶高いクオリティー、⑷低ベータという、四つのファクターを重視して、銘柄選択を行うファンドだ。このETFの経費率は〇・〇九で、すべてのスマート・ベータ・ファンドの中で最低水準を誇る。単純な市場インデックス・ファンドとほぼ同等だ。

4．等金額加重ファンド

構成銘柄を標準的な時価総額加重ではなく等金額で組み入れたインデックス・ファンドは、ほぼマルチ・ファクター・モデルで推計されたものに近い結果を生む。等金額組み入れのファンドは、時価総額加重ファンドに比べて、相対的に小型株とバリュー株のウエイトが大きくなる。半面、もっとも人気のある大型グロース銘柄のウエイトが低くなる。

ザ・インベスコ・イコールウエイト五〇〇ETF（RSP）は、S&P五〇〇株価指数の全構成銘柄を、五〇〇分の一ずつ組み入れて定期的にリバランスする。いずれにしろ、等金額ファンドは分散度合いやリスク特性に関して、時価総額加重ファンドと大いに異なる特性を持つ。また、等金額ファンドは組み入れ比率を維持するために、絶えず値上がり銘柄を一部売却してリバランスを図る。その分だけ常にキャピタルゲインが発生し、税負担が重くなる。

マルチ・ファクター・ファンドの長期の運用成績は、まずまずと言える。ファクター間の相関係数が低く、あるいはマイナスのため、シャープ・レシオは単純なインデックス並みの水準になっている。そのおかげで、いくつかのファンドは若干ながらプラスの超過リターンを生んでいる。ただし、逆説的だが二〇二二年までの一〇年間に関しては、その運用成績は単一ファクター・ファンドよりもさらに劣っていたのだ。また、リバランスに伴うキャピタル・ゲイン税がハンディーになっている。

4 投資家への示唆

スマート・ベータ戦略は、アクティブ運用の一種である。しかし、銘柄選択で勝負する、通常のアクティブ運用とは異なる。過去に市場平均よりも高いリターンをあげた、いくつかのファクター特性を持つ銘柄群中心に組み入れるタイプのアクティブ運用なのだ。スマート・ベータ運用は、通常のアクティブ運用に比べて非常に経費率が低いことが強みだ。

一般論として、スマート・ベータ・ファンドの運用成績は、まちまちだ。過去一〇年に関して言えば、マルチ・ファクターETFの多くは、超過リターンをあげていない。

また、これらのファンドが超過リターンや優れたシャープ・レシオを達成した期間についても、それは、あくまで追加のリスクを取った結果、うまくいったにすぎないことを忘れてはいけない。時価総額加重のインデックス・ファンドとは異なる組み入れをすることが、すなわち異なった種類のリスクを取っていることになるのだ。スマート・ベータ運用は何か特別優れた投資技法というわけではない。したがって、これらのファンドが持つ固有のリスクに、不意打ちを食わないように気をつける必要がある。

スマート・ベータ・ファンドは、鳴り物入りで喧伝されてきた。しかし、優れた成績をあげられるかどうかは、一にも二にも購入した時点の相場状況がどうであったかにかかっている。例えばバリュー株に特化したファンドは、世紀の変わり目に起きたインターネットバブルの崩壊局面で、大幅に割高に評価されていたハイテク・グロース株が暴落した結果、異例の高パフォーマンスをあげることができたのだ。しかし、二〇二二年までの一〇年間については、バリュー株もグロース株もひどい結果に終わったのだ。

しかしスマート・ベータ・ファンドが人気を博して、あるファクターが買い上げられると、株価が上昇した後で購入しても、その後のパフォーマンスに大いに失望させられることになりかねない。

ある時期に非常な好成績をあげて注目を集めた運用戦略は、それが広く知れわたるとだめになることが多い。このことは、優れたリターンが取ったリスクに対する正当な報酬ではなく、市場の一時的な気まぐれによる過大評価の結果にすぎない時は、特に要注意だ。本書で一貫して強調してきた、幅広く分散投資された市場インデックス・ファンドへの投資が運用の柱であるという考え方は、いささかも修正する必要はない。それでも少し冒険してみたい投資家は、資産の中心部分は市場インデックス・ファンドで運用したうえでチャレンジするのがいいだろう。

5　リスク・パリティー

レイ・ダリオは確かにユニークな人物だ。世界有数の大金持ちにして、ベストセラーの著者でもある。ダリオは現在世界最大のヘッジ・ファンド運用会社ブリッジ・ウォーター・アソシエーツ社のトップで、「オール・ウェザー（全天候型）ファンド」と呼ばれるリスク・パリティー・ファンドで大成功した。そしてベストセラーになった『一〇〇の大原則』をタイトルにした二冊の著書に盛り込まれた二〇〇以上の原則にのっとって、自分の会社を経営している。

これらの大原則が投資ビジネスで成功するための鋳型なのかどうかは、はっきりしない。しかし彼の言う、「いかなる投資戦略も『エビデンス』に裏打ちされたものでなければならず、また周りの人たちの真剣な詰問や批判に耐えるものでなければならない」という主張に反論することは難しい。社内の人たちの話では、同社の勤務環境を一言で言えば「毒々しい」ものだと言う。

ダリオは、「運用成績を一層の高みに導くためには、社員は常にやさしさではなく容赦ない率直な批判にもとづいて評価されなければならない」と主張する。同社では毎日ベースで会社全体ならびに各社員の業務状況に関して、「ドット」と呼ばれる観察ポイントが集計される。すべての会議はビデオ撮影され、ひとりひとりが全社員の容赦ない批判にさらされる。社員ごとの弱点を詳細にリストアップした「ベースボール・カード」が付与され、それを社内の誰でも、いつでもオンラインで閲覧できるようになっている。そして合格点に達しない社員は、「公開処刑」と称して公然と袋叩きにされる。

社内研修では、他の社員とのかかわり方のモデルとして、ハイエナの群れが寄ってたかって、若くて未熟なハイエナを食い殺す状況を参考にするよう求められる。同社では社員の三分の一が入社二～三年で辞めていくらしいが、それも無理からぬことだ。ある社員は、コネティカット州の人権委員会に対して、同社の経営は「恐怖と恫喝のるつぼだ」と訴え出たほどだ。

しかし同社のファンドが並ではないパフォーマンスをあげてきたことは事実だ。その強圧的な社風を、前向きに評価する人たちもいる。その一人が、元FBI長官で二〇一七年にトランプ大統領によって罷免されたジェームズ・コミーだ。彼は言う。「私が過ごしてきたこの特殊な世界で、いろいろな場所に呼び出されて詰問され、証言させられてきた。数々の法廷で証人に立ち、何代もの大統領に対してブリーフィングを行い、最高裁判所での議論や反論に参加したこともある。こうした無数の試練の中でも、ブリッジ・ウォーター社に呼ばれた時の詰問が一番しんどかった」と。そして、「レイ・ダリオに関しては毀誉褒貶がはなはだしいが、言えることは彼が並はずれて頭の切れる男だということだ」と。

ブリッジ・ウォーター社が大成功している要因の一つが、同社が開発した「リスク・パリティー」と呼ばれる運用戦略だ。これは、「エビデンスにもとづいて運用せよ」という、ダリオの大原則から生まれたものだ。彼によると、比較的安全性の高い資産は、そのリスク見合い以上のリターンを生む傾向があるという。一方で、リスクの高い資産はしばしば過大評価され、リスクに見合わない低リターンに終わることが多いというのだ。そこで投資家は、借入金でレバレッジを高めて低リスク資産を保有することによってリスク、リターンを共に高めれば、リスク見合い以上のリターンが得られるというのだ。

リスク・パリティー戦略

高リスク・高リターンのポートフォリオを作る方法は二つある。一つは普通株に代表される高リスク資産を中心に組み入れる運用だ。もう一つは、大部分を比較的低リスク・低リターン資産を組み入れたポートフォリオを作り、借入金でレバレッジを高め、ハイリスク・ハイリターンのポートフォリオに変えてしまうのだ。リスク・パリティー戦略は、ある状況の下では二番目の運用の方がリスクに対して相対的に高いリターンが得られるという考え方にもとづいている。

借入れによってレバレッジを高める運用は、時々金融市場を見舞う一時的な激変時に、資金繰りに行き詰まるかもしれないリスクを伴う。しかし資金に余裕があり、レバレッジを高めても体力的にも精神的にもそのリスクに耐えられる投資家にとっては、資産運用全体の中にリスク・パリティー運用を持ち込むことのメリットは大きい。

投資家は、確率は低いが一獲千金の可能性のあるかけ事には、不当に高い値段を払うこともいとわない、強い傾向があることが知られている。これを競馬の例で考えてみよう。もしレースに参加する全ての馬の馬券を買えば、必ず勝ち馬を当てることができる。しかし勝ち馬券を換金してみると、支払った金額より二〇％ほど少ない金額しか回収できないことに気づくだろう。というのも、競馬の主催者側が運営経費や税金、利益などの名目で、かなりの金額を差し引くからだ。

次に、どのレースでも確率は低いものの当てた時の賞金が非常に大きい、いわゆる「穴馬」が存在する。この穴馬に賭けて、どのレースでも穴馬馬券だけを買い続ける戦略を取ったとしよう。時には大穴を当てることもあるだろう。しかしこの戦略を続けると、平均的には元手の約四〇％を失うことになる。一方、本命馬だけを買い続けた場合は、約三回に一回は勝ち馬に当たる。それでも長期的には元手は目減りするが、五％程度の損失で済む。

個々の馬に関して、必ず勝ち馬を当てる秘策などありえない。しかし長期平均的に言えば、常に本命に賭けるやり方のほうが、大穴に賭けるよりは遥かにダメージは少ない。にもかかわらず、かけ事の好きな連中は、大穴を当てるかもしれないスリルに負けて、穴馬馬券に払い過ぎるのだ。賭け率を見れば儲かるかどうかのおおよその見当がつくのだが、参加者の多くは本命には厳しく、穴馬には甘めの評価を下す傾向がある。

証券投資に関しても、本命と穴馬がある。そして投資家が穴馬に対して寛容すぎるという点も共通だ。つまり、多くの投資家はリスクは高いが一獲千金の可能性がある投資対象に対して、不当に高い値段をつける傾向があるのだ。したがって、安全性の高い優良株式や他の金融資産は相対的に割安に評価され、高いリターンをもたらす可能性が強い。第9章で紹介した、ファーマ・フレンチ・モデルの結果を思い出してほしい。相場下落時に最も大きく値を下げる高ベータ銘柄は、低ベータ銘柄に比べて長期平均的には目立って高いリターンをもたらしてくれるわけではないのだ。その後に行われたいくつもの実証研究でも、このことは確認されている。

こうした事実もまた、リスク・パリティー運用の可能性を提供してくれる。もしベータとリターンの関係がフラットであるという、過去について観測された関係が将来にも当てはまるのなら、低ベータ・ファンドを信用で買ってレバレッジを高め、自己資金部分のベータ、すなわちリスクを好みの水準まで高めて、その分リターンも高める運用が最適解になる。こうしてベータが市場平均並みのポートフォリオを構築すれば、簡単に市場平均を上回るリターンをあげることができるのだ。

安全な長期債券を用いてもリスク・パリティー運用ができる

低リスク銘柄はそのリスク見合いよりは高いリターンをもたらす傾向があるという「発見」は、株式

表6 **リスク・パリティー運用の仮想例**

	年平均リターン（%）	標準偏差（月、%）
S&P500 平均	8.6	2.0
10年物米国債	5.1	0.8
レバレッジを2倍にして長期国債ファンドを保有した時の自己資金に対するリターンとリスク	10.2	1.6

（注） この例の運用結果を厳密に計測するには、無リスク金利での借り入れコストも考慮する必要がある。それを考慮すると実現リターンは10.2%から9.9%に低下する。また、デリバティブ商品を使ってレバレッジを高めることもできる。その場合のコストは、通常借り入れの場合よりも低い。

だけではなく他の資産クラスについても当てはまる。例えば長期債のリターンの変動率は、株式の約半分にすぎない。リターンの振れを示す標準偏差の長期平均は、株式が約二%であるのに対して、長期社債は一%以下にとどまる。一方、二〇二〇年までの九〇年間の平均実現リターンを比べると、株式が一〇・三%だったのに対して長期債はその五七%に当たる五・九%であった。

リスク・パリティー運用は、こうした経験的な市場の非効率性を利用する戦略だ。具体的には、借り入れによってレバレッジをかけて長期債ファンドを保有し、ベータ値を株式市場インデックス・ファンド並みに高めて、自己資金に対するリターンを高めるのだ。表6はその運用結果を例示したものだ。この仮想例では、投資家が五〇%のマージンで、すなわち自己資金と同額の借り入れを行い、二倍の規模で長期債ファンドを購入して、二〇〇七年から二〇一六年までの一〇年間保有した結果を示している。

一〇〇ドル分の長期債ファンドを購入する場合、投入される自己資金は五〇ドルだ。そして運用結果を見ると、自己資金に対するリターンは一〇・二%、標準偏差は一・六%と、共に長期債ファンドの二倍に高まっていることがわかるだろう。*

＊ここで注目してほしいのは、レバレッジをかけた長期債ファンドへの運用結果をS&P五〇〇インデックス・ファンドと比べると、リターンは高くリスク（標準偏差）は小さくなっていることである。

リスク・パリティー運用と伝統的な株式六〇%／債券四〇%運用

第8章のポートフォリオ理論の中で取り上げた運用技法との関連でも、リスク・パリティー運用のメリットは肯定できる。多くの機関投資家やバランスファンドの資産ミックスの基準として、株式六〇%、債券四〇%が用いられてきた。しかしリスク・パリティー運用は、それよりも優れた資産ミックスであることがわかる。

伝統的な六〇／四〇ミックスは、しばしば起こる予期しない株価急落時への備えとして、慎重で賢明な対応策と思うかもしれない。しかし実際には、六〇／四〇ミックスのリターンの振れの九〇%は、株式に六〇%配分したことに起因するのだ。特に二〇〇八年の世界的な株価暴落時には、六〇／四〇ミックスをしていたファンドの時価総額は、二五%も下落した。これではとても最適な資産配分基準とは言えないだろう。

図3に示されるような、株式と債券の組み合わせ集合を考えてみよう。平均リターンが最小になる組み合わせは、債券を一〇〇%保有した場合だ。株式を組み入れていくにつれてリターンは上昇し、あるところまではリスク（標準偏差）は低下する。というのも、債券のリターンと株式のリターンの間の相関係数は低く、時にはマイナスになることもあるからだ。しかしある一点を超えて株式の組み入れ比率を高めると、ポートフォリオのリスクも増加に転じる。リターンの振れが大きい株式の影響度が支配的になるからだ。

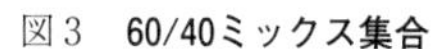
図3　60/40ミックス集合

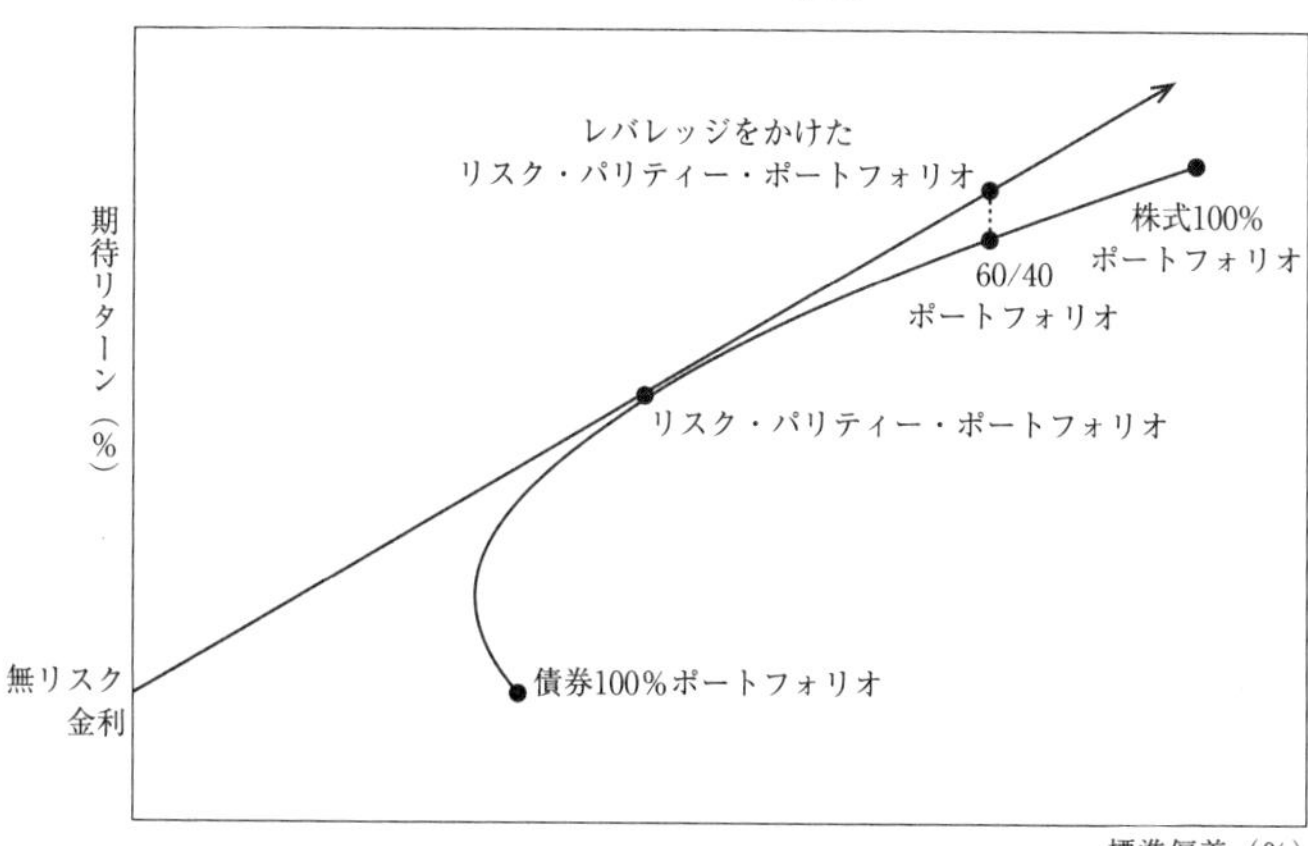

この機会集合曲線上で、二つの点に注目してほしい。一つは、株式六〇％、債券四〇％を組み入れたポートフォリオのリターン・リスクの組み合わせは、株式一〇〇％の場合にかなり近い所にあるということだ。次に、無リスク金利の水準を示すY軸上の切片から、機会集合曲線に向けて描かれた接線が、機会集合曲線に接する接点を見て欲しい。この接点に位置するポートフォリオの株式と債券のミックスを、「リスク・パリティー・ポートフォリオ（ＲＰＰ）」と呼ぶことにする（注　そして、接点より左側にある接線上のすべての点は、無リスク資産とＲＰＰをいろいろな比率で組み入れたポートフォリオであることを示している）。

一方、接線のＲＰＰより右の部分は、無リスク金利で借り入れ、レバレッジをかけて作ったポートフォリオの、リターン・リスクの組み合わせを示している。この接線上のすべての点が、単に株式と債券をいろいろな比率で組み入れたポートフォリオに比べて、同等ないし、より優れたリターン・リスク特性を示している。とりわけ、レバレッジをかけてＲＰＰを保有した場合には、六〇／四〇ミックスと同じリスク水準に対して、常により高いリターンが期待できることに注目してほしい。

ブリッジ・ウォーター社の全天候型ファンド

ここまではＲＰＰを株式と債券の二つの資産だけで運用すると仮定して話を進めてきた。しかし実際には、リスク・パリティー運用はそれ以外の資産クラスも組み入れて行われる。ＲＥＩＴを組み入れた不動産投信や商品ファンド、インフレ・スライド条項付き国債なども組み入れられる。こうした分散型ＲＰＰは、いくつもの資産クラスを組み入れることによって、大きなメリットを享受できるのだ。各資産のリターンの相関係数が低ければ、リスク分散効果によってファンド全体のリスクは低下する。その上、いろいろなタイプの経済変動に対して、個々の資産クラスはそれぞれ異なった反応を示す傾向がある。このため、ブリッジ・ウォーター社ではＲＰＰ運用のことを「全天候型」と呼んでいるのだ。

注意してほしいのは、リスク・パリティー運用はアクティブ運用とは異なるということだ。組み入れる個々の資産クラスはアクティブ・ファンドを使ってもかまわないが、コストの低いインデックス・ファンドで十分なのだ。また、この運用では、多分にファンド・マネジャーの勘と経験に依存した資産間の組み換えや組み入れ比率の調整も一切必要ない。さらに、ポートフォリオ全体のリターンの標準偏差の他に、例えばダウンサイド・リスクへのヘッジといったことが重視される場合にも、リスク・パリティー運用が利用できる。大事なことは、すべての組み入れ資産クラスが、等しく全体のリスク軽減に貢献するような資産配分を選ぶということなのだ。

問題があるとすれば……

リスク・パリティー運用は、あの金融危機を契機に急速に注目を集めるようになった。というのも、このタイプの運用が、伝統的な株式中心の時価総額加重の組み入れ方式よりも、かなり優れたパフォーマンスをあげたからである。ひと口にリスク・パリティー運用と言っても、ファンドによって資産ミックスの中身も異なり、組み入れ比率も様々である。しかし共通しているのは、株式中心の伝統的な運用に対して、債券をはじめ確定利付証券の組み入れ比率が高い点だ。ただ、レバレッジを高めることがもたらすリスク増大効果には注意が必要だ。

確かに、一九八〇年代から二〇二〇年代にかけて、債券投資はリスク調整後で素晴らしい結果を享受した。したがって、この時期に関してはレバレッジを高める運用が功を奏したわけだ。しかし思い返せば、一九八〇年代の初頭には長期国債の利回りは二桁台の高水準にあったのだ。ところがその後、長期国債の利回りは持続的に低下して、二〇二〇年には一〇年物国債の一%以下に下がっている。もし利回り水準が歴史的平均に照らして、より正常な水準に向かって上昇していくとすると、債券価格も債券リターンも大幅に下落するだろう。現時点における専門家の大方の予想では、当分デフレ、低成長経済が続くと見る向きが多い。しかし今から債券投資を始めても、一九八二年から二〇二〇年にかけて得られたような高いリターンは、決して望めないだろう。

レバレッジをかけた運用は、一般投資家にとっては少なくとも潜在的には大きなリスクを伴うものだということを認識すべきだ。自己資金だけで債券投資する場合には、たとえ債券価格が暴落したとしても、価格が回復するのを待つか、あるいは満期日までじっと持っていれば、額面で償還される。しかし借入金で投資規模を大きくして債券投資している場合には、相場が大きく下落する局面で追加の証拠金

表７　全天候型ファンドの長期の運用パフォーマンス（2006年７月～2021年12月）

	ブリッジ・ウォーター社	バンガード社		
	全天候型ファンド	S&P500インデックス・ファンド	全株式インデックス・ファンド	バランス型インデックス・ファンド
年平均リターン（%）	6.73	11.14	11.14	8.69
標準偏差（%）	11.00	15.11	15.62	9.45
シャープ・レシオ	0.52	0.71	0.69	0.83

を払い込む必要に迫られ、意に反して保有債権の一部を売却することを余儀なくされる。それによって、一時的な含み損の一部が実現損になってしまうのだ。正常な相場環境のもとでは債券投資のリターンの変動性は小さいが、時として大きな変動に見舞われ、ダウンサイド・リスクが表面化する。

また、他の資産クラスに関してもかつてほどの超過リターンはなくなり、株式との相関も従来より大きくなっているということもありうる。例えば商品ファンドは、価格変動性が小さく、インフレとの相関が高いため、分散ポートフォリオに組み入れるメリットは大きいと評価されてきた。しかし商品が生むリターンは、先物価格が一貫して満期日の現物価格を下回るという特性によってもたらされてきた。この、満期日の繰り延べにともなういわゆる「ロール・リターン」が、インフレにスライドして生まれるリターンに上乗せされて計算される。しかし商品市場に流入する資金量が大きくなるにつれて、最近ではこのロール・リターンの部分が次第にはげ落ち、時にはマイナスになることもある。

その上、商品価格指数は今後インフレとの相関度がこれまでより低下する可能性が指摘される。というのは、代表的な商品価格指数の多くは、石油のウエイトが高いためだ。しかるに、シェールオイルが大量に出回り始めたことに加えて、代替エネルギーの利用も進んできた。このため、今後はインフレ率と石油価格との相関度が低下する可能性が強い。もし超過リターンが望めないとすれば、いくらレバレッジを効かせても、リターンは高まらないかもしれない。

ブリッジ・ウォーター社の全天候型ファンドの実際の長期運用パフォーマンスは、表7に示す通りである。これからわかるように、全天候型ファンドは、バンガード社のバランス型インデックス・ファンドのリターンを下回り、シャープ・レシオもかなり低かった。最近のリスク・パリティー運用の実績は理論的な期待値通りの結果にはなっていない。

RPP運用は、必ずしも全天候型とは限らない。しかし、レバレッジをかけて運用するという考え方は、投資の道具立ての一つとして選択肢に加えておくといいだろう。私に言わせれば、RPPは単に確定利付証券のレバレッジ運用にすぎない。しかし外国証券も含めて、幅広く分散投資されたポートフォリオを保有する投資家にとっては、ある状況下でポートフォリオ全体のリターンとリスクを同時に高めるための運用テクニックとして、用いるメリットがあるかどうかという観点から検討すべきものだ。

大きな金額の自己資金で株式のようにリスクの高い資産に投資している投資家で、しかもレバレッジがもたらす金融リスクを受け入れる余裕があるなら、RPPを「その他の資産」というカテゴリーで保有するのも一案だろう。自己資金で株式のような高リターン資産に集中投資するのか、それともレバレッジをかけて確定利付証券を保有し、自己資金に対するリターンを高めるのがいいのかという選択だが、私は後者のほうが効果的と考えている。

6　ESG（環境・社会・企業統治）投資

二〇二〇年代の初頭に、積極運用の世界で最も大きな注目を集めたのは、「ESG投資」だ。その結果、ファンド・マネジャーたちは投資先企業を選ぶ際に、経営陣や取締役会のメンバーが企業統治面でベスト・プラクティスを実践しているかに注意を払うとともに、環境問題や社会問題への影響も具体的に考慮し始めた。ESG推進派の中には、ポートフォリオ構築に際して、こうした企業倫理に関わる要素を取り入れることは、単に社会改善に貢献するだけでなく、運用パフォーマンス面でもプラスに働くと主張する。その際しばしば引用されるのは、あのベンジャミン・フランクリンが言ったとされる、「善い行いをすれば、良い結果が得られる」というお題目だ。

二〇二一年の資産運用総額が一〇兆円になんなんとする、世界最大の資産運用会社ブラック・ロック社は、「持続可能な投資（サステナブル・インベストメント）はリターンを高める」と公言している。またブルームバーグ社は、「二〇二五年までに積極運用ファンドの三分の一以上に相当する五〇兆ドルが、何らかの形でESG投資を謳って運用されるようになるだろう」と予測している。

しかし、このトレンドのベースになっている高潔な目的に対して何の異論もないものの、投資先企業が実際にその目的にどの程度貢献しているかを検証することは至難の業だ。確かにいろいろなESG格付け会社がその必要を満たすために、総合的な「ESGスコア」なるものを提供している。サステナリティックス社や株価指数データの大手MSCI社はその代表で、投資資金の配分に大きな影響を及ぼし始めている。しかし同じ会社に対して個々の格付け会社が発表しているスコアは、実のところ「劇的に」異なっているのだ。MITの学者が行った研究では、いくつかの格付け機関の出しているESGスコアの間の相関係数は平均〇・六二で、特定の二社のスコアについてはわずか〇・四二だった。参考までに社債の格付けの場合には、S&P社とムーディーズ社の格付けの相関係数は、〇・九九であった。

これらの格付け機関は、例えば温室効果ガス排出量といった同一の重要な要因についてさえ、全く異なるスコアをつけている。電力・ガス業界で排出量が最も多い会社の一つに、エクセル・エナジー社がある。同社は石炭使用割合が非常に高いことを理由に、いくつかの機関から低いスコアをつけられている。しかし同社はまた、二〇五〇年にはアメリカの同業の中で他社に先駆けて完全にカーボン・フリーの経営を達成することにコミットしており、そのために風力発電施設に巨額の投資を行っている会社でもある。さて我々は、この会社の過去から現在までの経営実態を理由に投資を見送るべきか、ゆくゆくはガス排出量が大きく低下することにつながる責任あるコミットメントを評価して、投資すべきだろうか。

温室効果ガスとは関係のない分野についても、ESG格付け会社のつけるスコアはばらばらである。例えば同じアップル社に対するスコアを見ると、レフィニティブ社は一〇〇点満点で七三点をつけているのに対して、S&Pグローバル社はたったの二三点と、同業二二社の中でも最下位に近い低評価を下している。ESGの一つの柱である企業統治についても、格付け機関の間の評価のバラツキは大きい。サステナリティックス社はアップルの経営はベスト・ガバナンス基準を模範的に満たしていると高く評価しているのに対して、MSCI社はアップルを同業の中でも下から二番目の低評価しか与えていない。

もし温室効果ガス排出量や企業統治といった重要な問題で評価が分かれている企業を投資対象から外

すということになれば、いったいどんな企業が合格するのだろう。試みにESG投資信託とESG ETFに組み入れられている銘柄群を調べてみると、アルファベット社（グーグルの親会社）、メタ・プラットフォーム社（フェイス・ブックの親会社）、ビザ、マスターカード社がトップ四になっていることが分かった。しかしこれらいずれの会社も、それぞれいろいろと問題を指摘されている企業でもある。果たしてすべてのESG投資家たちは、個人情報の濫用疑惑や法外な高金利徴求批判を浴びているこれらの会社に投資して、社会的良心が痛まないのだろうか。

ESG投資ブームで多くの会社がいわゆる「グリーン・ウォッシング（見せかけの環境重視経営）」に手を染めるところが増えている。すなわち、多くの会社が実際にはほとんど環境問題に貢献していないにもかかわらず、あたかも「エコ・フレンドリーな」企業であるかのように見せかけているのだ。ある航空会社は、「わが社は欧米ルートで炭素排出量が業界で一番少なかった」と吹聴していた。その根拠として用いたのが、「乗客一人当たり排出量」という指標であった。しかし実態は全く逆で、同社は単に大型機中心の編成を組み、座席数を大幅に増やして、乗客数を大きく増やしていただけだった。また、平均温度の基準を華氏から摂氏に変更して計測すれば、そもそも地球温暖化現象など起きていないと主張する者まで現れたのには、苦笑を禁じ得ない。

ESG投資を標榜する投資信託は、社会的投資は高いリターンをもたらすと主張する。短期間について見れば、ESGファンドの中には平均以上の成績をあげるものもある。例えば新型コロナの流行が始まったため相場が下落する中で、ハイテク銘柄が大幅上昇した二〇二〇年についてみると、石油株を全く組み入れていなかったESGファンドは、軒並み好成績をあげた。しかし翌年には石油株は勝ち組の一つになった。もっと長期についてみると、ESG投資信託が一貫して好成績をあげていることを確認した、信頼できる実証研究は今のところ一つもない。

ESG投資信託の多くは、インデックス・ファンドに比べると分散度が低い。したがってその分リスクが高く、リターンは低くなりがちだ。ESG投資信託のファンド・マネジャーが高いリターンが見込めるという時、もしかしたら運用手数料のことを言っているのかも知れない。

ESG投資信託についてもっと幅広い調査を行ったのは、サム・アダムズとラリー・スウェンソンだ。彼らによると、研究者によって結論はまちまちだが、ESG投資が明らかに長期的に好成績をあげていることを示す証拠は、一つもない。ESG運用の短期と長期の成績の乖離が、異なった実証分析が報告されている一つの原因だ。

社会的にESG投資に対する需要が高まったことを受けて組み入れ銘柄の株価が上昇し、ファンドの短期のパフォーマンスは向上する。しかし、組み入れられたいわゆる「グリーン銘柄」のPERが上昇して資本コストが低下するため、長期的な必要収益率が低下すると言うのだ。この結果、中長期的なリターンの犠牲のもとに、短期的な高いリターンが得られると言う。ESG投資を行いたい投資家は、過度の期待は禁物だ。

ESG投資に対する関心の高まりは、企業行動に影響を与える可能性もある。もしESGを重視する会社のPERが上昇して資本コストが実際に低下するなら、ESG格付けを高めるための動機づけになるだろう。したがって、温室効果ガスの排出を減らすなど社会的によいインパクトを及ぼすような経営を指向するかもしれない。しかしこうした投資が、ESGに後ろ向きの企業の資金調達に不利に働いていることを示す証拠もない。

また、ESG優良企業の投資が増えることが、そのまま国の環境保護政策の目標の達成に直結すると考えるのも早計だ。国として温室効果ガス問題の解消のための最も効果的な政策は、要するに環境汚染に対する経済的なインセンティブ構造を大きく変えることだ。そのための有効な政策手段の一つが、炭素税の導入だ。あるいは、金額の上限を定めて、汚染企業を対象に「ポリューション・パーミット（排出許可証）」を競争入札で発行することも考えられる。

そうすれば、企業がパーミットを購入するコストを抑えようと、ガスの排出量を削減するインセンティブになるだろう。あるいは、排出防止設備への投資負担が大きい企業は、進んでパーミットを購入するだろう。政府自らがガスを排出する権利を認める許可証を発行するなんてとんでもないと批判する人たちに対しては、「排出権をタダで与えているに等しい現状よりは、よっぽどマシだ」と答えたい。

投資家の間に、自分たちの投資が同時にそれぞれの倫理観を満たすような貢献につながってほしいという、強い欲求があることに疑いの余地はない。投資によって単に金融的な目的が達成されるだけでなく、倫理面でも大きな満足が得られるというものだ。そうなれば素晴らしいことだ。

しかし、この二つの目的を同時に達成することを目指す投資信託は、成功しないだろう。最も運用規模の大きいESG投資向けのETFを四つ挙げると、ESGU、USSG、SUSL、DSIという銘柄コードで取引されているファンドだ。その中で長期の運用記録の取れるのは、DSIだけだ。そして二〇二二年までの一〇年間の運用成績は、バンガード社の市場インデックス・ファンドを下回っている。また、これらのファンドが組み入れている銘柄群が、本当にESGの目的を達成しているのかどうかも、はっきりしない。そして、それらのファンドはいずれも、インデックス・ファンドに比べると分散度が低く、運用コストも高い。したがって長期的にインデックス・ファンドを下回る成績に終わる可能性が大きい。下手に善き行いをしつつ財産も増やそうとすると、虻蜂取らずに終わりかねない。

そこで、どうしても貯えの一部をESG投資に振り向けたい投資家へのアドバイスだ。その場合でも、あくまで運用の中心は低コストの市場インデックス・ファンドに置くべきだ。その上で資金の一部を、例えば再生エネルギー株ファンド、あるいはそれぞれの投資家が重要と考える社会問題を重視したファンドに投入してはどうだろうか。その場合でも大切なことは、組み入れ銘柄を詳しくチェックして、本当に自分の重視する倫理的な問題に資するファンドかどうかを精査すべきだ。デューディリジェンスこそが重要なのだ。環境投資が同時に市場平均を上回るリターンをもたらすなどという幻想に、決して惑わされてはいけない。善き行いをすることは、「言うは易く行うは難し」だ。

7 結び

新しいポートフォリオ構築の考え方は、常に念頭に置くべきだ。とりわけ大きな自己資金を運用している投資家の場合は、分散投資の一環でマルチ・ファクターのスマート・ベータ・ファンドや、RPPの保有を検討すべきだ。ファクターに賭けたファンドへの投資は、インデックス・ファンドから乖離するリスクを取ることによって、追加のリターンを得ようとするものだ。また、レバレッジに伴う金融リスクを取るゆとりのある投資家は、分散ポートフォリオの中にRPPを加えることによって、追加のリターンが得られる可能性が大きい。また多くの投資家は資金の一部をESGファンドに振り向けたいと考えるだろう。いずれにしても、こうしたファンドを加えるかどうかを決める際に、あくまでそれが低コスト・ファンドかどうか、運用全体の税負担にどのような影響があるかという観点から検討すべきだ。そして再度強調しておきたいのだが、あくまで運用の中心は幅広く分散された、市場インデックス・ファンドであるべきだ。こうしたファンドがもたらすリターンや思わぬ落とし穴がないかどうかを、非常にクールに精査しなければいけない。決して市場インデックス・ファンドにとって代わるものではないのだ。老後に備えてこれから株式中心の運用を始めようとしている人には、まず伝統的な時価総額加重の市場インデックス・ファンドの保有から始めることをお勧めしたい。

第4部
ウォール街の歩き方の手引

19世紀初めのウォール街
D'après document Museum of the City of New York より

第12章　財産の健康管理のための一〇カ条

財産の運用を考える際に、どれだけを金利収入で確保したいのかは、贅沢な食事をしたいのか、それとも安眠したいのかによって決まる（J．ケンフォード：私の信条）

第4部はランダム・ウォークのためのガイドラインである。この章では市場の効率性を信じない人も含めて、すべての投資家に役立つ一〇項目のアドバイスを示したい。続く第13章では、最近数年間に見られた株式と債券のリターンの変動を振り返り、それを踏まえた将来展望を試みる。加えて、いくつかの異なる運用戦略から期待できる長期平均的なリターンの予測を行ってみたい。続いて第14章ではあなたが現在人生のどのステージに立っているかによって、望ましい資産ミックスが大きく異なることをお話ししたい。この「生涯投資」の考え方こそ、資産運用の目標を達成する上で一番重要な鍵になるものだ。

第15章は株式運用のガイドラインだ。これは株式市場はある程度は効率的で、仮に市場に打ち勝つ秘策があるとしても、自分たちには見つけられそうもないと考えているすべての投資家向けのアドバイスだ。分別ある投資家は、細かい点まで注意して十分準備した上で、ランダム・ウォークに乗り出すべきだ。市場株価の動きはランダムでも、投資行動はランダムではいけないのだ。ここでお話しするアドバイスは、あなたが分別ある意思決定を行い、税引き後のリターンを高めるための準備体操と考えればいいだろう。

1 第1条　元手を蓄えよ

財産を大きく増やして、ハッピー・リタイアメントを享受する鍵は、大化けする可能性の大きい銘柄や投資信託を見つけるためのチケットを手に入れることだと思っている人が多い。しかしこれは大間違いで、そんなチケットは紙切れほどの価値もない。財産を増やすための原動力はあなたの「貯蓄」であり、貯蓄するには強い意思が必要なのだ。継続性のある貯蓄計画がなければ、たとえ投資で五%、一〇%、一五%を稼いでもほとんど意味がない。安心できる財産運用のための第一の条件は、継続性のある貯蓄計画を、できるだけ若いうちに始めることだ。ハッピー・リタイアメントに至る唯一の確かなよりどころは、投資の元手になる資金を、時間をかけて着実に貯蓄することなのだ。それなのに、この第1条を守る人は非常に少ない。その結果、平均的アメリカ人の貯蓄額は残念ながらきわめて不十分なのだ。

そう、今日からでも貯蓄を始めることが非常に重要なのだ。そして始めるタイミングを先延ばしすればするほど、老後に蓄えた目標達成が難しくなる。貯蓄をどのタイミングで始めるかではなく、今すぐ始めることの「時間価値」のほうが重要なのだ。どの銀行の窓口にも書いてあるように、「少しずつでも預金し続ければ、蓄えは着実に増え続けます。しかしまず始めないことには何も変わりません」とい

図１　主要な資産クラスの累積価値の増殖状況

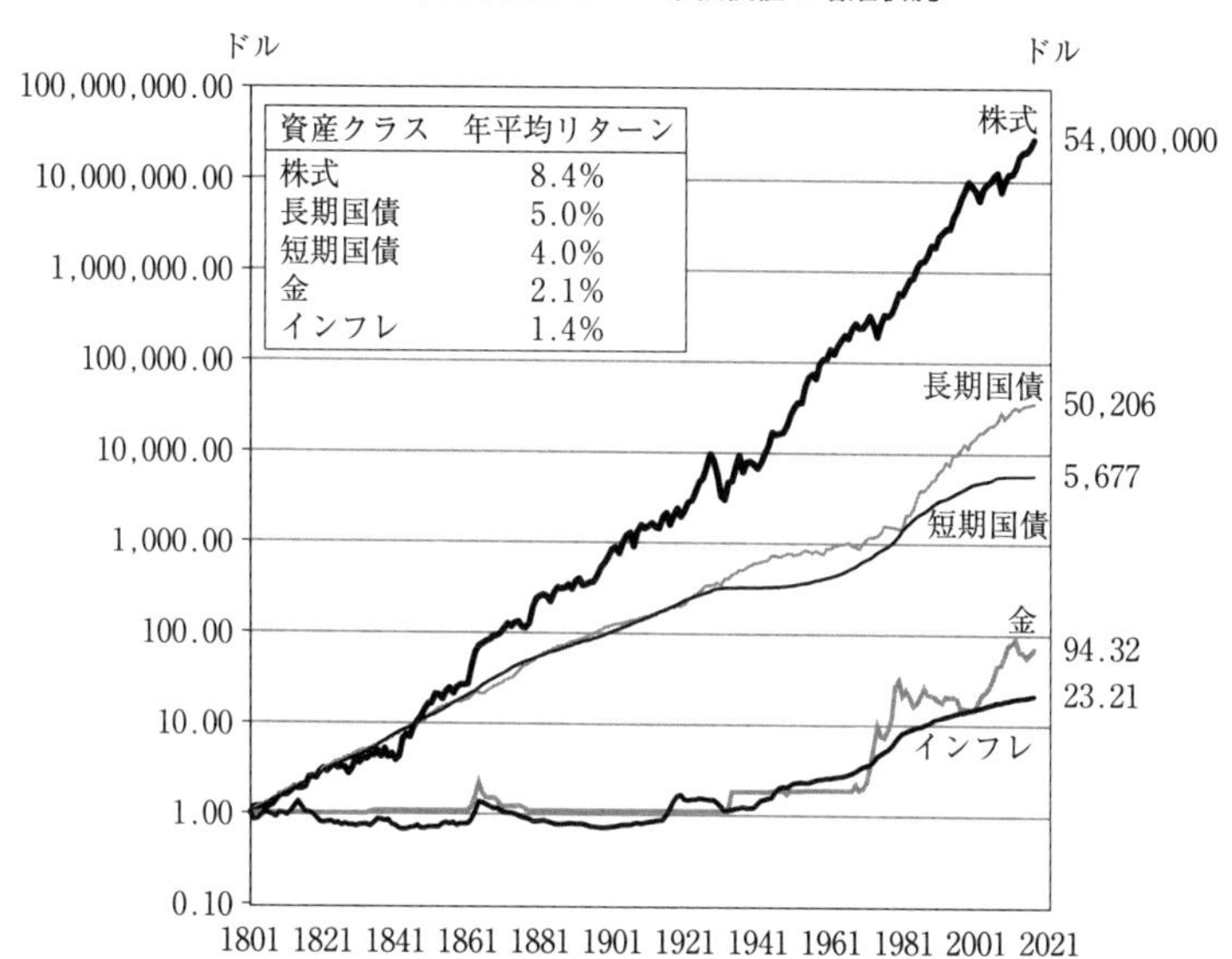

（出所）　ジェレミー・シーゲル著『長期投資対象としての株式』第６版

うことだ。

計画的な貯蓄によって時間はかかるが確実に豊かになれるという原理は、奇跡のような「金利の複利効果」によるものだ。あのアルバート・アインシュタインも、金利の複利効果は「人類の最も重要な数学的発見だ」と言っている。これは言葉で聞くと難しそうに響くかもしれないが、要するに投資の元本だけではなく利子もまた、再投資に回せば同じ率で増殖し続けるということを言っているにすぎない。

優れた投資の教科書の一つ『長期投資対象としての株式』を著したジェレミー・シーゲル教授は、その中で一八〇二年から二〇二一年までの二〇〇年以上の期間に、主要な金融資産の時価がどのように増殖してきたかを示している。これを見れば「複利効果」がどんなに強力なものかが一目瞭然だ。例えばもし一八〇二年に株式市場インデックスが買えたとしたら、当時の一ドルは二〇二一年にはなんと五四〇〇万ドルに増えたのだ。図1に示されるように、その増え方は同じ期間のインフレ率、具体的には消費者物価の上昇率を大きく上回っている。また、政府短期証券（ＴＢ）や金に投資し続けた場合の投資価値の増え方は、比較的つつましいものにとどまっていることもわかるだろう。

本書は一獲千金を目指す向きには何の役にも立たない。そういう人たちは貪欲につけ込む詐欺師たちに任せておきたい。あっという間に無一文になること請け合いだ。金持ちになりたいなら急がないことだ。しかし重要なのは、今すぐ始めることだ。

もし若い時に貯蓄しないまま、五〇代を迎えてしまったとしたらどうだろう。そういう人は貯金も年金もなく、一方ではクレジット・カードの支払いにも苦労するに違いない。ハッピー・リタイアメントなどは望むべくもない。それでも計画的に貯蓄を始めるのに、遅すぎるということはないのだ。ただし、過ぎた時間を取り戻すことは不可能だから、身の丈に合ったライフ・スタイルに切り替えて、今すぐに貯蓄を始めるべきだ。また、当分働き続けるほかないから、リタイアするタイミングをなるべく先に延ばすべきだ。幸いにも後に取り上げる税制上優遇された退職プランを活用すれば、少しはキャッチ・アップできるだろう。

ともかく時間を味方につけることだ。なるべく早く継続的投資を始めなさい。そしてつつましい生活に徹して、せっかく貯めたお金には手を付けないことだ。その決意を固めるために、次のことを肝に銘じてほしい。死ぬよりも惨めなことは、貯えを使い果たした後も生き続けなければならないことなのだ。そして専門家の予想によれば、団塊の世代に生まれた人々のうち、少なくとも一〇〇万人は、少なくとも一〇〇歳までは生きるということだ。

2　第2条　現金と保険で万一に備えよ

「マーフィーの法則」を忘れないでほしい。悪い時には悪いことが重なるものだ。加えて、オトゥールは「マーフィーは楽観的すぎる」と言っている。善良な人々にも悪いことは起きるのだ。人生はリスクだらけで、誰にとっても突然まとまったお金が必要になるものだ。急病で入院費用がかさむ時に、なぜか突然ボイラーが爆発したりするのだ。あるいは、息子が事故を起こして自動車が大破してしまった直後に、父親がレイオフされるようなことも起こりうる。新型コロナの大流行によって、保証されていると思っていた仕事が突然なくなってしまうなんて事態を、いったい誰が想定していただろう。こうした人生の破綻に備えるために、どの家庭でもある程度の現金を持ち、適切な保険に加入しておくことが不可欠なのだ。

手持現金

どの証券会社のセールスマンも「キャッシュを抱え込んでいては絶好の投資チャンスを逃しますよ」と言うだろう。「キャッシュは紙屑」という考え方は証券業界にしみ渡っている。しかしどの家庭でも不慮の医療費支払いや一時的な失業時期をしのぐための、安全でいつでも引き出せる形で、ある程度の現金を持つことは絶対必要だ。もし医療保険や労災保険でカバーされている人なら、三カ月分の生活費を賄えるだけの手持ち現金というのが一応の目安だろう。高齢になるにつれて必要額は大きくなると考えられる一方、今の仕事の安定性が大きい人、あるいは比較的多額の金融資産がある人の場合には、より少なくて済むだろう。そのうえ、子供の大学の授業料といった、近い将来に予想されるまとまった支出に対しては、銀行のＣＤといった短期預金の形で支出のタイミングに合わせた運用を考えるべきだ。

保険

どんな人でも、何らかの保険に入っておく必要がある。家族持ちなのに保険に加入していないと、責任放棄と非難されるだろう。車を運転したり交通の激しい通りを通行する時は、いつも死と隣り合わせなのだ。いつハリケーンや火事が起こって家財を失うことになるかもしれない。こうした不測の事態から身を守るために保険は絶対に必要だ。

　個人の場合はまず家と家財、それに自動車保険だ。それから健康保険と傷害保険だ。さらに一家の稼ぎ頭は死亡（生命）保険に入っておくべきだ。まだ独身で扶養家族がいない場合は、生命保険は必ずしも必要ではない。しかし、幼い子供のいる家庭ではかなり大きな額の生命保険に加入しておくべきだ。生命保険には大別すると二つのタイプがある。一つは保険料が高いタイプで、死亡時の保険金と同時に資産増殖にも役立つものだ。もう一つは保険料が安い掛け捨てタイプのもので、単に死亡時に契約した保険金が支払われるだけのものだ。

　前者にはいくつかのメリットがあり、しばしば節税効果がセールス・ポイントに使われる。保険料のうち、貯蓄部分が稼ぐ収入は課税されない。退職貯蓄プログラムで免税特典を使い切った人には魅力的な節税商品だ。また、きちんと継続的に貯蓄していない人にとっては、貯蓄代わりにこのタイプの保険に加入するといい。死亡時には家族に対して死亡保険金と合わせて、貯蓄部分が稼いだ利子収入の加算額がそのまま支払われる。

もっともこのタイプの保険で一番得するのは、それを売る保険代理店やセールスマンで、彼らはたっぷり手数料を手にする。加入直後の保険料の大半は貯蓄に回るのではなく、代理店の販売手数料や販売経費の名目で差し引かれてしまう。そこで私としてはむしろ手作りの保険を自分で運営する、いわば「自家保険」を勧めたい。どうするかと言うと、掛け捨ての死亡保険に加入すると同時に、保険料の節約分を免税の老齢貯蓄プログラムで運用するのだ。以下に紹介するようなやり方をすれば、ほとんどの貯蓄型生命保険や変額保険のどれよりも優れた運用結果が得られる。

お勧めは、自動継続型の掛け捨て死亡保険だ。更新するたびに健康診断を受ける必要がないからだ。ほとんどの人にとっては保険料が低減するタイプの契約がいいだろう。と言うのは、年を取るにつれて必要な死亡保険額は少なくなるからだ。ただし注意すべきは、六〇歳以上の人の保険料は急上昇するということだ。その年になってなお死亡保険に加入したい場合には、非常に高くつくということだ。その年齢に達すると、カバーするリスクは早死にの可能性ではなくて、長生きし過ぎて蓄えが底をつくリスクなのだ。そこで元気なうちは掛け捨て保険で早死にリスクをヘッジしつつ、節約した保険料の差額を運用して増やすのだ。

次は、同様な保険商品に関して割安な保険会社を探すことだ。と言うのも、会社によって結構値段が異なるからだ。各社比較情報サービスや、インターネットのサイトを利用してなるべく有利な商品を探すことだ。例えばwww.term4sale.comに行けば、いろいろな値段の類似保険商品をリストアップしてくれている。代理店のセールスマンは必要ないのだ。代理店を通せば価格に彼らの販売手数料が上乗せされる。自分で調べて注文した方が遥かに安く買えるのだ。

その際注意すべきことはA・M・ベスト社の保険会社格付けがAを下回る会社の商品を買ってはいけ

ないということだ。低格付けの会社の商品が割安だからといって、飛びついてはいけない。と言うのは、財務体質の悪い保険会社は資金繰り難から契約通りに保険金を支払ってくれない事態に陥りかねないからだ。生命を財務体質の弱い保険会社に委ねるのは愚の骨頂だ。

各保険会社はA・M・ベスト社に料金を支払って格付けしてもらうのだ。主な保険会社の格付けは、同社のウェブサイトhttp://www.ambest.com/に行けば誰でも見られる。一方、ワイズ・リサーチ社は保険会社に関するさらに客観的で厳しい格付けを行っている。同社は消費者団体が支援している格付け機関であり、ウェブサイトhttp://www.weissratings.com/でアクセスできる。

一時払い変額年金保険

変額年金保険商品はやめたほうがいい。とりわけ保険会社が販売するものは非常に高くつく。一時払い変額年金商品の本質は、死亡保険金付きの投資信託と考えればいい。死亡保険というのは、もしあなたが死んだ時に投資信託の時価が値下がりしていた場合に、保険会社が当初払い込んだ金額を保証してくれるというものだ。この種の商品の販売手数料は非常に高く、また元本を保証してもらうために保険料も取られるのだ。たまたま相場の下落によって投資信託の時価が大きく目減りした直後に死亡するようなケースを除けば、保険の価値はほとんどないだろう。財産の安全を図るうえで、普遍的なルールはなるべくシンプルにしておくということだ。複雑な商品は極力避け、またそれを売り込む人間には耳を貸さないことだ。

変額年金保険が少しでもメリットがあるとすれば、あなたが大金持ちで他のすべての免税型貯蓄商品に目いっぱい投資して、まだお金が余っているケースぐらいだろう。その場合でもバンガード・グループのような低コストを売り物にしている運用会社から直接購入すればいいのだ。

3　第3条　現預金でもインフレ・ヘッジ

これまでお話ししたように、目先に予定しているまとまった支出や学校の授業料、思わぬ支出への蓄え、それに用心のために、ある程度の現預金を持つことが必要だ。実はこれがちょっとしたジレンマになるのだ。と言うのも、例えば銀行に利率二％の定期預金を持っているとして、もしインフレが二％以上になれば、その差だけ購買力、すなわちお金の価値が目減りしてしまう。さらに銀行が支払ってくれる利子には税金もかかる。その上、二〇一〇年代から二〇年代初めにかけては、短期金利が歴史的な低水準になってしまった。このような状態に対して、われわれ庶民はどう対応すればいいのだろう。現時点ではあまり強力な手立てはないのだが、以下でいくつか比較的利回りの高い貯蓄商品を紹介しよう。

マネー・マーケット・ファンド

マネー・マーケット・ファンドは手元現預金を運用する手段としては、最も魅力的な商品だ。安全性が高い上に二五〇ドル以上の比較的大きな額のチェックを切ることができる。また、切ったチェックが引き落とされるまでの期間金利が付く。マネー・マーケット・ファンドの金利は二〇〇〇年代に入ってから、一～五％のレンジにあった。しかし二〇一〇年代から二〇年代初めにかけてアメリカの金利は歴史的低水準になり、マネー・マーケット・ファンドの金利も限りなくゼロに近いものになってしまった。

一口にマネー・マーケット・ファンドと言っても、いろいろだ。特に運用手数料は会社によって大きく差がある。手数料が低いほど、購入者にとっての金利は高くなる。

銀行の大口定期預金証書（CD）

近い将来の特定の日に予定される支払いに備えた現預金は、それと同じ時に満期の来る安全な商品で運用すべきだ。例えば一年後、二年後、三年後に子供の学校の授業料の支払いが発生する場合を考えてみよう。

これに備えて一年後、二年後、三年後に満期の来る三つのCDを購入しておけばいいのだ。銀行の発行するCDは六カ月以上お金が寝かせられる人にとって、マネー・マーケット・ファンドよりもさらに安全で、金利も高い魅力的な運用手段だ。

もっともCDにも難点はある。一種の定期預金だから流動性が低く、また満期前に解約したい時にはペナルティを取られる。また、CDの金利収入には州、地方税が課される。これに対して次に紹介するTB（短期国債）の金利には州、地方税は課されない。

CDの金利はかなり変動する。インターネットで現時点の金利をチェックしてみてほしい。www.bankrate.comに行けば、全国の主要な銀行のCDの一覧が見られる。その中で一番高い金利を提供している銀行を探すのだ。このサイトに取り上げられているすべての銀行と信用組合の預金やCDは、連邦預金保険会社（FDIC）によって元利支払いが保証されている。このサイトには電話番号も示されているから、電話で直接安全を確認して現時点の金利を聞いてみればいいのだ。

インターネット・バンキング

支店も従業員も持たないインターネット・バンキングを運営する金融機関は、コストや経費がかからない分だけ高い預金金利を提供している。通常の銀行が提供する定期性預金やCD、マネー・マーケット・ファンドよりかなり有利だ。そしてFDICに加盟しているインターネット・バンクへの預金は政府によって元利の安全性が保証されている。インターネット・バンクを探すには、例えばグーグルのサーチエンジンでInternet banksと打ち込めばいい。また先に紹介したwww.bankrate.comに行って金利水準のランキングのリストを見ると、多数のインターネット・バンクが含まれているのに気がつくだろう。CDの金利水準のランキングを見ると、上位は大体インターネット・バンクで占められている。

短期国債（Tビル）

Tビル（財務省証券）として知られる短期国債は、最も安全な金融資産で、ほとんど現金と同じ価値があると考えられる。アメリカ政府が元本の安全性を保証しており、四週間、三カ月、六カ月、一年満期の四種類について、定期的に入札が行われている。一〇〇〇ドルを最低にその倍数で売り出される。短期国債の利子は州、地方税を免除されている分、CDやマネー・マーケット・ファンドより有利で、さらに表面的には利回りもマネー・マーケット・ファンドより高いことが多い。直接購入したい場合には、www.treasurydirect.gov.でチェックすればいい。

免税のマネー・マーケット・ファンド

所得税率が非常に高い読者にとっては、免税のマネー・マーケット・ファンドが短期の資金運用にはうってつけだ。このタイプのファンドは州、地方政府の発行する債券だけを組み入れており、もし、購入者が住む州、地方政府債だけの場合は連邦所得税、州、地方税ともに免除される。このファンドはまた、二五〇ドル以上の額のチェックを切る時にも利用できる。免税特典を反映して、表面利回りは通常のマネー・マーケット・ファンドよりは低い。それでも所得税率が高い人たちにとっては税引き後の利回りは有利になる。また、ほとんどのファンド運用会社は特定の州政府債だけを組み入れたファンドも提供している。所得税率の高い州に住んでいる人にとっては、この種のファンドの税引き後利回りは魅力的だ。

4　第4条　節税対策と年金制度の活用

次のような小話がインターネットでもてはやされている：ともに七八歳になる老カップルが、性の悩み専門の精神科医を訪れた。そこで先生が「どうなさいましたか」と尋ねると、男の方が、「先生、これから私たちがセックスするのを見ていてほしいんです」と言ったのだ。これを聞いた先生は少しびっくりしたが、「いいですとも」と答えた。事が済み、先生は「特に問題はありませんでしたよ」と言って、診察代として五〇ドルを請求した。するとそのカップルは次回の予約を取り、翌週も翌々週もやってきたのだ。先生の目の前でセックスし、五〇ドルを払って帰っていくのだ。ある日先生は「ところであなた方の悩みはいったい何ですか」と尋ねてみた。すると老人は答えて言った。「いや、特に悩みは何もないのです。彼女には夫がいて私には妻がいるために家では会えないのです。かといってホリデーインに行けば九三ドル、ヒルトン・インなら一〇八ドルかかります。でもここでは五〇ドルで済みますし、そのうち四三ドルは医療保険で還付されるんですよ」

この小話を披露した目的は、何も読者に税務署をだますことを勧めるためではない。しかし是非考えていただきたいのは、あらゆるチャンスを利用して免税措置を活用し、どうすれば税金がかからない形で蓄財することができるかということだ。と言うのは、老後に備えた貯蓄を運用して得た果実に、また税金を課されるのは、ほとんどの人にとって理不尽だからだ。超大金持ちに生まれた少数の人を除けば、税務署に分け前をかすめ取られないで、合法的に相当な蓄財をすることが可能なのだ。以下にはその代表的な制度を紹介しておきたい。

退職投資勘定（IRA）

老後に備えた蓄財プログラムの代表的なものが、政府管掌の任意の退職貯蓄プログラムＩＲＡ：Individual Retirement Accountだ。二〇二二年時点では、高額所得者でない限り年間六〇〇〇ドルまで投資信託などに投資でき、全額税控除が認められる。この制度の下で投資できる国民の多くは、もし所得税率が二八％なら投資額六〇〇〇ドルのうち二八％に相当する一六八〇ドルは節税の形で戻ってくる。このため、実質負担は四三二〇ドルで済むことになる。つまり一六八〇ドルは国家が勤労者の老後に備えた蓄財に対して、補助金を出してくれているのだ。

ＩＲＡ投資が年平均七％のリターンを上げたと仮定しよう。仮に四五年間、毎年六〇〇〇ドルのＩＲＡ投資を続けたとすると、リタイアする時にはなんと総額一八〇万ドルにも増え、ＩＲＡで稼いだ毎年のリターンも免税になるのだ。もしＩＲＡを利用しない場合には、年々のリターンに対してフルに二

図2　IRA積立の節税効果（毎年6,000ドル投資したケース）

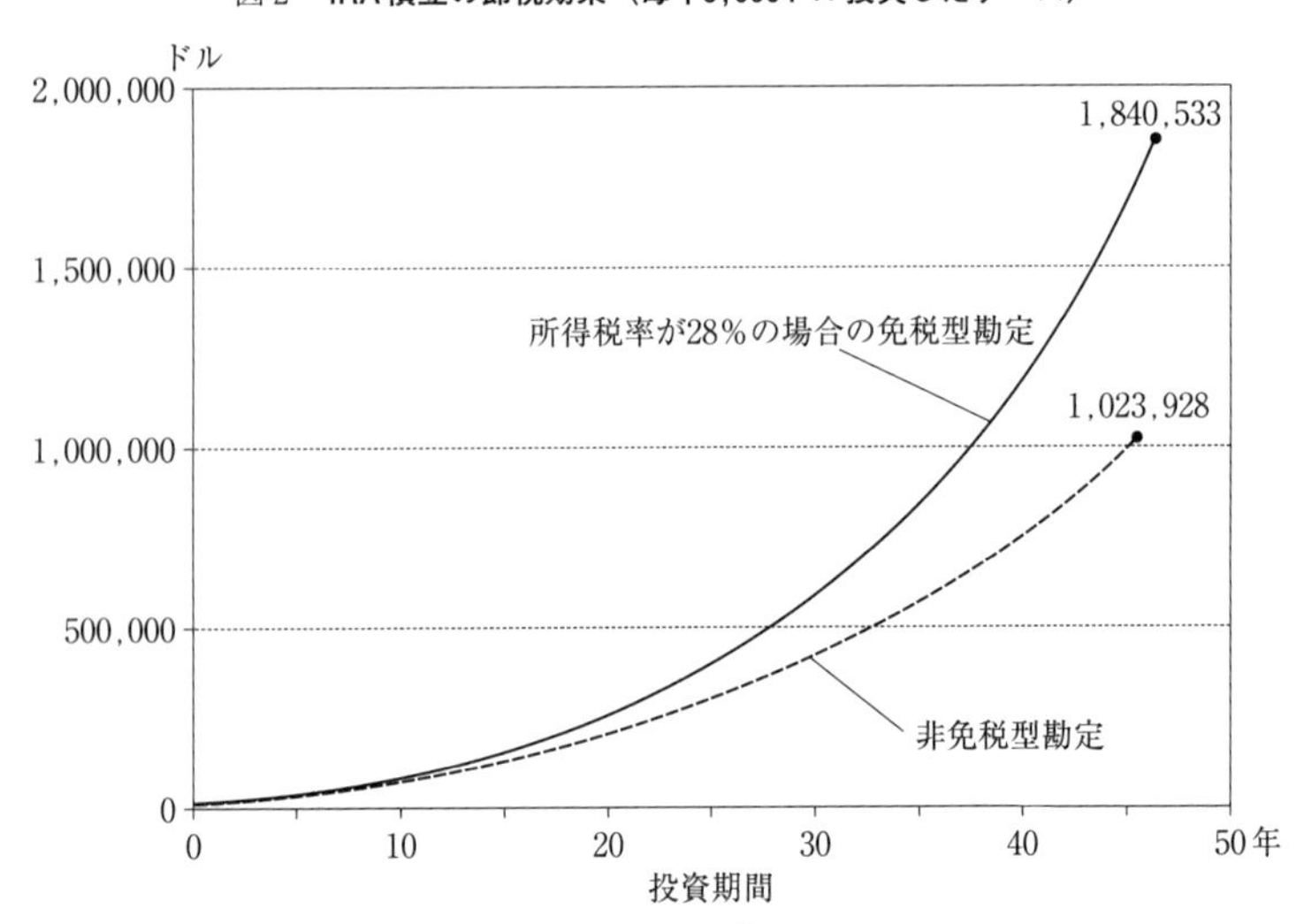

（出所）　ジョン・ブレナン“Straight Talk on Investing”

八％の税金がかかるため、リタイアする時の蓄積額は一〇〇万ドル強にとどまる。その場合でもかなりの財産をもってリタイアできるのだ。また高齢になれば適用税率が二八％よりは低くなるケースが多いため、元利金の累積額はその分増える可能性が高い。図2は、免税の場合の節税効果の大きさを示している。どちらのケースも毎年六〇〇〇ドルを四五年間積み立て、経費差し引き後年平均七％のリターンが得られたものと仮定している。また若い時に積み立てを行わなかった五〇歳以上の人に関しては、免税で積み立てられる金額の上限が七〇〇〇ドルになっている。

新IRA（Roth IRA）

法律の制定に貢献した議員の名を冠した、この新型のIRAを選ぶこともできる。従来のIRAは税率の低い人たちに限ってではあるが、投資した年に直ちに税控除の特典を受けられるものだった。いわば「今日の糧」に資するものだ。そしてその後のすべての積み立てとその果実は、リタイアして引き出す時に初めて課税される。これに対して新ＩＲＡは、いわば「明日の糧」に資する制度だ。この制度を選ぶと毎年の投資額に対する税控除は受けられないが、将来元本や増殖分を引き出す時に全く課税されないのだ。また申告所得が一定水準以下の場合に限られるが、従来型から新ＩＲＡに乗り換えることも認められる。この時、乗り換える額には課税されるが、その後の積立額にもリタイアした後引き出す分にも課税されない。さらに従来のＩＲＡでは、リタイアした後毎年一定額を引き出すことが義務づけられているが、新ＩＲＡではそれも必要ない。また七〇歳以降も積み立てを続けることもできる。この結果、新ＩＲＡを活用すれば、かなりの額の財産を次の世代のために積み立てることが可能になる。

どちらのタイプのＩＲＡが自分にとって有利なのか、また新型に乗り換えたほうがいいのかどうかは、なかなか難しい問題だ。幸いなことに、投資サービス業界が無料のソフトウェアを提供してくれており、これを使って様々な条件の下で両者の特質をシミュレーションしてみることができる。多くの投資信託運用会社や証券会社はＩＲＡ分析の専門家を抱えており、手軽に相談できる。もしあなたが近くリタイアする予定で、またその時の税率が今より低い場合には、乗り換えないほうがいいだろう。

一方、まだまだリタイアは先の話で、また現在の適用税率が低い層では、新ＩＲＡのほうがかなり有利だ。もし現在の所得額が従来型ＩＲＡの下で投資額の税控除が受けられる上限を上回っており、一方新ＩＲＡの条件を満たしている人にとっては、新ＩＲＡのほうを選ぶべきだ。と言うのは、毎年の投資はいずれにしても税引き後の所得を振り向けることになるからだ。

年金プラン

勤務先の会社でいろいろなタイプの年金プランが提供されている。また自営業の人たちは自前の年金プランを立ち上げることができる。

401（k）と403（b）プラン

株式会社の場合は401（k）プラン、学校などの教育機関の場合は403（b）プランが代表的な年金制度になっている。これらのプランの下では毎月の給料から個々人の拠出額が差し引かれて積み立てられ、投資される。加えて、多くの会社や機関では、雇用者側も従業員の拠出額に応じて一定額の拠出を行う。二〇二二年時点で雇用者側は最高で一年間に二万五〇〇〇ドルまで拠出が認められる。そして、この拠出額は従業員の課税所得とは見なされない。また五〇歳以上になってプランを始めた人に対しては、年間二万七〇〇〇ドルまで拠出が認められる。

自営業者の年金プラン

自営業の人向けには、ＳＥＰＩＲＡと呼ばれる年金制度がある。自営業には会計士やエイボン化粧品のセールス・レディー、美容師、不動産仲介業者、医者、デザイナーなど、多様な職業に従事する人たちが含まれる。これらの人たちは自前の年金プランを作って運営することが認められている。二〇二二年時点で年当たり六万一〇〇〇ドルの範囲で所得の二五％まで無税で積み立てることができる。また本業以外に副業を営む人も、そこから上がる所得に基づいて、やはりＳＥＰＩＲＡを設けることが認められている。

ＳＥＰＩＲＡに拠出されたお金は、その年の申告所得から控除でき、また運用益に対しても引き出さない限り課税されない。ＳＥＰＩＲＡの運用は個人の自由に委ねられており、好きな資産に投資することができる。投資信託で運用する場合には必要なペーパーワークはすべて投信業者がやってくれる。

何百万人もの納税者がこの政府管掌の年金制度という、この上なく有利な貯蓄プログラムを全く活用していないのだ。是非限度枠まで目いっぱい使ってほしい。必要なら他の蓄えを取り崩しても、この制度を最大限活用すべきだ。

大学進学のための蓄えは「五二九条口座」で

「五二九条口座」は子供を大学に行かせることを目的に、親や祖父母がギフトとして積み立てる口座のことだ。連邦歳出入法第五二九条に基づくもので、株式や債券に投資することが認められている。同法に規定された高等教育に充当するために引き出される限り、ギフトそのものにも、投資収益にも課税されない。二〇二二年現在では、親や祖父母は無税で年間八万ドルまで五二九条口座に贈与することが認められている。夫婦合計すれば無税枠は実に一六万ドルにもなる。もし余裕があれば、将来大学に進学する子供や孫のいる人はこれを使わない手はない。

こんなうまい話に何か落とし穴はないのかって？　よく聞いてくれた。この制度を口実に、あなたに近づいてくる金融機関のセールスマンたちに気をつけなければいけない。連中はあなたの善意のギフトから、たんまり手数料をかすめ取っていくのだ。税務署を出し抜こうとするあまり、セールスマンの懐を膨らませるのは愚の骨頂だ。私のお勧めは、手数料なしで経費率も非常に低い、バンガード社のような会社の投信商品で運用することだ。

また州によってはギフトの少なくとも一定部分については、州の所得税からの控除を認めているところもある。その場合は州政府に対してこの口座を申請すればいい。また居住州がその利用を認めていない場合は、ユタ州のような経費率の低い州政府に申請するのがいい。注意すべきは、もし五二九条口座の積み立てが教育目的に使われなかった場合には、取り崩す時に所得税が課せられる上に、一〇％のペナルティも支払わなければならないことだ。

また、大学側は授業料減免などを検討する際に、本人名義の五二九条口座があればそれも考慮に入れる。したがって、もし減免が受けられそうな状況なら、親族あるいは可能なら祖父母名義にしておくほうが有利だろう。そういった可能性がない場合でも、もちろん経費率の低い会社の運用する投資信託を選ぶべきだ。

5 第5条 運用目標をはっきりさせる

投資プロセスの中で、ほとんどの人は運用目標をしっかり設定することの重要性を理解していない。その結果、大きな失敗を犯しがちである。運用を始めるに当たって、まず、自分はどこまでリスクを取るべきか、そして自分の所得税率の下ではどんなタイプの投資の組み合わせが最適なのかを、はっきり認識しなければいけない。証券市場というのは、いろいろな客の多様な嗜好を満たしてくれる巨大な食堂みたいなものだ。すべての客に対して最高のメニューがたった一つ存在するわけではない。投資も同様で、すべての投資家にとってベストな運用資産なんてものは存在しないのだ。

可能なら誰だって一夜にして元手を倍にしたいと思うだろう。しかし、あっという間に元手が半分に

表１　**投資対象と安眠度（2022年時点）**

安眠度	投資対象	税引前期待リターン、%	必要な投資期間	リスク水準
1　熟睡	銀行預金	0〜2.0	特になし、１日単位で利息がつく	元本安全。10万ドルまで預金保険の対象。インフレには弱い
2　安眠	マネー・マーケット・ファンド	0〜2	特になし、チェックを切ること可能	短期国債、CD中心の運用で低リスクだが、元本保証はない。インフレを反映して運用利回りは変動
	大口定期預金証書(CD)	0〜2.5	満期までの保有が前提	満期前解約にはペナルティあり。利息はインフレ動向によって変動
	インフレ・スライド型国債(TIPS)	0〜1.0 ＋インフレ率	５年以上、ベース金利は満期によって異なる	満期前に売却すると、実現利回りは変動。しかし長期保有すればインフレヘッジになる
3　安眠だが時々夢を見る	格付けの高い社債（特に優良な公益事業債）	2〜4.25	５〜30年、発行時の期待リターンを得るには満期まで保有が前提。期限前償還リスクあり。随時売却可能だが、流通価格はかなり変動	満期まで保有すればリスクは低い。満期前に売却する場合は価格はかなり変動し、実現リターンの不確実性は大きい。ジャンク債のリターンは高いが、デフォルト・リスクも大きい
4　寝つき悪く何度か寝返りを打ち寝入った後も時々目が覚める。明け方見た夢を覚えている	アメリカのブルーチップ銘柄や外国の優良大企業の株式に広く分散投資したポートフォリオ	4〜6.5	特になし。随時売却可能。期待リターンが得られるのは、中長期保有が前提で、率はあくまで現時点の目安	かなりの価格変動リスクあり。１年単位ではマイナスのリターンになることも珍しくなく、25％程度の元本損失になることもある。インフレヘッジには有効
	不動産	同上	REITに投資する場合は同上	優良株への分散ポートフォリオと同じ。インフレヘッジに有効
5　睡眠は足りているがしばしば夢を見、悪夢も時々混じる	小型成長株中心の分散ポートフォリオ	5〜7	優良株の場合と同じで、期待リターンは中長期保有の場合の目安	かなりの価格変動リスクあり。１年単位ではマイナスのリターンになることも多く、最大50％程度の元本損失もあり得る。インフレには強い
6　しばしば夢を見て睡眠不足になる	新興市場株式に分散投資したポートフォリオ	6〜9.0	少なくとも10年は保有すべし。リターンを自信をもって予想することは困難	リスクは高い。１年間に価格が50〜75％変動することも珍しくない
7　深刻な不眠症	金投資	予想不可能	もし「より馬鹿」投資家が大挙して参入すれば、短期間に価格が暴騰する可能性もある	価格変動リスク大。しかし金融パニックやハイパー・インフレに対する有効なヘッジ手段と信じられている。幅広い分散ポートフォリオの一部として保有することは可能

なるかもしれない状況に耐えられる人は、そんなにはいないのだ。J・P・モルガンの友人の一人は、保有株の見通しが心配で夜も眠れず、モルガンに対して「いったいどうすればいいのかね」と尋ねたものだ。するとモルガンは「安眠できる水準まで株のウエイトを下げるんだ」と答えた。どの投資家も自分にとって最適な（期待）リターンとリスクのバランスが、どこにあるかを選ばなければならない。この安眠水準だけは本人にしかわからないのだ。投資の世界では高いリターンはそれに見合った高いリスクを取って初めて得られるものだ。このことこそ私が本書を通して伝えたい最も重要な教訓の一つだ。あなたの安眠水準を決めることこそ、すべての投資プロセスの出発点なのだ。

読者の投資判断を高める一助として、安眠水準とそれに対応して二一世紀初頭に期待できるリターンの水準を一覧に供したのが、表1である。一番上の方にはすぐに眠たくなるような短期の安全資産が来る。銀行預金やマネー・マーケット・ファンドなどの金融資産だ。もし読者の安眠水準がここにあるのならこの章の第3条をよく読むことだ。

その次の段階の人向けにふさわしい金融商品として、インフレ・スライド条項付き国債、いわゆるTIPSがある。このタイプの国債は、リターンとして低水準ながら保証された利率に、毎年のインフレ率を加えたものが得られる。長期国債の一種だから実質金利、すなわち総合利回りからインフレ率を差し引いたレートの変化を反映して、市場価格は変動する。しかし満期まで保有すれば、少なくとも資産価値はインフレに蚕食（さんしょく）されることはない。第7条では少なくとも資産の一部分はこの商品で運用することが望ましい理由を説明している。

社債は国債より少しリスクが高い。そして時にはちょっと怖い夢を見て、安眠が妨げられることもある。怖い夢が現実になる前に市場で売却する場合、どの程度のリターンが実現するかは、その時の金利水準がどうなっているかによって決まる。もし金利水準が高くなっていれば新しい投資家が新発物の高い利回りと同じリターンを得られる水準まで、既発債の市場価格は下落する。場合によっては価格下落によって一年分のクーポンが吹っ飛んでしまうこともある。逆に、もし金利水準が低下していれば、社債の市場価格は上昇する。いずれにしても、満期到来前に社債を手放せば、年平均実現利回りは大きく変動する。したがって、ほとんど元本価値が変動しない短期の資産に比べると債券は「リスクが高い」と考えるのだ。一般論として、満期までの期間が長ければ長いほど、市場価格の変動リスクは大きく、また平均すれば実現リターンも高くなる。* この点に関しては第7条でさらに詳しく取り上げている。

*長期もののリターンは必ずしも常に短期ものより高くなるわけではない。市場動向によっては短期もののリターンが長期ものを上回ることもある。問題は短期もので繰り返し再運用しても、高いリターンが継続して得られるわけではないことだ。短期金利は急上昇した後、しばしば急落する。したがって短期運用でつないでいって得られるリターンは、一般論としては長期ものに投資した結果よりは低くなると考えてよい。言い換えれば一時的に短期金利が長期金利より高い時でも、価格変動リスクを取って長期債に投資したほうが結果としてより高いリターンを享受することができると考えていいのだ。

次に株式だ。株式のリターンがどのくらいになるかを、事前に確信をもって言える人はいない。しかしかつてあのオスカー・モルゲンシュテルンが言ったように、株式市場はあたかもプレーヤー（投資家）に有利になるように賭け率が操作されたカジノみたいなものなのだ。株式市場は二〇〇〇年代の初頭や二〇〇七年に起きたような悲惨な暴落にも時々見舞われるが、二〇世紀全体について計測した年平均総リターン（値上がり率プラス配当利回り）は九％にも達したのだ。二〇一八年時点に立てた株式のリターンに関する私の長期予想は、年平均四ないし六・五％だ。これは過去一〇〇年間の平均である九％には及ばないが、まずまずの水準と言えよう。これはまた、主要な諸外国の大企業の株式についての予想リターンとほぼ同水準だ。

しかし毎年実現する株式のリターンは、前に示した長期平均の推定値から上にも下にも大きく乖離するだろう。悪い年にはリターンがマイナス二五％にもなる可能性がある。こうした悪い年の眠れない夜に、皆さんはどこまで耐えられるだろうか。

四次元のサウンドトラックが鳴り響くフルカラーの夢を見たい人は、高いリスクを承知で新興小型株を専門に組み入れたファンドを買えばいい。近い将来高成長が期待できる、新技術分野で起業したばかりの新興企業群に投資するのだ。これらの銘柄の株価は変動が大きく、相場全体が下落する時には五〇％ほど下落することも珍しくない。しかしこのグループを全体として見ると、平均すれば六・五ないし七・五％程度のリターンは期待できる。

小型株に広く分散投資したポートフォリオの長期平均リターンは、市場全体の平均よりはいくぶん高くなる傾向がある。もし相場が下落する局面でも安眠でき、一時的に大きな含み損を抱えるようなことがあっても持ちこたえる精神力があるなら、積極的に新興小型株を組み入れるファンドに長期投資するのもいいだろう。さらに高成長が続く新興国市場に目を転じると、それよりさらにハイリスク・ハイリターン型の特性を持つ株式ファンドもいろいろ見つかるだろう。何しろこれらの国々は二一世紀を通して、非常に高い成長を遂げることが期待されているのだ。

商業用不動産への投資は、最近まで個人の手が届かない分野と考えられてきた。しかし不動産投資のリターンは、株式と並んで非常に魅力的なものになっている。次の第6条の中で、資金的にマイホームを購入する力のある人は、是非そうすることを勧めている。それと並んで、今日では個人であっても比較的手軽に商業用不動産に投資することができるようになったこともお話しする。主要な資産クラスに分散して運用する場合には、何らかの形でREIT（不動産投資信託）をある程度組み入れるべきだと考えている。

先ほどの表1では、金投資は積極的に勧めていない。また書画骨董やベンチャー・キャピタル、ヘッジ・ファンド、商品取引などには一切触れていない。これらの資産クラスはいい時には素晴らしいリターンをもたらすことがあるし、幅広い分散投資をする際に少しだけ保有するのはいいかもしれない。しかしこれらの投資対象は価格変動が極めて大きいため、リスクは非常に高い。その結果、合理的に平均期待リターンを推定することは困難なのだ。これらについては第8条でもっと詳しくコメントしている。

安眠水準を決める上で最も重要な要素は、あなたはどの程度の元本損失を許容できるかということだろう。すべての投資の教科書の中で、投資リスクを取ってはいけない代表的なグループは、「夫に先立たれて病床に臥す寡婦だ」と言われるのもそのためだ。というのも、こうした境遇の老婦人に残された時間は少なく、今持っている金融資産以外には財産を増やすために投資できる収入もないからだ。そして値下がり損が発生したり、利子、配当収入が減ったりすれば、今の生活を維持することも困難になる。

その反対の極にあるのが、若くて野心的でやり手のキャリア・ウーマンだろう。彼女の人生はまだ先が長く、稼ぎもいいから少々投資が損失を被っても現在の生活を切り詰める必要はないだろう。このようにあなたが今人生サイクルのどの局面に立っているかによって、取れるリスクの大きさは決まってくるのだ。その重要性に鑑み、第14章ではこの問題を詳しく取り上げている。

それに加えて、あなたのリスクの許容力、すなわちガッツの大きさによっても安眠できるリスクの限界は異なってくる。例えば、モノポリーゲームであなたは超一流の場所に思い切って豪華なホテルを建てる方を選ぶタイプだろうか、それとも収入は安定するがもっと安い料金しか見込めない通常の表通りで手を打つタイプだろうか。もし前者ならリスクは大きいが、一発当てればたちまち大富豪だ。

この問題に対するあなたの答えによっても、自分の投資リスクの許容度がわかるというものだ。自分がどういうタイプの人間かをクールに見定めることが、極めて重要なのだ。最もわかりやすい判断基準は、株式市場が暴落した時、自分はそれをどういうふうに受け止めたかを思い返してみることだ。もしあなたがパニックに陥り、怖くなって衝動的に持ち株を全部処分してしまったとすると、決して株式投資向きの人間とは言えない。

もう一つのポイントは、現在いくら税金を払っているか、そして生活していく上で経常的な所得としていくら必要かをレビューしてみることだ。昨年の申告所得額と納税申告書をもう一度見直すのだ。そして実効税率が高いグループに入っている人にとっては、免税の州地方政府債で運用することによって、納税額をかなり減らすことができる。もしあなたが所得税率が高いグループに属し、また経常的な収入が間に合っているなら、運用の中心は免税債券と配当は少ないが長期的に値上がりする可能性の強い銘柄群の株式に置くべきだ。株式の値上がり益は売却して利益を実現するまでは課税されないし、もし死後子供たちに遺産として残すなら、永久に課税されないかもしれないのだ。

他方、もしあなたの実効所得税率が低く、また収入に余裕がないというなら、運用の中心は課税債券と安定的に高い配当で株主還元するタイプの銘柄の株式にすべきだ。そうでないと、経常的な生活費を補うために、高い手数料を払って頻繁に保有株式を少しずつ売却しなければならなくなる。

以上で強調した二つのタイプのポイント、すなわち自分のリスクの許容水準をはっきり認識することと、限界的な所得税率と経常的な収入レベルを確認することの重要性は自明と言えるかもしれない。しかしあまりに多くの人々が、それと矛盾するタイプの投資対象に運用して失敗するのだ。

投資家もしばしばパニックになると、物事の優先順位に窮して混乱をきたす。元本の安全を願いつつ、いきなりリスクの高い新興小型株に、虎の子の貯えを衝動的に突っ込んだりするのだ。また、高い税率を何とかかいくぐろうとしている一方で、六％という高いクーポン利回りに目がくらんで、フルに課税される社債に投資したりするのだ。実際、投資アドバイザーの記録帳は、運用目標と実際の投資行動が矛盾している投資家の事例であふれ返っているのだ。

6　第6条　マイホームの活用

『風と共に去りぬ』のヒロイン、スカーレット・オハラを思い出してほしい。彼女は南北戦争が終わった時には、ほとんど破産状態だった。しかしご自慢のプランテーションが残っていた。金融事情がどうなろうと、魅力的な土地に建つ豪邸の価値は失われないのだ。世界の人口が増加を続ける限り、不動産は最も強力なインフレ・ヘッジになる。

リターンの測定方法に多少問題があるが、住宅用不動産投資の過去の実績は、非常に魅力的なものだった。確かに二〇〇七年から二〇〇八年にかけて、アメリカの戸建て住宅市場は大変なバブルとその破綻に見舞われた。しかし二〇一〇年代に入ると住宅価格は再び正常な水準に戻った。二〇二一年にも多くの人が混雑した大都会から郊外へ移住したため、ちょっとしたバブルが発生した。しかし新築住宅の供給も大きく増えたのだ。気をつけてほしいのは、不動産市場は株式市場と比べると効率性は低いことだ。株式の場合は多数の投資家が個々の銘柄の価値について詳しく調べるのに対して、不動産についてはその物件に興味を持つほんの一握りの買い手しか真剣に検討しないからだ。

株式市場では専門的な知識や情報を持った無数の投資家が、一つ一つの銘柄の価値を研究し尽くしている。これに対して個々の住宅の価値を見定めようとしているのは、それを買おうと思っているほんの一握りの人たちにすぎない。したがって個々の物件の値段は、必ずしも信頼できるものではないかもしれない。

最後に不動産投資のリターンは、インフレが加速している局面では株式を上回る傾向がある。逆に、インフレが沈静する局面では、株式を下回ることが多い。総じて言えば、不動産投資は平均すればまずまずのリターンを上げてきており、とりわけインフレが進行する局面では最高のインフレ・ヘッジ資産になっている。

ほとんどの個人投資家にとっての自然な選択は、戸建て住宅ないしはマンションの購入だろう。誰だってどこかに住まなければならないわけだし、自宅を所有することは借家暮らしと比べると税制上いくつかメリットがある。二〇二一年時点の税法のもとでは、新規購入に伴う住宅ローン七五万ドルまで金利を税控除できるうえに、固定資産税も一万ドルを上限に控除できる。また、マイホームを売却した時の譲渡益も、既婚者の場合は五〇万ドルまで非課税扱いになる。加えて、家を持つことが貯蓄するための大きな動機づけになるし、またそこから非常に大きな満足感、安心感が得られる。

人によっては自宅にとどまらず商業用不動産にも投資したいと思うかもしれない。ＲＥＩＴと呼ばれる、いわゆる不動産投資信託への投資だ。ＲＥＩＴはアパート、オフィス・ビル、ショッピング・モールなどの多数の物件をパッケージにして保有するファンドで、これらの不動産は専門の不動産管理会社が管理、運営する。そして一つ一つのＲＥＩＴもまた、個々の株式銘柄と同様、取引所に上場され、その所有権が日々活発に売買されている。ＲＥＩＴ市場の拡大によって、今では個人投資家が運用対象に商業用不動産を手軽に組み入れることが可能になった。

ポートフォリオを盤石にしたいなら、保有資産の一部をＲＥＩＴに投資することを強く勧めたい。それにはいくつか理由がある。まず、ＲＥＩＴは歴史的に株式に比肩する高い値上がり益と配当利回りを上げてきたことだ。その上、ＲＥＩＴを加えることによって、一層大きなリスク分散効果が得られる。と言うのも、不動産投資のリターンは株式や他の資産クラスとの相関があまり高くないのだ。したがって、ＲＥＩＴを加えることによってポートフォリオ全体のリスクが低下する。その上、不動産投資はインフレ・ヘッジに最も効果的な資産だ。残念ながら上場ＲＥＩＴの数は何百もあり、その中から選んだり買い替えたりするのは簡単ではない。さらに、たった一つのＲＥＩＴを組み入れるだけでは不動産の種類や地域に関して十分な分散効果は期待しにくい。

しかし最近では、多くの投信会社が個人投資家の分散投資ニーズに応えようとしている。彼らは数多くあるＲＥＩＴの中から物件のタイプや地域に関して幅広い分散が図れるように、いくつかのＲＥＩＴをピック・アップしたパッケージに投資するファンドを組成して運用している。その上、換金の必要があれば直ちに売却することも可能だ。さらには運用、管理費用を低く抑えたＲＥＩＴインデックス・ファンドも販売されている。ＲＥＩＴに関しても、インデックス・ファンドはネットのリターンで見れば最も魅力的だ。

7 第7条　債券市場に注目

過去を振り返ってみると、第二次大戦後から一九八〇年代にかけて債券市場は投資対象としてはひどいものだった。インフレによって投資元本が大きくむしばまれてしまったのだ。例えば一九七〇年代の初めに一八ドル七五セントで流動性のない貯蓄国債を買った人は、五年後に二五ドルになって返ってきた。元本は六ドル二五セント増えたことになるが、実はインフレの進行によって実質価値は目減りしていたのだ。と言うのも七〇年代の初めには一八ドル七五セント払えばマイカーを余裕で二回満タンにできたが、五年後に返ってきた二五ドルでは一回の満タンが精いっぱいだった。実際インフレの進行が国債の金利の複利効果を上回り、インフレ率を差し引いた実質リターンはマイナスに終わった。この結果、一九八〇年代初めまでは投資家の間で「ボンド」は禁句だった。

しかし最近四〇年間については、債券投資がもたらしたリターンは素晴らしいものだった。長いインフレの末に債券価格が落ちるところまで落ちた結果だ。その上、MPT理論の登場によって、株式リターンとの相関度が低く、時にはマイナスになる債券を組み入れることによって、大きなリスク分散効果が得られることもわかってきた。そこで債券に投資する際の、四つの選択肢を指し示そう。第一は「ゼロ・クーポン債」と呼ばれるタイプで、購入する時に満期までに得られる年平均リターンが約束されるものだ。二番目はノー・ロードの債券ファンドで、多数の債券を組み入れた投資信託の持ち分に投資するのだ。三番目は限界所得税率の高い投資家向けで、免税債券ないしはそれを組み入れたファンドだ。そして最後は、インフレ調整条項付きの長期国債で、ＴＩＰＳと呼ばれるものだ。ただし、これら四つのタイプの債券商品は、市場動向によってかなり異なった値動きを示す。そして二〇二〇年代に入ってから前代未聞の異常低金利状態が続いている中で、債券に投資するに当たっては十分な注意が必要だ。

ゼロ・クーポン債は将来の債務返済のマッチングに便利

ゼロ・クーポン債（略してゼロとも呼ばれる）は通常の利付債（クーポン債）と異なり、満期までに定期的な利払いが一切行われないタイプの債券だ。ゼロは額面価格（パー）に対して大幅な割引価格で発行され、満期が近づくにつれてだんだんに額面に向かって市場価格が上昇していく。もし満期まで保有していれば満期日に額面で償還される。流通市場では満期が数カ月後に迫ったものから、二〇年以上先のものまでが取引されている。したがって将来の特定期日にまとまって返済しなければならない債務がある時は、その期日を満期とするゼロを、返済額に等しい額だけ購入して保有すればいい。

ゼロの最大の特色は、投資家は期中に再運用利回りがどうなるかを心配する必要から解放されることだ。例えばゼロ・クーポンの国債を買えば、その時点で確定する年平均最終利回りで、投資資金が満期まで毎年再運用されることを意味する。

難点は、課税対象になる投資の一環でゼロを保有する投資家は、額面と購入価格の差を保有期間にあん分した額を、毎年の値上がり益と見なして申告することを求められることだ。ただし節税型（免税型）退職積立制度の一環で保有する投資家については、この義務は課されない。

最後に注意点を二つ。一つは、小口でゼロを買いたい投資家に対しては、かなり割高な手数料を要求する証券会社が多いことだ。もう一つは額面で償還されるのは、あくまで満期まで保有した場合に限ら

表２　１万ドルを投資した場合の課税債券と免税債券の比較

債券の種類	一年間の利子収入	税金（税率36％）	ネットの利子収入
クーポン2.5％の免税債券	250ドル	0	250ドル
クーポン３％の課税債券	300ドル	108ドル	192ドル

れるということだ。期中には金利水準の変化を反映して、流通市場でのゼロの価格は大きく変動しうる。

個人投資家にはノー・ロードの債券ファンドがお勧め

広くミューチュアル・ファンドと呼ばれるオープン・エンド型の公社債投資信託は、長期投資対象としてゼロと同様な魅力を持ちつつ、遥かに簡単に売買できる。これらのファンドは満期の長い公社債に分散投資され、毎年の再運用レートがゼロのように保証されているわけではないが、長期的に安定したクーポン収入をもたらしてくれる。長寿社会を利子収入中心に乗り切ろうとする向きにはうってつけだ。

公社債市場における価格形成は、少なくとも株式市場並みに効率的だと考えられる。したがって運用コストの低いインデックス型がお勧めだ。中長期の公社債に幅広く分散投資して保有し続ける債券インデックス・ファンドは、頻繁に売買して中身を入れ替える積極運用よりも、少なくとも経費率と手数料の差だけは高いリターンをもたらすと考えていい。もちろん購入する時には手数料のかからないノー・ロード型のファンドを購入することだ。ノー・ロードで買えるインデックス・ファンドがあるのに、なにもセールスマンの懐を肥やすことはない。

ボンド・ファンドにはいくつかの種類がある。社債に特化したもの、ＧＮＭＡ保証の住宅抵当債券に特化したもの、免税債ファンド、それにハイリスク・ハイリターン型の高利回り債に特化したものなどだ。このうち、免税債ファンドについては次で詳しく解説している。

高税率の投資家には免税債ファンドがお勧め

もし読者が限界所得税率が非常に高いグループに属する場合は、利子、配当、値上がり益が課税対象になる債券ファンドへの投資は、免税老齢積立制度の中での運用に限定すべきだ。それ以外の資産の運用は州・地方政府債や、公共交通公団や高速道路公団などの政府機関が発行する債券で運用すべきだ。これらの地方債から上がる利子収入は、連邦所得税法上免税扱いを受けるのだ。また居住州の政府債券に関しては、その利子収入はほとんどの州の所得税も免除される。

二〇二一年を例にとると、優良な格付けの社債の平均利回りは約三％で、同レベルの免税地方債は約二・五％だった。限界所得税率が、国、地方合わせて三六％だったと仮定しよう。今一万ドルを投資したと仮定すると、表2の試算表に示されるように、表面利回りの低い免税債のほうが税効果を考慮すると五八ドルも得なのだ。したがって、三六％の限界税率の投資家にとっては明らかに免税債への投資が有利だ。また、これより税率が低い投資家にとっても、その時の二つのタイプの債券の利回り較差によっては、やはり免税債の方が有利になることがありうる。もっともインフレ率が二・五％以上だった二〇二一年について見ると、どちらの債券もインフレ調整後ではマイナスのリターンに終わった。

債券ファンドに投資するのではなく、特定の債券を直接購入したい向きには、流通市場で既発債を買うより新規に発行されるもののほうがいい。というのは通常新発債の利回りの方が、既発債より少々高めに設定されるからだ。また新発債を購入する時は、既発債と違って仲介証券会社に対する手数料が発生しない。一般の投資家の場合はある程度安全性を考慮すべきで、ムーディーズないしはＳ＆Ｐによる債券格付けがシングルA以上のものに限定した方がいいだろう。また、投資家によっては通常の州、地方債より利回りの高い「AMT」債も魅力的かもしれない。AMT債はすでに目いっぱい免税債を保有している人には課税対象になるが、そうでない投資家にとっては限界的にリターンを高める投資対象だ。

ところで債券には投資家側からすると、「そんなのないよ」と言いたくなる条項がついているものが多い。債券市場では金利が上昇すると、既発債の市場価格は下落する。逆に金利が下落すると、債券価格は上昇する。ところが往々にして債券の発行者は突然「繰り上げ償還する」と宣言して、あなたの保有する債権を額面で回収する行動に出るのだ。そして下落した後のより低い金利の下で、新しく債券を発行し直すのだ。この行為を既発債を「コールする」と言い、それを可能にするのが債券発行条件の一つとして付けられている。「コール条項」だ。これは発行者に満期前の任意のタイミングで、繰り上げ償還する権利を認めるものだ。したがって長期債に投資する際は、近い将来金利が低下しても、発行体が繰り上げ償還して借り換えることを禁止する、一〇年間のコール禁止条項が付いているかどうかを必ず確認してほしい。

もしかなりまとまった金額を免税債券に投資する場合には、毎年運用手数料を取られるファンドを購入するより、利回りの高い特定の債券を直接購入した方がいいだろう。高格付け債に限定すればリスクは小さいため、わざわざ多数の債券に分散投資する必要はなく、リターンも高くなるだろう。

一方、投資金額が数千ドル程度と小口の場合には、流動性が高くリスク分散も図れるファンドに投資するほうが賢明だろう。また、ファンドによっては特定の州、地方政府のものに限定して投資するものもある。これを買えば利息収入は国ばかりか州地方政府の所得税も免税になる。

耳寄りな話：インフレ調整国債

進行するインフレは債券投資の最大の敵だ。インフレを反映して金利水準は持続的に上昇し、債券の市場価格は下落し続ける。さらに深刻なのは、インフレが続けば債券投資の元本も利子収入も、その実質価値が減少し続けるのだ。そこでインフレに対抗する鋼鉄の盾が生み出された。それが「ＴＩＰＳ」、すなわちインフレ調整条項付き国債だ。ＴＩＰＳを満期まで保有すれば毎年のクーポンと満期時の償還元本の価値は、その間のインフレ進行分だけ上方に調整されるのだ。したがって、ＴＩＰＳはインフレ下でも投資の購買力の確保を保証するものだ。

二〇一〇年代を通してＴＩＰＳは約一％の実質金利を保証していた。伝統的な国債と決定的に異なるのは、額面が毎年消費者物価上昇分だけ上方修正され、それに対して金利が支払われるのだ。仮に一〇〇〇ドル分ＴＩＰＳを買って初年度に物価が三％上昇したとすると、額面が一〇三〇ドルに引き上げられる。そして半年ごとの利払いも当然その分だけ増えることになる。そして満期時には当初の額面一〇〇〇ドルをベースに、それに満期時までの消費者物価の累積上昇率を掛けた額が償還されることになる。このようにＴＩＰＳは実質ベースの利回りと、購買力を保った元本の償還を保証してくれるのだ。

今のところ、ＴＩＰＳ以外にインフレ・ヘッジ付きの債券は見当たらない。ＴＩＰＳはまた、ポートフォリオ全体に望ましい分散効果ももたらす。というのは、インフレ進行時にはＴＩＰＳの価格は安定し、名目リターンは上昇する。これに対し、株式も通常の債券も価格下落に見舞われる。この結果、ＴＩＰＳのリターンは他の主要な資産クラスとの相関度が低く、大きな分散投資効果を発揮する。おっかなびっくりで投資している一般の人にとっては、あたかもインフレに備えた保険に加入するようなものだ。

TIPSには一つだけ大きな問題がある。インフレ調整によって増加した額面にもクーポン収入にも、毎年課税されることだ。問題は政府がインフレ分だけ増加した額面をキャッシュで払い戻してくれるのは、あくまで遠い将来、満期が来た時なのだ。したがって年々の税金の増加分はもしかすると増加した利子収入だけでは賄いきれないかもしれない。この結果、フルに課税される投資家にとっては、せっかくのTIPSも決して魅力的とは言えない。TIPSが最も有利なのは、IRAのような税制上優遇される老齢貯蓄プログラムの中で運用する場合だ。二〇二〇年代に入るとインフレが加速したため、TIPSのベース利回りはマイナスになってしまった。二〇二一年にはインフレは六％に加速する中で、ベース利回りはマイナス一％になっている。

I型貯蓄国債：最適なTIPSの代替商品

個人投資家にとって標準的なTIPSの代わりになる素晴らしい商品がある。それはI型貯蓄国債（U.S. Treasury I Saving Bonds）だ。この国債は満期日まで固定金利に年率のインフレ率を加えた利息を、年二回受け取れる投資商品だ。I型貯蓄国債は二〇二二年の年初に七・一二％の利息を支払った。これは安全性の高い確定利付商品の中では、最も高いリターンだった。この利息は再投資して満期時にまとめて受け取ることもできるし、その都度現金で受け取ることもでき、州税、地方税とも免税になる。また利息を定められた高等教育費に充てる場合には、国税も免除される。

この国債の最終満期は三〇年だが、少額の解約料を支払えば二年目以降はいつでも現金化できる。また六年目以降は解約料金もかからなくなる。そして国家年金（いわゆるソーシャル・セキュリティ）を受給している市民については毎年一万ドル、夫婦合計では二万ドルまで購入できる。

また連邦所得税の還付金を用いれば、さらに五〇〇〇ドル購入することも認められる。これは安全性を重視する投資家に対する、連邦政府からの最高のプレゼントだ。

ジャンク債の魅力

債券投資の世界では、リターンとリスクは比例するという法則は当てはまらないのだろうか。とんでもない。過去のほとんどの期間について、いわゆるジャンク債（低格付け債、ないしはハイ・イールド債と呼ばれる）は長期国債より平均して三％も高いリターンを上げてきたのだ。ジャンク債を多数組み入れたファンドに投資したとすると、仮にその中の一銘柄がデフォルトを起こして紙屑になったとしても、残りのジャンク債全体で少なくとも長期国債を上回るリターンは確保できるだろう。したがって多くの投資アドバイザーは、広く分散投資したジャンク債ファンドを勧めてきたのだ。

しかし別な専門家たちは、ジャンク債は避けたほうがいいとアドバイスしている。ほとんどのジャンク債は大規模な合併買収ブームやレバレッジ・バイアウトをファイナンスする一環で発行されたものだ。彼らは、ジャンク債は景気情勢が良好な時には最後まで元利支払いが行われるが、景気が悪化し始めたら要注意だ、と言うのだ。

結局、賢明な投資家はどう対応すべきなのか。その答えは部分的には第5条で紹介した安眠ポイントがどこにあるかによる。少なくとも不眠症の投資家には、ジャンク債は不向きだ。多数のジャンク債に分散投資したとしても、ジャンク債全体がハイリスク資産であることには変わりない。また、債券の利子収入が主な所得源になっているような投資家にも勧められない。さらには、そもそも分散投資しない投資家にも向いていない。しかし、少なくとも過去の実績に基づけば、銘柄の中のいくつかがデフォルトしたとしても、十分そのリスクをカバーするだけの高いリターンを上げてきたことも事実だ。

外国債

外国に目を転じると、国内債よりも遥かに高い利回りが得られる国はたくさんある。とりわけ多くの新興国市場については、利回り水準は高い。新興国債に関する常識的なアドバイスは、「慎重に」ということだろう。リスクは高く、格付けも低いものが多いからだ。しかし多くの新興国のGDPに占める負債残高は先進国よりも低く、また政府の財政バランスも健全なところが多い。その上、これらの国々の経済成長率は高い。したがって新興国物を中心としたハイ・イールド債に広く分散投資したファンドは、リスク許容度の高い投資家にとっては資産運用の一部分としては賢明な選択と考えられる。

債券に似た株式を組み入れる

超低金利状態の長期化は、債券投資家にとっては大きな脅威だ。世界中のほとんどの先進国は過大な政府債務にあえいでいる。アメリカだけではなく世界中の政府が、高齢化社会が要求する福祉プログラムをコントロールすることに四苦八苦の状態にある。

アメリカや諸外国政府にとって、福祉プログラムをカットするよりも安易な解決策は、金融政策によって金利水準を人為的に超低水準にすることだ。これによって政府の実質ベースの債務は減少し、国債保有者が犠牲になるのだ。これは実は「いつか来た道」なのだ。第二次大戦が終わった後、アメリカ政府は人為的に金利を低水準で固定する政策を取った。戦費を賄うために発行された膨大な額の国債の利払いを容易にするためであった。その結果、国債の発行残高のGDPに対する比率は、一九四六年には一二・二％だったのが一九八〇年にはたったの三・三％まで低下したのだ。こうした状態を私は「財政的圧政」と呼んでいる。

こうした圧政に対抗する一つの現実的な方法を教えよう。財政事情が正常な状態の下では債券ポートフォリオと呼ぶものの中に、債券の代わりに配当利回りが安定的に高い一部の株式銘柄を組み入れることだ。配当が安定的に成長するタイプの優良企業の配当利回りは、その会社が発行する債券の利回りよりもかなり高いケースが多い。しかも債券のクーポンと違って、株式の配当は時間とともに成長する。その典型例がベライゾンだ。同社の一五年満期の社債利回りは三・二五％前後だが、株式配当利回りは四・三七五％になっている。しかも時間の経過とともに配当は増加を続けている。

投資の金利、配当収入に依存して暮らしている熟年投資家の立場からすれば、ベライゾンの債券よりは株式で運用したほうがリターンは高いことになる。そして同社のように配当が安定的に増加するタイプの優良大企業を多数組み入れたファンドは、同じ会社の債券を組み入れたファンドに比べて価格変動の大きさもそれほど変わらないのだ。後ほど具体的なモデル・ポートフォリオを紹介するが、現在のような異常な低金利下では、債券運用の一部を安定した配当利回りの株式で代替えすることを勧めている。それによって全体のリターンは向上し、リスクは抑えられるのだ。異常時には教科書的な運用ルールにとらわれずに、少し工夫を加えることが必要だ。

8　第8条　金、ダイヤ、書画骨董、コレクター・アイテム

金投資については、本書の過去の版で、私の見方は一貫していなかった。金が一オンス八〇〇ドルを

上回っていた一九八〇年代には、金投資には否定的だった。それから二〇年後の世紀の変わり目には、金価格は二〇〇ドル内外まで暴落した。当時私はダウンサイド・リスクが少ないということで、かなり前向きに位置付けていた。しかし価格が一八〇〇ドルを上回る水準まで上昇している現在は、とても積極的には勧められない。

しかし、幅広い分散投資を行っている投資家の場合には、金を少々保有するのは悪くない。というのも、金価格の変動は他のすべての金融資産との相関が非常に低いからだ。組み入れ比率が五％程度であったとしても、リターンの相関性が低いので、ポートフォリオ全体のリスクは低下するのだ。それにもし将来インフレが再び頭をもたげるようなことがあれば、金投資のリターンは高くなることが期待できる。したがって健全な良識に基づいて言えば、金投資はあくまでより幅広い分散効果を得るための、小さな脇役にすぎないのだ。

ダイヤモンドはどうかって？　よくダイヤはみんなの友だちと言われるが、個人の投資対象としては極めてリスキーで、不利な商品だ。忘れてはならないのは、ダイヤモンドの売買手数料は非常に高いということだ。また、一般の投資家がダイヤモンドの真の価値を評価することはほとんど不可能なことだ。それにかかってくる電話はすべて、あなたに売りつけようとするセールスマンで、買い取りたいなんて話は聞いたことがない。

最近人気のあるもう一つの分野は書画骨董、コレクター・アイテムだ。無数のセールスマンがルノアールの絵画や絨毯（じゅうたん）、ティファニー・ランプや珍しい切手、アールデコの調度品から飛行機の機内グッズまで、ありとあらゆるものの売買を持ちかけてくる。そしてeベイのサイトができたおかげで、どんなものでも簡単に売買できるようになった。

自分が気に入ったものを買うことは結構なことだ。人の好みや趣味は本当に百人百様だ。ただし、買って楽しむのはいいが、決して将来値上がりすることを期待して買ってはいけない。

また、コレクター・アイテムはしばしば高額の保険をかける必要があるし、保管や手入れにも費用がかかる。つまりこの分野の商品は配当や金利を生んではくれず、費用だけがかかる。コレクターとして金儲けするには、相当なセンスと鑑識眼が必要だ。私見だが、ほとんどのコレクターは儲けていると思っているかもしれないが、骨折り損に終わっている。

仮に埋もれたお宝を発見して二束三文で買ったものが、非常に高価なものだと評価されたとしても、それが必ずしも投資として大成功とは言えないのだ。一例として、あのレオナルド・ダビンチが描いたとされる肖像画「サルバトール・ムンディ」が、二〇一七年一一月のクリスティーズのオークションで四億五〇〇〇万ドルで落札された。ウォールストリート・ジャーナル紙の投資コラムによると、この絵は一五〇〇年代初頭に五〇万ドル相当の値段で売られたものだという。ダビンチの作品を所有していることから得られる喜びの価値は無限大かもしれない。しかしこれを投資として考えると、一五一九年から二〇一八年にかけての価格上昇率は、年率にしてたったの一・三五%にすぎなかったのだ。

もうひとつ、最近人気の出ている投資商品が商品先物契約だ。金だけではなく穀物に始まり、各種金属地金や外国為替まで、先物売買できるのだ。この市場はスピード勝負でプロたちは大いに儲けているが、個人投資家はいいカモにされるだけだ。私のアドバイスは手を出さないことだ。

ヘッジ・ファンド、プライベート・エクイティおよびベンチャー・キャピタル・ファンドにも手を染めないほうがいい。これらの商品は時には大きな儲けが出るが、ファンド・マネジャーは法外な手数料と、儲けの二〇%をピンハネしてリッチになる。しかし個人投資家にとってはほとんど儲けが残らない。これらのファンドの平均的な運用成績は惨めなものだ。確かにこの分野のトップ・ファンドのいくつかは素晴らしい成果を上げている。しかし美味しい部分を先取りするポジションを確保している機関投資家は別として、一般の投資家がトップ・ファンドを見つけて儲けをシェアできるチャンスはゼロに近いだろう。しょせん皆さんとは無縁の世界なのだ。

ヘッジ・ファンドに投資したいという気持ちに駆られている向きには、あのウォーレン・バフェットが提案した有名な賭けの話を思い出してほしい。バフェットは、二〇〇七年の暮れに彼の会社の幹部に対して一〇〇万ドルを掛け金とする、次のような選択を提供したのだ。

「今後一〇年間にS&P五〇〇平均を上回る成績を残すヘッジ・ファンドを五つあげられるだろうか。私はそんなファンドは存在しないほうに一〇〇万ドルかけるよ。諸君は五つのファンドをリストアップしてみて欲しい」というものだった。そして、どちらが勝つにせよ、勝者は一〇〇万ドルの賞金を、自分の好きな慈善ファンドに寄付する決まりだった。

これを受けて同社のパートナーたちは、有望なファンドを真剣に選んだものだ。一〇年経ち、二〇一七年の大みそかまでの結果はというと、S&P五〇〇平均が年当たり七・一%で上昇したのに対し、みんなが選んだ五本のファンドの平均上昇率はわずかの二・二%にとどまったのだった。こうしてバフェットは賭けに勝ったわけだが、真の勝者はバフェットが運用する慈善ファンドの一つ、「ガールズ・インク」だった。このファンドは、五歳から一八歳までの女の子の、放課後のケアやサマースクールの費用を支援することを目的にしている。そして敗者はというと、運用コストの高いヘッジ・ファンドに投資している投資家たちだった。

最後に、仮想通貨やNFT、その他、SNSで人気を博している類の投資対象は避けるべきだ。これらはギャンブラー向きの商品であり、老後に備えたポートフォリオとは無縁のものだ。

9　第9条　投資にかかるコストに目を配る

今日では株式売買注文を標準レートよりかなり低い手数料で執行してくれる証券会社がたくさんある。パソコンやスマホがあれば簡単にオンライン・トレードができる。しかしここでひとつ忠告を。それは頻繁に売買する投資家は、手数料は格安でもほとんど儲けられないということだ。手数料が安いからと言って骨折り損のデイトレーダーの仲間入りをするのは、本末転倒だ。

売買手数料の話に関連して、ウォール街で「ラップ・アカウント」と呼んでいるサービスに触れておこう。毎年一定額のフィーを払ってこのサービスに加入すれば、証券会社はプロの投資アドバイザーをアレンジしてくれるのだ。アドバイザーはあなたの希望を反映した株式、債券、不動産等からなるポートフォリオを構築して運用してくれる。売買手数料と投資アドバイスをパッケージ（ラップ）にしてまとめて払うというものだ。問題はラップのアカウント・フィーは非常に高く、往々にして運用資産残高の三％にもなる。その上、もし投信やＲＥＩＴを組み入れて運用する場合には、追加の売買手数料が発生する。市場平均に打ち勝つことは非常に難しいだろう。私はラップ・アカウントの利用は勧めない。

投信やＲＥＩＴで運用する場合には、コストの差が鍵だということを思い出してほしい。低コストのファンドほどネットのリターンが高いことが、いろいろな検証の結果はっきりしてきた。つまり、ファンドの世界では、支払うコストを節約した分、リターンが増えるのだ。もちろん、究極の低コスト・ファンドはインデックス・ファンドだ。頻繁に売買しないために、値上がり益も発生せず、その分税金も節約できるのだ。

投資に関して、投資家にはどうしようもないことも多い。その最たるものが株価や債券価格の変動だ。しかしコストに関してはその意思さえあれば十分コントロールできる。そして税金に関しても、努力次第で相当節約できる。コントロールできる要因は注意深くコントロールすることこそ、すべての投資戦略の要なのだ。

10 第10条　分散投資が大原則

以上でいくつもの投資対象を検討してきた。ウォール街を探索する時、最も重要なステップはブロード・ストリートの角にある株式取引所の周りだ。投資に成功するかどうかの鍵は、株式にあるのだ。その重要性に鑑み、残りの3章分でウォール街の歩き方を詳しく伝授している。ほとんどの投資家にとって運用の柱は株式であるべきだ。しかし、ウォームアップのための10カ条の最後に、あえて現代ポートフォリオ理論（ＭＰＴ）の教えの要である分散投資の重要性を再認識しておこう。

分散投資はリスクを軽減し、長期平均的に投資目標を実現するのに十分な水準のリターンを達成する可能性を、大いに高めてくれるだろう。したがってそれぞれの資産クラスに投資する時にも、なるべく多くの銘柄に分散投資することだ。また株式が運用の柱だと言っても、株式だけでは不十分なのだ。老後のための貯えを破綻したエンロンの株式だけに投資していた、同社の元従業員たちの悔し涙を思い浮かべてほしい。エンロンが倒産した結果、彼らは単に仕事をなくしたばかりか、老後の貯えもすべて水泡に帰してしまったのだ。あなたの投資目標がどこにあるにせよ、ともかく分散投資しておくのだ。

また第10章第4節「行動ファイナンス理論から得られる教訓」で紹介したような、ウォール街に潜む落とし穴や道端のブロックにつまずくといったハプニングのことも思い出してほしい。こと投資に限れば、「最大の敵は自分」ということが多いのだ。人間はいかに付和雷同や一時的な感情に弱いものかということを自覚すれば、道端のブロックにつまずく回数もずいぶん少なくなるのだ。

11　まとめのレビュー

これでウォール街探索のためのウォーム・アップは十分だ。そこでポイントをレビューしておこう。学者、研究者が打ち立てた有価証券評価理論やモデルを十分勉強し、またプロの投資家の運用パフォーマンスを振り返ってみた結果、一つの結論が得られる。それは、「金持ちになるための簡単な道は存在しない」ということだ。高いリターンを得ようとすれば、それに見合った高いリスクを取らなければならないし、流動性が乏しい資産を持つことも覚悟しなければならないのだ。

どの程度のリスクを取ればいいのかは、少なくとも、部分的にはあなたのリスク許容度、すなわち安眠できるポイントに依存する。そこで次の第13章では、株式と債券投資のリターンとリスクの関係を検討している。それを読めば様々な投資対象に関してどの程度のリターンが期待できるかを理解するのに役立つだろう。しかしリスク許容度はまた、あなたが今人生のどのステージに立っており、また投資からの収入以外にどんな収入がどれだけあるかによっても違ってくる。第14章「投資家のライフサイクルと投資戦略」の中では、主なエージ・グループ別に非常に具体的に株式、債券、不動産、短期資産のそれぞれに、どのように資産配分すればいいかの目途を示してある。そして最終章では、一般投資家が熟達したプロの投資家に肩を並べ、あるいはそれを上回るパフォーマンスを上げるのに役立つ、いくつかの具体的な株式投資戦略を提示している。

第13章 インフレと金融資産のリターン

過去をあまりに知りすぎている人は、えてして現在に関して必要以上に批判的になったり、悲観的になったりするものだ（トーマス・マコーレイ『英国史』より）

この章は投資ゲームの賭け率（オッズ）の予想屋になる訓練の場である。この章を読んだからといって、来月の、あるいは来年の株式相場が予測できるようになるわけではない。実際、誰もそんなことはできないのだ。しかし、少なくとも勝てるポートフォリオを組む上で、賭け率をより確率の高いものにする上で役に立つだろう。二大金融資産である株式も債券も、その値段は予想もつかない形で変動し続ける。ここで示す方法論は、長期的な投資の期待リターンを現実的に予測して、皆さんの運用ニーズにかなった投資戦略を立てる上できっとお役に立てると思う。

1　何が株式と債券のリターンを決めるのか

非常に長い期間で見た時の株式投資の平均リターンは、二つの基本要因からもたらされる。それは足下の配当利回りと今後の一株当たり利益、配当の成長率である。株式を買って永久に保有し続ける投資家がいたとすると、その投資家にとっての一株の価値は、将来期待できる無限の配当の流列の「割引現在価値」を合計したものになる。この「割り引く」という概念は、明日受け取る一ドルは、今手にしている一ドルよりは多少なりとも価値が少ないという考え方に立脚していることを思い出してほしい。株式に投資する人は、いわば企業の所有権を一単位購入して、年々増大する配当の流列を受け取ることを期待することになる。たとえその企業が現在は少ししか配当せず、利益の大部分あるいは全額を内部留保し事業に再投資するとしても、投資家は将来その再投資分がより高い配当成長をもたらし、あるいはより高い利益の成長となって、企業の大規模な自社株買い戻しを可能にすると期待するのである。

将来の期待配当流列（あるいは自社株買い戻し額）の割引現在価値の合計、つまり、長期平均の株式投資の総リターンは、個別銘柄であれ株式全体についてであれ、次のような簡潔な公式で示される。

長期平均の株式投資の総リターン＝投資時点の配当利回り＋その後の配当の期待成長率

例えば、一九二六年から二〇一八年にかけて、株式投資の年平均総リターンは約一〇％であった。出発点の一九二六年の配当利回りは約五％であり、その後の長期間の一株当たり利益、配当の平均成長率も約五％であった。この二つを足した合計は、実際に実現した平均総リターンに近いものになっている。

しかし、投資期間が一年あるいは数年といったより短いものになると、第三の要因が非常に重要になってくる。それは市場の評価水準の変化――特に株価配当倍率あるいは株価収益率――の水準の変化である（株価配当倍率はより一般に使われる株価収益率の変化と同様な動きをすると考えてよい）。

これらの倍率の年々の振れは非常に大きい。例えば、二〇〇〇年三月のような非常に強気の相場の下では、株価収益率は三〇倍を上回る水準にあった。そして株価配当倍率は八〇倍以上にもなっていた。逆に、一九八二年のように市場が非常に弱気の局面では、株価収益率はたったの八倍、株価配当倍率も一七倍までしか買われていなかった。

株価配当倍率はまた、その時々の金利水準にも影響される。金利水準が低い時は、債券と比較される関係にある株式の配当利回りも低下し、したがって株価収益率は上昇する傾向がある。逆に高金利の局面では、金利に対抗して配当利回りも上昇する傾向があり、株価収益率は低下する。株式投資の総リターンが年平均わずか五・五％と非常に悪かった一九六八年から八二年について見てみよう。六八年の平均配当利回りは三％で、この期間の利益、配当の平均成長率は、長期平均を少し上回る六％であった。したがって、もし株価収益率および配当利回りに変化がなければ、この期間の平均総リターンは三＋六＝九％前後になったはずである。すなわち、配当の成長率六％分だけ、株価が毎年上昇したはずである。しかし、配当利回りの大幅な上昇（逆に言えば株価収益率の大幅な低下）によって、年平均総リターンは三・五％も引き下げられてしまったのである。

今世紀の最初の一〇年間は、株式にとっては最悪の時代だった。新しい世紀はまさに失望の時代として幕を開けたのだ。インターネット・バブルのピークだった二〇〇〇年四月には、S&P五〇〇ベースの平均配当利回りは、一・二％まで低下していた。株価収益率が三〇倍以上に上昇した結果だ。そして、この一〇年間の配当の伸び率は年平均五・八％と、非常に高かった。したがって、もし株価収益率が安定的だったならば、株式市場は一・二％＋五・八％＝七％の総リターンをもたらしたはずだ。しかし、実際は株価収益率が暴落し、年平均一三・五％もの値下がりになった。この結果、この期間の株式の総リターンは、七％どころかマイナス六・五％というひどい結果に終わったのだ。これを踏まえて、アナリストたちはこの時代を「失われた一〇年」と呼ぶようになった。

二〇〇〇年代に入ると、多くの専門家がもはや配当は過去ほど重要な要因ではなくなったのではないかと考え始めた。というのも、ますます多くの企業が伝統的な配当の形ではなく、自社株買い戻しの形で利益を投資家に還元し始めたからだ。自社株買い戻しは、投資家にとっても企業経営者にとってもメリットがある。投資家にとっては税法上、通常の配当よりも有利なのだ。長期値上がり益に対する税率は、配当収入に対する最高税率に比べてずっと低い場合が多いからだ。自社株を買い戻す企業の発行済株数は減少するため、一株当たり利益額は大きくなり、株価も上昇する傾向がある。したがって、自社株を買い戻す企業の株式は、税率が配当より有利な値上がり益をもたらす可能性が高いのである。しかも、値上がり益に対する課税は売却時まで持ち越すことができるばかりか、相続すれば払わずにすませることもできる。この結果、株主の利益の最大化に努める立場にある企業の経営者は、配当金を増やすよりも自社株買い戻しのほうを重視し始めたのである。

自社株買い戻しのもう一方のメリットは自明であろう。今日、経営者の報酬の大きな部分はストックオプションに依存しており、一株当たり利益や株価が上昇してはじめて価値が生まれるのである。自社株買い戻しはこれを実現する安易な手段というわけだ。株価が上がれば、それだけ経営者のストックオプションの価値も高まるが、配当をいくら増やしてみても現在の株主の財布を膨らませるだけなのだ。一九四〇年代から七〇年代にかけては、利益と配当はほぼ同じ伸びを示した。しかし、この一〇年を見ると、利益の伸びのほうが配当より遥かに高くなっている。別の言い方をすると、いわゆる配当性向（利益のうち配当として支払われる割合）が低下してきていることになる。

非常に長期間をとると、一株当たり利益も配当もほぼ同じ率で成長すると考えられる。そこで話をわかりやすくするために、これからは配当ではなく、もっぱら一株当たり利益を中心に議論していくことにしたい。

債券投資の長期平均リターンをはじくのは、株式よりは簡単である。債券の保有から長期的に得られるリターンは、購入時に計算される「複利最終利回り」で近似される。もしそれが途中のクーポン支払いが一切なく、満期に額面が償還されるだけのゼロ・クーポン債の場合には、債務不履行さえなければ、満期まで保有すると、購入時の複利最終利回りが確実に得られることになる。

利付債の場合には、保有期間中に得られる平均リターンはクーポンの再投資レートがどうなるか、また金利水準の変化によって元本部分に関してどれだけの値上がり益あるいは値下がり損が発生するかによって、購入時の複利最終利回りとは多少異なったものになる。そういう違いはあっても、債券を満期まで保有する投資家にとっては、購入時の複利最終利回りが、その投資から得られるリターンの有効な推定値として使えるのだ。

債券を満期まで保有しない場合には事情は多少複雑になる。債券保有期間中の金利の変化（したがって債券利回りの変化）によって、実現するリターンは大きく異なってくる。金利が上昇すると、投資家の保有する既発債の価格は、利回りが現在の高い金利の下で新規に発行されるものと同じ条件になるところまで下落するのである。金利が下がる場合には、その逆のことが起こる。満期まで保有するつもりがなくて債券投資を行う際に、肝に銘ずべきことは、保有期間中の金利の変化によって実現するリターンは高くなったり低くなったりするという原則である。その間に金利が上がればリターンは目減りし、逆に下がれば上乗せされる。

インフレは、証券投資のリターンの足を引っ張る要因の中では伏兵である。債券市場ではインフレは常にマイナス要因である。もし投資家が実質五％のリターンを要求するとすれば、インフレがゼロの状態で最終利回りが五％なければならない。もしインフレがゼロから五％に高進したとしよう。投資家が依然として実質五％のリターンを要求するならば、名目ベースの最終利回りは一〇％に高まらなければならない。問題はこのために既発行の債券価格が大幅に下がり、それを保有している投資家は大きな値下がり損に見舞われるということである。したがってインフレ・スライド条項つきのものを除くと、債券投資に関してはインフレは致命的な悪影響を及ぼす。

これに対して株式は原理的にインフレ・ヘッジが効いており、少なくともインフレの進行がそのままマイナスの影響を及ぼすことはないとされている。というのは、理屈の上では、インフレが一％進めばすべてのものの値段も、工場や機械設備の価値も在庫の評価額も、インフレにスライドして一％上昇するはずだからだ。利益や配当額もインフレに歩調を合わせて増加する。したがって、株式投資の必要リターンが金利の上昇幅と同じだけ高まったとしても、配当利回りも株価配当倍率も、特にそれに合わせて変化する必要はないのだ。期待成長率もインフレの進行に合わせて自然に高まるはずだからである。果たして現実がこの理屈通りなのかどうかを以下で検証してみよう。

2　四つの時代区分で見た金融資産のリターン

将来予想に入る前に、戦後を四つの時代に分けて、株式および債券のリターンの決定要因が理屈通りであったかどうかを検証してみよう。一九四七年から二〇〇九年にかけての四つの時代は、おおむね株式投資のリターンに関する四つの大きなサイクルに対応した区分になっている。表1は、この四つの時

表1　**時代区分で見たアメリカの株と債券のリターン**

（単位：年平均％）

	Ⅰ (1947.1〜68.12) 安寧の時代	Ⅱ (1969.1〜81.12) 受難の時代	Ⅲ (1982.1〜2000.3) 豊穣の時代	Ⅳ (2000.4〜09.3) 失望の時代
普通株（S＆P500）	14.0	5.6	18.3	−6.5
債券（高格付け，長期社債）	1.8	3.8	13.6	6.4
物価上昇率	2.3	7.8	3.3	2.4

代における株式および債券投資がもたらした総リターンの比較をしている。二〇一〇年代から二〇二〇年代初めにかけての長期上昇相場については、この後で取り上げることにする。

第Ⅰ期を私は「安寧の時代」と呼んでいるが、第二次大戦後の高成長期に当たる。株式投資はインフレ修正後も素晴らしいリターンを上げた。一方、債券投資のリターンは、インフレをかなり下回るものに終わった。私が「受難の時代」と名づける第Ⅱ期はベビーブーム時代に生まれた若者の反社会的風潮、ベトナム戦争がもたらした社会的経済的荒廃、高インフレの原因となった石油や食糧危機などの影響が重なって、証券投資にとってはきびしい環境が続いた。投資家全員が犠牲を強いられた時代であり、株式投資も債券投資もリターンはインフレを大幅に下回る結果に終わった。そして、私が「豊穣の時代」と呼ぶ第Ⅲ期にはベビーブーマーは成熟し、平和が戻り、インフレなき経済繁栄が続いた。株式投資にとっても債券投資にとっても黄金時代が訪れたのだ。株式も債券も、こんなに高いリターンを享受した時代はこれまで一度もなかった。そして第Ⅳ期は「失望の時代」だ。新しい世紀の偉大な約束が期待されていたのに、株式投資に関しては大きな失望に終わったのだ。しかしこの時期に、二〇二〇年代初めにかけて非常に高い株式のリターンが続いた基礎が準備されたのだ。

こうした四つの大きな時代区分を念頭に置いて、次にそれぞれの時代に投資リターンの決定要因がどのような動きを示し、また何が評価水準や金利水準の変化をもたらしたのかを具体的に振り返ってみよう。その前にもう一度、株式投資のリターンの三大決定要因は、①投資した時点の配当利回り、②一株当たり利益の成長率、③株価収益率（ないしは株価配当倍率）の水準の変化である。また債券投資に関しては、①投資した時点で計算された最終利回り、②金利（利回り）の変化、そして満期まで保有しない場合には債券の市場価格の変化、であったことを思い出してほしい。

第Ⅰ期：安寧の時代

第二次大戦の終了とともに大消費ブームが訪れた。アメリカ国民は戦争中は自動車や冷蔵庫は言うに及ばず、ほとんど何も買わずに耐乏生活を強いられていたため、堰を切ったように貯蓄をおろして使い始め、緩やかなインフレを伴ったミニブームを作り出した。しかしながら、この世代は一九三〇年代の大恐慌の記憶から解放されることはなかった。経済学者の間では職業的悲観論が頭をもたげ、間もなく彼らは深刻な景気後退、あるいは不況の訪れが避けられないと確信するようになった。そしてトルーマン大統領は「『景気後退』というのは私以外の人が失業する状態のことであり、『不況』とは私が失業する状態のことである」と定義し、それが一世を風靡した。株式市場にも経済学者の悲観的見方が伝わり、不安が影を落とし始めた。この結果、一九四七年初めの配当利回りは五％と異常に高く、また一二倍近辺にあった株価収益率も長期平均値を大幅に下回っていた。

しかし、皆が恐れたような不況は来なかった。一時的な景気後退は見られたものの、アメリカ経済は一九五〇年代、六〇年代を通してきわめて健全な成長を続けた。ケネディ大統領は六〇年代初めに大幅減税を提案し、彼の死後、六四年に実現した。減税による需要増大とベトナム戦争拡大による財政支出の伸びが重なって、雇用水準は高まり、経済は活況を呈した。一方、インフレは六〇年代末までは深刻な問題にはならなかった。投資家は次第に自信を強めていき、六八年には平均株価収益率は一八倍を超え、S&P指数ベースの配当利回りは三%前後に低下した。

こうした状況は株式投資にとってまさに理想的なものである。第一に出発時点の配当水準が非常に高かった。次に、一株当たり利益も配当も年平均六・五〜七%という、かなり高い成長を遂げた。そして株価収益率もさらに高まり、その分だけ値上がり益もかさ上げされたのである。表2は、この時代の株式と債券投資の総リターンを各要因に分解して示したものである。

残念ながら債券投資は株式ほどはうまくいかなかった。第一に、初めの時点の最終利回りが二・七%と低かった。したがって、この期間ずっと債券を持ち続けたとしても、リターンは低くなるように運命づけられていた。第二次大戦中、政府は長期国債の利回りを統制しており、二・五%以上になることを認めなかったのだ。戦時公債をなるべく低利で大量に発行するための措置であったが、これが一九五一年になってやっと解除され、金利が上昇し始めたのである。したがって債券投資は、この時代にいわば「往復ビンタ」をくらったようなものだ。出発点の金利が政策的に低く抑えられていた上に、それが自由化されて金利が上昇したため値下がり損を被ったのである。この結果、この時代を平均すると、債券投資の名目リターンは二%を下回り、インフレ分を差し引いた実質リターンはマイナスに終わったのである。

表2　**株式と債券のリターン**
（1947年1月〜1968年12月）

（単位：%）

株式	期初配当利回り	5.0
	1株利益の成長率	6.6
	PERの変化	2.4
	年平均リターン	14.0
債券	期初最終利回り	2.7
	金利変動効果	−0.9
	年平均リターン	1.8

第Ⅱ期：受難の時代

一九六〇年代末から八〇年代初めにかけて、アメリカの証券市場に最大の影響を与えたのは、「コア・インフレ」の急速な加速だった。六〇年代半ばまではインフレは一％を少し上回る程度の水準で、ほとんど問題にする必要がなかった。しかし、六〇年代後半になってアメリカがベトナム戦争に本格的に介入し始めたため、典型的なディマンド・プル・インフレ、つまり総需要が財の供給量を上回る状態が招来された。このためインフレは四％ないし四・五％の水準に高まった。

アメリカ経済はその後、一九七三〜七四年に石油および食糧危機に見舞われた。「起こりうる悪いことはすべて一度に起こる」という、古典的なマーフィーの法則がぴったり当てはまる例だったと言えよう。

ＯＰＥＣ（石油輸出国機構）は人為的に石油不足の状態を作り出そうとしたし、また自然災害によって北米、ソ連およびサハラ砂漠以南のアフリカの農作物が深刻な不作に陥り、本物の食糧危機が起こった。そしてペルー産のアンチョビまでが原因不明の不漁となったために、マーフィーは楽観すぎると言ったオトゥールの言う通りの、ひどい状況になってしまった。インフレはさらに高進し、六％から六・五％に達した。その後、七八年と七九年には、経済政策上のミスが重なったせいもあって、いくつかの産業セクターで超過需要が起こった。加えて石油価格が一二五％も上昇したため、インフレは一段と深刻になった。そのため賃金、すなわち労働コストが大幅に上昇した。八〇年代初めにはインフレは一〇％台に乗せ、アメリカ経済は制御不能に陥ったのではないかと懸念された。

ついに当時、連邦準備理事会（ＦＲＢ）議長だったポール・ボルカーは断固たる措置をとった。ＦＲＢは経済の手綱をもう一度しっかり握り直して、インフレを退治するために超金融引締政策に転じたのである。その効果もあってインフレは間もなく鎮静し始めたが、経済も瀕死の状態に陥った。景気は一九三〇年代以来最大の落ち込みを記録し、失業率は急上昇した。そして八一年末には、二桁のインフレと二桁の失業率に呻吟（しんぎん）することになったのである。

表3は、インフレと不安定な景気の下で株式と債券のリターンがどのようなダメージを受けたかを示している。

株式と債券の名目リターンはマイナスではなかったが、平均七・八％のインフレを差し引けば、実質リターンはマイナスになっていた。これに対して金や骨董品、不動産などの実物資産は二桁のリターンを上げた。

表3　**株式と債券のリターン**
（1969年１月～81年12月）

（単位：％）

株　式	期初配当利回り	3.1
	１株利益の成長率	8.0
	ＰＥＲの変化	−5.5
	年平均リターン	5.6
債　券	期初最終利回り	5.9
	金利変動効果	−2.1
	年平均リターン	3.8

こんなにインフレが高進するなどとはほとんど誰も予想しておらず、したがってほとんどの金融資産の価格にインフレ・プレミアムが織り込まれていなかった。そのため、債券投資家は大きな痛手を受けた。例えば一九六八年に、三〇年債の最終利回りは約六％であったが、この中には当時のインフレ分約三％が含まれており、インフレ調整後の実質利回りは三％だった。ところが六六年から八一年にかけて一五年間の年平均インフレ率はほとんど八％に達し、実質リターンは全くなくなってしまった。

しかし、これはまだほんの序の口だった。というのは、もっと大きな損失がキャピタル・ロスという形で襲ってきたのである。例えば、七〇年代後半にインフレが一〇％以上にのぼった時に、六％クーポンの債券を額面で購入する人などいるはずもなかった。手持ちの債券を売却しようとすれば、買い手が少なくとも実質インフレに見合う利回りを得られるところまで値引きをして売るほかなかった。債券価格の変動が大きくなり、不安定性を増すにつれてリスク・プレミアムも上昇したため、債券利回りは一層高まらざるを得なかった。

さらに悪いことに、当時の税制が債券投資家にだめ押しとも言える打撃を与えたのである。というのも、この時期の債券投資家はほとんどの場合、実質マイナスのリターンに甘んじていたにもかかわらず、クーポン収入に対しては通常の所得税率が適用されたからだ。

債券投資が予期せざるインフレから身を守るだけのリターンを上げられなかったことは、驚くに当たらない。しかし、株式投資のリターンが惨めな結果に終わったことは、見過ごすわけにはいかない問題である。株式は、物価水準の上昇に応じて価格が上昇するはずの実物資産の裏づけがあるからこそ、インフレ・ヘッジになると考えられていたのである。

それはあたかも初めて美術館を訪れた少年の話のようなものだ。少年はさる高名な画家の手になる抽象画が、実は馬を描いたものであると言われた時に、次のような素朴だが実に鋭い質問を発したものだ。「もしこれが本当は馬の絵だって言うなら、どうして馬を描かないの?」。もし株式が本当はインフレ・ヘッジになるはずだとすれば、なぜ実際にインフレをヘッジできなかったのだろうか。

配当の減少と、利益成長率の低下を原因とする様々な説が展開されたが、注意深い分析にたえる説得力のあるものはなかった。多くの説に共通する理由づけの一つは、もしインフレ修正がきちんと行われたとすれば、企業収益は急激かつ大幅に落ち込んだというものだった。まるでインフレが中性子爆弾のように、企業の組織構造には全く影響を与えないまま収益の源泉を根こそぎ破壊したかのように言われた。そして多くの論者は、資本主義システムのエンジンが制御不能に陥ってしまい、ウォール街を歩き回ることは、千鳥足であれ早足であれ、非常に危険になったと考えるようになった。

しかし実際には、報告された利益にいろいろと必要な修正を行ってみても、一九八〇年代初めに一部の専門家たちが主張していたように、企業利益が「残酷で容赦のないインフレによって急な坂を転げ落ちるように」減少した、という確かな証拠は認められないのである。表3に示されるように、利益総額は六九年から八一年にかけて、インフレよりもかなり高い年率八％で順調に増加していたのだ。それに配当も、ほぼインフレ並みの伸びを保っていたのである。

往年の映画ファンの読者なら、あの『カサブランカ』の素晴らしいラストシーンをご記憶だろう。ハンフリー・ボガートがピストルを握りしめて、ドイツ空軍少佐の死体を見おろしている。フランス植民地警察のクロード・レイノー警部は、まずボガートに目をやり、それからまだ硝煙の立ちこめているピストルを注視し、最後に少佐の死体のほうに視線を移し、部下に向かって「シュトラッサー少佐は殺された。容疑者を逮捕せよ」と命じる。

同様に私たちも容疑者を逮捕したわけだが、実はそれは真犯人ではなかったのだ。そして誰が株式市場を殺したのかも、まだわかっていないのである。では、まだ硝煙の立ちこめているピストルのほうに目を移してみよう。

一九七〇年代の株価下落の主な原因は、投資家が企業の利益や配当に対してつける値段、すなわち株価を一株当たり利益や配当の何倍まで評価するかを示す倍率が大幅に低下したことにある。利益や配当がインフレと歩調を合わせて成長しなくなったためではなく、株価収益率がこの時期に文字通り暴落したからなのだ。

一九六九年から八一年の間に、S&P指数の株価収益率は三分の二も下落したのである。まさにこの株価収益率の大幅な下落こそが、七〇年代の株式投資のリターンを異例に低いものに終わらせ、健全な企業収益や配当の成長を株価に反映させることを妨げた犯人なのだ。そこで金融の専門家たちは、七〇年代から八〇年代初めにかけての市場の動きは非合理的なもので、株価収益率は不当に低下しすぎたのだと結論づけた。

もちろん、株式投資家が、ちょうど一九六〇年代半ばに非合理的なほど強気であったのと同様に、八〇年代初めには逆に非合理的なほど弱気になっていたという可能性も否定できない。しかし私は、市場は常に完全に合理的であるとまでは言わないにしても、株式市場の判断と経済学者の見方のどちらに賭けるかと聞かれれば、迷わず株式市場の判断のほうをとるだろう。投資家が非合理的であったのではなく、ただ不安心理に駆られていたにすぎないのだと思う。

というのも、一九六〇年代半ばまでインフレはほとんど問題にならないほど低く、エコノミストは深刻な不況を完全に回避する方法を習得し、穏やかな景気後退ですらも「微調整」で乗り切ることができるようになったと投資家は信頼しきっていたのだ。六〇年代には、誰一人としてアメリカ経済が二桁の失業率とか二桁のインフレに見舞われるなど予想だにしなかった。ましてやその二つが同時に襲ってくるとは考えられもしなかった。そして私たちは、アメリカ経済が当時考えられていたほど安定性のあるものではないことをいやというほど思い知らされたわけだ。

したがって、本来「安全保障」を意味するはずの有価証券（セキュリティ）が、きわめて危なっかしいものとなり、リスクの増大に対応してリスク・プレミアムを高めることが必要とされるようになったというのが私の解釈である。*

＊経済学者はリスク・プレミアムという用語を、利回りが完全に予測できる短期の投資対象から得られるリターンに対して、リスクを伴う投資対象の場合はそれをどのくらい上回るリターンが期待できるかという意味に用いる。この見方によれば、一九六〇年代のリスク・プレミアムはきわめて低く、一％ないし二％であった。しかし、八〇年代の初めには以下で説明するように、株式および長期債券を保有する投資家が要求するリスク・プレミアムは、おそらく四％ないし六％に高まっていたと考えられる。

株式市場は、利益や配当の水準に対する株価倍率の水準を相対的に引き下げることによって、リスク・プレミアムを高めるのである。株価が下がることによって、それをベースにして、リスクの高い新しい環境にふさわしい、より高いリターンが期待できる準備が整ったのである。

実は一九六〇年代後半から七〇年代前半にかけて、期待リターンを大きく低下させる方向に働いた市場の調整力が、まさに八〇年代初めには格安な価格水準を現出させたのである。

しかし、この時代からはっきりわかったことは、投資リターンがどこから生じるかを説明するためには、倍率、すなわちバリュエーションの変化が重要なカギを握っているということである。一九六九年から八一年にかけて利益成長はインフレ率を十分上回ったにもかかわらず、利益、配当に対する倍率がリスクの増大を反映して大幅に低下したのだ。

第Ⅲ期：豊穣の時代

それでは次に、金融資産のリターンの黄金時代である第Ⅲ期――一九八二年から二〇〇〇年初めまで――に目を転じよう。この時代が始まる時、株式も債券も新しい経済状況に対して十分に、いや十二分に調整ずみだった。株価も債券価格も予想されるインフレを十分織り込んだところまで下がっており、非常に高い実質リターンが得られる条件を提供していた。

実際、一九八一年の秋には債券相場は落ちるところまで落ちていた。ウォール街の裏情報紙であるボールストリート・ジャーナルは、八一年のパロディ特集の中で、「債券とは値下がりするように設計された確定利付証券のことである」と茶化したものだ。その当時、優良な社債の名目利回りは八%のインフレに対して一三%で回っていた。この結果、優良社債の実質利回りは五%と歴史的な高水準になっていた（優良社債の実質利回りの長期平均は約二%である）。確かに債券価格は昔に比べると変動性が高まっており、その分、高いリスク・プレミアムが要求されだしたことは事実である。しかし私には、この状態はパニックに陥った機関投資家が、債券投資のリスクを過大評価しすぎた結果だと思われた。過去一五年間の債券投資のパフォーマンスがあまりにも惨めだったために、機関投資家のファンド・マネジャーたちはまるで最後の戦に出陣する老将軍のように、もうこれ以上債券には深入りしたくないという心理状態だったのだろう。

株式はどうであったか。前述のように株式投資の期待リターンは、配当利回りと一株当たり利益の期待成長率を合計することによって推定できる。これに基づいて一九八一年に私が行った計算では、株式の期待リターンは一三%以上と出た。この数字はコア・インフレを八%ポイントも上回っており、歴史的に見てきわめて高いものだった。

株式もまた、企業収益の循環的なボトムの異常に低い水準をベースに、非常に低い株価収益率で評価されていた。このため株価は、企業が保有する実物資産の時価による再取得価格と比べてその何分の一という低水準にあった。

一九八〇年代に大規模な企業買収ブームが訪れたのは当然の成り行きであった。実物資産を直接市場で購入するよりも、株式を取得することによってもっと安く手に入れられるとなれば、企業は当然、ほかの企業を買収、あるいは自社株の買い戻しを始めるだろう。八〇年代の初めに金融資産はインフレを十分に織り込み、さらにインフレに伴う不確実性をも十分以上に織り込んでいる状態だったのだ。表4は、一九八二年から二〇〇〇年にかけて株式と債券のリターンがどのような形になったかを示している。

この期間は投資家にとって本当に豊穣の時代であった。株式も債券も異例の高いリターンを享受できたのである。一株当たり利益や配当の伸び率は不遇の一九七〇年代に比べて特に高いものではなかったが、二つの要因が株式投資の高いリターンをもたらした。一つは、八〇年代初めに配当利回りが六%と異常に高かったこと、そしてもう一つは、投資家のマインドが絶望から至福の状態へと一八〇度転換したことである。これを反映して、株価収益率は八倍から三〇倍近くへと三倍以上も上昇し、そして配当利回りは一%強へと大幅低下した。この評価水準の激変こそが、この時代の株式投資のリターンを全く未曾有の水準に高めたのである。

表4　株式と債券のリターン（1982年1月〜2000年3月）

（単位：%）

株　式	期初配当利回り	5.8
	1株利益の成長率	6.8
	ＰＥＲの変化	5.7
	年平均リターン	18.3
債　券	期初最終利回り	13.0
	金利変動効果	0.6
	年平均リターン	13.6

同様に債券に関しても、出発点の一三%の最終利回りが長期間、二桁のリターンを確約していた。以前に取り上げたように、債券の長期投資家にとっては、購入時に計算される最終利回りがほぼそのままリターンとして実現する。その上、その後の金利低下が債券価格の上昇をもたらしたため、実際のリターンをさらに押し上げた。そして、インフレも三%程度に低下したため、実質リターンは長期平均値に大幅に上積みされた。振り返ってみると、一九八二年から二〇〇〇年初めにかけては、一生に一度あるかないかの金融資産投資には最高の時代だった。これに

比べて、金や石油などの実物資産はおしなべてマイナスのリターンに終わったのである。

第Ⅳ期：失望の時代

豊穣の時代の後に待ち受けていたのは、史上最悪の一〇年間の一つとなった「失望の時代」で、まさに「失われた一〇年」であった。ほとんどの投資家は、なるべく早く忘れ去ってしまいたいと思っているはずだ。前世紀末からのインターネット・バブル相場は、一転して暴落し、弱気一色となった。そして、この一〇年の後半には巨大な住宅バブルが膨れ上がり、破綻した。右肩上がりの住宅価格を前提に仕組まれた複雑怪奇な不動産担保証券市場が暴落し、世界中の株式市場が凍りついてしまった。投資家はリスクの怖さを改めて認識させられることになった。その結果、株式、債券とも評価水準は大きく動いたのだった。まず、株式だが、株価収益率は大きく下落し、配当利回りは上昇した。一方、広く分散投資した債券ポートフォリオで運用した投資家は、まずまずのプラス・リターンを享受することができた。表5は、株式、債券のこの一〇年間の年平均総リターンと、内訳を見たものである。

表5　**株式と債券のリターン**
(2000年4月～2009年3月)

（単位：％）

株　式	期初配当利回り	1.2
	1株利益の成長率	5.8
	ＰＥＲの変化	－13.5
	年平均リターン	－6.5
債　券	期初最終利回り	7.0
	金利変動効果	－0.6
	年平均リターン	6.4

3　二〇〇九～二二年にかけての状況

二〇〇九年の相場の大底にかけて、Ｓ＆Ｐ五〇〇平均の株価収益率は、落ち込んだ利益水準に対して一五倍まで下落した。そして配当利回りは、三％近くまで上昇した。このような大きな評価指標の調整は、その後の一〇年間における魅力的な株式リターンを約束するものであった。果たして、利益は二桁の増加を続け、株価収益率が高まったため、株価はそれ以上のペースで上昇した。二〇二〇年に新型コロナの流行によって経済活動が一時停滞したものの、二〇二二年一月までの一〇年間に、株式市場は年平均一七・五％で上昇した。一方、その間のインフレ率はというと、二・三％の低水準にとどまった。この結果、この期間の株式の実質リターンは、「豊穣の時代」と呼んだ一九八二年から二〇〇〇年初めに匹敵する高水準になった。

債券投資のパフォーマンスも、まずまずだった。一〇年物国債の利回りは、出発点の二〇〇九年には三％と四％の間にあったが、二〇二二年一月には二％へと低下した。この結果、国債価格はこの期間を通して緩やかに上昇し、年平均四％のリターンをもたらした。インフレ調整後では約二％だ。

4　この先はどうなるか

この先はどうなるのか。数年後の金融資産のリターンはどう考えればよいのだろうか。もちろん、短期的な予測は誰にもできないが、中長期的に期待できるリターンのレンジを推定することは可能である。そして、二〇〇九年から二〇二二年にかけて株式や債券が享受したような、二桁のリターンを期待することは、当分の間、無理だろう。

では、現時点で長期の株式投資の期待リターンを考えると、どのようになるだろうか。今日においても、私が以前から用いてきた方法論は依然有効だと思っている。そこで次に、二〇一八年末時点に立った長期の期待リターンの見通しを具体的な数値を用いてお話ししよう。読者の皆さんは、それぞれの予測期間に応じて必要なデータを調整して使っていただきたい。

まず債券市場を見てみよう。債券を長期保有する場合、どの程度のリターンが期待できるかについては、二〇二二年の時点でかなりはっきりした見通しが立てられる。優良企業が発行する社債を満期まで保有する場合には三・五％のリターンが期待できる。また、一〇年物国債では約二・五％が期待できる。当分ＦＲＢが目標とする二％程度のインフレが続くと仮定すると、優良社債は、ささやかなプラスの実質リターンをもたらすものと考えられる。しかし、もし今後インフレが加速し、金利水準が上昇するようなことになれば、債券価格は下落し、リターンはさらに低下せざるを得ない。長期国債の実質利回りはゼロないしマイナスに終わるだろう。

では、株式に関してはどのようなことが言えるだろうか。少なくともリターンの三大決定要因のうちの最初の二つに関しては、ある程度の見通しが立てられる。

二〇二二年のＳ＆Ｐ五〇〇ベースの配当利回りが約一・三％を少し下回る水準であったことはわかっているし、一株当たり利益が年平均四・七％前後の成長を続けると想定する。これは過去の長期平均値に近いものであり、また、二〇二二年時点でウォール街の専門家たちが予想している数字にも近いものである。出発点の配当利回りと利益の期待成長率を足し合わせると、Ｓ＆Ｐ五〇〇ベースの株式投資の総リターンは年平均六％と考えられる。これは債券投資の予想リターンを少し上回るものだが、一九二六年以降の株式投資のリターンの長期平均値である一〇％には及ばないだろう。

もちろん、より短期の株式投資のリターンは評価水準の変化、すなわち株価収益率がどのような動きをするかにかかっている。一つ言えるのは、二〇二二年の株価水準が、果たして持続性のあるものかど

図1　**10年間の平均総リターン（中位数）**

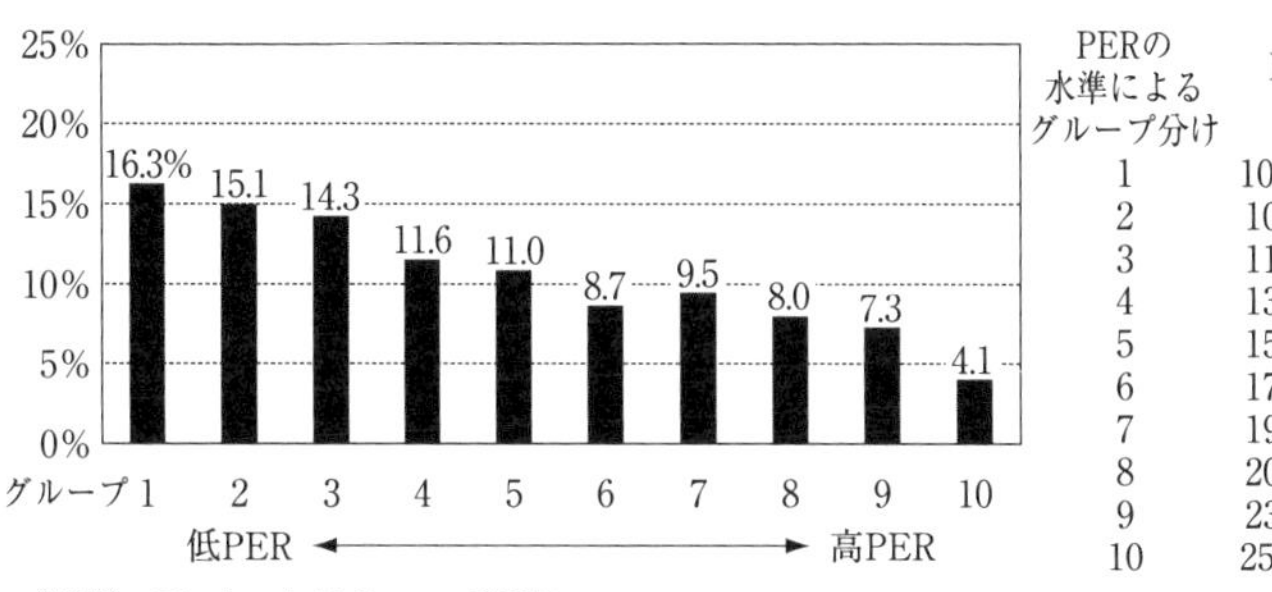

PERの水準によるグループ分け	PERのレンジ
1	10.6倍以下
2	10.6～11.8
3	11.8～13.6
4	13.6～15.8
5	15.8～17.4
6	17.4～19.3
7	19.3～20.6
8	20.6～23.1
9	23.1～25.4
10	25.4倍以上

（出所）The Leuthold Group，2022年

うかを自問してみることが重要だということだ。二〇二二年のサイクル調整後の株価収益率は三五倍にもなっており、アメリカの長期平均値を大きく上回っている。また、一・三％という配当利回りは、長期平均値の四・五％よりもかなり低い。

二〇二二年初めは金利もインフレも相対的に低水準であった。したがって、平均よりは多少高い株価収益率と低い配当利回りは理にかなっている。しかし、現在のような低金利と穏やかなインフレが、いつまでも続く保証はないことに留意する必要がある。しばしば予期しないことが起きるのだ。

株式のリターンが今後当分は控えめなものに終わることを支持するもう一つの根拠として、かなり確実なリターン予想の経験則がある。それは、どのくらい先まで見るかにもよるが、長期的な株式リターンの変動の約四〇％は期初の市場平均ＰＥＲ水準によって決まる、という法則だ。

これをわかりやすい形で示したのが、図1だ。この図を作るにあたり、まず一九二六年から最近にかけてのすべての四半期について、期初の市場平均ＰＥＲとそれから先一〇年間の株式の平均総リターンの関係を調べた。次に、期初のＰＥＲ水準の高低にしたがって、すべての観測データを一〇のグループに分けてみたのだ。その結果、期初の

ＰＥＲが低い時に投資すればその後一〇年間の平均リターンは高く、反対にＰＥＲが高い時に始めると低いリターンに終わるという、はっきりした傾向があることがわかる。

ただ、ここでＰＥＲをはじく時に用いた利益は、実際の数値ではなく規則的な変動パターンを調整した後の利益だ。この数値は、専門家の間ではサイクル調整後ＰＥＲ：ＣＡＰＥと呼ばれている。ＣＡＰＥのデータ・シリーズはロバート・シラー教授の運営するウェブサイトに行けば見られる。また、利益数値は、「過去一〇年間の平均利益」の形で計測されるものだ。「過去五年間の平均利益」のデータも入手可能だ。こうして計測された二〇二二年の「シラーＣＡＰＥ」は、三五倍になっており、これより高くなったのは二〇〇〇年初めだけだった。

ＣＡＰＥ指標はある程度信頼できるもので、上では六％弱と予想したが、今後の株式の長期的な期待リターンが比較的つつましいものになるだろうという私の予想の、一つの根拠になっている。しかし、もし読者の投資期間がもっと短い場合には、残念ながらリターンがどのくらいになるかを予想する信頼できる方法は存在しない。

ウォール街のランダム・ウォーカーを任ずる私としては、株価の短期的な予測ができるとは考えない。悪いことは言わないから、そんなことは試みないほうが身のためである。私は古いラジオ・ドラマ『ミステリーが大好き』の中の、お気に入りのエピソードをいつも思い出す。このミステリーは、ある欲深い投資家が、一度でいいから二四時間先の株式相場欄を見たいものだと願ったところから始まる。不思議な力が働いてこの願いはかなえられ、ある日の夕方、彼の手元に翌日の朝刊の最終版が届く。

彼は徹夜で、翌朝一番に買う銘柄、午後の引け間際に売る銘柄の作戦を立て、莫大な儲けを上げる計画を練った。その作業がようやく終わり、高揚した気分で他の記事に目を移したのが運のつきだった。

何と死亡欄のところに、自分の名前が載っているではないか。果たして翌朝、使用人がベッドで冷たくなっている主人を見つけて大騒ぎになった。

私は幸運なことに未来の新聞を読むことはできない。だから、これから先、株価や債券価格がどのような動きをするかはわからない。しかし、ここで紹介したやや控えめな長期的な投資見通しや、債券・株式のリターンの予想は、きわめて妥当なものだと思う。皆さんが私のアドバイスに従って、二一世紀前半の長期的な投資方針を立てられることをお勧めしたい。重要なことは、バック・ミラーだけを頼りに運転するのは危険だということだ。当分の間は比較的低リターンの時代が続きそうだ。

第14章　投資家のライフサイクルと投資戦略

人生で投機に走ってはいけない時期が二つある。一つはお金がある時で、もう一つはお金がない時である（マーク・トウェイン『赤道に沿って』より）

リスクに対する「許容度」

投資戦略は、個々の投資家のライフサイクルに照らして無理のないものでなくてはならない。定年後に備えて資金を蓄える場合でも、常識的に言って、三四歳の人と六四歳の人とではふさわしい投資対象は全く異なってくるだろう。所得がピークに達する時期の入り口にさしかかっている三四歳の人なら、リスクの高い投資を行って仮に損を出しても、給与所得で埋め合わせることができる。一方、六四歳の人の場合には、給与所得が減少ないしは全くなくなり、年金や金融資産からの収入中心の生活になるのだから、元本が目減りするようなリスクはとれない。

三四歳の人と六四歳の人が二人とも譲渡性預金（CD）に投資したとする。この場合、三四歳の人は、むしろリスクを回避することを「選好」する投資家だったからCDを保有することにしたのだろうし、六四歳の人はリスクに対する「許容度」が低下したからそうしたのだろう。どの程度のリスクを受け入れるかについて、若い人は選択の幅が大きいのに対し、年配の人の場合には選択の余地が少ない。

個人が投資を行う上で最も重要な意思決定は、人生の各ステージに応じて、株式、債券、不動産、マネー・マーケット商品などの「アセット・ミックス」をいかにバランスのとれたものにするかという決定であろう。ライフワークとして様々な資産のリターンの長期的な計測を行っているロジャー・イボットソンによれば、投資の総リターンの九〇％は、投資家の選択したアセット・ミックスによって決まるという。投資の成功度合いのわずか一〇％弱が、選択された資産の中身、例えば具体的にどの銘柄や投資信託を選ぶかに依存するにすぎない。

この章では、投資家がうまいものにありつきたいタイプか、それとも夜ぐっすり眠りたいタイプかといったリスク選好度にかかわらず、年齢、所得水準、人生の中で負っている責任の度合いなどが、ポートフォリオの資産ミックスの選択に大いに影響することを説明しよう。

アセット・アロケーションの五つの基準

アセット・ミックスを決定する合理的な基準を議論する前に、いくつかはっきり念頭に置かなくてはならないことがある。すでにこれまでの章で断片的に取り上げてきたものもあるが、ここで改めて包括的に取り上げてみたい。この問題に関する主な原則は次の通りである。

1　歴史の証明するところによれば、リスクとリターンは正比例している

2　株式も債券も、投資のリスクは投資期間に依存する。投資期間が長いほど、リターンの変動幅は低下する

3　ドル・コスト平均法は、注意すべき問題はあるが、株式・債券投資のリスクの軽減に役立つ

4　定期的なアセット・ミックスの「リバランス」はリスクを低下させ、リターンを高めることも可能だ

5　リスクに対する選好と、リスク許容度は区別しなくてはならない。リスクがどの程度許容できるかは、証券投資からの収入を除く所得の種類と源泉をはじめとして、個々人の総合的な財務状態に依存して決まる

1　リスクとリターンは正比例する

この本とここまでつき合っていただいた読者の皆さんは、リターンを高めるためにはより高いリスクをとらなければならないという教訓は、もう聞き飽きたかもしれない。

しかし、資産運用を行う上で、このこと以上に重要な原則はないのだ。この投資に関する基本原則は、何世紀にもわたるデータによって証明されている。以前にも引用したイボットソンのデータをまとめた表1は、この原則の正しさを裏づけている。

株式は、明らかに長期平均的には非常に高いリターンを上げてきた。もし、ジョージ・ワシントンが大統領として得た初めての給与からたった一ドルだけ投資に回し、それが株式のリターンと同じ率で複利運用されたと仮定すると、二〇一八年までには彼の子孫のうち一〇人以上が億万長者になっていた計算である。

ロジャー・イボットソンの推定によれば、一七九〇年以来、株式は年率八％のリターンを上げてきた。表1が示すように、一九二六年以降について見ると、大型株でも年平均約一〇％とさらに高まっ

た。しかし、このリターンは投資家がかなりのリスクを負った結果得られたものでもある。例えば、対象となった年のうち三〇%は、総リターンがマイナスだった。したがって、より高いリターンを目指すのであれば、「ただ飯などどこにもない」ことを決して忘れてはならない。高いリターンを得るための当然のコストは高いリスクをとることなのである。

2　リスクは投資期間に依存する

投資対象を保有する期間、すなわち「持続力」が、投資に伴う実際のリスクに関して重要な役割を果たす。アセット・ミックスを決定する上で、ライフサイクルのどの時点にいるかが重要なのは、それが持続力にかかわってくるからである。それではリスク許容度を決定する上で、どれほど投資期間が大切なのかを見てみよう。

表1　**主要な金融資産の超長期の平均リターン（1926～2020年）**

（単位：%）

	年平均リターン	リスク指標（リターンの年平均変動性）
小型株	11.9	28.2
大型株	10.3	18.7
長期国債	5.7	8.5
短期国債（ＴＢ）	3.3	3.1

（出所）　イボットソン・アソシエーツ

表1で見ると、長期国債の長期間の年平均リターンは五・七%であったことがわかる。しかし、長期国債のリスク指標を見ると、どの一年をとってみても実現したリターンは、長期平均リターンから大きく乖離する可能性があることを示している。実際、個々の年について見ると、長期国債のリターンはマイナスの年も多いのである。

この期間の長期国債の利回りがこんなに高かったのは、金利水準が最近と比べると非常に高い状態が続いていたためである。二〇二一年の三〇年物国債の利回りはたった三%だが、今後三〇年間ずっと持ち続ければその三％は保証されるのだ。もっとも、やむを得ない事情でこの長期国債を来年売らなければならない時は話は別である。その時の実現リターンは二〇％になるかもしれないし、ゼロかもしれない。それどころか、もし金利が急激に上昇し債券価格が高金利に対応して急落したとすると、リターンはマイナスになるかもしれない。このように、投資家の年齢、あるいは当初の投資計画を堅持できる能力の大きさが、投資家のリスク負担力を決定するだけでなく、特定の投資計画の持つリスクの度合いを決定する上でも重要であることがおわかりいただけよう。

図1　**株式投資の投資期間と年平均リターンの散らばり方（1950～2020年）**

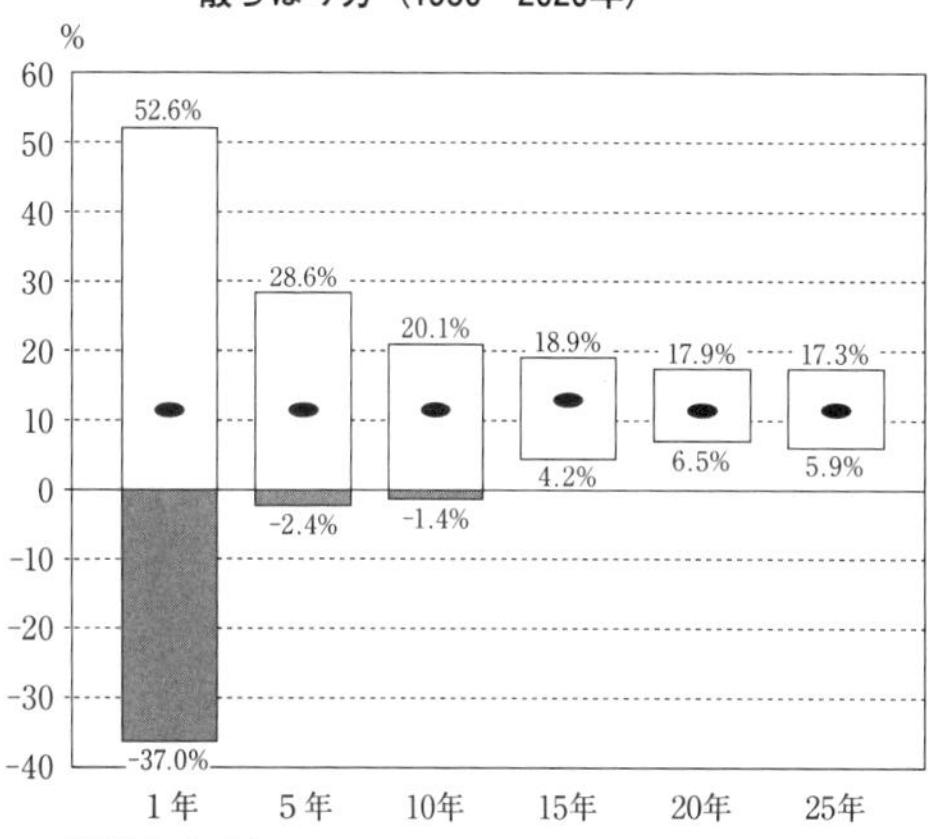

●は平均値を示す。

次に、株式に投資した場合はどうか。株式投資のリスクも、投資期間に応じて減少するのだろうか。答えはもちろん「イエス」である。株式を「長期間」保有し、一度買ったら多少の価格変動があっても我慢して持ち続けるという基本方針を貫ければ、リスクの全部ではないが、かなりの部分を減らすことができる。

百聞は一見にしかずで、図1をご覧いただきたい。例えば、S&P五〇〇指数のような、広く分散された株式ポートフォリオに投資していた場合には、一九五〇年から二〇二〇年までの期間を通じて年平均約一〇％という高いリターンを上げることができたのである。しかし、それでも心配性の投資家にとっては、年々のリターンの振れは大きすぎると思えるかもしれない。典型的な株式ポートフォリオのリターンは、ある年には五二％を超えたかと思えば、別の年には三七％以上ものマイナスになっていたりする。ある一年間をとってみて、確実に満足のいくリターンを稼げる保証はどこにもない。したがって、もし来年そのお金を使う予定のある人はせいぜい一年物の財務省証券を買うか、一年物の政府保証付き譲渡性預金を買うほかないのである。

しかし、もし二五年間株式を持ち続けられるなら、話は全然違ってくる。どの二五年間をとるかによって多少の違いはあるかもしれないが、その差は大きくない。図1の対象期間中に二五年間株式を持ち続けたとすると、やはり年平均一〇％強のリターンが得られたのだ。もし一九五〇年以降で株式投資にとって最悪だった二五年間をとったとしても、年平均リターンはそれより約四％ポイント低かっただけである。

投資家にとって、ライフサイクルを考えた上で株式投資を行うべしという教訓が重要なのは、まさにこの理由による。投資対象を保有し続けられる期間が長ければ長いほど、ポートフォリオに占める株式の割合を高めるべきなのだ。一般的に言って、投資期間がかなり長期になって初めて、株式から平均的に得られる高いリターンを期待することができるのだ。*

*技術的なことを言えば、保有期間が長いほどリスクが減少するのは、第11章で証明したリターン・リバーサル現象による。興味のある読者は、*Journal of Portfolio Management* に掲載されたポール・サミュエルソンの一九八九年秋の論文、The Judgement of Economic Science on Rational Portfolio Management を参照のこと。

表2が示すように、投資期間が二〇～三〇年と長くなると、株式で運用するのが最も有利だと言える。また、若い人ほど株式を多く組み入れたアセット・ミックスが有利だということも言える。もっとも、株式を長期間保有すれば、リスクが全くなくなるわけではない。というのは、最後の瞬間

に、もしかするとポートフォリオの時価が暴落するような悲惨な目に遭う確率は、保有期間が長いほど大きいのだ。長年保有したにもかかわらず、株式の価値が全然増えなかったことに失望した人も多いことだろう。

しかし、投資期間が二五年以上で、配当を全額再投資し、次に述べるドル・コスト平均法に従って追加投資を続ければ、株式のリターンは安全な債券や預金保険の対象となる貯蓄よりも高いリターンが得られると考えて、まず間違いない。

最後に、年齢とともにより保守的な運用を心がけるべきだという原則につながる最大の理由は、勤労所得に依存できる余地がますます小さくなってくるからである。このため、株式投資がマイナスのリターンに終わる期間を耐え忍ぶことが難しくなるのだ。そうなると、株式市場の不振が暮らしぶりに直結しかねない。したがって、リターンは小さくても、確実性の高い債券中心の運用のほうが理にかなっている。ポートフォリオ全体に占める株式の比率を低くすべきなのだ。

表2　**株式の保有年数とリターンが債券を上回った割合**

保有期間	株式が上回った割合（%）
1年	60.2
2年	64.7
5年	69.5
10年	79.7
20年	91.3
30年	99.4

3　ドル・コスト平均法はリスクを効果的に軽減する

もしあなたが他の大多数の人たちと同じく、豊かになるにつれて少しずつ投資額を増やしていきたいのなら、「ドル・コスト平均法」がうってつけである。ドル・コスト平均法は注意すべき点もあるが、間違ったタイミングで株式や債券に有り金すべてをつぎ込む愚から身を守る投資方法である。

表3　**ドル・コスト平均法の例**

投資額（ドル）		変動の激しい相場（ケース1） インデックス・ファンドの価格（ドル）	購入口数（口）	右肩上がりの相場（ケース2） インデックス・ファンドの価格（ドル）	購入口数（口）
1年目	1,000	100	10	100	10
2年目	1,000	60	16.67	110	9.09
3年目	1,000	60	16.67	120	8.33
4年目	1,000	140	7.14	130	7.69
5年目	1,000	100	10	140	7.14
総投資額	5,000				
購入口数計			60.48		42.25
平均購入単価		82.67		118.34	
期末時価		6,048		5,915	

ドル・コスト平均法という言葉の難しそうな響きにおじけづかないでほしい。これは単に一定の金額を毎月もしくは毎四半期に、長期間にわたり同じ投資対象、例えばインデックス・ファンドを等額ずつ買い続ける投資方法のことである。同一金額の資金を同じインターバルで継続的に株式に投資し続けることによって、ポートフォリオの中の株式をすべて高値で取得することが避けられるため、リスクをなくせないまでも、かなり減らすことができる。

表3は、株式インデックス・ファンドに毎月一〇〇〇ドル投資するものとし、相場変動が激しい場合（ケース1）と、右肩上がりで上昇する場合（ケース2）を比較している。ケース1では、平均株価が二年目に大きく下落、四年目に暴騰するが、五年目には出発点と同じ水準に戻る姿を想定している。一方、ケース2は、平均株価は毎年安定的に上昇し、五年目には出発点の一・四倍の水準に上昇している姿を想定している。ケース1、2とも投資金額は同じ五〇〇〇ドルである。アップ・ダウンの激しいケース1では、終点の株価は起点と全く同じなのに、五年目末のファンドの時価は六〇四八ドルと、一〇四八ドルも増えてい

る。一方、株価が右肩上がりで四〇％も上昇したケース2では、五年目末の時価は五九一五ドルにとどまっている。

あのウォーレン・バフェットは、ドル・コスト平均法のメリットを次のようにわかりやすく説いている。

第一問：あなたは死ぬまで毎日ハンバーガーを食べ続けたいと思っているが、牛肉の生産者ではありません。牛肉の値段は高いほうがいいですか、それとも安いほうがいいですか。答えは言うまでもなく、安いほうがいいでしょう。

第二問：あなたは今後五年間の収入のある部分を貯蓄し続ける予定で、それを株式投資に振り向けます。株価は高いほうがいいですか、それとも安いほうがいいですか。今度は、多くの人は答えを間違います。自分たちは当分株式を買い続ける立場なのに、株価が上昇すれば元気になり、下落すれば意気消沈するのです。これでは、これからハンバーガーを買いに行くのに、値上がりを歓迎するのと同じで、全く馬鹿げています。株価が上がって喜ぶのは、今から売ろうとしている投資家だけで、買い続けようとするなら下がり続けるほうを喜ぶべきなのです。

ドル・コスト平均法は、決して株式投資のリスクを取り除く万能薬ではない。例えば、二〇〇八年の大暴落のような局面で、あなたの401kプランの時価が暴落するのを防いでくれるわけではない。市場全体が大きく下げる時に、その影響を免れるような投資プログラムなどありえないのだ。そして、たとえ空にどんな暗雲が垂れ込めていても、ドル・コスト平均法のメリットを享受するためには、信念を持って投資し続けなければならない。新聞の金融欄が恐ろしいニュースであふれて悲観論一色になっていても、自動継続投資プランは中断してはいけない。というのは、もしやめてしまえば、株価が暴落してまたとないバーゲン価格で追加の株が入手できるという、このアプローチの最大のメリットを放棄することになってしまうからだ。どんな相場環境下でも買い続けることによって初めて、あなたの平均購入単価が平均株価よりも低くなるのだ。なぜかと言うと、この方式の下では株価が安い時にはより多く、高い時にはより少ない株数を購入することになるからである。

投資の専門家の中には、ドル・コスト平均法を勧めない人もいる。それは表3に示したように、右肩上がりの相場の下では、このアプローチはベストとは言えないからだ。表3の想定の下では、期初にまとめて五〇〇〇ドル投資するのがベストなのだ。しかし、ドル・コスト平均法は少なくとも将来株価が大きく下落した時に対する保険の役割を果たしてくれる。そして、二〇〇〇年三月あるいは二〇〇七年一〇月といった、相場サイクルのピーク時にまとめて高値で投資した後、運悪く相場が崩れた時に陥る後悔や自己嫌悪の念を和らげてくれる効果は大きい。

ドル・コスト平均法の利点をもっとはっきり示すために、架空の例から実際例へと移ろう。表4は、一九七八年一月に五〇〇ドルの初期投資を行って以来、バンガード五〇〇インデックス・ファンドに月一〇〇ドルずつ投資し続けた例を示している（ただし税金は無視している）。投資額の累計は五万三二〇〇ドルなのに、二〇二一年末の時価は一四六万ドル強になっているのだ。

もちろん、これから先四〇年間が過去四〇年間と同じリターンを生むという保証はない。しかし、この表はどんな市場環境の下でも、ドル・コスト平均法を忠実に守り続けていれば、株式ならではのきわめて高いリターンを上げることが大いに可能であることを示している。しかし、ここで注意してほしいのは、遺産相続のようなまとまった資金を一度に投資する際には、株価の長期上昇トレンドを考慮すると、必ずしもこの戦略が最適とは言えないことである。

できれば、相場が急落した時に多めに追加投資できる機動性を確保するために、マネー・マーケット・ファンドか何かの形で少々現金を持っているほうが有利だろう。このことは決して相場の先行きを読むことを勧めているのではない。しかし、相場が急落し、その後すぐに回復する見込みがないような場合は、結果的にその時が絶好の買い時ということが多い。期待と欲望が相乗効果で膨れ上がってバブルを生むのと同じように、悲観と落胆が折り重なって、市場のパニックを引き起こすことも多い。大々的なパニックは、最も華々しいブームと同じように、理由が何もないことが多い。どれほど見通しが暗かろうと、物事は徐々に快方に向かっていることが多いのである。株式市場を全体として見ると、常にニュートンの法則とは逆の方向に動いている。つまり、いったん下がったものは、必ずまた上がるのだ。

表4　**バンガード500インデックス・ファンドへのドル・コスト平均法による投資例**

（単位：ドル）

年　末	累積投資額	ファンドの総価値
1978	1,600	1,669
1979	2,800	3,274
1980	4,000	5,755
1981	5,200	6,630
1982	6,400	9,487
1983	7,600	12,783
1984	8,800	14,864
1985	10,000	20,905
1986	11,200	25,935
1987	12,400	28,221
1988	13,600	34,079
1989	14,800	46,126
1990	16,000	45,803
1991	17,200	61,010
1992	18,400	66,817
1993	19,600	74,687
1994	20,800	76,779
1995	22,000	106,944
1996	23,200	132,768
1997	24,400	178,217
1998	25,600	230,619
1999	26,800	280,565
2000	28,000	256,271
2001	29,200	226,622
2002	30,400	177,503
2003	31,600	229,524
2004	32,800	255,479
2005	34,000	268,933
2006	35,200	312,318
2007	36,400	330,350
2008	37,600	208,941
2009	38,800	265,756
2010	40,000	306,756
2011	41,200	313,981
2012	42,400	364,932
2013	43,600	483,743
2014	44,800	550,388
2015	46,000	558,467
2016	47,200	625,764
2017	48,400	762,690
2018	49,600	729,295
2019	50,800	959,096
2020	52,000	1,135,535
2021	53,200	1,460,868

（出所）　バンガード

4　リバランスによってリスクを減らしリターンを高める

「リバランス」と呼ばれる極めて単純な投資のテクニックを使うことによって、リスクを減らし、状況次第ではリターンを高めることができる。このテクニックは、異なるアセット・クラス、例えば株式と債券に投下されている資金割合を、年齢やリスク選好、あるいはリスク許容度に最もふさわしい割合に微調整するだけでいいのだ。例えばあなたは株式六〇％、債券四〇％の配合が最適だと思っており、当初はその通り資金配分して運用を始めたとしよう。しかし、一年の間に株式はずいぶん値上がりし、逆に債券は値下がりしてしまい、期末のポートフォリオの内訳は株式七〇％、債券三〇％に変わってしまったとしよう。この七〇－三〇のミックスは、あなたのリスク許容度からすると、リスクが高すぎる配分になっているのだ。その場合、ポートフォリオの構成を当初の六〇－四〇に戻すために、株式もしくは株式投資信託を少し売却してその代金で債券を買い増す形で調整することをリバランスと言う。

表5は、二〇一七年一二月に終わる約二〇年間、毎年こうしたリバランスを続けた結果を示したものである。この投資家は、当初の株式六〇、債券四〇のミックスを維持するものとし、毎年末に一回、株式六〇対債券四〇にリバランスするのだ。また株式も債券も、コストの安いインデックス・ファンドで運用している。同表のリスク（標準偏差）の欄に示されるように、リバランスによってポートフォリオ全体のリターンの変動性はだいぶ小さくなったことがわかるだろう。それに加えて、この二〇年間に関しては、リバランスによって平均リターンも高まったのである。すなわち、アセット・ミックスの見直しを全く行わなかった場合のリターンが年平均七・七一％だったのに比べ、リバランスを行った場合に

表5　**リバランスの効果（1996年1月～2017年12月）**

アセット・ミックス 60%：ラッセル3000トータル・ストック・マーケット・ファンド 40%：バークレー・アグリゲート・トータル・マーケット・ファンド	年平均実現リターン（%）	リスク（標準偏差）（%）
年1回リバランス	7.83	10.40
リバランスなし	7.71	11.63

はリスクの低下に加えてリターンも七・八三%に高まったのである。

どんな魔法が働いて、リバランスに伴うリターンの改善が実現したのだろうか。それを考えるために、この一〇年超の株式相場がどんなであったかを思い出してみよう。一九九九年末までの数年間、アメリカの株式市場は未曾有のバブルを経験し、株価は高騰した。機械的にリバランスを行った投資家は、バブルのピークが近いなどと知る由もない。気づいたことは株式の割合が基準の六〇%を遥かに超えてしまったことだけだったのだ。そこで年末にはポートフォリオの構成を六〇-四〇に戻すために必要なだけ株式を売り、債券を追加購入したのだ。

それから三年後の二〇〇二年一二月に、今度は株式の割合が基準の六〇%より遥かに低下していることに投資家は気づいた。それはITバブル崩壊後の大幅な株価調整が底入れする直前で、また債券市場は堅調な局面だった。しかし投資家はそういうこととは関係なく、リバランスのルールに従って債券を売り、株式を追加購入したのである。そして二〇〇八年末に株式市場が暴落し、債券価格が上昇した局面で、やはり債券を売り、株式を買い増す形でリバランスしたのだ。投資家なら誰でも、間違うことなく「安く買って、高く売る」指令を出してくれる魔法使いがいたらいいなと願うだろう。そして規則正しいリバランス戦略こそ、その魔法使いなのだ。

5 リスク選好とリスク許容度を区別する

この章の冒頭で述べたように、どんな運用があなたにとってふさわしいかは、証券投資から上がる所得以外に、どの程度収入源があるかに大きくかかわっている。証券以外から稼ぐことのできる力、言い換えると、あなたのリスクを負う能力は年齢と密接に関係している。このことを具体的に示すために三つの例をあげよう。

ミルドレッドさんは最近夫を亡くした六四歳の女性。彼女は持病の関節炎の痛みがひどくなってきたため、長年続けてきた看護師の仕事を辞めざるをえなくなった。イリノイ州ホームウッドにある家はまだローン返済中である。住宅ローンはかなり以前に比較的低利で借りたものだが、月々の返済は無視できない金額だ。毎月の国民年金収入以外で頼れるものと言えば、彼女が受取人となっている二五万ドルのグループ保険の収益金と、夫が長年にわたって積み立ててきた五万ドルの小型成長株ファンドからの収益である。

彼女の家計を見れば、リスクを負える立場にないことは明白である。年齢的にも体力的にも、保有する成長株ファンドを除けば、所得を得る能力はほとんどない。さらに、住宅ローン返済のため一定額を支払い続けなくてはならない。自分のポートフォリオから損失が出たとしても、それを穴埋めできる力はない。

ミルドレッドさんにとってふさわしいのは、安定収益を生み出すことのできるような運用である。これにふさわしい投資対象は債券か、もしくは上場不動産投信（ＲＥＩＴ）を多数組み入れたインデックス・ファンドのような、高配当を安定的に得られるタイプの株式といったところだろう。小型成長株はいかに株価上昇が期待できるとしても、無配当のところも多いし、ミルドレッドさんのポートフォリオには適さない。

ティファニー嬢は野心満々の二六歳の独身女性。スタンフォード・ビジネス・スクールのＭＢＡをとったばかりで、サンフランシスコにあるバンク・オブ・アメリカの貸付担当者のポストに就く前の、研修に入ったところである。また、最近死亡した祖母の遺産の中から時価五万ドル相当の土地を相続している。彼女にとっての投資目標は、かなりの規模のポートフォリオを組んで将来の住宅購入と退職後の生活に備えることである。

ティファニー嬢に対しては、「野心的で若いビジネス・ウーマン」向きのポートフォリオを安心して勧められる。平均寿命から見ても所得能力から見ても、仮に投資で失敗したとしても、現在の生活水準を維持していくための経済力は十分ある。どの程度のリスクを負えるかは個人的なリスク選好度にもよるが、ティファニー嬢のポートフォリオがハイリスク・ハイリターン型のものであることは明白だろう。小型成長株ファンドは、もう働くことのできない六四歳のミルドレッドさんではなく、ティファニー嬢のほうにふさわしいと言えよう。

カール・ピース氏は、ＧＭ（ゼネラル・モーターズ）のミシガン州にあるポンティアック工場で働く四三歳の職長で、年収は七万ドル強になる。妻のジョアンさんは、エイボンの化粧品の訪問販売員として一万二五〇〇ドルの年収を得ている。二人の間には六歳から一五歳まで四人の子供がいる。二人は子供たちを全員大学に行かせたいと考えている。私立大学にはとても手が届かないが、近くのミシガン州立大学なら何とかやれると考えている。

運のいいことに、カール氏はＧＭの貯蓄プランに加入して、もうかなりの期間定期的に積み立てており、ＧＭの株式を購入するオプションを選択していた。このオプションを行使して保有していたＧＭ株の時価は二一万九〇〇〇ドルになっていた。ほかには特に資産はないものの、ささやかな持ち家はわずかな住宅ローンを残すだけである。

カール氏とジョアンさんは日々の必要を満たす程度の収入は上げている。しかし、ＧＭからの給与所得に大きく依存しているこの一家にはふさわしくないポートフォリオを抱えている。もしＧＭの株価に大打撃を与えるような事態が生じたら、ポートフォリオの価値はたちまち急減してしまうだろう。さらにＧＭに異常事態が生じたなら、一家の生計さえおかしくなってしまう恐れがある。

果たして、危惧した通りになった。二〇〇九年にＧＭは倒産し、カール氏は失業したばかりか、長年の貯えを投資してきたＧＭの株式も紙屑同然になってしまったのだ。主要な収入源と同じリスクのある投資対象は絶対に避けるべきだ。エンロンが破綻したことによって、職ばかりか、エンロン株で運用していたすべての年金もなくしてしまった同社の元従業員たちのことを思い出してほしい。

6　投資家のライフサイクルと投資戦略

以上で用意が整ったので、いよいよ本論に入ろう。まず、人生の様々な時期に、ほとんどの人にとって有用と思われる原則を示し、その後で投資の手引をまとめてみよう。言うまでもないことだが、すべてのケースに当てはまる投資の手引などない。個々人の必要に合わせるためには、基本的なゲームプランを若干微調整する必要がある。

ここでは、その際の共通の手引となるような三つの基本原則を述べよう。

特定の具体的ニーズに対しては具体的な資金源が必要

まず、常に念頭に置くべき注意点をあげよう。特定の具体的ニーズに対しては、そのための特定の財源を他とは切り離して用意すべきだということである。例えば、老後に備えた蓄えを目的とした、二〇代の若い夫婦のための投資計画を立てているとしよう。これから述べる投資の手引は当然、長期目標を実現するのに適している。しかし同時に、この若い夫婦が一年後に住宅購入の頭金として三万ドル必要だと仮定しよう。この三万ドルは必要な時に現金が確実に手に入るような安全な形、例えば一年物の譲渡性預金証書（ＣＤ）のようなもので運用するのが賢明である。同様に、もし大学の学費が三年後から六年後にかけて必要だとするなら、その期間の長さに対応したゼロ・クーポン債もしくはＣＤで運用するのがいいだろう。

自分のリスク選好をわきまえること

投資の原則を個々の投資家向けに応用する際に、一番重要な問題は投資家個々人のリスク選好である。最適な資産運用計画を立てることは、科学というよりは芸術の領域に属すると言われるのはこのためだ。一般的なガイドラインとして、個人の投資資金を各種資産にどのくらいの割合で配分すべきかを示すことは可能である。しかし、それが本当にあなた自身にとって最適な資産構成になっているかどうかは、あなたがそれで夜ぐっすり眠れるかどうかにかかっている。

資産運用を考える上で最も重要なことはリスク選好なのだが、それを決められるのは他ならぬあなただけである。株式や長期債を保有している期間が長くなればなるほどリスクは減少するという事実は、確かに安心材料ではある。しかし、毎年のポートフォリオの価値は結構変動するが、それを我慢して見守るだけの忍耐強さが必要なのである。二〇〇八年に株式市場全体が五〇%近くも暴落したのを、あなたはどのように受け止めただろうか。あるいは二〇二〇年の二月から三月にかけての一カ月間に市場平均が三分の一も下落し、とりわけ三月一六日だけで一三%も暴落した時、安眠できただろうか。そういう事態が起きた時に、胃が痛くて夜も眠れないというのであれば、株式の保有割合を減らすべきだ。

このように、望ましい資産ミックスを考える際、主観的な要素も大いに関係してくる。したがって、本書で指し示す標準的な投資政策を適宜修正して使っていただきたい。

規則的に長期に積み立てる

最後に、投資しようにも現実にはほとんど投資資金を持っていない人はどうすればよいだろうか。財産の少ない人たちの多くは、資産形成なんてほとんど不可能と諦めている。定年までに五万ドルとか一〇万ドルもの蓄えを用意するなんて、まず無理と決めてかかっている。

しかし、諦めることはない。規則的に毎週、給与から自動引き落としになる401k退職プランなどに加入して積み立てを行っていけば、ある程度の期間のうちにまとまった資金になる。例えば毎週二三ドル貯金に回せないだろうか。それが無理なら、一一ドル五〇セントでもいい。それだけでも、もし今後長期にわたって一定収入が見込まれる場合には、かなりの資金を蓄えることができるのだ。

表6は、表4にもとづいて毎月一〇〇ドル貯金し続けた結果を示している。表の左の欄は一定期間経過後の累積貯蓄額を表している。* たとえわずかな額でも規則的に積み立てていけば、全く元手のない投

資家ですら、かなりの額の資金を手にできることがおわかりいただけよう。もし、出発点で頭金として数千ドル投入できる場合には、最終金額がぐっと大きくなるのは当然である。

＊ここでは利回りに対する税金は無視している。個人退職勘定（ＩＲＡ）あるいは他の免税貯蓄プログラムの利用を前提としている。

もし、毎月五〇ドル――つまり一日当たり二ドル弱――しか積み立てられない場合には表6の数字を半分に、また毎月二〇〇ドルを積み立てる場合には、倍にすればよい。少額の資金の場合、直接株式に投資すると手数料が割高になるため、ノー・ロード型の投資信託を選ぶのが賢明である。手数料なしのＥＴＦでもいい。この表では、金利や配当、売却益収入があれば、全て機械的に再投資されることを前提にしている。

最後に、あなたの勤める会社が、従業員向け貯蓄プランに補助するプログラムを持っているかどうかを確かめるべきだ。もし企業がスポンサーになって積み立てる退職貯蓄プランがあれば、企業補助と税控除の恩恵によって元手の増加する速度はずっと速くなる。

表6　**期初投資500ドル，その後毎月100ドルをバンガード社のインデックス・ファンドに投資した結果**

年	累積貯蓄額（ドル）	総価値（ドル）
1	1,600	1,669
5	6,400	9,487
10	12,400	28,221
20	24,400	178,217
44	53,200	1,460,686

（注）ＩＲＡないし課税優遇措置のある貯蓄プランに投資，税金は無視。

7　ライフサイクルに合わせた投資の手引

分散投資の基本的な考え方

図2にライフサイクルに合わせた投資の手引を要約してみた。

ユダヤの法典タルムードの中で、ラビのイサクは有名な財産の三分

応じたアセット・ミックス

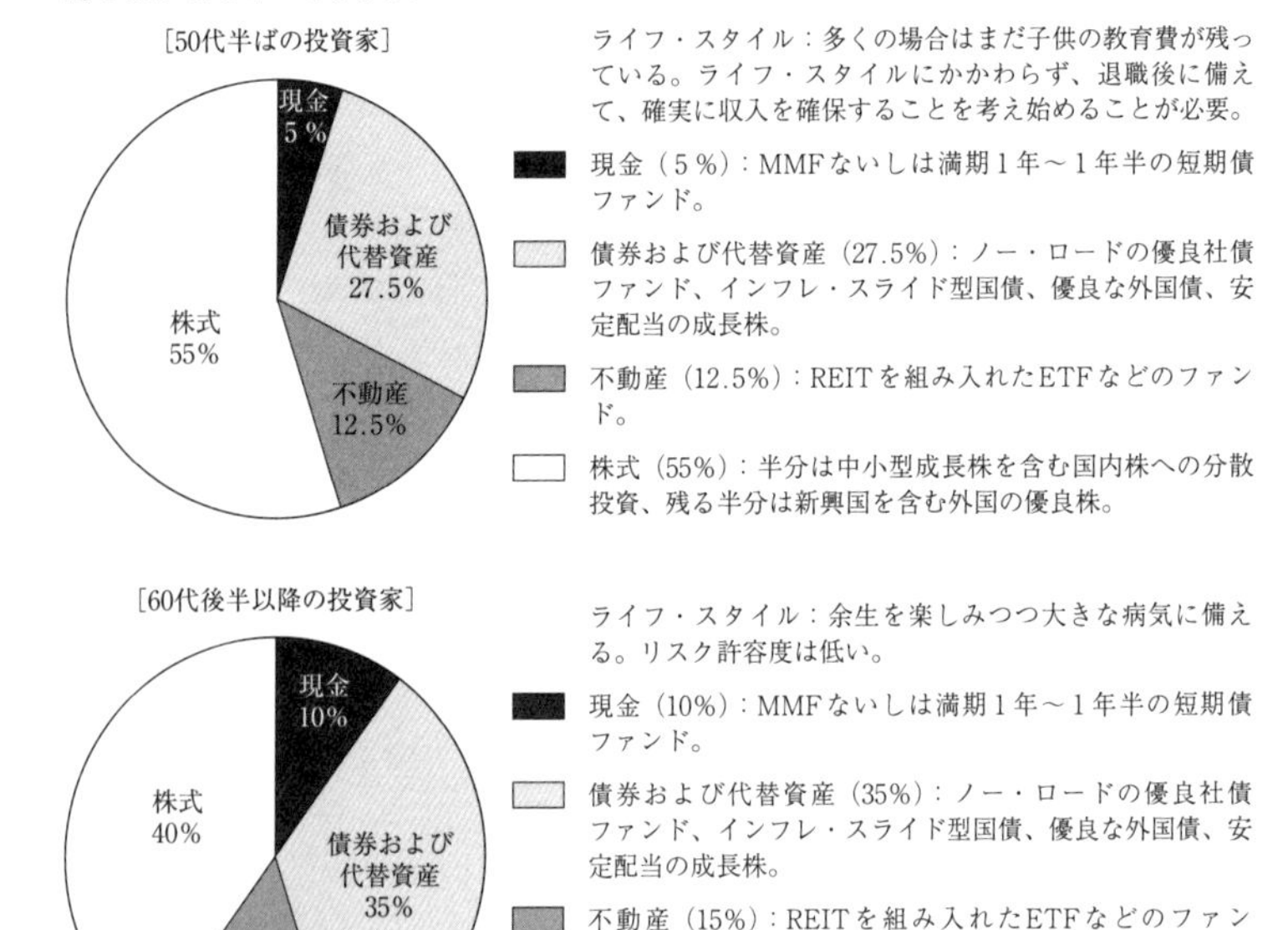

法を説いた。つまり財産の三分の一は土地に、三分の一は商品（事業）に、残る三分の一は流動資産の形で常に手元に置くべきだというのだ。このようなアセット・ミックスはもちろん今日でも有用だが、古代からある考え方を現代風に改善することはできる。今日ではもっと進んだ様々な投資対象が揃っているし、個々人のニーズに合った資産配分の重要性も十分認識されている。

この手引の基本的な考え方は、すでに述べた通りである。二〇代の人たちには非常にアグレッシブな投資方針をお勧めする。二〇代の人は、投資サイクルの上昇下降の波を乗り切っていくだけの時間的余裕があるし、生涯の給与の大

図2　**ライフサイクルに**

［20代半ばの投資家］

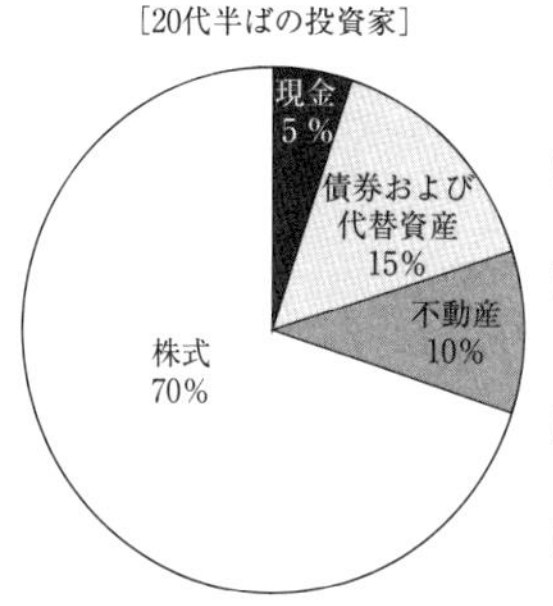

ライフ・スタイル：安定した収入があり、リスク許容度は大きい。貯蓄を蓄積するため、給与の一部を確実に貯蓄する強い意思が必要。

- 現金（5％）：MMFないしは満期1年ないし1年半の短期債ファンド。
- 債券および代替資産（15％）：ノー・ロードの優良社債ファンド、インフレ・スライド型国債、優良な外国債、安定配当の成長株。
- 不動産（10％）：REITを組み入れたETFなどのファンド。
- 株式（70％）：半分は中小型成長株を含む国内株への分散投資、残る半分は新興国を含む外国の優良株。

［30代後半から40代初めの投資家］

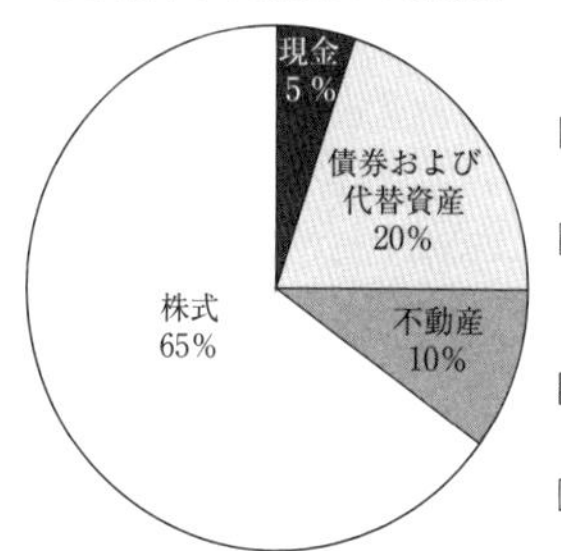

ライフ・スタイル：人生半ばの危機にさしかかる。子供のいない共稼ぎ夫婦はいぜんリスク許容度大。子供のある夫婦は教育費負担大きく、リスク許容度は低下。

- 現金（5％）：MMFないしは満期1年～1年半の短期債ファンド。
- 債券および代替資産（20％）：ノー・ロードの優良社債ファンド、インフレ・スライド型国債、優良な外国債、安定配当の成長株。
- 不動産（10％）：REITを組み入れたETFなどのファンド。
- 株式（65％）：半分は中小型成長株を含む国内株への分散投資、残る半分は新興国を含む外国の優良株。

（注）もし債券を税優遇のないプログラムで保有する場合は、免税債券を選択、また超低金利下では、債券の代わりに高配当利回りの優良大企業の普通株を選択。

半をこれから手にしようという時期である。

この場合の推奨ポートフォリオには、株式が多く含まれているのみならず、リスクの高い新興市場を含む海外株式もかなりの規模で組み入れている。さらに、外国株の比重も高い。第8章で説明したように、国際分散投資はリスク削減に非常に効果的である。

さらに、外国株に投資することによって、世界が一体化してきたとはいえ新興国の経済成長の恩恵を得ることができる。

投資家が年をとるにつれて、リスクの高い投資の割合を減らし、債券やREIT（上場不動産投信）、配当が安定して高水準な株式の割合を増やし始めるべきである。そして、五五歳までには定年後に備えた生活設計にとりかかり、利子・配当収入を中心にしたポートフォリオに切り替えるべきだ。債券の比重を高め、株式に関しても成長性よりは配当収入を重視した、より保守的な運用にするということである。そして定年後は、ポートフォリオの大部分を様々な満期や種類の債券で運用するのが望ましい。その際、簡便法として、ポートフォリオに占める債券の組み入れ比率を自分の年齢と同程度にするのがよいのではないかと思う。ただし、六〇代後半になっても、インフレ・ヘッジを考慮してポートフォリオの四〇％は一般の株式に、一五％はＲＥＩＴ型の不動産投信を組み入れておくことをお勧めする。

私がこの図を使い始めた一九八〇年代に比べると、アメリカ人の平均寿命はずいぶん長くなっている。それを考慮してこの版では、株式の保有割合をこれまでの版よりは多少とも高めることにした。

ほとんどの投資家に対して、私は幅広く分散投資された市場インデックス・ファンドをお勧めする。その理由は二つある。第一に、ほとんどの個人投資家は十分に分散投資するに足るだけの資金力を持っていないからだ。第二に、ほとんどの若い人たちは現在十分な資金を持っているのではなくて、月々の積み立てによって徐々に蓄えていくのだから、この場合は投資信託が最適と言えよう。そして資産額が増えるにつれて、高い経済成長の続く新興国を含む国際株インデックス・ファンドのウエイトを増やしていくといい。私が勧めるのと全く同じインデックス・ファンドである必要はないが、少なくとも「ノー・ロード型」で運用手数料が低いものを選ぶべきだ。

さて、図２では不動産という資産クラスも投資対象に含めている。すでに述べたように、誰もが基本的に自宅を保有すべきである。私は誰もが金融資産のかなりの部分を不動産に振り向けるべきだと考えており、また全資産のある割合をＲＥＩＴを組み入れたインデックス・ファンドで持つことをお勧めする。債券については、通常の、利子所得が課税されるタイプのものを前提にお話ししている。しかし、もしあなたが高額納税者で、しかもニューヨーク州のような税金の高い地域の住民だとしたら、免税債専門の投資信託、もしくはマネー・マーケット・ファンドを選び、連邦所得税も州の住民税も回避することを考えるべきだ。

ライフサイクル・ファンド

年をとるにつれて、ポートフォリオのアセット・ミックスを変更したり、毎年の株価や債券価格の上げ下げを受けて年一回リバランスしたりするのが煩わしいと思う人も多いだろう。そういう投資家におあつらえ向きのファンドが今世紀に入っていろいろ開発されている。それが「ライフサイクル・ファンド」と呼ばれる一種の投資信託商品である。これらのファンドはあらかじめ一定の運用ルールがプログラムされていて、投資家が年をとるのに合わせて、自動的により安全なアセット・ミックスへの変更や、毎年のリバランスをやってくれるのだ。この種のファンドは、個人退職勘定（ＩＲＡ）、４０１ｋ型年金プランをはじめとする非課税型の退職積立プランにはまさにうってつけだ。課税型プランの場合には必ずしも勧められない。

一例を示そう。時は二〇二五年、あなたは四〇歳で、七〇歳で退職したいと思っているものとしよう。その場合あなたは、「二〇五五年満期」のライフサイクル・ファンドを購入するのだ。そして購入した後の追加積立金はすべて同一のファンドへの追加投資に充てられることになる。ファンドは毎年の相場変動を受けて自動的にリバランスされ、またアセット・ミックスは年とともに次第に保守的なものに調整されていく。バンガード、フィデリティ、アメリカン・センチュリー、Ｔ・ロウ・プライスをはじめ、大手の投信グループならどこでもこの種のファンドを提供している。これらの会社のウェブ・サイトに行けば、いろいろな退職年に対応するファンドの細かい中身やアセット・ミックスの概要が詳しくわかるはずだ。最近のように債券利回りが非常に低い局面では比較的高い比率で株式に運用するタイプのライフサイクル・ファンドを勧めたい。退職プランを手間をかけずに運用したい人には、完全自動運航型のライフサイクル・ファンドがうってつけの商品と言えよう。しかし正式に契約書にサインする前に、手数料がどうなっているのかを確かめてほしい。手数料が安ければ安いほど、退職後のあなたの手取りは大きいのだ。

定年後の運用資産の管理

毎日一万人以上の「団塊の世代」の人々が定年を迎えている。この傾向は二〇三〇年頃まで続くと見られる。アメリカ国勢調査局の予測では、これら団塊世代の人々のうち一〇〇万人以上が、一〇〇歳以上まで長生きすると見られている。ということは、現在六五歳の人は平均的にあと二〇年は生きるということになる。これを言い換えると、現在六五歳の人々の半分は、平均寿命以上に長生きするということなのだ。それにもかかわらず、団塊世代のほとんどの人は、私が本書で説いているような忠告などあまり気にかけず、その結果、老後を賄うのに十分なだけの備えを用意していないのだ。というのも、アメリカはどちらかと言えば消費奨励型国家であり、決して貯蓄奨励型国家ではなかったからだ。そして悪化したアメリカの国家財政状態を考えれば、私たちが生活に困窮しても政府が救済の手を差し伸べてくれることは望むべくもないのだ。

不十分な老後への備え

ＦＲＢが行った家計貯蓄に関する調査によれば、アメリカの典型的な家計はほとんど銀行預金残高がなく、かなりの額のクレジット・カードの負債を抱えているという。何らかの形の退職プランを持っているのは国民の約半分で、資産保有額がもっとも少ない四分の一の世帯では、何らかの貯蓄や退職プランを持っているのはわずか一一％にすぎない。また、五五歳から六四歳の高齢勤労者だけをとれば、積立額は平均三〇万八〇〇〇ドルになっているが、それで退職後の家計収入の一五％以上を補うことは困難だという。これが現実なのだ。多くのアメリカ市民にとって、人生の仕上げに当たる老後の見通しは厳しいものと言えよう。

定年退職を目前に控えた団塊世代にとって、お湯も出ない安アパートでつましい年金をやりくりして、死を待つような老後を避けるための現実的な選択は、次の二つのうちのいずれかしかないだろう。一つは、今からでも遅くないから真剣になって貯蓄に励むことだ。そしてもう一つは、運良く早死にすることだ。ヘニー・ヤングマンが常々言っていたように、「もし今日の午後四時に死ねるなら、私は十分金持ちなんだがな」というわけだ。

もし読者の中に、先に紹介したような平均的な状態の人がいるなら、あまり楽観的なアドバイスは差し上げられない。すなわち退職後も何らかの形で仕事を続け、できるだけ無駄使いしないように心がけて、少しでも貯蓄に努めるほかないだろう。ただそういう人にとっても、一つ明るい話がある。それはインターネットの普及によって、特に新型コロナが始まってからは、自宅に居ながらこなせるアルバイトの仕事が無数にあることだ。加えて定年後も何らかの形で仕事を続けることは、それ自体大きなメリットがある。というのは、そうすることによって自尊心が保てるし、社会とのつながりも維持でき、健康を保つことにもつながるからである。実際問題、私は誰に対しても健康が許す限りできるだけ定年を先に延ばし、公的年金の受け取り開始時期もなるべく先に延ばして、その見返りにより多額の年金を受け取る道を目指すことを強く勧めたい。そして公的年金を最初から受給するのは、病気で働けず、余命も短い気の毒な人たちだけにとどめるべきだと思う。

老後資金の運用方法

それでは、賢明にも老後に備えてかなりの蓄えを持つに至った人の老後資金は、どのように運用すべきかを考えてみよう。最大の課題は、生きている間に蓄えが底をつかないようにするにはどうすればよいかということである。その答えは大別すれば二通りある。一つは、蓄えの全部あるいは一部分を「年金化」する方法である。そしてもう一つは、無理のない老後生活を送りながら、長生きして蓄えが底をつくリスクを最小化するようなペースで、これまで増やしてきた資産のポートフォリオを一定の割合で処分して現金化していく方法である。この二通りの選択肢の中から何を基準に選べばいいのだろうか。

年金商品はしっかりした会社を選ぶこと

サイエンティフィック・フィクション作家のセオドア・スタージョンにちなんで編み出された「スタージョンの法則」によれば、「あなたが見たり聞いたりする物事のうち、九五%はでたらめ」なのだ。この法則は間違いなく投資の世界にも当てはまる。しかし、私がこれからお話しすることは、天に誓って残る五%に入るものだと断言できる。そして「年金」商品に関して言えば、九九%近くはでたらめ、あるいは嘘っぱちと言ってもいいのではないだろうか。へつらい顔でやってくる年金商品のセールスマンは、「年金化こそが老後資金の唯一の合理的な運用方法ですよ」と言うに違いない。しかし、多くの投資の専門家は、「蓄えをすべて失いたくなければ、年金商品だけは買ってはいけない」と言うのだ。こんなにも両極端のアドバイスに挟まれて、いったい投資家はどうすればいいのだろう。

そこでまず、年金商品とはどういうものなのか、そして代表的な二つのタイプと、その違いを説明することから始めよう。最も代表的な年金商品は「年金保険」、別名「長寿保険」とも呼ばれる。年金保険とは、保険会社と契約して契約時に保険料を一括で払い込み、その見返りに死ぬまで毎年一定額の「年金」を受け取り続けることが保証される金融商品である。例えば、六五歳になった人が年金保険を購入した場合、二〇二二年初の時点で一括払い込み保険料一〇〇万ドルで購入できるのは、毎年六万一二五〇ドルの年金が生涯保証されるという契約であった。そして、もし保険の対象が共に六五歳の夫婦で、二人とも死亡するまでは定額の年金支払いが保証される「生存者オプション」つきのジョイント契約の場合には、毎年の受取額は五万一五〇〇ドルに低下する。

もちろん、インフレが進行すれば、毎年受け取る年金額の購買力は持続的に低下していく。このため多くの人は、毎年の支払いが固定金額ではなく、変動するタイプの「変額年金保険」のほうを選ぶ。変額年金保険は、購入者が指定する種類の資産（通常はいろいろな投資信託商品）に資金を運用することによって、将来受け取れる年金の原資を増大させることを目指すものである。もし購入者が株式中心に運用する道を選べば、毎年の受取額は株式相場いかんで増加することもあるし、逆にうまくいかない時は減少することもある。

年金保険にはまた、一定期間の支払保証つきのものもある。例えば、二〇年保証つきの年金保険を買ったあなたが明日急逝しても、相続人は二〇年間年金をもらい続けることができるのだ。もちろん、その保証の見返りに、毎年支払われる金額はかなり削減されることになる。例えば七〇歳になる人の場合、受取額は期間保証がない場合に比べて二〇％以上少なくなっている。したがって、もしあなたが近い将来死亡するかもしれず、また遺族に残すものが何もないことを本当に懸念するのなら、むしろ年金保険に費やす金額を小さくし、残りを他の資産で保有するほうが賢明かもしれない。

変額年金は、確かにインフレ・リスクに対処するための一つのアプローチにはなりうる。しかし、もしインフレが大きな懸念なら、明示的にインフレ調整条件を組み込んだ変額年金保険を購入するという選択もある。こうした特約をつければ、当然一年目に受け取る年金額は大きく引き下げられる。例えば、六五歳の夫婦が一〇〇万ドルで購入できる生存者オプション付きジョイント契約の年金保険の初年度の受取額は、四万ドル弱に低下することになる。

老後資金を自分で管理、運用する場合と比べて、年金保険が絶対的に有利な点は、何年生きようと死ぬまで支払いが受けられるということである。もしあなたが健康に恵まれて九〇歳代まで生きながらえ、契約時に支払った保険料とその運用果実に見合う額を超えて年金をもらい続けても、それはあくまで保険会社が負担するのだ。老後に投資リスクをとりたくない人が、退職時までの蓄えの一部もしくは全額を退職するのに合わせて年金保険の購入に充てるのは、まことに適切な選択だと言えよう。

それでは年金保険の問題点、不利な点があるとすれば、どんなことだろう。問題は四つある。第一に、遺族に何か残したいという目的と相容れないこと、第二に、老後の消費パターンが大きく制約されること、第三に、年金保険購入に伴うコストや手数料が結構高くつくこと、第四に、税法上不利なこと、である。以下ではその一つ一つについて説明しよう。

⑴遺族に何か残したいという目的と相容れない　退職するまでにかなりの額の金融資産を保有することが

でき、今後もその運用果実である配当や利息収入を中心に生活していけそうな場合を考えてみよう。退職時に保有金融資産を一括処分して全額を年金保険購入に充てれば、年金の受取額は配当や利息収入よりも多くなるかもしれない。しかし、もし年金保険の受取人が死んでしまえば、後には一文も残らないのだ。多くの人々は自分が死んだ時に何がしかの財産を子供や親族、あるいは慈善団体に残したいと願うものだ。したがって蓄えを全額年金化することは問題である。

⑵老後の消費パターンが大きく制約される　健康な夫婦がそろって六五歳で退職し、年金保険に入る場合を考えてみよう。夫婦でジョイント契約の年金保険を購入するケースは非常に多い。ところが、保険契約を結んで間もなく、夫婦共に不治の病に罹っていて余命いくばくもないことが判明したとしよう。そして二人は、この際、長年夢見てきた世界一周旅行だけは実現したいと思っても不思議はない。しかし、いったん資金を年金化してしまうと、事情が大きく変わっても受け取る年金額は画一的で、消費パターンはそれに大きく制約されてしまう。

⑶年金保険はコスト高　多くのタイプの年金保険は、特に保険代理店を通して購入すると非常にコスト高になる。購入者は年金保険の運用にかかわる手数料、保険会社の諸経費に加えて、代理店の販売手数料も負担しなければならない。コストの高い年金保険は運用対象としては落第である。

⑷税法上不利　定額の年金保険は、債券に比べて課税タイミングが将来に繰り延べられることに関して多少有利である。しかし、変額年金保険は、税率面で優遇されるキャピタル・ゲインを通常税率のインカム・ゲインに変えてしまうため、その分不利になる。また、個人退職勘定（ＩＲＡ）で蓄積してきた金融資産の一部を年金化しても、税法上課税を免れるために必要な最低引き出し額（required minimum distribution：ＲＭＤ）とは見なされない。ＩＲＡの半分を使って年金保険を購入した場合でも、

残る半分でＲＭＤを満たさなければならない。もし残る半分を全部消費に回す場合は問題ないが、そうでない場合には税法上不利になる。

結局のところ、賢明な投資家はどうすべきか。私のアドバイスは次の通りだ。まず、老後のための蓄えの一部分を、退職時に年金化するのはいいことだ。年金化は生きている限り何がしかの受け取りを確保する唯一の手段なのだ。バンガード・グループのような、しっかりした金融サービス会社は、低コストで販売手数料なしの年金保険を提供している。そしてどの会社のどのタイプの商品を選ぶかを決める際には、インターネットでいろいろ比較して研究すべきだ。次のウェブサイトが便利だ。

https://www.valic.com

比べてみると、会社によって商品の値段やコストに大きな違いがあることがわかるだろう。

自分で運用する場合

退職する人の多くは、それまでに蓄えた資金の少なくとも一部は自分で運用したいと思うだろう。そこで老後資金が、この章の図2に示した通りのアセット・ミックス、つまり半分強は株式、残りは確定利付証券で保有していると仮定しよう。そこから少しずつ引き出して老後の生活費に充当しながら、死ぬまで資金が枯渇しないようにするには、どうしたらいいのだろう。私は以前の版では「四％ルール」を使うことを勧めてきた。* しかし現在のような超低金利が続くとすれば、四％ではなく三・五％に減らした方が安心できるだろう。

＊第九版では四％ではなく、四・五％ルールを勧めていた。その理由は当時の長期債の利回りは二〇二〇年代と比べてかなり高かったからである。

三・五％ルールの下では、一年間に生活費のために取り崩す額は、虎の子の保有資産の三・五％以内にとどめるのだ。このルールさえ守れば、たとえあなたが一〇〇歳まで生きたとしても、資金が枯渇する心配はまずないと考えていいだろう。それと同時に、あなたが死んだ時に、退職時の蓄えとほぼ同額の遺産を相続する人に残せることになるだろう。三・五％ルールの下では蓄えが五一万四二八六ドルあれば、毎月一五〇〇ドル、年間一万八〇〇〇ドルの所得を確保することが可能になる。

どうしてたったの三・五％しか取り崩せないのか、と思う読者も多いだろう。というのは、株式も債券も、平均すれば年率三・五％以上のリターンをもたらす可能性は高いからだ。それなのに引き出すのを三・五％にとどめるのには二つの理由がある。一つは、インフレに見合って将来もっと大きな額を取り崩すことが可能な余裕を確保するために、当初の引き出し額を控えめにしておく必要があるのだ。そしてもう一つは、株式市場は一時的に低迷ないし停滞する局面を迎えることはほとんど不可避であり、その局面を乗り切るための余裕を温存する必要があるのだ。

次に、引き出しを三・五％にとどめる具体的な根拠を説明しよう。前にも示したように、長期平均で見ると株式は年平均約六％、債券は約四％のリターンが期待できる。したがって株式五〇、債券五〇のミックスで運用するポートフォリオからは、年平均五％のリターンが期待できる。

ここで、今後長期平均で見て年率一・五％でインフレが進行するものとしよう。となると、購買力を維持するために投資元本もまた年率一・五％で増大させる必要がある。したがって平均的な年をとると、資産の三・五％が引き出されて生活費に充てられ、投資元本は一・五％増加するわけだ。もちろん、次の年には一・五%増加した元本の四%を引き出すのだから、生活費に充てる部分も購買力を保つ必要な額だけ増大することになる。

このように、基本ルールは、まずポートフォリオ全体の期待リターンを適正に予測し、次にそこから期待インフレ率を差し引いて引き出し率を設定するのである。もしインフレが二%程度に加速しそうなら、引き出し率を三%に引き下げる方がいいだろう。

引き出し率をポートフォリオのリターンより低めにするのは、もう一つ理由がある。それは株式にしろ債券にしろ、実現するリターンは年ごとに大きく変動するためである。株式を例にとれば、長期平均の期待リターンは六%だが、ある年はそれをかなり上回ったかと思えば、その次の年にはマイナスに終わることもありうるのだ。あなたが六五歳で退職した途端に、二〇〇八年から〇九年のように、相場全体が五〇%も暴落したと仮定しよう。もし引き出し率を六%に設定すれば、蓄えは一〇年で底をついてしまう。しかし、もし引き出し率を三・五%に抑えられれば、たとえ一〇〇歳まで長生きしたとしても多分大丈夫だろう。引き出し率を低くすれば、それだけ蓄えが底をつくリスクは小さくなる。もしあなたがまだ現役の勤労者なら、できるだけ無駄使いを避け、せっせと蓄えるべきだ。そうすれば、控えめな引き出し率でも老後をゆったりと過ごせることになる。

三・五%ルールを実践する上で、細かい注意事項を三点指摘しておきたい。第一点は、毎年の引き出し額を安定させるためには、機械的にポートフォリオの時価の三・五%を引き出すことは賢明ではない。市場価格は絶えず変動するため、このルールを機械的に適用すれば、毎年の引き出し額も大きく変動することになる。この点に関する私のアドバイスは、初年度に三・五%引き出した後は、その金額に平均インフレ率一・五～二%を加えた額を引き出すことにするというものだ。こうすることによって、毎年生活費に充当する金額は安定的に増加するようになる。

第二点は、おそらく毎年株式がもたらす配当収入と債券がもたらす利息収入だけでは、必要な引き出し額を満たせないことである。したがって元本資産の一部を取り崩す必要が生じる。その場合、株式と債券のどちらを処分するべきかが問題になる。私のアドバイスは、あなたの目標とするアセット・ミックスに照らして基準を上回っているほうに手をつけることだ。

これを仮想例で説明しよう。株式五〇、債券五〇のミックスで出発したところ、株式相場が力強く上昇したため、一年後には株式六〇、債券四〇のミックスに変わってしまった。株価が大きく上がったことはいいニュースだが、問題はその結果ポートフォリオ全体がよりハイリスクに変わってしまったことだ。そこで利子と配当だけでは充足できない部分を、株式のごく一部を売却することによって補填するのだ。こうすることによって、安定的な生活費を確保すると同時に、ポートフォリオの資産構成上、最も望ましい方向に調整することができるのだ。仮に生活費を補填する必要がない場合でも、毎年一回、株式と債券の比率を当初目標に戻すことを目的とするリバランスの実行をお勧めする。

第三点は、保有資産を取り崩す上で税金対策を考慮すべきだということである。ＩＲＡや４０１ｋ型年金に関して連邦所得税法が定める必要最低引き出し額（ＲＭＤ）をまず生活費補填に充てるべきだ。課税対象となる資産に関しては、すでに受け取り配当、債券利子および実現した値上がり益に対しては源泉徴収税を支払い済みだ。したがって、二番目に手をつけるべきはこれらの投資資産だ。また、あなたがＩＲＡや４０１ｋ型年金の引き出しが義務づけられる七〇・五歳になる前なら、まずこれらの課税対象資産から手をつけるべきだ。その次に手をつけるのがその他の課税繰延資産だ。法定相続人がいる場合には新型ＩＲＡを最後に回すべきだ。これには引き出し義務がないため、完全に無税で相続人に残すことができる。

以上でお話しした私のルールは、死ぬまで財産が底をつかないことを完全に保証するものではない。したがって、これらのルールを基本としつつも、一人一人の健康状態や財務状態を考慮して適当に調整して運用してほしい。もしあなたが八〇歳になって、依然として三・五％ルールを守り、資産価値も増え続けているとしよう。飛躍的な医学の進歩によって、今後も何十年も生きながらえることに備えるのも一案だ。あるいは、もうそろそろ少し気前よくなって、引き出し額を増やすことを考えてもいいのかもしれない。

第15章 ウォール街に打ち勝つための三つのアプローチ

収入が二〇ポンドで支出が一九・九六ポンドなら、人生は天国。収入が二〇ポンドで支出が二〇・〇六ポンドなら、人生は地獄（チャールズ・ディケンズ『デイヴィッド・コパフィールド』より）

ウォール街の三つの歩き方

この章では第14章で示した資産運用のガイドラインを実践する際に役立つ、株式や具体的な金融商品を購入するポイントをお話ししよう。読者の皆さんはすでに節税対策や持ち家、生命保険に関する意思決定を行い、また万一に備えて手元にある現預金についても、堅実な運用先を見出したものとしよう。皆さんはまた自分自身の運用目標やライフサイクル、および最もふさわしいリスク水準を十分考慮した上で、資産のどれだけを株式投資に振り向けるかについても決定ずみである。

ウォール街の入り口にあるトリニティ教会で手短かに神様へのお祈りをすませて、両脇に待ち受ける墓場に滑り落ちないように細心の注意を払いながら、ウォール街に向けて思い切って歩を進めるべき時が来た。この章では、その際の手引になるような、株式投資のいくつかの基本ルールを示すことにしよう。

これらのルールに従えば、致命的な失敗や余分な売買手数料を支払う愚が避けられると同時に、リスクを高めることなくリターンをもう一段上げるのに役立つに違いない。これは本当に地味な努力だが、毎年一～二％ポイントのリターンの差でも、長い間積み重なると、天国と地獄ほどの差になるということだけは強調しておきたい。

さて、ウォール街をどのように歩き出せばいいのか。それには、大別すると三通りの歩き方がある。私はそれを次のように呼ぶことにしたい。第一のアプローチは思考停止型の人の歩き方（No-Brainer Step）である。第二のアプローチは手作り型の人の歩き方（Do-It-Yourself Step）である。そして、最後のアプローチは専門家任せの歩き方（Substitute Player Step）である。

第一のアプローチをとる場合は、様々な資産クラスと同じ動きをするように設計された、いろいろなタイプのインデックス・ファンドを買うだけでいいのだ。このアプローチは、また極めて簡単である点が大きな魅力である。チューインガムをクチャクチャやりながらウォール街を気の向くままに散策している間にも、誰でもマスターできる。マーケットがあなたの手を引いてウォール街を連れて歩いてくれるといってもいいだろう。

お手軽でリスクの低い資産運用を希望する多くの投資家に対しては、長い株式市場の歴史と教訓を踏まえて生まれた内外のインデックス・ファンドを使って、老後資金を運用することを勧めたい。また全投資家に対して、特に老後資金の運用を中心に、少なくとも一部分はインデックス・ファンドを組み入れることをお勧めする。

第二のアプローチは、いわばウォール街をジョギングしてあちこち回り、これはと思う業種や国、地域を中心にめぼしい株を一つ一つ拾い集める歩き方である。このアプローチは大変なハードワークを必要とするが、これに凝っている人たちによれば、これ以上に面白いウォール街の探索の方法など考えられないともいう。私は大多数の投資家にはこの歩き方をお勧めしないが、どうしても自分流でやってみたい人のために役立つ銘柄選択のいくつかのルールは、本書の中でお教えした通りである。

第三のアプローチをとりたい人は、ただ道端の敷石にどっかりと腰を下ろして、あなたが雇ったプロのランナーに、あなたの代わりにウォール街を駆け巡らせればよい。またプロの投資アドバイザーたちは、あなたのリスク許容度に応じて、幅広い分散投資のメリットを十分享受できるような資産ミックスを選んでくれる。問題は高い手数料で、またしばしば利益相反問題も発生する。しかし幸いにも、新しいタイプの投資アドバイザーが出てきた。彼らはコンピュータを使って、いろいろなインデックス・ファンドに分散投資するポートフォリオを、格安の手数料で作って運用してくれる。その利用の仕方については、後ほど取り上げる。

この本の以前の版では、この他に四つめの歩き方として、マルキール・ステップと呼ぶアプローチを取り上げていた。それは大幅割安になっている会社型（クローズド・エンド型）投資信託を買うという方法である。この本の初版が出版された当時は、会社型投信は個々の組み入れ銘柄の時価合計より四〇％も低い価格で売られていたのだ。ところが残念なことに、この戦略はあまりにもうまくいきすぎたため、皆が真似をし始め、今では大幅割安なものはすっかりなくなってしまった。しかし、最近では投資の世界のフロンティアはどんどん広がっており、とりわけ外国ものの投信の中には非常に割安に値付けされたものが見つかる可能性がある。

1　思考停止型の歩き方――インデックス・ファンドを買う

インデックス投資でプロを上回る成績

時価総額ベースで、アメリカの全上場銘柄の約四分の三をカバーしているS&P五〇〇指数そのものに投資すれば、長期的にはほとんどの投資のプロを上回るパフォーマンスを上げることができるのだ。したがって、この指数に含まれるすべての銘柄をそっくりそのまま機械的に購入することが、株式投資を考える時の簡単で優れた方法の一つである。私は一九七三年に、この本の初版の中で、個人投資家が株式市場インデックスに投資できてしかるべきだということを次のように力説した。

代表的な株価指数に含まれる何百という銘柄を機械的に組み入れ、値上がりしそうな銘柄選択に基づく売買を一切せず、運用経費も極力かけないようなノー・ロードの投資信託がぜひとも必要なのだ。投資信託のパフォーマンスが市場平均以下の時に、運用会社側は決まり文句みたいに、「そうは言っても、市場平均を買うわけにはいきませんからね」と言い訳する。しかし今こそ、そういう投資信託を真剣に考えるべき時だ。

果たして、この本の初版が出版されてほどなく、ウォール街でいわゆる「インデックス・ファンド」というアイデアが注目され始めた。資本主義の長所の一つは、強い需要があれば誰かが必ずそれを満たそうと努力するところにある。かくして、一九七六年に一般投資家を対象とした最初のインデックス・ファンドが売り出された。

これは、投資会社バンガードが売り出したもので、ザ・バンガード五〇〇インデックス・トラストと呼ばれ、S&P五〇〇指数に含まれる全銘柄を時価総額ウエイトで機械的に組み入れて運用された。これを買った投資家はその持ち分に応じて、ファンド全体の配当収入および値上がり益もしくは値下がり損の一定割合を所有する形をとった。

現在では大手の投資信託グループ数社が、Ｓ＆Ｐ五〇〇指数をコピーしたインデックス・ファンドを商品化している。投資家がこれらのインデックス・ファンドに払う運用管理手数料（受託手数料、配当受け払い費用、レポート作成費用など）は運用資産額の約〇・〇五％で、積極運用される投資信託あるいは信託銀行の信託手数料より遥かに低くなっている。

おかげで、今日では誰でもわずかなコストで手軽に市場平均を買えるようになったわけだ。また、ステート・ストリート銀行、バークレイズ・グローバル・インベスターズ、あるいはバンガードが運用する、取引所上場Ｓ＆Ｐ五〇〇インデックスＥＴＦを購入してもいい。

市場インデックス・ファンドは効率的市場理論から生まれたものだ。しかし、市場が必ずしも効率的ではなくても、インデックス・ファンドに投資するアプローチは有効である。というのは、市場に存在するすべての株式は誰かが保有しているわけで、全投資家をひっくるめて考えた時のリターンは市場平均リターンでしかありえない。そしてインデックス・ファンドはその平均を最小のコストで実現するのだ。一方、積極運用されるファンドの粗リターンの平均もやはり市場平均リターンになるが、そのコストは平均すると一％になる。したがって積極運用ファンド全体のコスト差し引き後のリターンは、必ず市場平均をコスト分だけ下回ることになるのだ。

Ｓ＆Ｐ指数の長期的なパフォーマンスが、投資信託や他の機関投資家のプロのファンド・マネジャーの平均よりも優れていることは、すでに紹介した通りである。市場平均を一貫して上回る成績を上げているファンドは皆無ではない。しかし、主要なインデックス・ファンドをはっきり上回る成績を上げている投資信託は、一〇本の指で数えられるほどしか見つからないのだ。

インデックス・ファンド戦略の勧め

そこでインデックス・ファンド投資の有利さについて要約しておこう。すでに述べたように、インデックス・ファンドは積極運用されるファンド平均よりも、一貫して高いリターンを上げてきた。これには二つの必然的な理由があるのだ。一つは運用手数料であり、もう一つは売買コストである。公募されているインデックス・ファンドの運用手数料は、平均して運用金額の〇・一%以下である。これに対して積極運用される投資信託の年間運用手数料は、平均して一〇〇ベーシスポイント（一%）近くになっている。加えてインデックス・ファンドはインデックスをコピーする上で必要最小限しか組み入れ銘柄の売買を行わないのに対し、積極運用ファンドは売買回転率が高く、典型的なファンドは一年間ですっかり中身が入れ替わってしまう。控えめに見積もっても、こうした高い回転率に伴う売買コストは、運用成績上かなりの負担になるはずだ。市場が効率的であろうとなかろうと、積極運用ファンドの粗リターンの平均が市場平均を上回ることはありえない。したがって、運用手数料と売買コストがかさむ分だけ、確実に市場平均を下回ることになる。残念ながら、積極運用ファンドのマネジャーの世界は、子供たちの成績が皆平均以上という、あのギャリソン・キーラーの空想上の故郷、レイク・ウォビゴンとはわけが違うのだ。

インデックス・ファンドは税法上も有利である。インデックス・ファンドは売却するまで値上がり益課税を先送りできるし、遺産相続する場合には結局課税を免れる。個別銘柄に投資する場合は、上昇基調の相場が続く間は銘柄を乗り替えるたびに値上がり益が実現され、そのつど課税されることになる。

長期投資を行う上で、早い段階でリターンの一部が税金として差し引かれると、その長期的なリターンに与える影響は甚大なのだ。インデックス・ファンドは組み入れ銘柄の入れ替えは基本的に行わないため、値上がり益課税を回避できるのである。

インデックス・ファンドはまた運用成績を予測しやすい。これに対して積極運用ファンドの場合には、自分の購入したファンドが他と比べてパフォーマンスがどうなるのかを予測することは非常に難しい。インデックス・ファンドを買えば、その資産クラスの平均とほぼ同じ動きをすると考えて間違いないし、平均的な積極運用型マネジャーに打ち勝つ可能性は高いのだ。その上、インデックス・ファンドは相場観に基づいて現金ポジションを持つ必要がないため、常時フルに株式に投資されている。積極運用型マネジャーの、「よく考えた上で現金ポジションにしてあるのだ」という言葉を鵜呑みにしてはいけない。彼らが相場変動のタイミングに関して、いかに間違い続けてきたかはすでに紹介した通りである。

そして最後に、インデックス・ファンドは運用成績の評価が簡単である。現在、積極運用されている株式投資信託は五〇〇〇本近くもあるが、このうちどれが平均を上回るかを予知する信頼できる方法はない。しかし、インデックス・ファンドの場合には、あらかじめ得られるものがわかっており、投資の手続きも驚くほど簡単だ。

これだけ不利な材料があるにもかかわらず、なお平均を上回り続ける積極運用が不可能ではないとしよう。その場合でも、なお二つの問題が残っている。一つは、そうした能力は稀なものだということであり、もう一つは、事前にそういうファンドないしはファンド・マネジャーを見つけるうまい方法がありそうにもないということである。第7章で紹介した通り、一つの時期に好成績を上げたファンドも、

図1　「値上がりする銘柄を当てたことはとても素晴らしい。しかし，全体としてS&P指数に打ち勝つことはできたのかね？」

（出所）　Thomas Cheney for *Barron's.*

次の時期にはひどい結果に終わることが多いのだ。例えば一九九〇年代の花形ファンドのほとんどは、二〇〇〇年代に入って最初の一〇年間には惨憺たる結果に終わっている。この問題をあのサミュエルソン教授は次のようなたとえ話で説明している。今、二〇人のアルコール依存症患者がいて、確率的にその中の一人がやがて社会生活上問題のない状態に回復することが証明されたとしよう。しかし、これを耳にした経験豊富な医者は次のようにコメントするだろう。「たとえそれが事実だとしても、信じないほうが無難だろう。というのは、その一人が二〇人の中の誰なのかをあらかじめ知ることは不可能に近く、調べている間に五人ぐらいは死んでしまうのだから」。というわけで、サミュエルソン教授は、投資家は干草の山の中から一本の小さな針を見つけ出すような無駄な努力をすべきではない、という結論に達したのだ。

機関投資家の運用は、いわば「ゼロ・サム」ゲームである。個々のファンド・マネジャーは精力を傾けて運用するのだが、誰かが売ったものを誰かが買っているわけで、マネジャーを全部合わせるとそれらは相殺されてしまい、売買コストと運用手数料の分だけパフォーマンスが悪くなるというわけだ。機械仕掛けのウサギを追いかけるドッグ・レースの犬のように、機関投資家のファンド・マネジャーは、グループとしては市場平均に負ける仕組みになっているのだ。したがって、多くの機関投資家も、今では運用資産のかなりの部分をインデックス・ファンドで運用しているのも、理にかなったことである。

皆さんも、いかがですかな？　インデックス・ファンドを買った場合には、残念ながらゴルフの時に銘柄を「当てた」ことを自慢する楽しみはなくなってしまう。幅広い銘柄に分散投資するということは、市場平均に比べて異常な負け方をする可能性を排除してくれる一方で、異常な勝ち方をも排除することになる。だから、ウォール街のうるさ方は、インデックス・ファンドによるアプローチを「月並み保証つき」投資戦略だと批判している。しかし、毎年毎年、市場平均と「パー」で回れるということは、株式投資というゲームをプレーする戦略としては非常に素晴らしいということに多くの人は同意するはずである。

インデックス投資は個人投資家にとって他にもメリットがある。比較的少額の投資で、広範な分散投資が可能になるということである。また、証券会社に支払う売買手数料も最低に抑えることができる。多数の投資家の資金をプールして運用するインデックス・ファンドは売買単位が大きく、手数料の大幅割引が得られるため、一株当たり平均数セント以下に引き下げることが可能なのだ。

また、インデックス・ファンドは、保有するすべての株式に対する配当を一元的に集金して、四半期ごとにあなたの取り分相当の小切手を送ってきてくれる。その受取配当を再投資したければ、それに見合ったファンドを追加購入することもできる。要するに、インデックス・ファンドは何の苦労もなしに、最低のコストで、市場平均リターンを手に入れるための賢明で便利な手段なのである。その上インデックス・ファンドは、プロのファンド・マネジャーが運用するファンドに比べると、支払う税金もきわめて少ないのだ。

基準指数は広範で包括的なものがよい

インデックス投資は、本書の初版以来、インデックス・ファンドが開発されるよりも以前から私が一貫して推奨してきたアプローチである。それはまさに時代の要請にかなったアイデアであったと言えよう。そして、インデックス・ファンドの中で圧倒的に人気を博してきたのは、アメリカの大企業の大半をカバーしている、S&P五〇〇指数をコピーしたファンドである。私は依然としてインデックス投資、あるいはいわゆる「消極運用」の考え方自体はこれまで通り有効だと考えている。しかしインデックス運用の定義が狭すぎるという、まことにもっともな批判がある。

多くの人がインデックス運用とはS&P五〇〇指数を買うことだと、間違って思い込んでいる。しかし、もはや今日ではそれだけがインデックス運用ではない。S&P五〇〇指数はアメリカ経済の最もダイナミックな部分を構成する、何千もの中小企業群を除外しているからだ。この結果、私は今では、もし一つだけアメリカ株のインデックス・ファンドを買うとするなら、S&P五〇〇ではなく、市場の動きをよりよく反映していると思われるラッセル三〇〇〇、ウィルシャー五〇〇〇、もしくはMSCIブロードUSインデックスのほうを勧めたい。

過去九〇年間のアメリカ市場の推移を見ると、総じて小型株のパフォーマンスが大型株を上回ってきた。例えば、長期平均で見ると小型株ポートフォリオは年平均一二%以上のリターンを上げたが、同じ期間のS&P五〇〇に含まれているような大型株のリターンは約一〇%であった。主要なブルーチップ銘柄と比べると小型株のほうがリスクは高い。しかし、分散投資でリスクを軽減した後の小型株ポートフォリオは、ブルーチップ銘柄のポートフォリオよりもかなり高いリターンを上げる可能性がある。

以上の理由によって、私はより広い範囲の企業をカバーしている指数をお勧めしたい。こちらには、成長サイクルの初期の段階にあるダイナミックな小型企業も多く含まれているのである。

S&P五〇〇がカバーしているのは、アメリカの株式時価総額の七五%ないし八〇%ほどである。したがって文字通り何千もの銘柄が、S&P五〇〇以外の二〇%ないし二五%の中に含まれているのである。ここに含まれている企業群のほうが、リスクは高いがより大きなリターンも期待できる、有望成長株であることが多い。そして、CRSPのUSトータル・ストック・マーケット・インデックスは、市場で取引される株式をほぼ全部網羅している。またラッセル三〇〇〇とMSCIインデックスは小規模で流動性も乏しい企業を除くほとんどの公開銘柄を含んでいる。これらのより広範な市場指数に基づくインデックス・ファンドがいくつも販売されており、一般に「トータル・ストック・マーケット・ポートフォリオ」と呼ばれている。過去の成績が将来を保証するわけではないが、これらの広範に分散投資したインデックス・ファンドが今後も平均的な積極運用ファンドより高いリターンをもたらす可能性は大きい。

その上、インデックス投資の範囲を何も国内株に限る必要はない。第8章で触れたように、国際分散投資によって、あるいは不動産のような異質な資産を組み入れることによって、あるいは資産の一定割合をインフレ・スライド型国債を含む債券に配分することによって、リスクをさらに引き下げることができる。これが現代ポートフォリオ理論の基本的なメッセージである。したがって、私はアメリカ株インデックスだけを買って他の証券は一切持つ必要はないなどと決して言うつもりはない。しかし、このことはインデックス投資と矛盾することではないのだ。というのも、今日では外国株式に関しても、ヨーロッパ、オーストラリアおよび極東市場（ＥＡＦＥ）の動きを代表する指数として、モルガン・スタンレー・キャピタル・インターナショナル（ＭＳＣＩ）インデックスがあるし、ＭＳＣＩエマージング・マーケット指数もある。その他にも、社債や国債に加えて、ＲＥＩＴ形式の不動産投信を専門にするインデックス・ファンドも売られている。

アメリカの投資家が犯しがちな失敗は、十分な国際分散投資を怠ることだ。というのは、今ではアメリカ経済が世界に占めるシェアは約三分の一にすぎないからだ。もちろん、アメリカのトータル・ストック・マーケット・ファンドだけでも、かなりの分散投資になっている。アメリカの多国籍企業が、事業の大きな部分を国際的に展開しているからだ。しかし、中国、インドをはじめ多くの新興国経済は、先進国よりも遥かに高い経済成長を続けており、今後も当分の間高い成長が持続する見通しである。こうした理由から、以下で紹介するいくつかのモデル・ポートフォリオのすべてに関して、私はかなりの割合を新興市場に振り向けることを提案している。

中国を除く新興国経済は、先進国に比べるとまだまだ労働人口が若いため、当分高成長が賄えるのだ。加えて、二〇二一年時点で見ると、新興国市場の株価収益率はアメリカに比べてかなり低水準にとどまっている。前の章で見た通り、出発点のＰＥＲ（ＣＡＰＥ）が低いと、長期平均の株式リターンは高くなる傾向がある。この傾向は新興国市場についても当てはまるのだ。ちなみに二〇二二年の新興国市場のＣＡＰＥは、アメリカの半分以下になっている。アメリカの半分以下の水準だ。

新興国市場に関しても、インデックス運用は極めて有効だ。これらの市場は先進国ほどには効率的ではないが、運用コストや手数料は非常に高い。その上市場の流動性も低く、売買やトレーディングのコストも高い。その結果、経費を差し引いた後のリターンで見ると、圧倒的にインデックス運用の方が有利なのだ。S&Pによれば、二〇二一年までの二〇年間で見ると、積極運用される新興国ファンド全体の九二%は、S&P／IFCI EM指数を下回る成績に終わった。

具体的なインデックス・ファンド・ポートフォリオの例

表1は、望ましいポートフォリオを組む時に、どのようにインデックス・ファンドを活用すればよいかを具体的に示したものである。ここで示した組み入れ比率は第14章の図2の中で、五〇代半ばの投資家向けに推奨したアセット・ミックスに対応している。これ以外の年代に属する読者は、単に同じ組み合わせの組み入れ比率だけを調整すればよい。また、基本的なアセット・ミックスを読者それぞれのリスク選好とリスク許容度に合わせて微調整することを忘れないでほしい。さらに高いリターンを求めてもう少しリスクをとってもいいと思う人には、基本的なアセット・ミックスの債券のウエイトを引き下げることをお勧めする。毎月の生活費に充てるために確実な現金収入を重視する人は、配当支払いの比較的多いREIT型不動産投信や配当性向の高い株式銘柄の組み入れ比率を高めるのがいいだろう。

それからまた、私は読者の資産の大半ないしすべてが税法上優遇される退職積立プランの一環として運用されていることを前提に、お話ししていることに注意してほしい。一般の債券はすべてその種のプランの下で投資すべきことは言うまでもない。しかし、通常の税率で課税される投資の場合には、一般の債券ではなく免税債で運用すべきである。もし課税される状態で株式投資を行う場合には、「節税型インデックス・ファンド」の活用が検討に値するだろう。最後に、私が様々な運用会社の提供するイン

表1　50代半ばの人のためのインデックス・ファンドを組み合わせた推奨ポートフォリオ

現金5％（注1）
　フィデリティ・ガバメント・マネー・マーケット・ファンド（FXLXX）またはバンガード・フェデラル・マネー・マーケット・ファンド（VMMXX）
債券27.5％（注2）
　7.5％　USバンガード・長期社債ETF（VCLT）またはｉシェアーズ社債ETF（LQD）
　7.5％　バンガード・エマージング・マーケット政府債ファンド（VGAVX）
　12.5％　ウィズダム・ツリー・クオリティ・ディビデンド・ファンド（DGRW）またはバンガード・ディビデンド・グロース・ファンド（VDIGX）
不動産12.5％
　バンガードREITインデックス・ファンド（VGSLX）またはフィデリティ・リアルエステートインデックス・ファンド（FSRNX）
株式55％
　アメリカ株27％
　　シュワブ・トータル・ストック・マーケット・インデックス・ファンド（SWTSX）またはバンガード・トータル・ストックマーケット・インデックス・ファンド（VTSAX）
　先進国株14％
　　シュワブ・インターナショナル・インデックス・ファンド（SWTSX）またはバンガード先進国インデックス・ファンド（VTMGX）
　新興国株14％
　　バンガード・エマージングマーケット・インデックス・ファンド（VEMBX）またはフィデリティ・スパルタン・エマージング・マーケット・インデックス・ファンド（FPADX）

（注）1.　短期債ファンドに代えて上場されているマネー・マーケット・ファンドを組み入れてもいい。
2.　インデックス・ファンドの範疇には入らないが，債券ポートフォリオの一部または全額をインフレ・スライド型アメリカ国債に投資してもいい。また2022年に関しては，第12章で取り上げたＩ型貯蓄国債が非常に有利な投資対象だった。

デックス・ファンドを採用していることに注目してほしい。私は長年にわたりインデックス・ファンド運用の最大手であるバンガード・グループの社外取締役を務めてきたが、あえて皆さんにはバンガード以外の会社が運用するものもぜひ選択肢に加えていただきたいと申し上げておく。表1に掲げたファンドはいずれも比較的運用経費が安く、またすべてノー・ロード・ファンドである。また、インデックス・ファンドの代わりにＥＴＦを組み入れてもいい。

取引所上場インデックス・ファンドおよび節税型インデックス・ファンド

すでに述べたように消極運用（インデックス投資）の利点の一つは、取引コストと税金を最小限に抑えられることにある。スタンフォード大学のジョエル・ディクソンとジョン・ショーベンが指摘するように、資産運用の成果に与える税金の影響は非常に大きい。二人が長期運用実績のある六二の投資信託を対象に調べたところ、税金を無視すれば、これらのファンドに一九六二年に投資された一ドルは九二年には二一・八九ドルに増えたことになる。しかし、フルに課税される投資家の場合、配当所得と値上がり益に対する税金を支払った後で見ると九・八七ドルにしかならなかった。

インデックス・ファンドが税金問題をほぼ解決してくれるのも、インデックス・ファンドは組み入れ銘柄の入れ替えを行わないため、基本的に値上がり益を実現しなくて済むからなのだ。しかし、インデックス・ファンドといえども、完全に値上がり益に対する課税を回避できるわけではない。というのは、インデックスに含まれている銘柄が買収されたり、あるいはやむを得ず組み入れ銘柄の一部を処分しなければならないことがあるからだ。ファンドの保有者が解約すれば、その支払いに充てる必要上、ファンドの一部を現金化しなければならず、値上がり益が発生するのである。したがって、一般のインデックス・ファンドは値上がり益に対する課税を完全に避けることは難しい。

Ｓ＆Ｐ五〇〇銘柄を組み入れた「スパイダーズ」などの取引所上場インデックス・ファンド（いわゆるＥＴＦ）は、現物による解約が認められているため、税法上は通常のインデックス・ファンドよりも多少有利である。現物による解約とは、解約の請求があれば、低コストの現物株で返してもいいのだ。

これはファンドにとって課税対象取引とは見なされず、したがって税法上値上がり益を認識しなくて済む。その上、解約する投資家はファンドの平均取得コストではなく、個別の株式売買の時と同様、それぞれの投資家がファンドを取得した時の価格に基づいて課税されることになっている。それにＥＴＦの運用コストは、通常のインデックス・ファンドよりもさらに低く抑えられている。アメリカ株のみならず、外国市場を対象としたものを含め様々なタイプのＥＴＦが上場されている。まとまった金額をインデックスで運用したい時には、ＥＴＦは非常に優れた投資手段である。

しかしＥＴＦの場合には、証券会社に払う手数料*と、売り値と買い値のスプレッドから生じる取引費用が発生する。したがって、少額の投資資金で小刻みにインデックス・ファンドを買い増すタイプの投資家には向かない。こうした人にはノー・ロードの投資信託のほうが適している。しかし、デイトレードや信用取引で、ＥＴＦを朝買って午後には売るような使い方はお勧めしない。「トレーディングはすべからく投資家には有害なのだ」と言ったバンガード・グループの創始者、ジョン・ボーグルに私は賛成だ。彼に言わせると、「トレーディングに手を染めると、自らの首を絞めることになる。その誘惑に負けそうになったらミス・マフェットにならって、蜘蛛（スパイダーズ）やその同類を見かけたら、さっさと逃げることだ」

*ディスカウント・ブローカーの中には、手数料なしでＥＴＦの仲介をするところもある。その場合には一般の投資信託と同様に、手数料なしに配当を自動的に再投資することができる。

表2は、一般投資家が運用するのに適した主なＥＴＦのリストである。たった一つのＥＴＦで、全世界の株式市場に幅広く分散投資することを可能にするものも含まれていることに注目してほしい。

もし、お手軽で実証済みの蓄財法さえわかればいいという読者は、ここまで読めば十分である。これ

表2　**主要なETF**

	運用手数料率(％)
アメリカ市場	
バンガード・トータル・ストック・マーケット（VTI）	0.03
SPDRトータル・ストック・マーケット（SPTM）	0.03
先進国市場（EAFE）	
バンガード・ヨーロッパ・パシフィック（VEA）	0.05
iシェアーズMSCI先進国（IDEV）	0.07
SPDR アメリカを除く全世界（SPDW）	0.04
新興市場	
バンガード・エマージング・マーケット（VWO）	0.10
iシェアーズMSCIエマージング・マーケット（IEMG）	0.11
SPDR エマージング・マーケッツ（SPEM）	0.11
アメリカを除く全世界	
バンガードFTSEオール・ワールド（EX U.S.）（VEU）	0.08
SPDR MSCI　ACWI（EX U.S.）（CWI）	0.30
iシェアーズ・コアMSCI（IXUS）	0.09
アメリカを含む全世界	
バンガード・トータル・ワールド（VT）	0.04
iシェアーズMSCI ACWI（ACWI）	0.32
アメリカ債券市場	
バンガード・全社債ETF（VTC）	0.05
iシェアーズ投資適格社債ETF（LQD）	0.14
シュワブUS全社債（SCHZ）	0.04

までに紹介したインデックス・ファンドないしETFを買えば、幅広い分散投資、節税、それに最低の運用コストで市場平均リターンが入手できる。個々の銘柄に投資したい場合でも、多くの機関投資家が採用しているやり方を見習うべきだ。それは、運用資金の大きな部分をインデックスで運用し、残りの資金でこれはと思う個別銘柄に賭けるやり方である。コアの部分で市場平均を確保できていれば、安心して個別銘柄リスクをとれるというものだ。そこで多少ケガをしても、致命傷を負うことは避けることができる。

2　手作り型の歩き方――有望銘柄を自分で探す

インデックス・ファンド投資は、私が個人と機関投資家の両方に対して最も強く勧めるアプローチである。どんな投資家でも、ポートフォリオの一定割合はインデックス投資すべきだ。しかし、資産全体をインデックス・ファンドで運用するとなると、それは「退屈すぎるアプローチだ」と言う人が大勢いることも事実だ。多少とも山っ気のある人なら、少なくとも運用資産のある部分は、自分の足と自分の才覚で運用しておきたいと考えるのも無理からぬことだ。こうした人たちには次の「手作り型の歩き方」が参考になるだろう。

幸か不幸か、生まれつき山っ気のある私には、投資家が自分で儲かりそうな銘柄を選びたいという衝動に駆られ、市場平均と同じリターンしか期待できないようなアプローチには飽き足らないという気持ちも、よく理解できるつもりである。

ただ問題は、自分で選ぼうとすると大変手間がかかる上に、今まで繰り返し実証して見せたように、市場平均に勝ち続ける人は極めて稀だ。もっとも、株式投資を一種のゲームと考えて楽しむ余裕のある人にとっては、以下の説明に従って理にかなった戦略を立てれば、少なくとも株式を選択する上でのリスクを最小にすることができよう。

しかし、私の勧める戦略を実行に移すためには、投資に必要な情報源をしっかり押さえてかかる必要がある。ほとんどの投資情報は街の図書館で手に入る。そして、主要な日刊紙の金融欄、特にニューヨーク・タイムズとウォールストリート・ジャーナルには必ず目を通すべきである。さらに、バロンズなどの主要な週刊誌も、常時そばに置いてほしい。ブルームバーグ・ビジネス・ウィーク、フォーチュン、フォーブスといった経済誌も、投資のアイデアを得るためには大切である。

主要な投資助言サービスも役に立つ。例えば、スタンダード・アンド・プアーズの出している『アウトルック』や、バリューラインの『インベストメント・サーベイ』は、目を通すようにしたほうがいい。前者は週刊で毎週推奨銘柄を載せている。後者は毎週の推奨銘柄のほかに、過去のデータや現状評価、ほとんどの主要銘柄のリスク評価（ベータ値）を載せている。最近ではインターネットを通して、証券アナリストの投資推奨をも含む、ありとあらゆる投資情報が入手できるようになった。

一九七〇年代初めに書いた本書の初版の中で、私は銘柄選択で成功するための四つのルールを示した。これらは今日でも基本的には有効だと思う。すでにお話ししたことと重複する部分もあるが、この四つのルールを簡単に紹介すれば次の通りである。

ルール1　少なくとも五年間は、一株当たり利益が平均を上回る成長を期待できる銘柄のみを購入すること

大変難しいことではあるが、一株当たり利益が成長する銘柄を選ぶのが、ゲームに勝つための最大のポイントである。持続的な成長だけが一株当たり利益、配当を増やし、市場での株価収益率の上昇も期待できる。株価収益率が上がれば、あなたの儲けはさらに大きなものになる。したがって、利益が急増し始めた銘柄を運よく見つけた場合には、一株当たり利益と株価収益率の両方が同時に高まるという、二重の恩恵に浴する可能性がある。

ルール2　企業のファンダメンタル価値が正当化できる以上の値段を払って株式を買ってはならない

私は、株式のファンダメンタル価値を正確に予測することは決してできないと確信しているものの、株式が妥当な価格帯にあるかどうかは大体判定できると思っている。その第一の基準は市場平均株価収益率である。株価収益率が市場平均と同じか、それをあまり上回っていない銘柄を買うべきである。

有望銘柄発掘の鍵は、まだ市場が株価収益率の面で大幅なプレミアムを織り込んでいない成長株を探すところにある。ルール1で述べたように、そういう銘柄の成長が現実のものになった時には、しばしば二重の恩恵にあずかれる。一株当たり利益と株価収益率の両方が上昇することによって、大幅な儲けが得られることになる。同じ理由から、すでに何年も先まで成長を織り込んでいて、株価収益率が非常に高くなっている銘柄には気をつけたほうがいい。利益が成長するのではなく、逆に減少したりすると、今度はダブルパンチを見舞わされる。株価収益率も利益の低下とともに下落するため、大幅な損失を被ることになる。今世紀の初めには、多くのハイテク成長株が馬鹿高い株価収益率で売買されていたが、このルールに従って行動していれば、これらの銘柄に手を出して大火傷を負うという危険から身を守ることができたはずだ。

さて、私のこの議論は今はやりの「低ＰＥＲ銘柄を買う」戦略に似ているが、同じではないことに注目してほしい。私のルールに従えば、市場平均よりやや高い株価収益率の銘柄を買うことも、その銘柄の将来の期待成長が市場平均を上回ってさえいれば、何の問題もない。

言い換えれば、私の戦略は相対的低ＰＥＲ戦略といってもよい。人によってはこのアプローチを「ＧＡＲＰ戦略」と呼んでいる。期待成長に比べて株価収益率が相対的に低いと思われる銘柄を買うことである。平均を上回る成長を遂げる銘柄の選択に成功したなら、平均を上回るリターンはほぼ約束されたと考えていい。

ルール3　近い将来、「砂上の楼閣」作りが始まる土台となるような、確固たる成長見通しのある銘柄を購入するとよい

私は第2章で、株価形成においては心理的要素も非常に重要であることを強調した。個人投資家にしても機関投資家にしても、予想株価収益率を正確に計算して、売り買いの決定をプリントアウトするコンピュータではない。投資家は皆感情を持った人間であり、欲望、賭け、願望、期待、不安を抱いて株式投資に挑んでいる。だからこそ、株式投資で成功するには、単に知性の面ばかりでなく、心理的な面でも研ぎ澄まされていなくてはならないのだ。

もちろん、市場は心理的要因だけで動いているというわけでもない。もし、ある銘柄が成長株としての実績を示し始めると、ほとんど確実に値上がりし始めるだろう。しかし、株式もまた人間と同じで、人気のあるなしによって、成長株としてのストーリーが一般的に受け入れられない場合は、株価収益率が上がり始めるのに時間がかかるかもしれない。成功の鍵は、他の投資家がどっと押し寄せる数カ月前に、そういう銘柄を仕込むことにある。

そこで私が申し上げたいのは、まずその銘柄にまつわる成長物語が、他の投資家にアピールするようなものかどうかを、じっくりと検討していただきたいということである。ぱっと広まるような夢が描けるストーリーだろうか。投資家が「砂上の楼閣」を築きたくなるようなストーリーだろうか。それも、しっかりした土台に裏づけられたものだろうか。十分に見極めてほしい。

ルール4　なるべく売買の頻度を減らすべし

私はウォール街の格言、「勝ち馬に乗り、負け犬は切り捨てろ」に賛成だが、それは決してテクニカル分析を信じているからではない。売り買いを頻繁に繰り返すのは、いたずらに証券会社を儲けさせ、値上がりした時には税金を取られるだけで何の得にもならない。

「儲けの出ている銘柄を決して売るな」というつもりはない。その株式を買った時とは状況が変わっているかもしれないし、インターネット・バブルが膨らんだ一九九九～二〇〇〇年のように、相場がチューリップの時間にさしかかった時には、優良成長株でも過大評価されてしまう可能性がある。しかし、売り時を的確に判断するのは大変難しく、まかり間違えばしっかり税金で持っていかれる可能性もある。私自身の投資哲学は、できる限り売買の頻度を減らすべしということである。しかし、私は負け犬に対しては情け容赦しない。いくつかの例外を除いて、年末には損を出した銘柄を売ることにしている。

年末に値下がり銘柄を整理する理由は、キャピタルロスは一定の限度額まで税控除するか、キャピタルゲインと相殺することが認められているからである。したがって、損失を実現することによってネットの税金を減らすことができる。

私は、常に値下がり損を一括計上するというわけではない。期待した利益成長が現実のものになりつつあり、先行き株価が反発する見込みがあると判断した場合には、もう少し待つかもしれない。しかし、損切りすればすぐに節税できるのがわかっている時には、値下がりしている銘柄をあまり我慢して持っていることはお勧めしない。

効率的市場理論によれば、ここで示されたようなルールに従って投資してみても、優れた結果に結びつく保証はない。そしてまた、一般投資家は数々のハンディを負っている。収益予想情報も時には信頼できない。有望銘柄をうまく探し出すことは、純血のハリネズミを増殖するより難しいのだ。検討に検討を重ねて決心を固め、慎重に行動に移す。そして、私のアドバイスに従って行動したことが素晴らしい結果につながることを願うわけだが、結局のところ、幸運の女神がちょっと微笑んだだけなのかもしれない。そして、いったん個々の銘柄に関する耳寄りな話がメディアで広まれば、市場は直ちに織り込んでしまうのだ。

いろいろとリスクはあっても、有望銘柄を自分で見つけるプロセスは、この上なく面白いゲームだ。私が示したルールを守っていただければ、株価収益率が上がりすぎた銘柄に共通の高いリスクを避けつつ、ゲームを有利にプレーするのに役立つはずである。

しかし同時に、プロを含む他の多くの投資家もまた同じように考えていることを忘れないでほしい。効率的市場理論の教えるところによると、一人の人間が常に市場平均を上回り続ける可能性は極めて低い。にもかかわらず、ほとんどの投資家にとって、市場を出し抜いてやろうというゲームは面白くてやめられないのだ。多少とも山っ気のある人なら、たとえ平均を上回ることができないとわかっていても、資金の一部を用いて自分で銘柄発掘を続けたいと思うであろう。私の示したルールはその際、リスクの度合いをかなり低く抑えつつ、銘柄選択の楽しみを味わい続けることを可能にするものだ。

どうしても自分で有望銘柄を探したいという人には、ポートフォリオの中心部分はインデックス・ファンドで運用し、残りを個別銘柄に賭けるという混合スタイルを強く勧めたい。もし老後の備えの大部分が株式インデックス・ファンドや債券、不動産などに幅広く分散投資されていれば、安心して個別銘柄に賭けるリスクがとれるだろう。

3 人に任せるタイプの歩き方――専門家を雇うべし

しかし、ウォール街を出し抜くためのもっと楽な散策の方法もある。それは勝ち馬を探すのではなく最高の騎手、すなわちプロの投資マネジャーを探すことだ。ウォール街でこういう騎手に当たるのは、積極運用される投資信託のファンド・マネジャーであり、その数はざっと数千人にもなる。この中から選べばいいのだ。

この本の旧版では、私は何人かの優れた投資信託のファンド・マネジャーを取り上げ、彼らの横顔と投資スタイルを紹介してきた。彼らは、長期間にわたって市場平均を上回る運用成績を上げ続けた稀な例である。しかし、この版では私は二つの理由から、それをやめることにした。

一つは、ウォーレン・バフェットを除いて、これらのマネジャーはファンドの運用から引退してしまったことだ。また、ウォーレン・バフェットにしても、いつ引退してもおかしくない年齢である。もう一つの理由は、最近になってますます、過去の運用成績が将来の予測にはほとんど役立たないことを確信するようになったためである。一貫して市場平均を上回る成績を上げ続ける確率は、もはや偶然としか言えない時代になったのだ。

私は過去四五年にわたる投資信託の運用結果を、詳しく研究してきた。その結果、最近優れた成績を上げたファンドに投資しても、決して市場平均を上回る結果は得られないことを確認したのだ。その研究の中で、過去一年、五年および一〇年の三つの期間における全ファンドの運用成績を、優れたものから順にランク付けした。そして、毎年初めにベスト一〇、ベスト二〇……のファンドだけを保有したと仮定して、その結果を調べてみたのだ。その結果はっきりしたことは、過去に優れたパフォーマンスをあげた投信を様々な組み合わせでいろいろな期間保有してみても、市場平均を上回ることはできなかったということだ。

また、いろいろな金融専門誌や投資アドバイザーたちがランク付けした上位の投信を購入した結果についても、いろいろ検討した。その結果わかったのは、投信の過去の好成績が将来にわたって持続する保証は、何もないということなのだ。実際、むしろ一つの期間において上位にランクされたファンド群は、次の期間には最下位グループに陥落することが多いのだ。積極運用される投信の中で、将来平均以上の成績を上げるファンドを選ぶことはできるのだろうか。私は、何年もかけてなぜある投信が別な投信よりも優れた成績を上げたのかを、いろいろ分析してみた。上記のように、過去の成績は決してあてにならない。しかし、ある程度信頼できる要因が二つあることがわかった。一つは経費率で、もう一つはファンドの中身の回転率だ。経費率が高く回転率も高い投信は、確実に投資家にとってのリターンを目減りさせる。

投信の中で成績のいいファンドは、ほどほどの経費率と低い回転率のものが多い。運用会社や販売会社の取り分が少ない分だけ、投資家の取り分は多くなるのだ。バンガード・グループの創始者ジョン・ボーグルは、「投資家は支払う分が少ないほど得するのだ」と言っている。

4 投資アドバイザー

読者の皆さんが本書を注意深く読んで勉強すれば、特に投資アドバイザーに頼る必要はない。複雑な税金問題や法的な問題を抱えているのでなければ、必要な分散投資もリバランスも問題なくこなせるはずだ。資産運用を自己完結的にこなせることに、大きな喜びすら感じるのではないだろうか。

投資アドバイザーを雇う場合の問題は、何といっても高くつく上に、往々にして利益相反の立場にあることだ。投資顧問会社は単に広く分散投資したポートフォリオを作るだけで通常一%、あるいはそれ以上のフィーを要求する。

調査会社プライス・メトリックス社によると、投資顧問業界は平均して投資額の一%強の手数料を取っている。しかしほとんどの場合、最低でも年間一〇万～一五万ドルの投資残高を求められる。したがって、小口の投資家は門前払いされるか、実質数%もの手数料を支払わされることになりかねないのだ。その上多くの投資顧問会社は、利用者と利益相反の立場にあり、顧問料のほかに売買手数料などを取り立てるところもある。

この結果、多くの個人投資家は低コストのインデックス・ファンドの代わりに、高コストの積極運用ファンドを買わされる羽目に陥るのだ。どうしても投資アドバイザーに相談したい場合には、顧問料オンリーの会社を選ぶべきだ。このタイプのアドバイザーには、不必要な売買を勧めるインセンティブが働かないため、投資家本位のアドバイスを重視したサービスが期待できる。

ネット・ベースの投資サービスは、アドバイスの提供が完全にコンピュータ化されており、顧客を獲得し、アカウントを開設する手続きも、すべてインターネット経由で行う。入出金、送金、運用報告、そして運用自体も、ウェブ上ないしはタブレットやスマホを介して行われる。実は私もこのタイプのサービスを提供する会社に関係している。そこでまず、利益相反の起こる可能性について、お断りしておきたい。私は、完全にコンピュータ化された投資顧問会社ウェルスフロント社の、投資部門の責任者を務めている。また、電話ベースの投資アドバイスを提供する、リバランス社の投資委員会のメンバーにもなっている。

コンピュータ・ベースの投資サービスは、個々の投資家の事情に応じ、いくつかの資産クラスに分散投資するポートフォリオをテイラーメイクしてくれる。運用方法を単純化することによって、投資顧問料をうんと引き下げることが可能になるのだ。例えば投資額が五〇〇ドル程度の小口の投資家をとっても、顧問料は投資額の〇・二五％程度にすぎない。ネット・ベースのサービスに全然抵抗のない若い世代は、このタイプのサービスを非常に魅力的に感じる。逆に、個人的にアドバイザーとやり取りしなければならないようなサービスを嫌うのだ。彼らにとっていいサービスとは、人間同士のインタラクションではなく利便性なのだ。

加入手続きはオンライン・インタビューで始まる。求められるのは収入や税金状況、保有資産額、負債の有無と金額、といった項目だ。それから投資目的や相場変動時のリスク許容度などに関して質問される。投資目的に関して聞かれるのは、それが老後への備えなのか、自宅購入の際の頭金づくりなのか、それとも不慮の事態に対する備えなのか、といったことだ。

もし加入希望者のリスクに関する返答が一貫性を欠いていれば、その人のリスク許容度は低いと判断される。リスク許容度に関して、客観的な要素と主観的な要素が総合的に点数化されていて、それに基づいてリスク資産のウエイトが決められる。実際以上にリスクに耐えられると主張する人、とりわけ男性については、ある程度割り引いて評価される。

インタビューで重視されるのは、今持っている預貯金や積立プログラム、それ以外の投資口座などと関連付けて、新しい投資を総合的に考えることだ。オンライン・サービスはそれを踏まえて、顧客の総合的な財務状況と整合的な運用アドバイスを提供しようとする。

全体的な財務状況がわかっていれば、単に当面の投資案件に対するアドバイスにとどまらず、顧客のニーズにかなった運用計画も提供できるのだ。例えば、老後の生活プランに合致した、預貯金の必要最低額に関してもアドバイスできる。こうした財務プランに必要な情報のやり取りは、すべて自動化されたオンライン・インタビューを通して行われる。

こうした個々人の財務状況や投資経験に関するデータは、その人の支出パターンやリスク許容度を把握する上で、対面型のインタビューよりも遥かに有効なのだ。オンライン・サービスでは、こうした情報を総合的に考慮して顧客のリスク許容度を点数化し、最適な資産ミックスを提案する。最適なポートフォリオは、第8章で紹介した現代ポートフォリオ理論に基づいて作成される。

コンピュータ・ベースの投資サービスは、いくつかの点で対面式のやり方よりも効率的だ。ほとんどの場合、このタイプの投資サービスはインデックス・ファンドを組み合わせる運用を基本にしている。具体的には、最もコストの低い、ＥＴＦ形式のインデックス・ファンドが用いられる。また、顧客の選考にもとづいて、リスク水準を一定に保つようにポートフォリオが自動的にリバランスされるようなプログラムが組まれている。リバランスは、受取配当金や新規資金を、相対的にウエイトが低下した資産クラスに配分する形で行われる。コンピュータを用いれば、最適なリバランスのタイミングや中身は簡単に決められる。

こうしたコンピュータ・ベースの投資サービスは、インデックス・ファン
いるため、一種の消極運用である。このため、積極運用のように頻繁な売買を伴わず
タル・ゲイン税が発生しない。加えて、多くのサービス会社では、税金の支払いを最小化するプログラ
ムを提供している。こうした節税運用が税引後リターンにもたらす効果は大きい。伝統的な投資サービスでは、この種のプログラムは一部の大口顧客に対してしか行ってこなかった。コンピュータ化されたサービスでは、これを遥かに効率的に、幅広い顧客に対して提供している。

この節税プログラムは、コンピュータによる投資サービスの中でも、ひときわ優れたものだ。具体的には、評価損の出ている銘柄やファンドを探し出して売り、ほぼ同等なもので割安に評価されていると思われるものと入れ替える操作を、組織的にやるのだ。これによって、ポートフォリオのリターン・リスク特性を一定に保ちつつ、税負担を最小にするものだ。

もちろんこうした節税運用は、納税の先延ばしにすぎないともいえる。しかし、節税分は直ちに再投資に回され、複利ベースでリターンを生み続ける。したがって、納税の先延ばしによって損することはまずないのだ。とりわけ、短期の値下がり損を用いて節税した場合には、やがてキャピタル・ゲイン税を支払うことになった時には軽減税率が適用されるのだ。また、投資を子供たちが相続したり、慈善目的で寄付される場合には、現行の税法では税金そのものが免除される。

節税プログラムのもとでは、値下がり損を出すために組み入れ銘柄の組み換えを行う。しかしこの運用は、伝統的なインデックス投資と少しも矛盾をきたさない。以下の設例では、市場インデックスの代表として、S&P五〇〇平均を用いているが、全市場指数やラッセル三〇〇〇を用いてもかまわない。

また、S&P五〇〇平均の動きは、その半分の二五〇銘柄で複製できる。二五〇銘柄だけで、業種ウエイトや規模分布を忠実に再現しつつ、五〇〇銘柄平均とのトラッキング・エラーを最小にするように設計されている。

いま、大手製薬会社の株価が、そろって下落したと仮定しよう。そこで、例えばメルクを売って値下り損を出し、代わりにファイザーを買って市場との連動性を維持する。大手自動車株がそろって下落した時には、例えばフォードを売ってGMを買うのだ。こうした入れ替えが自動的に行われるようにプログラムしておいて、継続的に値下がり損を実現するのだ。こうした節税プログラムは、税引き後のリターンに関して無視できない違いをもたらす。

こうして組織的に値下がり損を生み出して、ポートフォリオの他の部分で生まれる値上がり益と相殺するのだ。例えばたまたま自宅を売却して、かなりの譲渡益が出たと仮定しよう。あるいは、積極運用ファンドやスマート・ベータ・ファンドを売却して、利益が出た場合でもいい。節税プログラムに入っていれば、これらの利益と相殺できるし、仮に損失の方が大きい場合でも、年間三〇〇〇ドルまでなら申告所得から差し引くことが認められる。こうした節税行為は、インデックス運用と何ら矛盾するものではない。コンピュータ化された投資サービスは、こうした市場の一時的な下落をもううまく利用して、税引き後のリターンを高める工夫を凝らしている。*

＊投資サービスを使わなくても、自分で節税策を講じることも可能だ。例えば保有するMSCI社[illegible]とは見なされないことりした時に、それを売却して同時にバンガード社の新興市場ETFを購入するのだ。この[illegible]を持つ二つのETFの入れ替えになるので、IRSのルールでは節税目的のいわゆる〝洗い[illegible]になる。

完全にコンピュータ化された投資サービス以外にも、一部自動化された機能を用いてアドバイザーが対面で提供するサービスもいろいろある。バンガード・パーソナル・アドバイザー・サービスは、同社が運用する様々なインデックス・ファンドやETFを用いて、低コストの投資アドバイス・サービスを提供している。このサービスでは、顧客は電話あるいはビデオ・トークを通して、アドバイザーに相談できる。ただし、パーソナル・タッチが加わる分だけ費用は高くなり、年当たり投資額の〇・三％がチャージされる。また、最低五万ドル以上の投資額が要求される。

節税型退職ポートフォリオに特化した、リバランス・アドバイスもある。このサービスはもっとも自動化が難しく、専門のアドバイザーが常時電話で応対してくれる。年当たりのアドバイス料は、投資額の〇・五％とやや高めである。それでも伝統的な対人型サービスに比べて割安だ。

ディスカウント・ブローカーの最大手チャールズ・シュワブ社は、シュワブ・インテリジェント・ポートフォリオという名のサービスを提供している。最低五〇〇〇ドルの投資が必要で、顧客の年齢と運用目標に合わせたファンドの組み合わせと、リバランスのアドバイスを提供している。このサービスはアドバイス料はとらないが、ややコスト高の同社が運用するファンドに投資する形をとる。また、投資額のかなりの割合を、キャッシュで保有することを要求される。同社ではこのサービスを「コンピュータ化」されたサービスと呼んでいるが、運用対象になっている同社のファンドは、コンピュータで最適化されたものとは似て非なるものだ。

5　ランダム・ウォークの旅の終わりに

ランダム・ウォークの旅も終わりに近づいた。そこで来し方を振り返ってみて、どんな道のりであったかを整理してみよう。

本書を通してしばしば見てきたように、市場平均を上回るリターンを上げ続けることは、非常に難しい。株式の本来あるべき価値を探るファンダメンタル分析でも、マーケットが砂上の楼閣を築く傾向を探るテクニカル分析をもってしても、平均を上回るリターンを上げ続けることはできない。投資のプロですら、自分の成績をダーツを投げて当たった銘柄で運用した結果と比べた時、恥ずかしさのあまり穴があったら入りたいと思うことも多いに違いない。

これらを考慮すると、個人投資家にとって望ましい投資戦略は、次のように二段階で構成されなければならない。まず、市場で達成可能なリスク・リターンのトレードオフを十分に理解することが何にも増して重要であり、ランダム・ウォークに必要な手引を詳しく説明した。第4部では、自分の性格やニーズにマッチした証券の組み合わせを選ばなくてはならない。税金対策や手元流動性の管理、ライフサイクルに応じたアセット・ミックスに関する準備体操の指導も行った。そして、この最終章では、株式投資の三つの基本的アプローチを通じて、ウォール街をランダム・ウォークする際のポイントを披露した。まず私は、市場がおおむね効率的であるという前提に立って、それと整合性のある戦略をお勧めした。インデックス・ファンドでの運用こそ、私が最も強く勧めるアプローチなのだ。どんな場合でも、ポートフォリオの少なくともある部分はインデックス・ファンドに振り向けるべきだ。しかし、ほとんどの投資家は、単純なランダム・ウォーク理論だけではとても納得しないだろうことも十分承知している。投資家に向かって、市場平均を上回れる希望は全くないと言い渡すことは、六歳の子供に対してサンタクロースなんかいるはずがないと言うのと同じである。それでは人生には夢も希望もないというものだ。

投機の虫がどうにも抑えられない人たちに対しては、市場平均に打ち勝つための銘柄選択に必要な四つの基本ルールを示した。成功する確率は低いが、運がよければ大きく当てられるかもしれない。私はまた、市場で一〇〇ドル札を見つける才能を備えたファンド・マネジャーが本当にいるのかどうか懐疑的である。過去の実績は将来を占う上では当てにはならないということをくれぐれも忘れないでほしい。

ある意味で株式投資は男女の道に似ている。結局のところ、株式投資はある種の特殊な才能と幸運という神秘的な力の助けを必要とする、一種のアートだからである。市場平均を上回り続けてきたごく少数の人にとっても、もしかしたらその成功の九九％は、実は単に運がよかったことによるのかもしれない。ラ・ロシュフコーはある時、次のように言っている。

人間は、常に自分のしてきたことを自慢したがるが、素晴らしい功績もほとんどの場合、優れた計画によるというよりは単に幸運に恵まれたからにすぎないのだ。

別の意味でも、投資はもっと男女の道に似ている。どちらもあまりに刺激的で、面白くて、やめるわけにはいかないのである。あなたに価値のある株を見つける才能があり、そこに他人が魅了されるようなストーリーを見出す能力があるならば、市場があなたの正当性を認めてくれることから得られる満足は、何とも言いがたいものであろう。

もし、あなたがそれほど運がよくなかったとしても、私の示したルールを守っていただければ、リスクにつきものの手痛い失敗から身を守ることができよう。投資の勝ち負けについて十分理解を深めてゲームに参加し、少なくともポートフォリオの中心部分をインデックス・ファンドにしておけば、余裕を持ってゲームを楽しむことができるというものである。

最後に、読者の皆さんにとって、株式投資のゲームがより一層楽しいものにならんことを心からお祈りしたい。

6　不滅の真理の証明

本書を一三版にわたって書き続けてきた私にとって最大の褒美は、多数の読者から届く感謝の手紙だ。その中で読者は異口同音に、私が初版以来一貫して提供し続けてきたシンプルなアドバイスから、測りしれないほど大きな恩恵を受けたと言っている。そのシンプルなアドバイスは、幅広い分散投資、毎年のリバランス、インデックス・ファンド中心の運用、ぶれない基本方針などからなる不滅の真理だ。

今世紀最初の一〇年間は、一般投資家にとっては最も厳しい相場環境だった。アメリカの上場企業全体に幅広く分散投資した運用を行った場合でも、大きな損失に終わったのだ。そんな環境下でも、もし私が本書で示した不滅の真理に従って運用した場合には、まずまずの結果を得ることができたのだ。

図2に示すように、バンガード社の米国トータル・ストック・マーケット・ファンド（VTSAX）

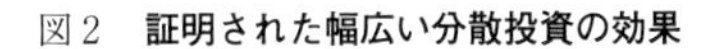
図2　**証明された幅広い分散投資の効果**

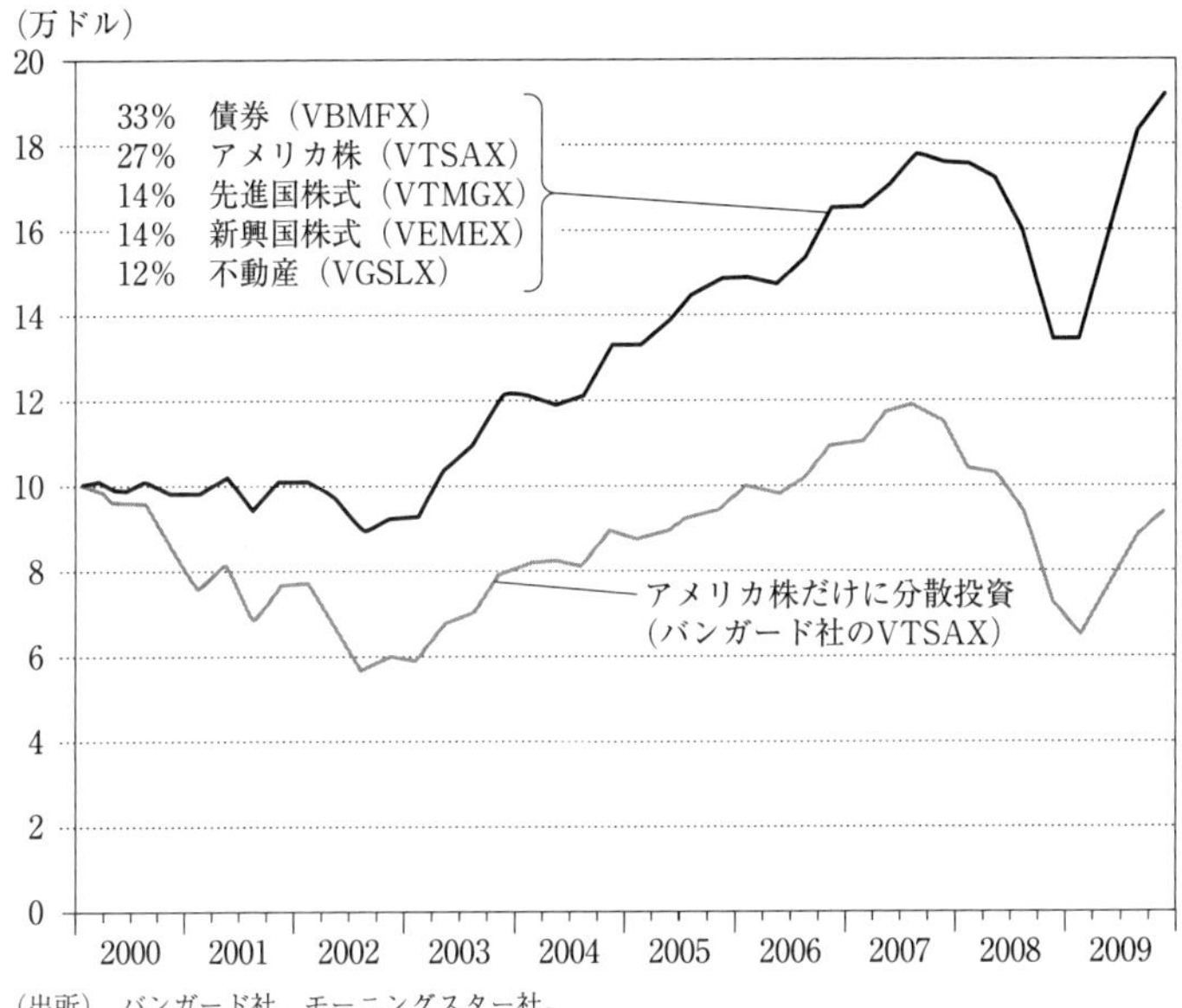

（出所）　バンガード社，モーニングスター社。

ですら、二一世紀最初の「失われた一〇年」には、大きなマイナスに終わったのだ。しかし同じ図2の太線が示すように、米国株式だけでなく幅広い国際分散投資と毎年のリバランスをともなう運用をしていた場合には、あの厳しかった一〇年ですら十分満足できる結果が得られたのだ。これは第14章の図2に示した、五〇代半ばの投資家向けのモデル・ポートフォリオに近いものだ。また、ドル・コスト平均法のルールに従って相場下落局面で少しずつ保有株数を積み上げていれば、さらにいい結果になっただろう。

このように、読者諸氏が私が本書の中で提示したシンプルないくつかのルールに従い、投資の不滅の真理を踏み外さなければ、どんな厳しい時代が来ようとも、安心していいのだ。

エピローグ

本書のアドバイスにしたがって、ますます多くの投資家が何千億ドルもの資[illegible]マネジャーが運用する積極運用ファンドを解約して、インデックス・ファンドに乗り換[illegible]結果、今では投資信託とETFに投資されている全投資額の実に四〇%以上が、インデックス[illegible]ド・ドになっている。モーニングスター社によると、バンガード社が運用するトータル・ストック・マ[illegible]ケット・インデックス・ファンドの運用資産額は、二〇二一年初めの時点で一・三兆ドルを上回っているという。これを受けて、積極運用マネジャーたちは危機感を募らせ、「インデックス・ファンドは株式市場およびアメリカ経済全体に、悪影響を及ぼしている」と非難し始めている。

ウォール街でリサーチを重視する証券会社として知られるサンフォード・バーンスタイン社は、二〇一六年に「農奴制経済への静かな逆戻り――なぜ消極運用はマルクス経済学よりも有害なのか」という題の、刺激的なレポートを公表した。それによると、多数の投資家が受け身でインデックス投資を行う資本主義は、国家がすべての資本配分を行う中央計画経済よりも有害だというのだ。そしてインデックス投資は、企業の収益性とか成長性を一切考慮することなく、ただ機械的に資金を決められた入れ物に流し込むだけだと非難する。新しい情報を適切に株価に織り込む役割を果たすのは積極運用マネジャーなのに、インデックス投資が増大した結果、一九世紀末のロックフェラー財閥による石油トラスト以来初めて、有害な所有の集中を引き起こしていると警告したのだ。

もしすべての投資家がインデックス・ファンドにしか投資しなくなったと仮定した場合、著しく不適切な株価形成が定着するのだろうか。その場合、新しい投資情報が正しく株価に反映されているかどうかを、誰が保証するのだろうか。また、効率的な市場を維持するのに必要な、割高銘柄を売り割安銘柄を買うというトレーディングは、起こらなくなるのだろうか。

インデックス・ファンドの隆盛が抱える矛盾は、株価が効率的に形成され、市場に十分な流動性が供給されるためには、新しい投資情報を分析して銘柄間の割高、割安を判断し、それに基づいて売買する積極運用投資家が必要なのだということにある。こうした行動をとる投資家が存在して初めて、効率的な株価形成を維持し、資本の適切な配分が可能になるのだ。

実はこうした考え方が、効率的市場理論のよって立つバックボーンになっているのだ。もし新しい情報の市場への伝播が阻害されなければ、株価は直ちにその情報を反映して適切な水準に移行するだろう。ただ、ここでのパラドックスは、積極運用投資家の存在によって、超過リターンが得られるような投資機会は、ごく短期間に消滅してしまうということだ。

ここでもう一度、道端に一〇〇ドル札が落ちているのを見つけた学生とファイナンスの教授の会話に立ち返ってみよう。その時教授は、「もしそれが本物なら、もうとっくに誰か拾っているは[illegible]と、強くたしなめたものだ。しかしその学生はウォール街のプロに対してだけではなく[illegible]も懐疑的だった。そこでとりあえず一〇〇ドル札を拾って、持っていることに[illegible]

確かに教授の指摘には一理ある。生き馬の目を抜くウォール街では、多[illegible]たちが血眼になって超過リターンが得られる機会を探している。したがって、いつまで[illegible]〇ドル札が放置されることはないだろう。しかしまた、経験に照らして考えると、市場ではある期間とんでもな[illegible]価が続くこともあり、逆に信じられないような過小評価もありうるのだ。オランダ人は[illegible]チューリップの球根に天文学的な値段をつけ、イギリス人も国をあげて空前のバブルにうつつを抜かしたではないか。現代のファンド・マネジャーたちも、一握りのインターネット銘柄に関して、どんな高水準の株価でも正当化できるとうそぶいたものだ。

反対に、悲観が市場を支配した時には、多くのクローズド・エンド型投信の価格がファンダメンタル価値を大きく割り込んでいたにもかかわらず、誰も見向きもしなかったのだ。しかしやがてそうした状況は訂正され、多くの投資家が明らかに割安と思われる投信を、競って買い求めたのだ。こうしたことを考慮すると、ファイナンスの教授は次のように言うべきだったのではないだろうか：「本物かどうかわからないが、ともかく拾ってみたまえ。もし本物だったら、きっと誰かがすぐ拾っていくだろうから」と。

積極運用マネジャーたちにこの機能をしっかり果たさせるためのインセンティブが、魅力的なマネジメント・フィーだ。「我々は平均以上の洞察力を備えているのだから、平均以上の運用成績を上げることができる」という建前のもとに、高いフィーを取り続けている。あのギャリソン・キーラーの小説『レイク・ウォビゴンの人々』とは異なり、現実の世界では全員が平均以上なんてことはありえないにもかかわらず、である。そして、全積極運用マネジャーのわずか五～一〇％しか、市場平均を上回ることはできていないのだ。しかし重要なことは、効率的な市場を維持する上では、それで十分なのだ。実際、積極運用マネジャーは不足しているのではなく、むしろ多すぎるのだ。

思考実験のために、全投資家がインデックス投資しか行わないという、極端な状況を考えてみよう。その状況下で、ある医薬品メーカーが画期的なガン治療薬の開発に成功し、近い将来同社の売り上げも利益も倍増する見通しだというニュースが伝わったとしよう。全員がインデックス運用しかしない世界では、どの会社にどんな変化が起ころうと、新しい情報には誰も関心を示さないだろう。しかし、現実の資本主義の世の中では、何人ものトレーダーやファンド・マネジャーが直ちにその医薬品メーカーの株を買い始め、同社の株価はたちどころに新しい妥当な水準まで急上昇するだろう。

自由で開かれた市場では、インデックス投資家が何百万人いようと、こうした割安状況があれば必ず利益を得ようとして行動を起こす人たちが存在する。そしてその結果はというと、ますます多くの積極運用投資家が市場平均に負けているのだ。ここから得られる結論は、インデックス運用が増加しているにもかかわらず、市場はますます効率的になってきているのであって、その逆ではない。

確かに、インデックス投資家は、いわば「フリー・ライダー」だ。積極運用に伴う活発な売買がもたらす効率的市場のメリットを、そのためのコストを一切負担せずに享受しているからだ。しかしこうしたただ乗り行為は、決して資本主義の欠陥と非難されるべきものではない。それどころか、これこそが資本主義市場経済の強みであり、無数の人々が参加して決定する市場価格に便乗して、すべての参加者がそのメリットを享受するシステムなのだ。

インデックス運用が増えるにつれて、それを運営する会社に株主権の集中が起こる可能性は否定できない。それらの会社が議決権の行使を通して、企業経営に関して影響力を持ち始める可能性もあるだろう。私はインデックス・ファンドの生みの親で、現在七・五兆ドル以上のファンドを運用するバンガード・グループの社外取締役を、長年務めてきた。その経験に照らして言えることは、同社が企業間競争を制限する方向で議決権を行使したことは、一度もなかったと断言できる。あのスタンダード石油トラストで問題視された、独占的カルテル行為を促進する方向で、インデックス・ファンドの議決権が行使されたことも皆無だった。

ブラック・ストーン社、バンガード・グループ、ステート・ストリート社などの大手インデックス・ファンド運用会社が、横断的にアメリカの大企業の大株主になっているからと言って、そのことが競争制限的な経営慣行を助長し、促進している証拠は、今のところ皆無である。また、そうした方向で議決権を行使することは、これらの大手運用会社にとって決して利益にはならないだろう。

確かにこれらの運用会社は、アメリカの大企業の株式の大きな部分を保有している。例えばこれらの運用会社が結託して、航空会社に運賃を引き上げさせるような方向で議決権を行使すれば、目先航空会社の株価は上昇するかもしれない。しかしそれは航空会社を利用する他の多くのアメリカ企業にとってコスト高になることを意味し、株式市場全体の下落につながるだろう。ちょっと考えればわかることだが、インデックス・ファンド運用会社にとって、他の多くの産業の犠牲のもとに特定の業界に肩入れするメリットは、少しもないのだ。実際、インデックス運用の大手は、これまで大企業の報酬体系を、同業他社との業績の相対比較で決定するように仕向けてきた。その結果、アメリカ企業の間では一層熾烈な競争が行われてきたのだ。

インデックス・ファンドの普及は、一般投資家にとっては大変な福音になってきた。激しい競争が展開されてきたため、インデックス・ファンドの運用コストは限りなくゼロに近づいている。そのおかげで、老後に備えた資産運用もかつてなく低コストで行えるようになったのだ。また、何百万人もの投資家に対して、投資のやり方そのものを大きく変革するように仕向けてきた。広く分散投資された安価なポートフォリオを提供することによって老後への備えを助け、資産運用全体に対して貢献してきた。本書がインデックス運用の一層の浸透に資することができれば、この上ない幸せだ。それはひいては社会全体に対して、大きな恩恵をもたらすことにつながるのである。

訳者あとがきに代えて

本書の原書 *"A Random Walk down Wall Street"* が、今回の第一三版改訂版によって、初版以来五〇周年を迎えました。また、英語版の累計販売部数も二〇〇万部の大台に乗せたそうです。一九九三年に原書の第五版を翻訳して以来、その後の全ての版の翻訳を手掛けてきた私も、まるで自分のことのように嬉しく、また誇らしく思う次第です。

ひと口に五〇周年、二〇〇万部と言っても、教授と同じく企業経営や株式投資分野の物書きを任ずる私から見ると、まさに天文学的な数字なのです。しかも本書は一回きりの書き下ろしではなく、三、四年ごとに世の中の変化に合わせて一二回にわたりその中身が換骨奪胎されてきました。その陰には、毎日ベースで世の中の変化をフォローし、関連する新しい記事や論文を読みこなし、データを更新し続けるという、地味な努力の積み重ねがあったのです。

本書は五〇〇ページを超える啓蒙書ですが、同時に優れて実践的な株式投資の教科書でもあります。一般の個人投資家にとっての実践の手引きという意味では、一九七三年の初版本の冒頭に示された次のメッセージに尽きるでしょう：「個人投資家にとっては、個々の株式を売買したり、プロのファンド・マネジャーが運用する投資信託に投資するよりも、ただインデックス・ファンドを買ってじっと持っている方が、遥かに良い結果を生む」と。

バンガード社が株式市場平均を商品化したS&P五〇〇インデックス・ファンドを売り出したのは一九七七年でした。それより四年も前に「市場平均への投資がベスト」と言い切った教授の慧眼には、ただただ脱帽としか言いようがありません。しかし本書で教授も回顧しているように、はじめの数年はこのアイデアは全く受け入れられなかったのです。

アメリカで市場インデックス・ファンドが本格的に受け入れられ始めたのは、本書のいたるところで取り上げられている「効率的市場理論（EMH）」に立脚した「モダン・ポートフォリオ理論（MPT）」が一九七〇年代にほぼ完成し、ERISA法（企業年金法）の下で「積極運用／消極運用」ミックスという考え方が企業年金運用に浸透し始めてからのことでした。それをきっかけにしてインデックス・ファンドに対する需要は機関、個人を問わず燎原の火のごとく広まっていったのです。そしてそれを支えた大きな理論的よりどころの一つが、本書だったのです。その結果、今日では、株式投資信託とETFの合計のうち、約四〇％が市場インデックス・ファンドで運用されていると言われています。

もしバンガード社がS&P五〇〇インデックス・ファンドを売り出した一九七七年にそれを一万ドル（約一三〇万円）購入し、以後配当金を全て再投資して保有し続けた投資家がいたとすると、二〇二二年初めの時価総額は、何と二一四万ドル（二億七八〇〇万円）になっているそうです。当時としては意表を突いたインデックス運用の勧めもさることながら、その後の五〇年間の累積運用実績こそが、二〇〇万部を売り上げた原動力だったと言えるでしょう。

第一三版で新規に加わったテーマのうちの二つは、第4章「二一世紀は巨大なバブルで始まった」の中の、「4　『ミーム株』のミニ・バブル」と、「6　その他のミニ・バブル」です。どちらも深刻なバブルではありません。「6　その他のミニ・バブル」には、SPAC（買収目的会社）株、ドギー・コイン、NFT（非代替性トークン）のバブルの話が含まれます。ドギー・コインの主役は日本の柴犬のミームでもあり、いずれも楽しく読んでいただけるでしょう。

三つ目の新規テーマは、第11章「『スマート・ベータ』と『リスク・パリティー』」に加わった、「6 ESG（環境・社会・企業統治）投資」です。こちらは投資家にとっても企業や国にとってもより本質的な問題です。アメリカではESG投資の是非が政治問題になっています。共和党が提出した「年金によるESG投資を禁止する」法案が最近議会上院を通り、バイデン大統領が初めて拒否権を行使したのです。わが国では温室効果ガス対策などを中心に、新聞や雑誌を開けばほぼ毎日ベースで、ESG投資を推進する記事や広告が目に入ります。

しかしマルキール教授は次のように述べて、ESG企業への投資に否定的です：「このトレンドのベースになっている高潔な目的に対して何の異論もないものの、（中略）環境投資が同時に市場平均を上回るリターンをもたらすなどという幻想に、決して惑わされてはいけない」と。ESG投資を否定する教授の論理は、ともすればムードに流されがちな言霊信仰の国日本の読者にとって、事の本質を考える上で大いに参考になるものと思います。

この版で教授の五〇年の思いがもっとも強く感じられるのが、原書で一二ページに及ぶ「まえがき」です。その大半は、インデックス投資を勧めるよりどころになっている「効率的市場理論」の詳しい説明で占められています。一般の個人投資家にはちょっと難しい内容かと思いますが、知的に興味のある読者は是非じっくり読んでみていただきたいです。

巻末のエピローグも、実はまえがきと対をなす性格のものです。ここではインデックス運用が全株式投資残高の四〇％を占めるようになった中で、一部の専門家の間にある根強いインデックス運用批判に対する弁明になっています。わが国でも機関投資家だけでなく個人投資家の間でもインデックス運用が急速に普及し始めている現状に鑑み、やはり知的に興味のある読者はこちらも是非じっくり読んでみてください。

マルキール教授は齢九〇を過ぎてなお、ご健康だそうです。教授が引き続きお元気で今後も本書の改訂版を重ねられることを、心よりお祈りする次第です。最後に、偉大な啓蒙家のマルキール教授に限りない敬意を表して、まえがきの結びの言葉をここに引用させていただきます：「もし教科書の評価基準が、『それによって世の中を大きく変えられたか』ということにあるのなら、本書は間違いなくその基準を満たしていると確信している」。

二〇二三年四月

井手　正介

バートン・マルキール（Burton G. Malkiel）
1932年生まれ。1964年プリンストン大学経済学博士。同大学経済学部長（74-75，77-81），大統領経済諮問委員会委員（75-77），エール大学ビジネス・スクール学部長（81-88），アメリカン証券取引所理事等を歴任。世界的な投信会社バンガード・グループなどの社外重役としても活躍。現在，プリンストン大学名誉教授，ウェルスフロント・インク チーフ・インベストメント・オフィサー，リバランス社投資アドバイザー。

井手 正介（いで・まさすけ）
1942年生まれ。一橋大学商学部卒。野村総合研究所入社。ペンシルベニア大学ウォートン・スクール経営学修士（MBA）。野村総合研究所，野村マネジメント・スクール研究理事，青山学院大学ビジネススクール教授，㈲マネジメント・デベロプメント・インク代表，㈱クレスコ取締役監査等委員等を歴任。著書に『ビジネス・ゼミナール　株式投資入門』，『バリュー株投資は「勝者のゲーム」！』，訳書に『億万長者をめざすバフェットの銘柄選択術』，『ジム・クレイマーの“ローリスク”株式必勝講座』などがある。

ウォール街のランダム・ウォーカー
（原著第13版）

2023年5月25日　1版1刷
2024年8月26日　　6刷

著　者　バートン・マルキール
訳　者　井　手　正　介
発行者　中　川　ヒ　ロ　ミ

発　行　株式会社日経BP
　　　　日本経済新聞出版
発　売　株式会社日経BPマーケティング
〒105-8308　東京都港区虎ノ門4-3-12

印刷／東光整版印刷・製本／大口製本
ISBN 978-4-296-11587-7

本書の無断複写・複製（コピー等）は著作権法上の例外を除き、禁じられています。
購入者以外の第三者による電子データ化および電子書籍化は、私的使用を含め一切認められておりません。
本書籍に関するお問い合わせ、ご連絡は下記にて承ります。
https://nkbp.jp/booksQA

Printed in Japan